Artus   Etudes sur le livre des Nombres

ORBIS BIBLICUS ET ORIENTALIS

Publié au nom de l'Institut biblique
de l'Université de Fribourg Suisse,
du Séminaire d'égyptologie
de l'Université de Bâle,
de l'Institut d'archéologie et de philologie
du Proche-Orient ancien de l'Université de Berne
et de la Société suisse pour l'étude du Proche-Orient ancien

par Othmar Keel et Christoph Uehlinger

L'auteur:

Olivier Artus, né à Lille (France) en 1954. Docteur en médecine. Etudes
théologiques à l'Institut catholique de Paris, Elève titulaire de l'Ecole biblique et
archéologique française de Jérusalem. Depuis 1995, maître-assistant en Ancien
Testament à la Faculté de théologie de l'Institut catholique de Paris. Olivier Artus
est prêtre du diocèse de Sens-Auxerre (France).

Orbis Biblicus et Orientalis   157

Olivier Artus

Etudes sur le livre des Nombres

Récit, Histoire et Loi en Nb 13,1–20,13

Editions Universitaires Fribourg Suisse
Vandenhoeck & Ruprecht Göttingen

Die Deutsche Bibliothek – CIP-Einheitsaufnahme

Artus, Olivier:
Etudes sur le livre des Nombres. récit, histoire et loi en Nb 13,1–20,13/
Olivier Artus. – Fribourg, Suisse: Ed. Univ.; Göttingen:
Vandenhoeck und Ruprecht, 1997
(Orbis biblicus et orientalis; 157)
ISBN 3-525-53793-X (Vandenhoeck und Ruprecht).
ISBN 3-7278-1140-4 (Ed. Univ.)

Publié avec l'aide de l'Académie suisse des sciences humaines et sociales

Les originaux de ce livre prêts à la reproduction
ont été fournis par l'auteur

© 1997 by Universitätsverlag Freiburg Schweiz
   Vandenhoeck & Ruprecht Göttingen

Imprimerie Saint-Paul Fribourg Suisse

ISBN 3-7278-1140-4 (Editions Universitaires)
ISBN 3-525-53793-X (Vandenhoeck & Ruprecht)

TABLE DES MATIERES

IX

AVANT-PROPOS

La présente étude a été présentée comme thèse de doctorat à la Faculté de Théologie de l'Institut Catholique de Paris en Octobre 1995. La bibliographie ne prend donc pas en compte les ouvrages publiés depuis cette époque. Le chapitre X de conclusion a été rédigé en vue de la publication.
Je tiens à remercier particulièrement le Professeur Jacques BRIEND, qui a dirigé ce travail et qui a accompagné l'ensemble de cette recherche de ses précieux conseils. Les chapitres consacrés à l'analyse synchronique des textes ont été rédigés à la Philosophisch-Theologische Hochshule Sankt Georgen de Francfort, et ont bénéficié des conseils du Professeur Norbert LOHFINK s.j. à qui je tiens à exprimer ici ma gratitude.
Je remercie le Professeur Othmar KEEL et le Professeur Christoph UEHLINGER d'avoir accepté l'ouvrage dans la collection "Orbis Biblicus et Orientalis".
Cette thèse de doctorat a reçu le prix de PANGE 1996. Sa publication a bénéficié du soutien financier du Diocèse de Sens-Auxerre (France).
Madame Monique BEL a fourni une aide précieuse pour la mise en page informatique du manuscrit.

Paris, Avril 1997

Olivier Artus

I

INTRODUCTION

1. L'ORIGINALITÉ DU LIVRE DES NOMBRES DANS LE PENTATEUQUE

1.1. *Comment définir la spécificité du livre des Nombres ?*

Le consensus apparent qui, il y a 25 ans encore, régnait à propos de la théorie documentaire a longtemps fait passer au second plan l'intérêt pour le texte final du Pentateuque. Comme l'écrivait en 1976 R.Rendtorff[1], "la question de l'unité littéraire des textes n'est plus, depuis bien longtemps, la question de départ à partir de laquelle le Pentateuque est abordé". Depuis une vingtaine d'années cependant, la prise en considération de chacun des livres qui constituent le Pentateuque *en tant qu'unité littéraire* – et non plus seulement comme terme d'un processus littéraire de fusion entre différents documents écrits – est apparue de plus en plus pertinente: l'intérêt s'est progressivement porté sur la spécificité du contenu de chacun des livres du Pentateuque et non plus seulement sur les différentes traditions et étapes de composition qui peuvent y être délimitées. Ainsi, le livre de la Genèse – même s'il rassemble des éléments extrêmement divers – a comme caractéristique propre de regrouper les traditions qui concernent la pré-histoire d'Israël, c'est-à-dire la période antérieure à la constitution d'Israël comme peuple. Le livre de l'Exode correspond précisément à l'émergence d'Israël comme peuple de Dieu: un peuple libéré de la servitude en Egypte et avec lequel Yahvé fait alliance au Sinaï. C'est son caractère presque entièrement législatif qui donne son unité au livre du Lévitique. Enfin, le livre du Deutéronome se présente comme une oeuvre littéraire autonome dans laquelle le rappel des événements passés fonde les commandements auxquels Israël est invité à se conformer – par amour pour Yahvé.

Si quelques mots suffisent ainsi à caractériser les livres de la Genèse, de l'Exode, du Lévitique et du Deutéronome – même si cette simplicité apparente ne doit pas masquer la complexité des problèmes littéraires posés par chacun de ces livres – il est bien plus difficile de résumer en une phrase l'objet du livre des Nombres. La diversité des styles et des thèmes littéraires qui s'y entrecroisent est soulignée par de nombreux commentateurs – ainsi Noth[2]: "Il est impossible de parler d'unité du livre des Nombres (...). Ceci

---

[1] Rendtorff, Überlieferungsgeschichte (1977) 144.
[2] Cf. Noth, Numeri (1966) Introduction.

découle évidemment de la confusion et du manque d'ordre de son contenu. Ceci découle également de la juxtaposition de méthodes et de styles de présentation variés".

Il est classique de distinguer dans le livre deux grandes parties, considérées comme assez indépendantes[3]:
- la première partie (Nb 1,1–10,10) qui regroupe diverses prescriptions législatives doit, pour beaucoup d'auteurs, être rattachée à la "péricope du Sinaï"[4].
- la seconde partie du livre, où alternent récits et lois, décrit la marche du peuple au désert depuis le Sinaï jusqu'aux plaines de Moab.

Ainsi, loin de chercher à manifester la spécificité du livre des Nombres, la plupart des études littéraires en ont souligné les tensions internes: tensions entre des styles littéraires variés (récits, lois), tensions entre des thématiques différentes: le don de la loi au Sinaï, la marche au désert. Ces caractéristiques littéraires, propres au livre des Nombres, en ont fait un terrain de choix pour une exégèse privilégiant la critique des sources: la délimitation au sein du texte de différents documents est longtemps apparue comme l'unique solution permettant de résoudre les problèmes littéraires posés par le livre.

Ainsi, après Wellhausen[5], les auteurs des principaux commentaires "classiques" du livre des Nombres – rédigés à la fin du siècle dernier et au début du XXème siècle – se situent dans cette logique[6]: ceci vaut pour Dillmann[7], Gray[8], Baentsch[9] et Holzinger[10]. Dans son étude, H.Gressmann[11] présuppose les données de la critique des sources et cherche à les dépasser en rejoignant le stade oral, pré-littéraire, de la tradition: cet auteur tente en effet de mettre en évidence derrière lesrécits les vestiges de "sagas" liées, par exemple, à un lieu géographique ou à groupe humain donné[12].

Si les commentaires du début du siècle ont pour objet premier l'exposé des résultats de la critique des sources, des commentaires beaucoup plus

---

3   Cf. par exemple Baentsch, Numeri (1903) introduction iii; Noth, Numeri (1966) 13-14.
4   Cette péricope débute en Ex 19,1 et recouvre la fin du livre de l'Exode, l'ensemble du livre du Lévitique et la première partie du livre des Nombres.
5   Cf. Wellhausen, Composition des Hexateuchs (3 1899) 98-115.172-186.
6   L'étude d'Olson (The Death of the Old and the Birth of the New, 1985) comporte une excellente revue de la littérature antérieure à 1985 concernant le livre des Nombres (cf. pp 9-30).
7   Dillmann, Numeri, Deuteronomium und Joshua, 1886.
8   Gray, Numbers, 1903.
9   Baentsch, Exodus, Leviticus, Numeri, 1903.
10   Holzinger, Numeri, 1903.
11   Gressmann, Mose und seine Zeit, 1913.
12   Ainsi Gressmann reconnait-il à l'origine du récit de Nb 13–14 une "saga orale" des tribus du sud, cf. *ibid.* 294-295.

récents adoptent une démarche similaire. Ainsi Noth[13], qui cherche à reconstituer l'histoire de la croissance littéraire du Pentateuque à travers ses différents stades oraux puis écrits, ne s'intéresse-t-il pas au livre des Nombres comme unité littéraire: l'étude du texte permet à cet auteur de déterminer comment deux des cinq thèmes littéraires principaux du Pentateuque (la révélation au Sinaï, la conduite du peuple dans le désert) y sont mis en forme dans deux documents (JE – Jehoviste et P – sacerdotal) dont la fusion conduit au texte final. Plus récemment, les commentaires de De Vaulx[14], de Budd[15] et de Levine[16] recourent encore au vocabulaire lié à la critique des sources (documents J, E, JE, P), alors même que le consensus concernant le contenu des documents désignés par ces sigles vole progressivement en éclats.

L'étude d'Olson[17] a cependant marqué un tournant dans l'histoire de l'exégèse du livre des Nombres: c'est en effet le premier travail qui s'intéresse à l'unité du livre et qui cherche à en préciser l'architecture et la logique d'ensemble. Est-il possible de mettre au jour une thématique unique qui rende compte du livre des Nombres comme d'un tout ? Olson voit dans le "renouvellement des générations" le principe qui donne à l'ouvrage son unité[18] : la faute de la première génération sortie d'Egypte, décrite par les récits de Nb 11–25, conduit à son anéan-tissement et sert d'exemple à toutes les générations ultérieures. L'approche de cet auteur est exclu-sivement synchronique, et c'est effectivement l'analyse synchronique des textes qui, seule, peut donner accès à la compréhension de la structure d'ensemble du livre. Cette structure est porteuse d'un *projet théologique* que l'étude synchronique permet ainsi de mettre au jour.

L'analyse synchronique du livre des Nombres dans son ensemble constituera donc le premier temps de la présente étude, temps préalable à tout autre type d'analyse, dans la mesure où seule la lecture synchronique des textes est susceptible de manifester simultanément les élements littéraires qui contribuent à leur unité, et les tensions, les ruptures qui témoignent de la complexité de l'histoire de leur composition[19].

---

13 Cf. Noth, Numeri, 1966.
14 De Vaulx, Les Nombres, 1972.
15 Budd, Numbers, 1984.
16 Levine, Numbers 1–20, 1993.
17 Olson, *op. cit.* (n. 6).
18 Cf. infra, chapitre II, § 1.5 la présentation et l'analyse de la thèse d'Olson.
19 Deux commentaires récents privilégient une approche plus synchronique du livre des Nombres: l'ouvrage de Milgrom (Numbers [1990]) et celui d'Ashley (Numbers [1993]). Une telle approche conduit parfois ces auteurs à ne pas prendre suffisamment en considération les tensions littéraires qui résultent de l'histoire de la composition du texte.

1.2. *Les problèmes littéraires posés par la partie centrale du livre des Nombres*

Si l'unité littéraire du livre des Nombres ne s'est pas imposée comme une évidence à plus d'un auteur, l'apparente absence d'organisation qui caractérise la section centrale du livre représente également une aporie pour de nombreux commentateurs: dans les chapitres 13 à 20 se succèdent en effet des récits (Nb 13–14; 16–17; 20,1-13) et des textes législatifs (Nb 15; 18–19) apparemment sans rapport entre eux. Dans son commentaire, Noth[20] insiste sur le caractère assez chaotique du texte – ainsi à propos de Nb 15: "Il n'est pas très aisé de savoir pourquoi cette collection d'ordonnances cultuelles et rituelles sans classement logique a trouvé sa place à cet endroit particulier du récit du Pentateuque".

La remarque de Noth est révélatrice d'un état d'esprit: le texte est analysé en fonction d'une pré-compréhension de ce que devrait en être la "logique". La logique de l'auteur prime ainsi sur la logique du texte. C'est à l'analyse synchronique qu'il revient de manifester – ici encore – les liens littéraires éventuels qui existent entre les différentes sections qui composent la partie centrale du livre des Nombres.

Dans une lecture synchronique, les chapitres 13,1–20,13 apparaissent rassemblés, de manière assez superficielle, à l'aide de notices topographiques. Le peuple, qui, selon Nb 13,26, a fait halte à Qadesh, se trouve toujours au même lieu en Nb 20,1. La perspective d'un départ apparaît dans le texte à partir de Nb 20,14. Ces données topographiques conduisent certains auteurs à désigner cette partie centrale du livre des Nombres comme la "péricope de Qadesh[21]". Une telle appellation, dont le caractère très artificiel indique suffisamment les limites laisse entières les deux questions principales posées par cette section centrale du livre des Nombres:

1° Existe-t-il d'autres indices littéraires qui permettent de conclure à l'unité de ces chapitres, unité que le lien ténu qu'assurent les notices topographiques ne permet pas à lui seul de démontrer. Si, à l'aide d'une étude synchronique, la cohésion de Nb 13,1-20,13 venait à être prouvée, elle conduirait à s'interroger sur la spécificité théologique d'une telle unité littéraire.

2° Peut-on mettre en évidence un lien littéraire unissant récits et lois ? Cette seconde question ne peut être résolue qu'en articulant les temps synchronique et diachronique de l'étude du texte: en effet, si l'analyse

[20] Noth, *op. cit.* (n. 13), 101.
[21] Cf. par exemple Wenham, Numbers (1981) 14-21.

synchronique parvient à faire ressortir la relation qui unit les récits et les lois, seule l'analyse diachronique peut déterminer l'étape précise de la composition du texte au cours de laquelle un tel lien a été établi. Ainsi, l'intérêt pour la forme finale du texte du Pentateuque, loin de reléguer au second plan l'analyse diachronique, la fait apparaître comme le complément nécessaire du premier temps – synchronique – de l'étude des textes.

2. LA DISTINCTION "RÉCITS / LOIS" EN NB 13,1–20,13

Les relations qui unissent les récits aux lois constituent, depuis longtemps, un des points d'intérêt essentiels des études portant sur le Pentateuque. La question des rapports récits/lois se pose avec une acuité particulière dans les écrits sacerdotaux. Ainsi, Wellhausen[22] considère l'ensemble de l'écrit sacerdotal comme ordonné à une perspective exclusivement législative: "Seule la forme est historique, elle sert de cadre au matériel législatif et en permet l'ordonnancement, elle lui sert parfois de masque et le déguise". Une telle approche, selon laquelle le récit sert simplement d'illustration au matériel législatif est récusée par Noth[23]. Cet auteur réserve le sigle P à l'histoire sacerdotale proprement dite – récit autonome qui, selon lui, doit être formellement distingué des compléments législatifs qui lui sont ajoutés à une phase tardive de la composition du Pentateuque.

L'hypothèse de Wellhausen invite à préciser pourquoi les auteurs sacerdotaux éprouvent le besoin d'appuyer ou d'illustrer des prescriptions législatives par des récits: *qu'apporte le récit à l'énoncé de la loi ?* La thèse de Noth ne permet pas d'esquiver la question de la relation entre récits et lois: *dans quelle perspective les auteurs des corpus législatifs les insèrent- ils au sein d'un corpus narratif, plutôt que de composer des recueils de lois indépendants ?* Ainsi, privilégier la loi par rapport au récit ou privilégier le récit par rapport à la loi ne résoud pas le problème posé par le processus même de leur mise en relation. Le fait même de cette mise en relation invite à relativiser l'opposition classique "récits/lois": l'alternance de récits et de lois au sein d'une même section du Pentateuque invite à rechercher une complémentarité entre ces deux formes littéraires. A cet égard, Nb 13,1– 20,13 représente un terrain privilégié pour la recherche. Comme cela a déjà été souligné, la juxtaposition de récits et de lois – dont le lien n'apparaît pas manifeste lors d'une simple lecture du texte – est en effet l'une des caractéristiques majeures de cette section du livre des Nombres: les lois rassemblées en Nb 15 semblent sans rapport avec le récit qui s'achève en

---

22 Wellhausen, Prolegomena (1883) 7.
23 Noth, Überlieferungsgeschichte (1948) 7-9.

Nb 14,45. De même le récit de Nb 20,1-13 semble indépendant des chapitres législatifs qui le précèdent. L'analyse littéraire des récits de Nb 13,1–20,13 aura donc le souci de mettre au jour les processus par lesquels des textes législatifs ont été reliés aux élements narratifs dans cette section du livre des Nombres.

3. L'ANALYSE DES RÉCITS DE NB 13,1–20,13 DANS LE CONTEXTE ACTUEL DE LA RECHERCHE SUR LE PENTATEUQUE

3.1. Remarque préliminaire

Procéder à l'analyse diachronique de récits conduit inévitablement à se situer vis-à-vis des principales théories cherchant à rendre compte de la composition du Pentateuque[24]. La situation qui prévaut actuellement est caractérisée par l'absence de consensus: aucune thèse particulière ne s'impose et la recherche se développe simultanément selon plusieurs axes – dont le point commun est la remise en cause de la théorie documentaire dans sa forme classique, telle qu'elle était encore énoncée au début des années 1970: l'analyse littéraire d'un récit ne peut donc en aucun cas s'appuyer sur des présuppositions concernant la composition du Pentateuque. C'est à partir du texte lui-même – et seulement du texte – que les différentes étapes de sa composition peuvent être délimitées. Cependant, un bref exposé de l'état actuel de la recherche peut permettre de mieux cerner le contexte de la présente étude. Cette présentation ne prétend pas à l'exhaustivité: elle a pour but de faire apparaître les tournants les plus marquants de la recherche récente et d'en présenter les pistes actuelles.

3.2 L'état actuel de la recherche

Près de 20 ans se sont déjà écoulés depuis que Rendtorff énonçait de manière systématique – dans son ouvrage "Das Überlieferungsgeschicht-

---

[24] Deux publications récentes en langue française offrent un exposé concis de l'histoire de la recherche concernant la composition du Pentateuque, et/ou de l'état actuel de cette recherche: A. de Pury et T. Römer, Le Pentateuque en question: position du problème et brève histoire de la recherche, dans: "Le Pentateuque en Question" (1989) 9-80; J.Briend, Lecture du Pentateuque et hypothèse documentaire, dans: "Le Pentateuque, débats et recherches" (1992) 9-32. Par ailleurs, N.Lohfink présente dans l'introduction de son article "Die Priesterschrift und die Geschichte" (Congress Volume, Göttingen [1978] 189-225) un résumé très synthétique de l'histoire de la recherche sur les écrits sacerdotaux.

liche Problem des Pentateuch[25]" – les limites de la théorie documentaire dans sa forme classique. Outre les nombreuses divergences entre les différents auteurs concernant la délimitation exacte d'un document yahviste, outre le caractère fragmentaire du document (ou de la source) élohiste, Rendtorff critiquait la relative mise au second plan de la question de l'unité littéraire du Pentateuque – mise au second plan dans laquelle il voyait une conséquence directe de la théorie des sources – et privilégiait une approche selon laquelle le Pentateuque résulterait de la fusion assez tardive d'unités littéraires ayant connu un développement longtemps autonome[26]. Cette approche va beaucoup plus loin dans la remise en cause de la théorie documentaire que les thèses de Schmid et de Rose: Schmid[27] avait critiqué l'hypothèse d'un document yahviste, en en contestant tout à la fois la datation classique (l'auteur rattache la littérature yahviste au temps de l'exil et non plus à l'époque salomonienne) – et l'unité de rédaction.

Ce sont les relations existant entre textes yahvistes et récits deutéro-nomistes[28] qui sont au centre de la recherche de Rose[29], qui conclut à l'antériorité des seconds par rapport aux premiers.

L'hypothèse de Blum tient compte de la théorie de Rendtorff concernant les "grandes unités littéraires", mais la dépasse en s'intéressant au processus – tardif – d'unification du Pentateuque. L'auteur identifie deux "compositions" successives du Pentateuque: une composition K^D caractérisée par sa proximité avec les traditions deutéronomico-deutéronomistes[30] et une composition K^P sacerdotale. Par le terme "composition", Blum ne désigne pas une trame narrative indépendante, mais un travail littéraire qui prend pour point de départ des traditions plus anciennes, les remanie et les

---

25 Rendtorff, Überlieferungsgeschichtliche Problem des Pentateuch (1977) 142-173.
26 Selon Rendtorff, les "grandes unités" littéraires à partir desquelles le Pentateuque aurait été composé sont les suivantes: l'histoire des origines, l'histoire des Patriarches, le cycle de Moïse, la péricope du Sinaï, le séjour d'Israël au désert.
27 Schmid, Der sogenannte Jahwist, 1976.
28 Par convention, l'adjectif "deutéronomique" est utilisé, dans la présente étude, pour qualifier les textes du livre du Deutéronome lui-même, tandis que l'adjectif "deutéronomiste" qualifie les textes du Pentateuque et des livres prophétiques qui présupposent la théologie et la littérature deutéronomiques. De telles dénominations connaissent cependant plusieurs limites:
    - l'histoire de la composition du Deutéronome est complexe et comporte de nombreuses étapes – ce que le recours au seul adjectif "deutéronomique" peut sembler occulter.
    - l'appréciation de l'influence d'un texte du Deutéronome sur un texte situé hors de ce livre est toujours l'objet de débats. Ainsi, Lohfink montre dans une étude récente comment l'usage de l'adjectif "deutéronomiste" est parfois abusif (cf. Deuteronomistische Bewegung [1995]).
29 Cf. Rose, Deuteronomist und Jahwist, 1981.
30 Cf. Blum, Komposition (1990) 36.

complète[31]. La composition K^P est postérieure à la composition K^D qu'elle présuppose et vis-à-vis de laquelle elle se présente comme une réaction théologique critique[32]. Même si la terminologie utilisée est nouvelle, l'hypothèse de Blum n'est pas sans rappeler la logique de la théorie documentaire. Certes, les compositions K^D et K^P sont présentées comme des étapes tardives – post-exiliques – de l'histoire des textes, mais la délimitation au sein du Pentateuque de deux "couches", de deux strates successives, reconnues comme littérairement et théologiquement spécifiques, conduit à formuler des questions identiques à celles que soulevait la théorie documentaire: les textes regroupés sous un même sigle ne sont-ils pas hétérogènes ? La thèse d'une composition unique ne simplifie-t-elle pas à l'extrême un processus de relectures multiples s'effectuant en de nombreuses étapes ? Une fois défini le modèle des compositions K^D et K^P, n'est-il pas tentant de l'appliquer à l'ensemble des textes étudiés, même à ceux qui s'y prêtent le moins ? Tout modèle global engendre en effet un risque de pré-compréhension des textes bibliques: c'est ainsi que de nombreux commentaires ont eu recours aux sigles J, E, JE, P comme à une donnée pré-établie qu'il n'était plus nécessaire de définir ou de critiquer.

Par ailleurs, comme le remarque Briend[33], l'hypothèse de Blum "ne fait pas droit à ce que sont les textes sacerdotaux". Réduire l'activité des auteurs sacerdotaux à une simple "relecture" de la composition K^D revient en effet à nier la possibilité d'une existence autonome pour les récits sacerdotaux, avant qu'ils ne soient incorporés dans un ensemble littéraire plus large.

Si les remarques qui précèdent soulignent de possibles limites du modèle proposé par Blum, elles ne doivent pas occulter ce qui en fait l'un des intérêts majeurs. L'auteur décrit en effet la composition finale du Pentateuque comme la résultante du dialogue critique existant entre deux types de textes reflètant deux théologies opposées: la théologie sacerdotale et la théologie deutéronomiste. Il ouvre ainsi un champ de recherches déterminant pour la compréhension de la composition du Pentateuque comme unité littéraire. En effet, comme le souligne Briend[34], d'une part la présence dans le Pentateuque de récits sacerdotaux "n'est discutée par personne", d'autre part les conclusions des études les plus récentes conduisent à accorder une importance particulière à la rédaction (aux

---

31 Ainsi, à propos de la composition K^D en Ex 1-14, Blum écrit: "Daß es sich bei der so definierten "Kompositionsschicht" *nicht* um einen selbständigen Erzählfaden handelt, bedarf im Grunde keines Nachweises: Sie setzt die wesentliche Substanz der Exoduserzählung voraus, ergänzt und bearbeitet sie" (*ibid.* 37).
32 Cf. Blum, *ibid.* 333-336.
33 Briend, Lecture du Pentateuque et hypothèse documentaire, (1992) 30.
34 Briend, *ibid.* 32.

rédactions) deutéronomique(s) des textes: "cette rédaction deutéronomique est particulièrement sensible dans les livres de l'Exode et des Nombres", même si "il faut éviter de qualifier de deutéronomiques des textes qui, sans être très anciens, ne relèvent pas du style et de la théologie deutéronomiques". La mise au jour de relations existant entre textes sacerdotaux et textes deutéro-nomistes constitue donc l'un des axes essentiels de la recherche actuelle sur le Pentateuque.

Cette problématique ne doit pas faire oublier que les auteurs sacerdotaux comme les auteurs deutéronomistes s'appuient sur des traditions anciennes. Certes, la critique de la théorie documentaire classique a eu comme bénéfice d'inciter à la prudence dans les tentatives de reconstitution de l'histoire de la composition des textes et il est parfois difficile de mettre au jour l'histoire pré-exilique des traditions. Pour autant, la tentative de reconstituer des "récits anciens" dont la trame narrative soit cohérente ne doit pas être abandonnée. Elle doit être conduite en gardant présent à l'esprit le fait que ces récits résultent déjà d'un long processus d'élaboration textuelle – processus qui échappe bien souvent à la critique littéraire.

De même que l'étude des rapports existant entre écrits sacerdotaux et deutéronomistes ne doit pas occulter les étapes antérieures de l'histoire de la composition des textes, de même elle ne doit pas conduire à simplifier de manière excessive le problème des étapes les plus tardives de la composition du Pentateuque. Les textes non-sacerdotaux les plus récents (additions et suppléments) ne peuvent être attribués à des auteurs deutéronomistes qu'au prix d'un anachronisme. Ces ultimes relectures méritent donc d'être prises en compte pour elles-mêmes, tant sur le plan littéraire que théologique.

3.3. Nb 13,1–20,13 et le contexte actuel de la recherche sur le Pentateuque

Entreprendre l'analyse littéraire de Nb 13,1–20,13 conduit à se situer au carrefour de deux questions centrales dans la recherche actuelle sur le Pentateuque:

- *La question du rapport entre récits et lois:* comme cela a été souligné plus haut, cette section du livre des Nombres dans laquelle récits et lois alternent sans ordre apparent constitue un terrain d'étude privilégié de la relation qui existe entre ces deux formes littéraires. A quelle(s) étape(s) de la composition les lois sacerdotales des chapitres 15; 18–19 ont-elles été reliées aux récits de Nb 13–14; 16–17; 20,1-13 ? En fonction de quelles perspectives théologiques ?

Les récits peuvent être considérés comme le produit de la relecture et de l'actualisation de traditions anciennes. La manière dont Israël comprend sa propre histoire s'y exprime. Cette relecture qu'effectue le peuple de sa propre histoire connait des évolutions: elle n'est pas unanime. Les auteurs qui mettent en relation récits et lois dévoilent eux aussi, en le faisant, leur propre conception de l'histoire. La vision du monde qu'exprime leur compréhension de l'histoire est identique à la vision du monde que manifeste leur compréhension de la loi. Ainsi, pour ces auteurs, *les récits représentent les points de convergence où se rejoignent histoire et loi*. C'est pourquoi la présente étude cherchera à mettre au jour les relations qui unissent ensembles narratifs et textes législatifs en prenant pour point de départ l'analyse littéraire des récits.

- *La question des rôles respectifs des auteurs sacerdotaux et non-sacerdotaux dans les étapes tardives de la composition du Pentateuque*: l'ensemble des récits de la section étudiée porte la marque d'un (ou plusieurs) auteur(s) appartenant aux milieux sacerdotaux. Si la déli-mitation des récits sacerdotaux et l'étude de leurs rapports éventuels avec des récits anciens a, depuis longtemps, fait l'objet de recherches littéraires, en revanche l'intérêt s'est jusqu'ici beaucoup moins porté sur les étapes les plus tardives de la composition de ces récits.

Ainsi, en Nb 13,1–14,45 la thèse de McEvenue[35] a permis de préciser comment le récit sacerdotal a été construit en prenant appui sur un récit ancien avec lequel il a été secondairement fusionné. Concernant cet aspect de l'analyse du texte, l'étude de cet auteur fait aujourd'hui autorité. En revanche, l'imprécision de ses résultats concernant l'origine de Nb 14,11-24[36] – péricope centrée sur l'intercession de Moïse – invite à poursuivre la recherche sur ce point.

En Nb 16-17, le récit porte la trace de relectures successives dont l'attribution ne fait pas l'unanimité: convient-il de retenir la solution de Ahuis[37] qui attribue à des auteurs deutéronomistes et post-deutéronomistes les éléments les plus récents du récit, ou faut-il au contraire les considérer comme sacerdotaux – ainsi que l'envisagent la plupart des commentateurs ?

En Nb 20,1-13, si les relations de dépendance entre le récit sacerdotal et le récit ancien d'Ex 17,1-7 sont communément admises, l'origine des nombreuses relectures et additions que comporte le texte est beaucoup plus discutée.

---

35 Cf. McEvenue, The Narrative Style of the Priestly Writer (1971) 90-144, et cf. infra, chapitre V.
36 McEvenue attribue à une "glose" ou un "supplément JE" ces versets. Une telle terminologie ne peut aujourd'hui qu'être soumise à un examen critique (cf. *ibid*. 90-91).
37 Cf. Ahuis, Autorität im Umbruch (1983) 71ss.

Ce sont les étapes les plus tardives de la composition des récits que visent l'ensemble de ces questions. A ce stade, ces textes sont en cours d'intégration – ou se trouvent déjà intégrés – dans l'immense ensemble littéraire que constitue le Pentateuque, lui-même divisé en 5 livres. Dans la mesure où, seul, le texte final du Pentateuque est devenu canonique, servant de point d'appui à la tradition juive puis à la tradition chrétienne, la présente étude devra également mettre au jour la dynamique propre de ce texte considéré comme un tout: sa structure et ses articulations, la théologie dont il est porteur, la manière dont récits et lois concourent en Nb 13,1–20,13 à l'expression d'un message théologique spécifique, quelle que soit la diversité du matériel littéraire qui lui sert de support.

Au plan littéraire comme au plan théologique, l'analyse du processus conduisant à la formation du texte apparaît donc complémentaire de l'analyse du texte comme unité littéraire: les temps diachronique et synchronique de l'étude des textes, loin de s'exclure l'un l'autre, doivent être articulés l'un avec l'autre. Une telle perspective singularise la présente étude par rapport aux commentaires "classiques" du livre des Nombres, mais aussi par rapport aux travaux plus récents privilégiant la seule dimension synchronique de l'analyse littéraire.

4. PRINCIPALES ÉTAPES ET LIMITES DE LA RECHERCHE

4.1 *Principales étapes de la recherche*

Le champ et les objectifs de la présente étude se trouvent donc définis: en partant d'un corpus de textes qui, dans la forme finale du livre des Nombres, se présente comme un ensemble littéraire bien délimité (Nb 13,1–20,13), mettre au jour le processus de croissance littéraire qui caractérise *les récits* de ce corpus, et par là-même préciser les modalités selon lesquelles ces récits se sont trouvés reliés à des textes législatifs.

En cherchant à cerner des phénomènes littéraires, cette démarche comporte évidemment des implications théologiques: la composition, le remaniement ou la relecture d'un texte biblique sont les expressions d'évolutions, de transformations dans la manière dont une communauté, un auteur ou un groupe d'auteurs envisagent leur existence de croyants. Des additions, même minimes, expriment un mode de compréhension du texte biblique qui n'est pas sans portée théologique.

En fonction de ces objectifs, l'étude comportera les étapes suivantes:
1° *Une analyse synchronique* (chapitres II et III) cherchera à justifier la délimitation du texte étudié et à en manifester la spécificité dans la dynamique d'ensemble du livre des Nombres. Dès ce stade de l'étude, la

recherche des récurrences de vocabulaire, des mots-crochets, des procédés littéraires permettant l'enchaînement des différentes sections du texte, l'analyse des motifs littéraires et de la thématique du texte permettront en outre de mettre en évidence les relations existant, dans la forme finale de l'ensemble littéraire considéré, entre récits et lois.

2° Dans cette perspective, *une analyse sémiotique* (chapitre IV) – technique particulière de lecture synchronique – recherchera une logique commune aux différentes sections du texte, qu'elles soient narratives ou législatives.

3° *L'analyse diachronique des récits* (chapitres V, VI et VII) cherchera à mettre au jour l'histoire de leur composition et à déterminer à quelle étape de ce processus littéraire s'est effectuée leur mise en relation avec des textes législatifs.

4° *La synthèse des données de l'analyse diachronique* (chapitre VIII) conduira à s'interroger sur l'homogénéité des résultats obtenus à partir de chacun des textes étudiés: des correspondances peuvent-elles être établies entre les différentes strates délimitées dans chaque récit ?

5° Enfin, les *perspectives théologiques* et le *contexte socio-historique* de la composition des différents textes étudiés seront précisés (chapitres IX et X).

4.2. Limites de la recherche et critères d'utilisation de ses résultats

Les limites de cette étude sont d'abord celles des méthodes qu'elle met en oeuvre. En effet, la critique littéraire ne peut prétendre reconstituer de manière exhaustive les étapes de la composition d'un récit. De plus, lorsqu'une trame narrative ancienne peut être mise en évidence, la délimitation qui en est proposée demeure toujours une hypothèse, une conclusion provisoire. Les techniques littéraires mises en oeuvre pour caractériser une strate du texte ou le style d'un auteur comportent en effet elles aussi leurs limites: les critères de vocabulaire ne sont pas absolus, l'analyse de la syntaxe ne parvient pas toujours à distinguer les additions ou les relectures du récit originel.

En outre, dans la critique littéraire comme dans l'analyse sémiotique, et plus encore dans le choix même de ces procédures retenues pour analyser les récits, la subjectivité de l'opérateur est toujours à l'oeuvre: aucune technique d'analyse des textes ne peut prétendre à l'objectivité parfaite. La meilleure manière d'atténuer les effets de cette subjectivité consiste donc à diversifier les techniques utilisées: lectures synchronique et diachronique, différents types de lecture synchronique.

La deuxième limite de cette étude tient au fait qu'elle porte sur un corpus de textes déterminé. Les résultats qui seront dégagés – même s'ils contribuent à mieux manifester les relations entre relectures sacerdotales et non-sacerdotales des récits d'une part, à mieux préciser les relations entre récits et lois d'autre part – ne peuvent être généralisés ni considérés comme valables pour l'ensemble du Pentateuque. La crise de la théorie documentaire a montré les limites de toute théorie globalisante et invite à la prudence lors de l'évaluation des implications – pour la compréhension de la composition du Pentateuque dans son ensemble – des résultats d'une étude portant sur un texte particulier.

Cependant, la délimitation – en fonction de critères exclusivement textuels – d'un corpus précis qui est le point de départ et l'objet de cette étude évite d'autres écueils méthodologiques: c'est à partir des récits eux-mêmes que l'étude du vocabulaire et la définition des thèmes qui les caractérisent seront effectués. L'analyse cherchera ainsi à éviter au maximum les pré-compréhensions[38] du corpus de textes étudié – corpus dont la délimitation elle-même n'est pas fondée sur une thématique, sur une problématique ou sur tout autre critère qui lui demeurerait extérieur, mais uniquement sur l'analyse du contexte littéraire dans lequel il se trouve inséré. Le risque de recourir à une trop grande subjectivité dans l'analyse, même s'il demeure présent, se trouve ainsi limité.

L'analyse littéraire permet de délimiter les différentes strates de chacun des récits étudiés et conduit ainsi à en préciser la spécificité théologique: les auteurs, groupes et milieux qui ont façonné le texte à chacune des étapes de sa composition sont porteurs d'un projet et d'un message théologiques auxquels la mise au jour de la théologie du texte donne accès. De même que l'analyse littéraire prend pour point de départ le texte et non la subjectivité du lecteur, de même la critique théologique a pour objet de faire droit à la spécificité théologique du texte, en cherchant à mettre de côté toute précompréhension.

La mise en évidence de la théologie du texte biblique représente en effet l'étape préalable à toute réflexion théologique contemporaine prenant ce texte pour point de départ. L'analyse exégétique évite ainsi que des concepts contemporains ne soient artificiellement "projetés" sur le texte et

---

38 Une des "précompréhensions" les plus usuelles des textes bibliques consiste à les aborder en fonction d'une thématique bien déterminée. Ainsi Schmidt, dans son ouvrage récent "Studien zur Priesterschrift" (1993) consacre un chapitre aux "récits de murmures sacerdotaux" (cf. 35-206). Cette "porte d'entrée" dans le texte conduit l'auteur à ne pas aborder pour elle-même la question des rapports récits/lois en Nb 13–20, bien qu'il analyse de manière très détaillée les récits de Nb 13–14; 16–17; 20,1-13. Ainsi, la thématique retenue par l'auteur, sous-jacente à toute l'étude, le conduit à éluder un problème littéraire majeur posé par les textes sacerdotaux qu'il analyse.

que celui-ci ne devienne un simple auxiliaire du discours théologique: la théologie du texte vient tout à la fois susciter et critiquer la réflexion et les pratiques des communautés croyantes qui le lisent aujourd'hui.

II

APPROCHE DE LA STRUCTURE DU LIVRE DES NOMBRES

Dans sa forme actuelle, le livre des Nombres constitue une unité indépendante au sein du Pentateuque, unité littéraire qui peut donc être étudiée pour elle-même, quels que soient ses liens avec les textes qui la précèdent et avec ceux qui lui font suite. L'analyse synchronique cherche à manifester la dynamique, les articulations et le sens d'un texte dans sa forme définitive, quelles que soient les étapes de sa composition. C'est ce type d'approche qui sera utilisé dans ce chapitre:
- pour délimiter la partie centrale du livre des Nombres, où se juxtaposent lois et récits, et sur laquelle se concentre l'intérêt de la présente étude.
- pour préciser la place de cette section centrale du livre dans la dynamique d'ensemble de l'ouvrage.
    Les données topographiques constituent certainement l'une des clés de l'organisation du livre de Nombres dans sa forme définitive. Elles peuvent donc être utilisées comme point de départ d'une recherche concernant la structure de ce livre.

1. ORGANISATION DU LIVRE DES NOMBRES EN FONCTION DES DONNÉES TOPOGRAPHIQUES DU TEXTE

1.1. *Trois sections principales*

Le livre des Nombres peut être divisé en trois grandes sections, à partir des précisions géographiques que fournit le texte:
La première section (Nb 1,1–10,10) se rattache au site géographique du Sinaï (désert du Sinaï: Nb 1,1.19; 3,1.4.14; 9,1.5; 10,12; Mont Sinaï: Nb 3,1).
La deuxième section (Nb 10,11–22,1) est caractérisée par les déplacements du peuple et peut elle-même être subdivisée en trois parties:
- du Sinaï au désert de Paran (Nb 10,11–12,16)
- à Qadesh et autour de Qadesh (Nb 13,1–20,13)
- de Qadesh aux plaines de Moab (Nb 20,14–22,1)
La troisième section (Nb 22,1–36,13) a pour cadre géographique les plaines de Moab, au-delà du Jourdain, à la hauteur de Jéricho (cf. Nb 22,1; 26,3.63; 31,12; 33,48.50; 34,15; 35,1; 36,13).
    Sur le plan géographique, le livre s'organise donc autour de deux "pôles" – le Sinaï et les plaines de Moab – entre lesquels se déroule la migration du peuple. Les principaux commentaires du livre des Nombres utilisent ces

données topographiques pour en proposer une structure. Si l'on compare leurs plans, on observe un consensus assez large pour la délimitation d'un premier ensemble – Nb 1,1–10,10 – dont le principe unificateur serait le site du Sinaï comme en témoignent les titres donnés par les auteurs à cette partie du livre: peuvent être cités parmi d'autres commentateurs anciens Gray[1] ("Le désert du Sinaï"); Holzinger[2] ("Réglementation et lois à la fin du séjour au Sinai"); Baentsch[3] ("Organisation au Sinaï. Préparation du départ"). Des ouvrages beaucoup plus récents effectuent la même délimitation en fonction de critères identiques: Snaith[4] ("Ce qui arriva au Sinaï"); Scharbert[5] ("Préparation du départ du Sinaï").

Pour la plupart des auteurs, à cette cohérence géographique correspond une unité thématique – comme le révèlent certains des titres cités ci-dessus: les textes assez divers que rassemble la première grande section du livre des Nombres ont en commun de traiter des *préparatifs du départ du peuple*[6].

Certains auteurs adoptent une délimitation différente: c'est le cas de Noth[7] et de Goldberg[8]. Enfin, plusieurs commentaires rattachent Nb 9,15–10,10, en fonction de critères thématiques, à la seconde grande partie du livre: la marche au désert[9].

Par ailleurs, pour plusieurs commentateurs, la première partie du livre ne doit pas être désolidarisée du reste de la "péricope du Sinaï"[10] (Ex 19,1–Nb 10,10) dont elle constituerait la conclusion. En privilégiant le lien qu'une référence géographique commune établit entre les différents textes qui

---

1   Gray, Numbers (1903) 1.
2   Holzinger, Numeri (1903)1.
3   Baentsch, Exodus, Leviticus, Numeri (1903) 443.
4   Snaith, Leviticus and Numbers (1967) 180.
5   Scharbert, Numeri (1992) 5.
6   Cf. par exemple Keil, Biblischer Kommentar (1862) "Préparatifs pour le départ d'Israël du Sinaï"; Dillmann, Numeri, Deuteronomium und Joshua (1886): "Ordre du camp et des Lévites, autres lois, préparation du départ du Sinaï"; De Vaulx, Les Nombres (1972): "Organisation du peuple de Dieu avant son départ pour la terre promise"; Bernini, Numeri (1972): "Organisation sociale d'Israël à la veille du départ du Sinaï".
7   Noth délimite en Nb 9,15-10,36 une unité littéraire qu'il intitule: "Aufbruch vom Sinai", où il intègre les textes législatifs concernant l'ordre de marche du peuple (Nb 9,15-10,10); cf. Noth, Numeri (1966) 65-72.
8   Pour Goldberg – Numeri (1970) 5-6 – la première partie du livre ne s'achève qu'en Nb 10,36, après le récit du départ en bon ordre du peuple.
9   Cf. Sturdy, Numbers (1976) 71; Budd, Numbers (1984) 103-104.
10   Cf. par exemple: Baentsch, Numeri (1903) iii; Noth, Numeri (1966) 13-14; Jagersma, Numeri (1988). En revanche, Olson adopte une position inverse (cf. Death of the Old [1985] 43-49). L'étude synchronique de cet auteur tente de démontrer que la cohérence interne du livre des Nombres dans son état actuel interdit d'en considérer la première partie comme la simple suite du livre du Lévitique.

forment cette "péricope du Sinaï", ces auteurs relèguent au second plan le fait qu'ils sont répartis dans trois livres différents du Pentateuque: l'Exode, le Lévitique et les Nombres.

Le consensus est très large pour voir dans le site géographique des "plaines de Moab" le critère littéraire permettant de regrouper les textes constituant la dernière partie du livre des Nombres. De même que le site du Sinaï en Nb 1,1–10,10 était relié au thème des "préparatifs de la marche", le site des plaines de Moab est parfois relié au thème des "préparatifs de l'installation"[11]. Une certaine correspondance est ainsi établie entre la première et la troisième parties du livre. La délimitation de ce dernier ensemble littéraire est assez variable en fonction des commentaires qui tous, pourtant, retiennent comme premier critère les données de lieu: en effet, si plusieurs auteurs situent, en fonction d'indices purement littéraires (première mention des plaines de Moab), en Nb 22,1 le début de cette section (Nb 22,1: "Les fils d'Israël se mirent en route, ils campèrent *dans les plaines de Moab*, au-delà du Jourdain, de Jéricho")[12], d'autres y intègrent les déplacements du peuple de Qadesh à Moab[13], tandis que certains enfin ne font débuter la dernière partie du livre qu'en Nb 26 – considérant que la thématique de Nb 25 (nouveau péché du peuple) rapproche ce dernier texte des épisodes de rébellion qui marquent la marche du peuple au désert[14].

Entre les textes qui se rattachent au site du Sinaï et ceux qui sont regroupés autour du site des steppes de Moab, les différents auteurs délimitent une partie centrale du livre, liée au site du désert, et dont beaucoup soulignent l'hétérogénéité et l'absence de thème unificateur.

Il est remarquable que la grande majorité des commentaires, partant des données géographiques pour proposer un plan du livre des Nombres, en restent à cette approche finalement assez superficielle puisqu'elle ne parvient pas à manifester la cohérence réelle du livre – en particulier de sa partie centrale: Nb 10,10–22,1. Hormis Olson[15], aucun auteur ne cherche à étudier le rapport existant entre les données topographiques et d'autres critères à partir desquels une structure synchronique du livre des Nombres pourrait être dégagée. Tout au plus, cherche-t-on à compléter l'étude des noms de lieux par une analyse systématique des données chronologiques

---

11 Cf. Budd, Numbers (1984) xvii; Milgrom, Numbers (1990) xv.
12 Keil, Biblischer Kommentar (1862); Dillmann, Numeri, Deuteronomium und Joshua (1886); De Vaulx, Les Nombres (1972); Sturdy, Numbers (1976); Riggans, Numbers (1983); Milgrom, Numbers (1990).
13 Baentsch, Exodus, Leviticus, Numeri (1903); Dentan, Numbers (1962); Noth, Numeri (1966); Snaith, Leviticus and Numbers (1967) font ainsi débuter la troisième partie du livre des Nombres en Nb 20,14 ou Nb 20,22.
14 Cf. par exemple Budd, Numbers (1984) xviii.
15 Cf. Olson, *op. cit.* (n. 10).

fournies par le texte. Il est vrai que la majorité des ouvrages cités relève d'une époque où l'intérêt de la recherche se concentrait sur l'étude diachronique des textes aboutissant à leur répartition entre les différentes sources documentaires.

C'est l'analyse et la comparaison du contenu de chacune des trois grandes sections du livre des Nombres – définies par une étude prenant comme point de départ les données géographiques du texte – qui peut permettre de confirmer ou d'infirmer la pertinence de leur délimitation en fonction de telles données.

1.2. Eléments communs aux trois sections du livre des Nombres

Un certain nombre de thèmes sont retrouvés dans chacune des sections du livre, délimitées en fonction de critères géographiques:

1.2.1. La désignation par le peuple de délégués à qui est assignée une mission particulière

Une telle procédure est utilisée à trois reprises dans le livre des Nombres:
En Nb 1,4-19, il s'agit de désigner *un homme par tribu* (מטה) pour assister Moïse et Aaron dans les opérations de recensement. Le texte précise que tous ces hommes sont:
- des chefs de famille – Nb 1,4: לבית-אבתיו ראש;
- des représentants de la communauté – Nb 1,16: קריאי העדה;
- des chefs de tribu – Nb 1,16: נשיאי מטות;
- et des chefs des milliers d'Israël – Nb 1,16: ראשי אלפי ישראל.
En Nb 13,2-16, Moïse envoie sur l'ordre de Yahvé un homme par tribu (מטה) reconnaître le pays de Canaan. Ces hommes sont également qualifiés de chefs (deux expressions: Nb 13,2 – נשיא; Nb 13,3 –ראשי בני-ישראל).
Enfin, *en Nb 34,16-29* des chefs (נשיא) – un par tribu (אחד ממטה) – se voient confier la charge d'assister Eléazar et Josué pour attribuer aux fils d'Israël leur patrimoine dans le pays.

Ce processus de désignation d'un chef par tribu intervient donc lors de trois événements de la vie du peuple qui semblent représentatifs de la tonalité et du thème propres à chaque grande section du livre des Nombres: l'organisation du peuple avant le départ du Sinaï; la conquête et son échec temporaire; la perspective de l'installation dans le pays. Pour Olson, chacune de ces trois listes de chefs "marque un tournant significatif du livre" , tout en aidant "à en relier le début, le milieu et la fin".[16]

---

[16] Olson, *ibid.*, 143.

1.2.2. *Textes concernant les lévites*

Première section: en Nb 1,50-54; 3,5-13; 3,40– 4,33; 8,23-26, le rôle des lévites est précisé, de même que les relations de service qui les attachent aux prêtres. Par ailleurs Nb 3,14-39 et Nb 4,34-49 concernent respectivement le recensement des lévites et celui des lévites en activité. Enfin, Nb 8,5-22 est le récit de l'entrée en service des lévites.

Deuxième section: parmi les motifs de la révolte des lévites contre Moïse et Aaron en Nb 16 figure leur prétention à exercer le sacerdoce (Nb 16,10). Les lois de Nb 18 définissent de nouveau les compétences respectives des prêtres et des lévites et précisent en outre quelles sont leurs sources de revenus.

Troisième section: le thème des revenus des prêtres et des lévites est abordé de nouveau dans le contexte du récit des représailles d'Israël contre Madian (Nb 31,25-47). D'autre part, le texte législatif de Nb 35,1-8 précise le statut des villes lévitiques.

Les rôles respectifs des prêtres et des lévites sont donc définis au Sinaï – dans la première section du livre des Nombres, remis en cause et réaffirmés dans la deuxième section. Des lois propres aux lévites – concernant en particulier la prise de possession du pays – sont également retrouvées dans la troisième section.

1.2.3. *Textes concernant le culte rendu à Yahvé – particulièrement les offrandes et sacrifices qui lui sont offerts*

Nb 7 décrit les offrandes qui sont apportées à Yahvé dans le contexte particulier de la consécration de la Demeure. Nb 15,1-21 rassemble un certain nombre de dispositions législatives concernant les offrandes végétales accompagnant un sacrifice. En Nb 28,1–30,1, un calendrier liturgique précise le type de sacrifices et d'offrandes propres à chaque fête.

Ainsi, Nb 7 décrit les offrandes apportées à Yahvé lors d'un événement précis et non réitérable – préalable au départ du peuple, tandis que Nb 28,1–30,1 décrit la pratique régulière d'un peuple installé ou en voie d'installation. Les dispositions législatives de Nb 15,1-21, données dans le cadre géographique du désert, le sont dans la perspective future de l'installation d'Israël en Canaan et peuvent être considérées comme une réaffirmation de la promesse du don du pays après la sanction intervenue contre le peuple en Nb 14.[17]

---

17 Cette interprétation est retenue par Olson (*ibid.* 171) et Milgrom, Numbers (1990) xiv. Selon ces auteurs, après le récit de la faute et de la condamnation d'Israël – entraînant son échec devant ses ennemis (Nb 14) – les lois rassemblées en Nb 15 et présentées

1.2.4. *Le thème de la mort*

Dans chacune des trois parties du livre, la mort vient sanctionner les fautes les plus graves du peuple.

Dans la première section, *la mort frappe celui qui s'approche (קָרֵב) de la demeure sans y être habilité ou sans respecter les règles codifiant le culte qui s'y déroule*:

1° La mort constitue une disposition pénale qui s'applique à l'homme " profane" (זָר) – c'est-à-dire étranger aux groupes ayant la charge du service du sanctuaire – qui s'approche de la Demeure:

Nb 1,51: "Quand la Demeure partira, les lévites la démonteront; quand la Demeure s'arrêtera, les lévites la dresseront. Le profane qui s'approchera sera mis à mort"

Nb 3,10: "Tu donneras leur charge à Aaron et à ses fils: ils garderont le sacerdoce. Le profane qui s'approchera sera mis à mort".

Nb 3,38: "Ceux qui campaient devant la Demeure à l'est – devant la tente de la rencontre, au levant – étaient Moïse, Aaron et ses fils qui conservaient la charge du sanctuaire, au service des fils d'Israël. Le profane qui approcherait serait mis à mort."

2° La mort vient frapper celui qui néglige les règles qui codifient le culte –

Nb 3,4: "Nadav et Avihou moururent devant YHWH, pour avoir présenté un feu profane devant YHWH, dans le désert du Sinaï. Et ils n'eurent pas de fils. Eléazar et Itamar furent prêtres en présence de leur père Aaron."

3° Enfin, les lévites qui outrepasseraient leurs attributions en touchant ou en regardant le sanctuaire seraient également frappés de mort:

Nb 4,15: "Quand on lève le camp, Aaron et ses fils achèvent d'envelopper le sanctuaire et tous les objets du sanctuaire. Après cela, les fils de Qehat viennent les emporter. Ils ne toucheront pas au sanctuaire: ils mourraient."

Nb 4,17-20: "YHWH dit à Moïse et Aaron: "N'exposez pas le groupe des clans de Qehat à être retranché du milieu des lévites. Faites-donc ceci pour eux, pour qu'ils vivent et qu'ils ne meurent pas en approchant des choses très saintes: Aaron et ses fils viendront et les placeront chacun devant sa tâche et devant ce qu'il aura à porter. Ils ne viendront pas regarder, ne fût-ce qu'un instant, le sanctuaire: ils mourraient."

---

dans la perspective de l'entrée dans le pays (15,2.18) ont pour fonction de souligner le caractère provisoire de la sanction énoncée en Nb 14,26-38. Seule la première génération est éliminée:
Nb 14,31: "Et vos enfants dont vous avez dit qu'ils seraient un butin, je les ferai entrer et ils connaîtront le pays que vous avez rejeté."
Nb 15,2: "Lorsque vous serez entrés dans le pays où vous habiterez – que moi, je vous donne".

Ainsi, dans la première section du livre des Nombres, le thème de la mort intervient dans un *contexte exclusivement cultuel*: la mort est inévitable pour celui qui, volontairement ou non, s'approche de manière inappropriée de la demeure de Yahvé.

Dans le deuxième section du livre, la mort sanctionne deux types de comportements: la rébellion de tout ou partie du peuple contre Yahvé; les manquements volontaires aux lois et aux commandements prescrits par Yahvé.

1° La rébellion contre Yahvé prend deux formes:
- Le manque de foi en Yahvé,
- la mise en cause de l'organisation du peuple.

Le manque de foi en Yahvé: tour à tour, le peuple tout entier, ses chefs, puis enfin Moïse et Aaron manifestent leur manque de foi en Yahvé.

En Nb 13–14, les hommes envoyés reconnaître le pays (choisis parmi les responsables des tribus) effectuent un compte-rendu calomniateur, le peuple refuse de monter à la conquête de Canaan et rejette les projets de Yahvé en voulant se doter de ses propres chefs (cf. Nb 14,4) pour retourner en Egypte. Yahvé dénonce le manque de foi du peuple (cf. Nb 14,11: "Jusqu'à quand ce peuple me méprisera-t-il, et jusqu'à quand ne croira-t-il pas en moi ?"). Les éclaireurs fautifs trouvent la mort (Nb 14,36), tandis que la première génération du peuple est condamnée par Yahvé à mourir dans le désert (Nb 14,27-35) et que cette sanction trouve un début de réalisation dans la défaite de Horma (Nb 14,40-45). Seuls, ceux qui ont été fidèles (Caleb et Josué) sont préservés.

En Nb 20,1-13, Moïse et Aaron eux-mêmes manquent de foi envers Yahvé et se voient exclus de la promesse du don du pays. (Nb 20,12: "YHWH dit à Moïse et à Aaron: "Parce que vous n'avez pas cru en moi, en ne me manifestant pas comme saint aux yeux des fils d'Israël; eh bien, vous ne ferez pas entrer cette assemblée dans le pays que je leur donne."). Le récit de la mort d'Aaron (Nb 20,22-24) comme le rappel de la mort prochaine de Moïse (Nb 27,12-13) viennent confirmer, dans la suite du texte, la sanction qui les frappe.

La mise en cause de l'organisation du peuple: en Nb 16-17, le conflit entre Aaron et les lévites qui revendiquent le sacerdoce se conclut par la mort de ces derniers: leur offrande n'est pas agréée par Yahvé dont ils ont voulu transgresser les lois en outrepassant leurs droits: Nb 17,5a: "Mémorial pour les fils d'Israël afin que *n'approche pas le profane* qui n'est pas de la descendance d'Aaron, pour faire brûler de l'encens devant YHWH". Datan, Abiram et ses partisans mettent quant à

eux en cause l'autorité de Moïse et la légitimité de sa charge (Nb 16,2-3) :
"Ils s'élevèrent contre Moïse avec 250 des fils d'Israël: des chefs de la
communauté, des délégués de l'assemblée, des hommes de renom. Ils
s'assemblèrent contre Moïse et Aaron et leur dirent: "Assez ! Car tous les
membres de la communauté sont saints et YHWH est au milieu d'eux.
Pourquoi vous élevez-vous au-dessus de l'assemblée de YHWH ?" Cette
contestation, comme leur refus de monter dans le pays, entraîne leur mort.

En Nb 20,1 enfin, la simple mention de la mort de Myriam participe de
la même thématique – même si le texte n'établit pas de relation explicite
entre la faute de Myriam (décrite par le récit de Nb 12) et sa mort: Myriam
a en effet contesté l'autorité de Moïse, et s'est par là-même opposée au
projet de Yahvé et à la manière dont il dirige son peuple au désert.

2° Les manquements volontaires aux lois et aux commandements prescrits
par Yahvé (cf. Nb 15; 18):
La violation délibérée du sabbat entraîne la mort de son auteur (Nb 15,32-
36). De même, approcher Yahvé sans y être habilité est une faute punie de
mort (Nb 18).

Ainsi, la mort sanctionne de la même manière les différentes rébellions
contre Yahvé décrites par les récits, et les manquements volontaires à ses
ordonnances énoncées dans les textes législatifs de la deuxième section du
livre des Nombres. La conclusion de Nb 17 établit d'ailleurs un lien entre
les deux types de comportements susceptibles d'être punis: la mort risque
de venir frapper tous ceux qui expriment des murmures contre Yahvé
(rébellion), comme ceux qui approchent indûment de la demeure
(trangression des lois cultuelles):
Nb 17,25-28: "YHWH dit à Moïse: "Ramène le bâton d'Aaron devant la
charte afin de le garder comme signe pour les fils de la révolte. Tu feras
cesser leurs *murmures* d'au-dessus de moi et *ils ne mourront pas*". Et Moïse
fit comme YHWH le lui avait ordonné. Il fit ainsi. Les fils d'Israël dirent à
Moïse: "Voici, nous expirons, nous périssons, nous périssons tous ! *Tous
ceux qui approchent la Demeure de YHWH meurent*. Est-ce que nous avons
fini d'expirer?"

En rapprochant les deux axes autour desquels se déploie le thème de la
mort (mort de l'homme qui viole les lois de Yahvé et qui, de ce fait, ne peut
plus se tenir en sa présence / mort du rebelle qui s'oppose au projet de
Yahvé), Nb 17,25-28 suggère que la rébellion du peuple ou de certains de
ses membres revêt la même signification que la transgression des lois
données par Yahvé à Israël – et particulièrement des lois cultuelles dont
l'objet est de préciser qui est admis en présence de la demeure de Yahvé:
lors de la marche et du séjour au désert, le peuple vit dans la proximité de

Yahvé, la tente de la rencontre accompagne ses déplacements et les sanctions prononcées contre le peuple ou contre ses chefs sont toujours précédées de l'apparition de la gloire de Yahvé (Nb 14,10; 16,19; 17,7; 20,6). Ainsi, la mort peut être interprétée comme la conséquence inévitable du face-à-face entre Yahvé et un peuple pécheur – quel que soit son péché – car seul un peuple saint est appelé à vivre dans la proximité de Dieu (cf. Nb 15,37-40: "YHWH dit à Moïse: Parle aux fils d'Israël. Tu leur diras qu'ils se fassent une frange sur les bords de leurs vêtements – pour toutes leurs générations. Ils mettront sur la frange du bord un fil de pourpre. Ce sera pour vous une frange. Vous la verrez et vous vous souviendrez de tous les commandements de YHWH, et vous les ferez. Vous n'explorerez pas en fonction de vos coeurs et de vos yeux, en fonction desquels vous seriez des prostitués. Afin que vous pensiez à accomplir tous mes commandements, et que vous soyez saints devant votre Dieu").

La troisième section du livre des Nombres se réfère à plusieurs reprises aux récits des fautes du peuple et de ses chefs qui caractérisent la deuxième section (Nb 26,9-10.65; 27,3): ces fautes et la peine de mort qu'elles entraînent *ont valeur d'exemple* (Nb 26,10: "La terre, ouvrant sa gueule, les engloutit ainsi que Coré, lorsque mourut sa bande et que le feu mangea deux cent cinquante hommes: ils servirent d'exemple"; Nb 32,8-13).

1.2.5. Synthèse

Il existe donc un réseau de correspondances thématiques entre les trois sections du livre des Nombres. Ces thèmes communs (désignation de représentants pour chaque tribu, lois propres aux lévites, offrandes prescrites, mort) ont des contextes sensiblement différents: dans la première section, ils prennent place dans l'ensemble des dispositions d'organisation du peuple et du culte avant le départ du Sinaï. Dans la deuxième section, le contexte est celui d'une série de crises opposant le peuple à Moïse et Aaron, et à travers eux, à Yahvé lui-même. Dans la troisième section enfin, le contexte est celui de la perspective presque immédiate de l'installation en Canaan.

Ce réseau de correspondances se trouve encore enrichi par le lien qui existe entre Nb 1 et Nb 26: au recensement des hommes de plus de vingt ans effectué avant le départ du Sinaï (Nb 1,1-44), répond le recensement (Nb 26,1-51) de la génération suivante (26,63-65) effectué avant le partage du pays. De même, au premier recensement des lévites (Nb 3,14-39; 4,34-49) correspond un second recensement (26,57-62)[18].

L'existence d'un tel réseau de correspondances invite à rechercher la spécificité de chaque grande section du livre des Nombres au moyen d'une analyse des rapports qu'elle entretient avec les autres sections: les correspondances disent la continuité du texte, les différences vont permettre de préciser les caractéristiques de chaque section.

1.3. Cohérence et spécificité de la première section

Deux types d'éléments manifestent l'unité de la première section du livre des Nombres: des indices littéraires et un thème commun.

1.3.1. Indices littéraires

Les indices littéraires invitent à modifier la délimitation qui a été proposée en fonction d'une première analyse des noms de lieu: il apparaît en effet plus fidèle au texte de relier Nb 10,11-36 à la première partie du livre et de ne faire débuter la deuxième section qu'en Nb 11,1. Trois types d'éléments contribuent à ce choix:

1° *Les précisions de lieu*: formellement, en Nb 10,11 les fils d'Israël quittent le désert du Sinaï en direction du désert de Paran (qu'ils atteignent, dans le texte, en Nb 12,16). Le verbe נסע (se mettre en route) est utilisé pour décrire cette action. Ce terme, dont l'usage répété est un élément d'unification de Nb 10,11-36 (cf. Nb 10,12.13.14.17.18.21.22.25.28.29.33. 33.34.35), semble en outre relier Nb 10,11-36 aux notices d'itinéraire des chapitres suivants (cf. Nb 11,35; 12,16; 20,22; 21,4.10.11.12.13; 22,1). נסע est également utilisé en Nb 2,34 dans le contexte de la description du campement des fils d'Israël: la disposition du campement correspond en effet à la disposition du peuple lorsqu'il se met en marche (Nb 2,34: "Les fils d'Israël agirent en tout selon ce que YHWH avait ordonné à Moïse. Ainsi, ils campèrent (חנו) selon leurs étendards, et ainsi ils se mirent en route (נסעו), chacun dans son clan, avec la maison de ses pères"). Précisément, la séquence de l'énumération des tribus en Nb 2 est strictement identique à celle adoptée en Nb 10,11-28 d'une part (description du départ), en Nb 7 d'autre part (description de l'offrande des tribus d'Israël à l'occasion de la dédicace de la demeure). Cet ordre est le suivant:

  Camp de Juda: Juda, Issakar, Zabulon

---

[18] Pour Olson (cf. *op. cit.* n. 10), les deux recensements de Nb 1 et Nb 26 doivent être considérés comme la base de la structure du livre des Nombres dans son état actuel. Sa thèse est présentée et discutée plus bas.

Camp de Ruben: Ruben, Siméon, Gad
Camp des Lévites.
Camp d'Ephraïm: Ephraïm, Manassé, Benjamin
Camp de Dan: Dan, Asher, Nephtali.
On peut considérer la répétition à 3 reprises de cette séquence comme un élément d'unification littéraire de Nb 1,1–10,36 – la liste de Nb 2 et celle de Nb 10,11-28 formant en outre une inclusion.

Par ailleurs, si l'on envisage exclusivement les noms de lieu, ce n'est qu'en Nb 11,3 que le texte fournit le nom d'une première étape du peuple: Tavera.

2° *La césure entre Nb 10,36 et Nb 11,1*: Nb 10,11-36 présente un peuple en ordre de marche (10,11-28) précédé et protégé par l'arche de l'alliance de Yahvé (Nb 10,33.35-36)[19]. Brutalement, en Nb 11,1, la tonalité et le thème du récit changent, avec un épisode de protestation du peuple.

3° *Les données chronologiques:* seule la première section du livre des Nombres comporte des textes dont l'introduction mentionne, de manière précise, la date – se référant à un calendrier dont le point de départ est la sortie d'Egypte. *A partir de Nb 11,1 les données chronologiques sont absentes ou incomplètes (Nb 20,1)*[20]. La mention solennelle de la date dans l'introduction de Nb 10,11-28 invite donc également à relier ce texte à la première partie du livre des Nombres.

---

[19] L'expression "arche de l'alliance de YHWH" n'est utilisée que deux fois dans le livre des Nombres: en Nb 10,33, l'arche de l'alliance précède le peuple et reconnait le lieu où il pourrait camper. En revanche, en Nb 14,44 l'arche de l'alliance demeure dans le camp avec Moïse, et les fils d'Israël sont battus par les Amalécites et les Cananéens à Horma.

[20] A noter cependant l'exception que constitue Nb 33,38: Nb 33 récapitule les différentes étapes de l'itinéraire du peuple depuis l'Egypte jusqu'au Jourdain et date en effet de manière précise la mort d'Aaron – que le récit de Nb 20,22-29 situe lors de la première étape du peuple après Qadesh – à Hor-la-Montagne. Certains commentateurs utilisent cette indication chronologique ("Sur l'ordre de YHWH, le prêtre Aaron monta à Hor-la-Montagne et c'est là qu'il mourut, quarante ans après la sortie des fils d'Israël du pays d'Egypte, au cinquième mois, le premier du mois") ainsi que celle fournie par Dt 1,3 ("L'an quarante, le onzième mois, le premier du mois") pour calculer avec grande précision la durée de chacune des trois grandes sections du livre des Nombres. C'est par exemple le cas de Dentan (cf. Numbers [1962] 567-571) qui chiffre à 20 jours le séjour au Sinaï de Nb 1,1–10,10, à 38 ans le séjour au désert de Nb 10,11–20,13, et enfin à 5 mois la marche vers les plaines de Moab et le séjour qui s'y déroule (Nb 20,14–36,13)! Noth souligne au contraire l'imprécision des données chronologiques de Nb 20,1: la mention de l'année manque, ce qui "laisse ouverte la question de savoir si les 40 années de Nb 14,33 se sont écoulées sans que rien n'en ait été dit." (Numeri [1966] 127). Il importe de souligner ici que l'analyse synchronique du texte ne s'intéresse pas aux données chronologiques comme telles, mais à la fonction unificatrice que peut avoir au sein de tel ou tel ensemble littéraire l'usage de ces données: en ce sens, les indices chronologiques sont un facteur de cohésion de Nb 1,1–10,10, et invitent à relier Nb 10,11-28 à cette première grande section du livre des Nombres.

1.3.2. Unité thématique de la première section

L'unité thématique des textes rassemblés en Nb 1,1–10,36 vient confirmer la délimitation adoptée en fonction d'indices strictement littéraires. La plupart des textes de la première section du livre des Nombres ont en effet pour objet l'organisation du peuple dans la perspective du départ du Sinaï: les fils d'Israël sont dénombrés par tribu (Nb 1), puis la disposition du camp en vue du départ est précisée (Nb 2). Au milieu du peuple se situe la Demeure qui est consacrée (Nb 7) et dont le service par les prêtres et les lévites est organisé (Nb 3-4). Les lévites sont eux-mêmes recensés et entrent en fonction (Nb 8). Enfin, les modalités de la marche du peuple sont indiquées (Nb 9,15-10,10). C'est un peuple dénombré, en ordre, ayant en son centre la Demeure qui quitte le Sinaï en Nb 10,11ss.

En ce sens, les titres que la majorité des commentaires attribuent à cette première section du livre des Nombres (préparatifs pour le départ) sont fidèles à son contenu. Pour autant, ils ne manifestent pas les rapports qu'elle entretient avec les sections suivantes du livre.

Par ailleurs, un certain nombre de textes législatifs (Nb 5–6) entrent plus difficilement dans ce cadre général. Leur contenu est très divers, mais – ainsi que le remarque Milgrom[21] – la plupart de ces textes (qui concernent la réparation des péchés, la loi sur la jalousie, le naziréat, le rituel de bénédiction) ont en commun de décrire avec précision le *rôle joué dans des circonstances particulières par le prêtre,* dans l'application d'une loi bien définie et dans la mise en oeuvre des rites qui l'accompagnent.

1.4. Cohérence et spécificité de la troisième section du livre des Nombres: Nb 22,1-36,13

1.4.1. Indices littéraires

La cohérence de cette section repose d'abord sur les données topographiques fournies par le texte: à partir de Nb 22,1, la situation géographique des fils d'Israël devient stable et est définie à l'aide de trois éléments qui sont associés dans deux types de formules:

ערבות מואב מעבר לירדן ירחו - (les plaines de Moab, de l'autre côté du Jourdain de Jéricho: Nb 22,1);

ערבות מואב על-ירדן ירחו - (les plaines de Moab, au bord du Jourdain de Jéricho: Nb 26,3.63; 31,12; 33,48.50; 35,1; 36,13).

---

[21]   Cf. Milgrom, Numbers (1990) XIV.

1.4.2. *Unité thématique*

Le *thème de la prise de possession imminente du pays* domine la troisième section du livre des Nombres: ce thème est bien entendu retrouvé dans les nombreux textes concernant le partage du pays: Nb 26,52-56; Nb 32; Nb 33,50-56; Nb 34,13-29; Nb 35,1-8[22]. Mais on peut également y rattacher le recensement de Nb 26,1-51, car le partage du pays est fonction de l'importance numérique de chaque tribu (Nb 26,53-56). Par ailleurs, les ordonnances liturgiques de Nb 28,1-30,1 prescrivent un certain nombre d'offrandes végétales qui supposent une vie sédentaire et régulière – et donc une prise de possession du pays. Nb 34,1-12 précise les frontières du pays, tandis que Nb 35,9-34 institue des villes de refuge pour les meurtriers: ces deux derniers textes peuvent donc facilement être rattachés à la même thématique. C'est également le cas de Nb 27,1-11 et de Nb 36,1-12 qui abordent le cas particulier de l'héritage de la terre en cas d'absence de descendance masculine.

Un certain nombre de textes rentrent plus difficilement dans ce cadre:

- Nb 25 et Nb 31 qui relatent respectivement l'apostasie du peuple en faveur du Baal de Péor, et l'expédition militaire contre les Madianites qui en est la conséquence.

- Nb 30,2-17 (lois concernant les voeux).

- Nb 22,2-24,25: les oracles de Balaam ne peuvent être inclus dans le thème général de "la prise de possession imminente du pays". Cependant, en réaffirmant la bénédiction de Yahvé pour Israël[23], ils peuvent être considérés comme une introduction à ce thème, puisque la prise de possession du pays est la réalisation concrète de cette bénédiction.

1.5. *Synthèse*

La délimitation – à partir des seules données géographiques du texte – de trois sections dans le livre des Nombres fait apparaître à chaque extrémité du livre un "pôle" qui revêt une réelle spécificité. Le texte associe en effet le site géographique du Sinaï aux opérations de dénombrement et d'organisation militaire et cultuelle du peuple – opérations préalables au départ vers le pays promis. Le site géographique de la plaine de Moab est quant à lui lié aux préparatifs concrets de la conquête désormais imminente, et à la

---

[22] Le vocabulaire utilisé pour désigner l'action de partager le pays est assez diversifié. On note cependant les nombreuses occurrences du verbe נחל – recevoir/donner en possession (au Qal: Nb 26,55; 32,19; 34,17.18; 35,8; au piel: Nb 34,29; au hithpael: Nb 32,18; 33,54.54; 34,13).

[23] Cf. Nb 23,7-10.19-24; 24,3-9.

mise en place d'ordonnances cultuelles adaptées à une vie devenant sédentaire. C'est une nouvelle génération, dénombrée par un second recensement, qui reçoit dans la plaine de Moab les instructions de Yahvé.

Entre ces deux pôles, la marche du peuple et les crises successives qui la caractérisent: ces crises sont les manifestations de l'opposition croissante des Israélites contre Yahvé. Elles ont pour corollaire la remise en cause de l'organisation du peuple mise en place au Sinaï: Moïse veut renoncer à sa charge en Nb 11, son autorité exclusive est contestée par Myriam et Aaron en Nb 12, le peuple veut se donner un autre chef en Nb 14, les lévites revendiquent pour eux-mêmes les prérogatives des prêtres en Nb 16.

La conséquence ultime de l'opposition du peuple est l'annulation de la promesse du don du pays pour la première génération: seule la génération des fils entrera en Canaan. Le jeu des personnages illustre bien ce passage d'une génération à une autre: en Nb 11,1–22,1 se croisent les personnages de la première et de la deuxième génération:

1ère Génération:
Aaron: le récit de la mort d'Aaron intervient en Nb 20,22-29.
Myriam – dont la mort est relatée en Nb 20,1.
Moïse – dont le récit de Nb 20,2-13 annonce qu'il n'entrera pas dans le pays promis.

2ème génération:
Eléazar: Nb 17,2.4; 19,3.4; 20,25.26.28.28
Deux personnages font le lien entre ces deux générations et symbolisent la permanence de la promesse de Yahvé à son peuple: Caleb et Josué – ce dernier étant destiné à succéder à Moïse[24].

La marche vers le pays promis, la remise en cause de l'organisation du peuple mise en place au Sinaï, l'opposition croissante du peuple contre Yahvé et les sanctions qui en résultent, la disparition de la première génération – qui n'annule pas la promesse de Yahvé envers son peuple – sont donc les thèmes généraux qui caractérisent Nb 10,11-22,1.

A ce stade de l'analyse synchronique, *un réseau de correspondances* peut être dégagé. Ces correspondances, résumées dans le tableau qui suit, font apparaître que les données géographiques – qui ont permis de mettre en évidence une première structure du texte – constituent un excellent point de départ pour la compréhension synchronique du livre des Nombres.

---

[24]   Olson souligne que le personnage de Caleb est représentatif du sud, tandis que celui de Josué, issu de la tribu d'Ephraïm est représentatif du Nord: à travers ces deux personnages, c'est la continuité de la promesse de Yahvé pour l'ensemble d'Israël – tant le nord que le sud – qui serait ainsi affirmée, cf. Death of the Old (1985) 137.

SINAI	*DU SINAI A MOAB*	*PLAINES DE MOAB*
• Préparation du départ	• Marche du peuple	• Préparation de l 'installation
• Organisation du peuple	• Contestation de l'organisation	• Organisation du peuple.
• Obéissance du peuple	• Opposition du peuple	• Obéissance du peuple.[25]
• Première génératiion	• De la première à la deuxième génération	• Deuxième génération
• Promesse d'un pays (Nb 10)	• Sanctions et réaffirmation de la promesse (Nb 14-15)	• Réaffirmation de la de la promesse. (Nb 22-24)

Ces premiers résultats de l'analyse synchronique doivent être confrontés avec les conclusions d'une étude de même nature réalisée il y a quelques années: Olson est le seul auteur récent qui ait tenté de rendre compte sur un plan synchronique de l'ensemble du livre des Nombres. Le titre de son ouvrage (The Death of the Old and the Birth of the New) résume la thèse qu'il soutient: le livre des Nombres décrit le remplacement d'une génération du peuple d'Israël par une autre, la génération ancienne a péché contre Yahvé et est condamnée à disparaître. Mais la promesse du don du pays persiste et est faite à une nouvelle génération pour qui le destin de la génération précédente doit servir de mise en garde. Cette interprétation du livre des Nombres repose sur la structure qui en est proposée par l'auteur – structure dont les deux piliers sont les recensements de Nb 1 et Nb 26. Olson effectue d'abord la critique des structures synchroniques reposant sur des critères géographiques, chronologiques ou thématiques:

Faisant une revue exhaustive de la littérature récente, il constate la variété des plans proposés à partir de *critères géographiques*. L'auteur en conclut qu'une telle division du livre revêt un caractère arbitraire: si les indications géographiques peuvent signaler des transitions importantes, elles ne parviennent pas à rendre compte des articulations principales du texte[26]. Par exemple, c'est à partir des seuls critères géographiques que certains auteurs (tel Wenham[27]) délimitent en Ex 19,1–Nb 10,10 une "péricope du Sinaï": selon Olson, cette appellation ne tient pas suffisamment compte de la diversité des textes rassemblés sous cet unique titre ni de

---

25 L'obéissance du peuple est manifeste en Nb 32 lorsque Moïse met en garde les fils de Gad et les Fils de Ruben, pour qu'ils ne retombent pas dans les erreurs de leurs pères. En revanche, le texte de Nb 25 semble contredire ce thème: le peuple offre des sacrifices aux dieux de Moab. Ce point est repris plus bas, dans la discussion de la thèse d'Olson.

26 Cf. Olson, *ibid.* 35.

27 Cf. Wenham, Numbers (1981) 14-18, cité par Olson, *ibid.*, 26-27.

la délimitation des différents livres du Pentateuque (Exode, Lévitique, Nombres) dans sa forme définitive[28].

De même, selon l'auteur, les *indicateurs chronologiques* apparaissent inadéquats pour dégager une structure, dans la mesure où ils sont quasiment absents de la plus grande partie du livre. Pour Olson, les dates fonctionneraient dans le livre des Nombres comme de simples "signaux d'événements importants"[29].

Enfin, *les thèmes* communs à telle ou telle partie du livre des Nombres relèvent essentiellement, pour l'auteur, de la subjectivité des commentateurs et ne s'appuient pas suffisamment sur des réalités sociologiques ou historiques spécifiques d'Israël[30].

Devant l'impasse des tentatives précédentes, Olson propose de voir dans les listes de recensement la "charpente unificatrice" du livre des Nombres. Ces listes introduisent les deux grandes parties du livre qui correspondent à deux générations successives du peuple de Dieu: une génération meurt dans le désert (Nb 1-25), la génération suivante a la perspective d'entrer dans le pays promis (Nb 26-36)[31].

Les quatre arguments sur lesquels Olson fait reposer cette hypothèse sont les suivants:

1° Les listes respectives des deux recensements sont introduites par des formules parallèles (Nb 1,2-3; 26,2), les 12 tribus y sont nommées dans le même ordre (hormis l'inversion de Manassé et Ephraïm). Chaque liste est précédée de données chronologiques (mention de la date en Nb 1,1; expression: "après le fléau" en Nb 25,19[32]) ainsi que d'une notice géographique ("Dans le désert du Sinaï": Nb 1,1; "dans les plaines de Moab": Nb 26,3). Enfin, dans les deux cas, le recensement du peuple précède le recensement des Lévites (Nb 3-4; 26,57-62). Pour l'auteur, ces parallélismes manifestent une volonté rédactionnelle délibérée de souligner les rapports existant entre les deux listes. La nouveauté des noms de la liste de Nb 26 et l'énumération par cette seconde liste des clans de chaque tribu veulent exprimer le renouvellement des générations et le développement des familles tribales[33].

---

28 En outre, Olson souligne la tension qui existe entre l'expression "désert du Sinaï", retrouvée en Ex 19,1-2 et Nb 1,1–10,10, et d'autre part l'expression "Mont-Sinaï" qui prévaut entre ces deux textes – mis à part Lv 7,38.

29 Cf. Olson, *ibid.* 34.

30 Cf. Olson, *ibid.* 36.

31 Cf. Olson, *ibid.* 83.

32 Ce dernier point est contestable: Nb 1,1 mentionne la date de manière précise, tandis que l'indication de Nb 25,19 est d'une autre nature: elle ne fait qu'indiquer la succession de deux événements.

33 Cf. Olson, *ibid.* 86-87.

2° Les deux grandes parties du livre des Nombres (1–25; 26-36) présentent une série de correspondances: outre le fait qu'elles commencent toutes deux par un recensement des tribus suivi d'un recensement des Lévites, Olson relève les éléments suivants[34]:
- La seconde partie du livre se réfère plusieurs fois à des événements ou des lois de la première partie (en particulier Nb 32,6-15 se réfère à Nb 13–14).
- Les dispositions législatives abordées dans chacune des deux parties se correspondent: dispositions particulières pour les femmes (Nb 5; Nb 30); prescriptions concernant le revenu ou les biens des lévites (Nb 18,21-32; Nb 35).
- En Nb 1–25 comme en Nb 26–36 sont retrouvés des textes concernant les offrandes (Nb 7; 15; 28–29), ou encore la célébration de la Pâque (Nb 9,1-14; 28,16-25).
- A la liste d'explorateurs de Nb 13 correspond la liste de chefs de Nb 34.
- Nb 31 constitue une suite du récit de Nb 25 (compromission avec les dieux des Moabites).
3° Pour l'auteur, chacune des deux sections introduites par les recensements présente une réelle cohésion interne[35]:
La première section rassemble les textes traitant des préparatifs de la marche dans le désert, puis les récits de cette marche émaillée de diverses révoltes. Les textes qui, en première analyse, semblent peu cohérents avec ce thème (lois de Nb 15; cycle de Balaam en Nb 22–24) auraient pour fonction de réaffirmer la promesse du don du pays dans un ensemble narratif dont la tonalité dominante est pessimiste. L'auteur considère qu'avec la punition du peuple qui suit sa compromission avec les Moabites (Nb 25), les derniers membres de la première génération ont disparu[36]. La seconde section que Olson délimite est comprise dans l'inclusion formée par Nb 27,1-11 et Nb 36 (textes concernant les filles de Celofehad). Sa tonalité est, selon l'auteur, entièrement positive – l'ensemble des textes se situant dans la perspective de la prise de possession prochaine du pays.
4° Enfin, pour Olson, Nb 13–14 est le "texte-clef" qui donne les motifs du passage d'une génération à une autre[37]: le projet que forme le peuple de retourner en Egypte est l'équivalent d'une rupture avec Yahvé. Dès lors, la première génération se trouve exclue de la promesse. La sanction exposée en Nb 14,26-38 se réfère explicitement par sa formulation au recensement de Nb 1:

---

34 Cf. Olson, *ibid.* 87-88.
35 Cf. Olson, *ibid.* 88-89.
36 Cf. Olson, *ibid.* 96. Ce dernier point constitue une interprétation du texte qui ne fait que mentionner le nombre des victimes: 24000.
37 Cf. Olson, *ibid.* 182, n. 4.

Nb 14,29-30: "Dans ce désert tomberont vos cadavres et vous tous qui avez été comptés, pour que vous soyez tous dénombrés – à partir des jeunes de 20 ans et plus – vous qui avez murmuré contre moi, jamais vous n'entrerez dans le pays où j'ai levé la main pour que vous y habitiez".

Nb 1,3: "Les hommes de vingt ans et plus, tous ceux qui servent dans l'armée d'Israël, recensez-les par armées".

D'autre part, la conclusion du second recensement fait explicitement référence à Nb 14:

Nb 26,63-65: "Tels sont ceux que Moïse et le prêtre Eléazar recensèrent lorsqu'ils firent le recensement des fils d'Israël dans les plaines de Moab, au bord du Jourdain à la hauteur de Jéricho. Parmi eux, *il ne restait plus un seul homme de ceux qu'avaient recensés Moïse et le prêtre Aaron, lorsqu'ils firent le recensement des fils d'Israël* dans le désert du Sinaï. Car YHWH leur avait dit qu'ils devaient mourir dans le désert; et en effet, il n'en restait pas un, excepté Caleb fils de Yefounné, et Josué, fils de Nun."

Ainsi, les relations qui existent entre le récit des chapitres 13–14 – qui "présente de manière claire le thème qui unifie le livre des Nombres[38]" – et les chapitres 1 et 26 confirment, selon Olson, la structure du livre des Nombres qui s'articule autour des deux recensements – correspondant aux deux générations qui se succèdent dans le livre[39].

Evaluation de la thèse d'Olson: manifestement, la substitution d'une génération à une autre fournit une clef de compréhension relativement nouvelle de la structure du livre des Nombres. Les remarques de l'auteur soulignant le parallélisme de Nb 1 et de Nb 26, ainsi que les liens existant entre Nb 1 et Nb 26 d'une part, Nb 13–14 de l'autre sont tout-à-fait fondées. Cependant, les observations d'Olson font parfois violence au texte: en particulier, aucun élément objectif du récit n'indique que le fléau de Nb 25 concerne la première plutôt que la seconde génération: l'intervention du prêtre Pinhas – qui appartient à la seconde génération – pour mettre fin à la sanction de Yahvé peut même constituer un argument qui vient contredire la lecture qu'effectue l'auteur. Or une telle interprétation du texte est indispensable pour que la délimitation qu'il en propose (Nb 1–25: 1ère génération; Nb 26–36: seconde génération) puisse être maintenue. Cette

---

[38] Olson, *ibid.* 129.

[39] L'auteur développe par ailleurs une argumentation prenant pour point de départ l'étude des formules de "tolᵉdot" (תולדת אלה voici les générations...) et l'ensemble des généalogies du Pentateuque, aboutissant à la conclusion que le thème de la persistance de la promesse à travers le renouvellement des générations est utilisé, à un stade tardif de la littérature, pour structurer l'ensemble Genèse-Nombres (cf *ibid.* 98-113). La discussion de cette hypothèse sort du cadre de cette étude synchronique.

remarque est cependant relativement secondaire. La thèse développée par
Olson soulève en effet deux questions plus fondamentales:
1° Faut-il considérer le maintien de la promesse de Yahvé à travers la
succession de deux générations comme la seule clef de lecture possible du
livre des Nombres ?
2° L'analyse de l'auteur rend-elle compte de l'ensemble des problèmes
posés par une lecture synchronique du livre des Nombres ?
Première question: le souci de systématisation de l'auteur le conduit à des
généralisations parfois rapides: la comparaison effectuée entre les deux
grandes sections qu'il distingue dans le livre des Nombres (Nb 1–25; Nb
26–36) lui permet de repérer une série de correspondances. Mais celles-ci
ne sont-elles pas trop partielles pour légitimer la structure proposée, à
l'exclusion de toute autre ? Par ailleurs, c'est essentiellement sur des
arguments thématiques – voire sur la "tonalité du texte[40]" – que la cohésion
interne de chacune des sections est appréciée et l'auteur risque ici de
connaître la limite même qu'il perçoit dans un certain nombre de
commentaires: celle de la subjectivité. En réalité, la mise en avant du thème
du renouvellement des générations conduit Olson à sous-estimer d'autres
pistes possibles, qui permettent également de rendre compte de la structure
du livre des Nombres: il considère en particulier les données géographiques
comme insuffisantes pour fonder une structure. S'il est clair en effet que
l'étude synchronique du texte ne peut se contenter de telles données pour
parvenir à des conclusions fiables, ne peut-on pas à l'inverse estimer que
toute proposition de structure doit *également* tenir compte de ces données ?
Or, la bipartition proposée par Olson relativise la rupture existant entre les
textes rattachés au site du Sinaï, et ceux liés à la marche dans le désert[41].
Seconde question: la plupart des commentaires du livre des Nombres
soulèvent – sans la résoudre – la question de l'hétérogénéité de sa composition, particulièrement dans la section centrale du livre où alternent récits
et lois. Olson n'aborde que de manière assez partielle ce problème. La seule
remarque qu'il effectue concerne les liens qui unissent Nb 14 et Nb 15: les
lois de Nb 15 sont interprétées comme le lieu de la réaffirmation de la
promesse de Yahvé après la sanction qui conclut le récit de Nb 14.
On peut donc reprocher de manière légitime à Olson d'avoir insuffisamment pris en compte d'autres possibilités de lecture du livre des Nombres et
de laisser en suspens l'importante question du rapport récits/lois. Cepen-

---

[40] La formule suivante fournit une excellente illustration de ce dernier point: "The second
half of Numbers, therefore, is uniformly hopeful and positive in tone"; *ibid.* 89.
[41] L'auteur situe cependant en Nb 10,36/11,1 la césure principale de la première partie du
livre – marquée par un changement brutal de la tonalité du récit (cf. *ibid.* 121-122.145).

dant, toute analyse synchronique du livre doit intégrer les observations de cet auteur: une des axes autour desquels le texte est construit est *le passage d'une génération à une autre*, et une évaluation critique de la structure prenant pour appui les données géographiques du texte doit tenir compte de cette donnée: le tableau de "correspondances" établi plus haut indique que la première section du livre (délimitée en fonction de critères géographiques) correspond à la première génération, la seconde section au passage d'une génération à une autre, la troisième section à la seconde génération. La structure qui part des données géographiques ne semble donc pas contredire celle, proposée par Olson, qui cherche à refléter la succession des générations : elle lui est superposable. Il existe cependant une difficulté concernant la délimitation de la dernière partie du livre: tandis que pour Olson, c'est le recensement de Nb 26 qui introduit cette section où sont rassemblés les textes liés à la seconde génération, les critères géographiques conduisent à contester la délimitation effectuée par l'auteur et à faire débuter dès Nb 22 la dernière partie du livre des Nombres. C'est en effet en Nb 22,1 que le texte fait état de l'arrivée des fils d'Israël dans les plaines de Moab. Ce verset joue le rôle de charnière entre d'une part les différents récits décrivant la marche du peuple depuis Qadesh (Nb 20,14.22) jusqu'aux plaines de Moab, et d'autre part la longue section du livre dont l'action est située dans ces plaines (Nb 22,1–36,13).

Plusieurs observations conduisent à préférer la solution s'appuyant sur les données géographiques à celle proposée par Olson:
1° Le récit relatif à Balaam (Nb 22,2–24,25) semble sans rapport immédiat avec ce qui le précède et fait figure de longue parenthèse: seul le toponyme "Moab" (Nb 22,3.4.7.14.21) sert de mot-crochet avec Nb 22,1, et "la péricope de Balaam" vient briser le cours du récit, même si l'on peut lui attribuer – comme le fait Olson – une fonction de réaffirmation de la bénédiction de Yahvé envers les fils d'Israël après les fautes décrites dans les chapitre 11–21[42].
2° Nb 25 est le récit du péché du peuple qui se compromet avec les Moabites et avec leurs dieux: il s'agit d'une faute bien différente de celles qui sont survenues lors de la marche du peuple, puisque la question soulevée par ce récit peut être formulée ainsi: *quelle sera l'attitude d'Israël vis-à-vis des peuples au milieu desquels il s'établira, et vis-à-vis de leurs dieux.* Cette interrogation, qui concerne la vie sédentaire d'Israël, rapproche Nb 25 du thème de la dernière section du livre: la préparation de l'installation prochaine du peuple en Canaan.

---

[42] Cf. Olson, *ibid.* 161.

3° Enfin, Nb 31 se réfère à Nb 25 et en constitue d'une certaine manière l'épilogue. Il semble donc pertinent de regrouper ces deux textes au sein de la même section du livre des Nombres.

Ce faisceau d'arguments fragilise l'hypothèse d'Olson et invite à considérer Nb 22,1–36,13 comme un unique ensemble littéraire. Cependant, la recherche d'une structure littéraire n'est pas une fin en soi : la structure synchronique – hypothèse de lecture qui cherche à faciliter la compréhension d'un texte – constitue une première interprétation qui se veut la plus fidèle possible à la dynamique interne de ce texte. L'intérêt de la structure d'ensemble qui été dégagée à partir de critères géographiques est de donner accès à plusieurs clefs de compréhension du livre des Nombres: plusieurs thèmes en effet s'entrecroisent et se superposent dans chaque partie du livre et aucun d'entre eux ne peut être considéré indépendamment des autres:
- déplacements géographiques du peuple.
- succession des générations.
- organisation du peuple puis remise en cause de cette organisation.
- fidélité (obéissance) et infidélité (opposition) du peuple à Yahvé.

Pour chacun de ces thèmes, les césures établies à partir des données géographiques sont significatives: en Nb 11,1 par exemple, le peuple a quitté le Sinaï et se trouve à Tavéra, il devient infidèle et manifeste son opposition – pour la première fois dans le livre des Nombres – en se lamentant. La structure du livre invite à ne privilégier aucun de ces éléments, mais à les mettre en relation pour mieux parvenir à les comprendre.

Les grandes lignes d'une structure d'ensemble du livre des Nombres ayant été établies, le deuxième temps de l'analyse synchronique consiste à délimiter Nb 13,1–20,13, au sein de la section centrale du livre[43].

---

[43] Ces résultats de l'analyse synchronique du livre peuvent être schématisés de la manière suivante:

1ère SECTION	*2ème SECTION*	*3ème SECTION*
Nb 1,1-10,36	Nb 11,1-22,1	Nb 22,1-36,13
• *Sinaï*	• *Du Sinaï à Moab*	• *Moab*
• *1ère génération*	• *De la 1ère à la 2ème génération*	• *2ème génération*
• *Organisation du peuple*	• *Contestation*	• *Réorganisation*
• *Obéissance du peuple*	• *Manque de foi Péché*	• *Exhortation à l'obéissance*

2. DÉLIMITATION DE NB 13,1–20,13 AU SEIN DE LA DEUXIÈME SECTION DU LIVRE DES NOMBRES

2.1. Données topographiques du texte

Trois parties peuvent être facilement délimités en Nb 11,1–22,1 à partir des indications de lieux que comporte le texte:
- Nb 11,1–12,16 décrit les étapes et les déplacements du peuple jusqu'au désert de Paran.
- En Nb 13,1–20,13, les données géographiques deviennent plus imprécises: Nb 13,1 ouvre le récit de l'exploration du pays de Canaan[44]. Le peuple demeure dans le désert de Paran (Nb 13,2), à Qadesh (Nb 13,26). En Nb 14,25, l'ordre lui est donné de rebrousser chemin mais le récit ne précise pas si cet ordre est suivi d'exécution. Nb 15,32 et Nb 16,13 mentionnent simplement la présence des fils d'Israël "dans le désert".

Nb 20,1 fournit des renseignements contradictoires dont la critique littéraire devra rendre compte: la communauté des fils d'Israël arrive au désert de Cin, et le peuple s'établit à Qadesh. Une analyse purement synchronique remarque que la mention de Qadesh en Nb 20,1 forme une inclusion avec Nb 13,26, ce qui conduit certains commentateurs à intituler ces chapitres centraux du livre des Nombres "péricope de Qadesh" ou "cycle de Qadesh"[45].
- Nb 20,14–22,1 décrit la tentative de progression du peuple, puis son avancée effective de Qadesh aux plaines de Moab.

Les critères topographiques contribuent donc à affirmer la spécificité de Nb 13,1–20,13: ces chapitres correspondent en effet à un arrêt temporaire de la progression du peuple vers le pays promis.

---

[44]   Nb 13,2 constitue la première occurrence de l'expression "pays de Canaan" – ארץ כנען – dans le livre des Nombres. Les autres occurrences sont les suivantes: Nb 13,17; 26,19; 32,30.32; 33,40.51; 34,2.29; 35,10.14. On remarque qu'en dehors du récit d'exploration de Nb 13, toutes les références au "pays de Canaan" se trouvent concentrées dans la troisième grande section du livre.

[45]   Cf. par exemple Wenham, Numbers (1981) 14-21. De Vaux, dont la perspective est exclusivement diachronique (cf. Histoire ancienne d'Israël, I [1971] 392-397), estime pour sa part que ce qu'il est convenu d'appeler la "tradition de Qadesh" est un ensemble artificiel qui regroupe des textes assez hétéroclites. L'auteur cherche à délimiter en Nb 10,29–20,22 les textes plus anciens qui, seuls, se rattacheraient directement à Qadesh et identifie comme tels le récit "ancien" de Nb 13–14; Nb 20,1b (mort de Myriam) et Nb 20,14-21 (refus de passage des Edomites). Ces conclusions de l'analyse diachronique de De Vaux – qui seront discutées dans les chapitres consacrés à l'analyse diachronique des récits de Nb 13,1–20,13 – suggèrent que l'ultime rédacteur du livre des Nombres ait pu utiliser le toponyme "Qadesh" lié à des traditions anciennes pour structurer son ouvrage, et donner une certaine cohérence à la section centrale du livre.

2.2. Les épisodes d'opposition du peuple en Nb 11,1–12,16; 20,14–22,1

Trois récits d'opposition du peuple présentent une structure comparable :
Nb 11,1-3 – récit de lamentation du peuple sans motif précis; Nb 12,1-15 –
récit de contestation de l'autorité de Moïse par Myriam et Aaron; Nb 21,5-9
– récit décrivant la protestation du peuple contre la marche dans le désert.
Ce parallélisme de structure, déjà relevé par plusieurs auteurs[46] peut être
schématisé de la manière suivante:

a.	*Récrimination*	Nb 11,1a	12,1-3	21,5
b.	*Réaction de Yahvé et sanction*	Nb 11,1b	12,4-10	21,6
c.	*Supplication adressée à Moïse*	Nb 11,2a	12,11-12	21,7a
d.	*Intercession de Moïse*	Nb 11,2bα	12,13	21,7b
e.	*Efficacité de l'intercession*	Nb 11,2bß	12,14-15a	21,8-9
f.	*Indication topographique*	Nb 11,3	12,15b	21,10

Le parallélisme des trois récits est encore accentué par la similitude de leur
vocabulaire:
- Yahvé se met en colère (ויחר-אף): Nb 11,1; 12,9.
- Le peuple crie vers Moïse (צעק), Moïse crie (צעק) vers Yahvé: Nb 11,2;
12,13.
- Moïse intercède auprès de Yahvé (פלל): Nb 11,2; 21,7.
- En Nb 11,1b et 12,12, le verbe אכל est utilisé pour désigner la sanction
qui touche les coupables: le feu mange une partie du camp, la chair de
Myriam est mangée par la lèpre.
Ces différentes remarques permettent d'aboutir aux conclusions suivantes:
1° Les épisodes d'opposition du peuple de Nb 11,1-3 et Nb 12,1-15 se
correspondent par leur structure et leur vocabulaire, et encadrent un
troisième récit d'opposition: Nb 11,4-34. Les trois récits de Nb 11-12, qui

---

[46] Budd, Numbers (1984) 138, et Milgrom, Judaic Perspectives on Ancient Israel (1987)
50, remarquent la structure parallèle de Nb 11,1-3 et Nb 12,1-15. Culley, Studies in the
Structure of Hebrew Narrative (1976) 101-110, rapproche quant à lui la structure de Nb
11,1-3; 12,1-16 et 21,4-9. Ces trois récits – comportant d'une part une punition à la suite
d'une plainte, et d'autre part l'adoucissement de cette punition à la suite de l'intercession
de Moïse – combineraient pour Culley deux cadres narratifs plus élémentaires, retrouvés
par ailleurs: le "récit de miracle" (dont les récits d'Ex 15,22-27; 17,1-7 fournissent, selon
l'auteur, une excellente illustration) et le "récit de punition". La discussion de ce dernier
point est extérieure au sujet de ce chapitre.

sont reliés par leur thématique commune (opposition du peuple ou d'une partie du peuple contre Yahvé), utilisent en outre un vocabulaire identique pour exprimer la réaction de Yahvé contre le peuple (il se mit en colère – ויחר-אף: Nb 11,1.10; 12,9).

2° Le récit de Nb 21,5-9 présente un parallélisme de structure avec Nb 11,1-3 et 12,1-15 et partage par ailleurs avec les trois récits d'opposition de Nb 11,1–12,15 un trait commun: la sanction prise par Yahvé vise à éliminer les coupables mais ne stoppe pas la marche vers le pays promis.

Cet ensemble de caractéristiques propres aux récits d'opposition de Nb 11-12 et 21,5-9 conduit donc à les différencier des récits d'opposition de Nb 13,1–20,13 – en particulier de Nb 13–14 et Nb 20,1-13: ceci fournit un argument supplémentaire pour isoler Nb 13,1–20,13 du reste de la deuxième section (11,1–22,1) du livre des Nombres.

2.3. Délimitation de Nb 20,14–22,1

Si l'on se base uniquement sur l'étude des verbes de mouvement, il semble logique de retenir Nb 20,22 comme point de départ du récit de la marche du peuple depuis Qadesh jusqu'aux plaines de Moab. En effet, le verbe נסע utilisé en Nb 11,35 et en Nb 12,16 dans des notices d'itinéraire, n'intervient de nouveau dans un tel contexte qu'en Nb 20,22 – puis en Nb 21,4.10.11.12.13; 22,1. Cependant, on peut remarquer un parallélisme entre d'une part le récit de l'échec d'Israël face à Edom (20,14-21), et d'autre part le récit de son succès face à Sihon – roi des Amorites (Nb 21,21-32): dans les deux cas, Israël demande dans les mêmes termes un droit de passage:

Nb 20,17: "Laisse-nous passer par ton pays. Nous ne passerons ni dans les champs, ni dans les vignes; nous ne boirons pas l'eau des puits; nous irons par la route royale sans nous en écarter ni à droite, ni à gauche, jusqu'à ce que nous ayons traversé ton territoire".

Nb 21,22: "Laisse-moi passer par ton pays, nous ne nous écarterons ni dans les champs, ni dans les vignes et nous ne boirons pas l'eau des puits ; nous suivrons la route royale, jusqu'à ce que nous ayons traversé ton territoire."

Ce droit de passage est refusé par le roi d'Edom, comme par Sihon, mais dans le second cas, Israël ne renonce pas et triomphe des Amorites. Il semble donc préférable d'intégrer ces deux récits qui se correspondent dans une même unité littéraire (Nb 20,14–22,1). Cette unité rassemble des textes qui décrivent la progression d'Israël depuis Qadesh jusqu'aux plaines de Moab, et se trouve donc incluse et délimitée par les récits de l'échec devant Edom et du succès sur Sihon (et, dans son prolongement, sur Og – Nb 21,34-35).

Milgrom[47] propose une autre délimitation de cette section (Nb 20,1–22,1) tout en lui donnant un titre – "de Qadesh aux steppes de Moab" – qui se réfère aux mêmes repères géographiques. Cette délimitation repose sur la mise en évidence d'un parallélisme de structure entre Nb 20 et Nb 21. Deux schémas sont proposés
Pour l'auteur, le schéma I présente une faiblesse : il assimile le décès d'Aaron à une défaite militaire. C'est pourquoi il lui préfère le schéma II – même si ce dernier est moins précis:

SCHEMA I.

FAUTE DES CHEFS   *FAUTE ET VICTOIRE DU PEUPLE*

A. Début "sinistre": mort de Myriam   A' Début "sinistre": détour
   (20,1)   difficile: (21,4)

B. Le peuple murmure pour de l'eau (20,2-6)   B' Le peuple murmure pour de l'eau et
   et ses chefs se rebellent contre   se rebelle contre Yahvé (21,5)
   Yahvé (20,9-11a)

C. Yahvé fournit de l'eau (20,7-8.11b)   D'. Le peuple est puni (21,6)

D. Les chefs sont punis (20,12-13)   C'. Yahvé sauve (21,7-9)
                                             et fournit de l'eau (21,16-18)
                                             (insertion de l'itinéraire 21,12-20)

E. Trois défaites: E' Trois victoires
   1. Bloqués par les Edomites (20,14-21)   1. Sihon (21,21-26.31)
   2. Deuil d'Aaron (20,22-29)   2. Yazer (21,32)
   3. Bloqués par les Cananéens (21,1-3)   3. Og (21,33-35)

SCHEMA II.

FAUTE DES CHEFS   *FAUTE ET VICTOIRE DU PEUPLE*
A. Mort de Myriam (20,1)   A' Victoire sur les Cananéens (21,1-3)

B. Le peuple murmure pour de l'eau (20,2-6)   B' Le peuple murmure pour de l'eau
   et les chefs se rebellent contre   et se rebelle contre Yahvé (21,4-5)
   Yahvé (20,9-11a)

C. Yahvé fournit de l'eau (20,11b.7-8)   C' Le peuple est puni (21,6)

D. Les chefs sont punis (20,12-29)   D' Yahvé montre sa miséricorde
                                            à Israël (21,7-35)

   1. Pas d'entrée (20,12-13)   1. Il sauve (21,7-9)
   2. Pas de passage (20,14-21)   2. Il fournit de l'eau (21,16-18)
                                               (insertion de l'itinéraire 21,12-20).

   3. La mort d'Aaron (20,22-29)   3. Victoire sur les Amorites
                                               (21,21-35)

---

47 Milgrom, Numbers (1990) 163ss.466-467.

Dans le second schéma, l'auteur souligne la double inclusion que forment A et D 3 d'une part – encadrant le chapitre 20, A' et D'3 d'autre part – encadrant le chapitre 21. Cette configuration viendrait renforcer la symétrie des deux chapitres.

En fait, les deux solutions proposées présentent des faiblesses:

1° La structure proposée pour le chapitre 20 ne respecte pas exactement le déroulement du récit dans son ultime rédaction (sections B et C).

2° Dans chacun des schémas, le parallélisme établi entre les sections A et A' peut être discuté. Dans le schéma I, l'argument est très subjectif puisque c'est l'identité de la tonalité des deux sections qui est retenue par l'auteur comme significative. Dans le schéma II, c'est au contraire l'opposition entre un décès et un succès militaire qui est soulignée.

Ces remarques font apparaître la fragilité des hypothèses de Milgrom[48] qui n'emportent pas la conviction et ne conduisent pas à remettre en cause la césure Nb 20,13/14 précédemment établie.

2.4. Synthèse: délimitation de Nb 13,1–20,13

L'étude qui a été menée permet donc, au-delà des données topographiques que fournit le texte, d'individualiser deux unités littéraires en Nb 11,1–12,16 et Nb 20,14–22,1. Ces deux unités ont en commun de décrire les déplacements du peuple. L'insistance de Nb 11,1–12,16 porte sur l'opposition du peuple à Moïse et à Yahvé, tandis que les récits de Nb 20,14–22,1 sont davantage centrés sur la confrontation entre Israël et les peuples qu'il rencontre sur la route de Canaan. Nb 21,5-9 fait écho par son thème et sa structure aux récits de Nb 11,1-3 et 12,1-16.

Au sein de la deuxième grande section du livre des Nombres, les deux unités littéraires 11,1–12,16 et 20,14–22,1 *délimitent donc de manière "externe" une partie centrale: Nb 13,1–20,13.* Une fois établie cette délimitation "externe" de Nb 13,1–20,13, le rôle de l'analyse synchronique consiste à rechercher si l'ensemble littéraire ainsi défini possède une réelle cohérence interne qui permette de l'aborder comme un tout – tant sur le plan de la structure que sur le plan du sens.

---

48 Milgrom présuppose que le (ou les) dernier(s) rédacteur(s) du texte organisent le matériel dont ils disposent en fonction de schémas littéraires préétablis parmi lesquels le chiasme et les parallélismes occupent une place privilégiée (Numbers [1990] xxii-xxviii). L'auteur considère ce type de structures comme la charpente – et donc la clef de lecture – de la plupart des récits du livre des Nombres. Il semble cependant qu'en Nb 20-21 le plan proposé soit imposé au texte et ne corresponde pas à sa dynamique propre.

41

III

ANALYSE SYNCHRONIQUE DE NOMBRES 13,1–20,13

L'étude synchronique d'un texte renvoie, par certaines caractéristiques littéraires qu'elle met en évidence (doublets, parallélismes, etc..) à l'histoire de sa composition. Ce n'est cependant pas ce type d'observations qui est privilégié dans ce chapitre où il s'agit avant tout d'apprécier objectivement la spécificité et l'unité de Nb 13,1–20,13. Le texte est considéré, à ce stade de l'étude, dans sa forme finale et l'on en analyse les articulations et la structure. Ce type de recherche privilégie naturellement la compréhension du texte qu'avaient ses derniers rédacteurs – ceux qui lui ont donné sa forme définitive, canonique. Une telle démarche peut apparaître paradoxale, tant les éléments qui composent Nb 13,1–20,13 sont divers, sans rapports apparents les uns avec les autres[1].

Le premier temps de l'étude est constitué par l'analyse systématique du vocabulaire: existe-t-il des mots, des ensembles de mots ou des expressions qui sont utilisés de manière spécifique en Nb 13,1-20,13 ? Puis, l'analyse synchronique du texte se propose de délimiter les différentes unités littéraires qui composent l'ensemble Nb 13,1–20,13 et de rechercher leur structure propre, avant de tenter de mettre en évidence la manière dont elles s'articulent.

1. ANALYSE DU VOCABULAIRE

1.1. *Mots et expressions spécifiques de Nb 13,1–20,13*

Voici les expressions ou les mots qui ne sont utilisés dans aucune autre section du livre des Nombres:

– בוא ארץ (hiphil) – faire entrer dans le pays: Nb 14,3.8.16.24.31; 15,18; 16,14; 20,4.5.12.

– ארץ זבת חלב ודבש (pays ruisselant de lait et de miel): Nb 13,27; 14,8; 16,13.14.

---

[1] C'est sans doute la juxtaposition de récits et de lois – juxtaposition que la plupart des auteurs renoncent à expliquer – qui illustre le mieux l'hétérogénéité de cette partie הארץ centrale du livre des Nombres. Ainsi, Noth s'exprime en ces termes à propos de Nb 15 (Numeri [1966] 101): "Il n'est pas très aisé de savoir pourquoi cette collection d'ordonnances cultuelles et rituelles, sans classement logique a trouvé sa place à cet endroit particulier du récit du Pentateuque – probablement, si l'on considère la mention du désert au début de Nb 15,32-36, cette collection a été ajoutée aux chapitres 13–14, au terme desquels Israël est condamné à un séjour supplémentaire au désert".

- לוּן (murmurer): Nb 14,2.27.27.29.36.36; 16,11.11; 17,6.20.
- תלנות (murmures): Nb 14,27; 17,20.25.
- נפל על פנים (tomber sur la face): Nb 14,5; 16,4.22; 17,10; 20,6.
- כבוד יהוה (la Gloire de Yahvé), expression associée au verbe ראה au niphal (être vu, apparaître): Nb 14,10.21; 16,19; 17,7; 20,6.

1.2. Mots et expressions utilisés, dans le livre des Nombres, exclusivement en dehors de Nb 13,1–20,13

On ne retrouve ni vocabulaire ni expressions significatives qui soient utilisés exclusivement en dehors de Nb 13,1–20,13.

Les données apportées par l'étude du vocabulaire sont donc tout-à-fait insuffisantes pour conclure à une spécificité de Nb 13,1–20,13: d'une part, les termes propres à cette section du livre des Nombres sont peu abondants; d'autre part, hormis l'expression בוא ארץ (hiphil), tous les éléments qui présentent une certaine spécificité se situent exclusivement dans les récits. L'analyse du vocabulaire caractéristique de Nb 13,1–20,13 ne parvient donc pas à manifester un lien entre les récits et les lois qui composent ces chapitres.

2. DÉLIMITATION DES DIFFÉRENTES UNITÉS LITTÉRAIRES COMPOSANT NB 13,1–20,13

2.1. Nb 13,1–14,45

La délimitation de cette première unité est sans difficultés. La césure Nb 12,16/13,1ss est claire, caractérisée par l'introduction d'un nouveau thème: la reconnaissance du pays de Canaan (Nb 13,2). De même, la césure 14,45/15,1ss est assez brutale, car les textes législatifs concernant les offrandes végétales – que l'on trouve à partir de Nb 15,1 – semblent sans rapport avec ce qui les précède.

Nb 13,1–14,45 peut être subdivisé en trois sections:

1° *Nb 13,1-33: récit de la reconnaissance du pays par des éclaireurs*, comportant 3 parties:

- Introduction solennelle: discours de Yahvé à Moïse, exécution de l'ordre de Yahvé par Moïse et liste des éclaireurs (13,1-17a).
- Instructions de Moïse pour la reconnaissance du pays et récit de la reconnaissance (13,17b-24).
- Compte-rendus contradictoires des éclaireurs (13,25-33).

2° *Nb 14,1-38: récit de protestation du peuple* relié au récit précédent, mais pouvant être envisagé de façon indépendante. On peut en proposer le plan suivant:

14,1-10 Opposition du peuple et réactions qu'elle suscite:
14,1-4: opposition du peuple
1. *souhait de mourir* plutôt que d'entrer dans le pays
2. *crainte de tomber* par l'épée pendant la conquête
3. *Crainte de voir mourir* les femmes et *les enfants* en Canaan
et rébellion (projet de changer de chef et de retourner en Egypte)
14,5-10: Réactions de Moïse, Aaron, Caleb et Josué
Manifestation de la gloire de Yahvé
14,11-25 Dialogue Yahvé-Moïse
14,11-12: *Discours de Yahvé*, projet de sanction
14,13-19: *Intercession de Moïse*
14,20-25: *Discours de Yahvé*, pardon mais annonce d'une sanction
contre le peuple
14,26-38 Seconde annonce de sanction et début d'exécution
14,26-35: discours de Yahvé (annonce de la sanction) reprenant les éléments de la plainte de Nb 14,2-3:
1. La première génération *n'entrera pas dans le pays et mourra* (Nb 14,30)
2. *Ses cadavres tomberont* dans le désert. (Nb 14,32)
3. Les *enfants* entreront (Nb 14,31)
14,36-38 Début de réalisation des sanctions annoncées en 14,20-35 (Ces versets peuvent également être considérés comme l'épilogue du récit des éclaireurs)
Nb 14,39-45 récit d'une tentative de conquête

L'unité des trois sections (Nb 13; Nb 14,1-38; Nb 14,39-45) est assurée d'une part par leur enchaînement logique et d'autre part par l'analogie du débat qui survient en Nb 13,17-33 et en Nb 14,39-45.

L'enchaînement logique des trois sections:
1° La révolte du peuple, décrite par Nb 14,1-4, est déclenchée par le rapport défavorable des éclaireurs (Nb 13,28.31-33). La punition qui sanctionne cette révolte ne concerne pas Caleb: cette exception présuppose Nb 13,30 – verset qui expose la manière dont Caleb se démarque du reste des éclaireurs:
Nb 13,30: "Caleb fit taire le peuple devant Moïse. Il dit: "Montons donc ! Et nous en prendrons possession, car nous en sommes sûrement capables contre lui".

Par ailleurs, le verset 14,34 – qui expose les modalités pratiques de la sanction – fait allusion à Nb 13,25:

Nb 13,25: "Ils revinrent de la *reconnaissance du pays* à la fin de *40 jours*".

Nb 14,34: "Comme le nombre des jours où vous avez *reconnu le pays* est *40 jours,* jour pour année, jour pour année: vous supporterez vos fautes 40 ans".

Enfin, le débat qui intervient entre le peuple (Nb 14,2-3) et Caleb et Josué (Nb 14,6-9) renvoie aux directives de Moïse exprimées en Nb 13,19: "(vous verrez) si le pays qu'il habite est bon (טוב) ou mauvais".

Nb 14,3b: "N'est-il pas bon (טוב) pour nous de retourner en Egypte ?"

Nb 14,7b: "Le pays que nous avons parcouru pour le reconnaître est un très, très bon (טוב) pays".

Nb 14,1-35 présuppose donc Nb 13 et s'y réfère fréquemment.

2° Il a déjà été remarqué que Nb 14,36-38 forme la conclusion commune du récit de reconnaissance du pays et du récit de protestation du peuple: en effet, la mort des éclaireurs représente une première mise en application de la sanction exposée en Nb 14,20-35, tout en constituant de manière explicite l'épilogue du récit de Nb 13,1-33 auxquels les vv 36-38 sont reliés par leur vocabulaire: verbe תור – reconnaître; reprise de l'expression דבת הארץ – calomnie du pays (Nb 13,32; 14,37). De plus, le comportement des éclaireurs est décrit en Nb 14,36 à l'aide du verbe לון – murmurer – et est ainsi assimilé au comportement de l'ensemble des fils d'Israël tel qu'il est désigné en Nb 14,2.27.29.

Nb 14,36-38: "Et les hommes que Moïse avait envoyés pour *reconnaître* le pays; ils étaient revenus et ils avaient *murmuré* contre lui auprès de la communauté pour répandre la *calomnie contre le pays.* Ils moururent ces hommes qui avaient répandu une méchante *calomnie du pays,* dans un massacre devant YHWH. Et Josué, fils de Nun, et Caleb, fils de Yefounné, ils survécurent parmi ces hommes qui étaient allés *reconnaître* le pays."

3° Le récit de Nb 14,39-45 peut être lu comme une conséquence logique de la sanction annoncée en Nb 14,20-35: le peuple désobéissant périt dans une bataille, et la sanction de mort prononcée contre la première génération commence ainsi à se réaliser.

En résumé: le rapport calomniateur des éclaireurs entraîne la réaction du peuple, qui elle-même appelle la sanction de Yahvé (malgré l'intercession de Moïse) et sa mise en application.

L'analogie du débat en Nb 13,17-33 et Nb 14,39-45: en Nb 13,17-33 comme en Nb 14,39-45, le récit joue sur l'usage du verbe עלה – monter. עלה est utilisé pour décrire l'expédition des éclaireurs vers le pays (Nb 13,17. 21.22); le verbe intervient également dans le débat entre Caleb et les autres éclaireurs – Nb 13,30: "*Montons* donc, et nous en prendrons possession car nous en serons sûrement capables"; Nb 13,31: "Nous ne serons pas capables de *monter* contre le peuple."

On retrouve en Nb 14,39-45 une opposition de même type entre deux programmes contradictoires: cette opposition est également exprimée à l'aide du verbe עלה – Nb 14,40: "Nous voici qui allons *monter* vers le lieu qu'a dit YHWH"; Nb 14,42: "Ne *montez* pas car YHWH n'est pas au milieu de vous !".

Le récit de Nb 14,1-38 – dont les liens avec Nb 13 et Nb 14,39-45 ont été mis en évidence – se trouve donc également encadré par deux débats dont le thème commun est: *monter ou ne pas monter ?*

L'ensemble de ces relations peut être schématisé de la manière suivante:

A.	Nb 13,1-17a	Introduction
	Nb 13,17b-33	Montée sur l'ordre de Yahvé, transmis par Moïse
		et réussite de la reconnaissance – Moïse ne
		participe pas à l'expédition.
		Débat: monter ou ne pas monter vers le pays.
B	Nb 14,1-35	Récit d'opposition du peuple contre Yahvé
	Nb 14,36-38	Conclusion commune à A et B
A'.	Nb 14,39-45	Débat: monter ou ne pas monter vers le pays.
		Montée contre l'avis de Yahvé transmis par
		Moïse et échec militaire – Moïse ne participe
		pas à l'expédition[2].

2.2. Nb 15

La collection des lois rassemblées en Nb 15 peut aisément être distinguée des récits qui la précèdent et de ceux qui la suivent, tant la transition est brutale entre ceux-ci et celle-là. Noth souligne que "les différents éléments

---

2   C'est à Milgrom (Numbers [1990] 387-390) que l'on doit la seule étude véritablement synchronique de Nb 13–14. L'auteur dégage une structure en chiasme centrée sur Nb 14,1-10a. Il note que ces versets reprennent d'une part une partie du vocabulaire de Nb 13,17-33 (טוב: bon, זבת חלב ודבש ארץ: pays ruisselant de lait et de miel), et anticipent d'autre part par leur contenu la nature de la punition qu'encourt le peuple. Il remarque par ailleurs le parallélisme entre la montée des éclaireurs en Canaan et la montée du peuple vers Horma – cette symétrie formant une inclusion dans laquelle se déploient les autres éléments du chiasme. Il est certain que ces différents éléments témoignent d'une volonté rédactionnelle d'unifier le récit de Nb 13–14. Cependant, ils ne sont pas suffisants pour vérifier que la structure proposée par l'auteur – qui repose essentiellement sur une délimitation thématique des différents éléments du chiasme – reflète effectivement l'intention du dernier rédacteur du texte.

de cette collection n'ont pas de connexion les uns avec les autres[3]" – l'unité de l'ensemble reposant essentiellement pour cet auteur sur le caractère législatif des textes divers qui sont rassemblés dans ce chapitre. Un certain nombre d'observations peuvent cependant conduire à nuancer ce commentaire de Noth: la première partie du chapitre peut être divisée en deux sections (15,1-16: offrandes végétales accompagnant les holocaustes ou les sacrifices; 15,17-21: offrandes des prémices de la récolte des orges). Ces deux sections sont introduites par des formules comparables:

Nb 15,1-2: "YHWH parla à Moïse, disant: "Parle aux fils d'Israël. Tu leur diras: "Quand vous entrerez dans le pays..."

Nb 15,17-18: "YHWH parla à Moïse, disant: "Parle aux fils d'Israël. Tu leur diras: "Quand vous serez entrés dans la pays..."

La seconde partie du chapitre est encadrée par une inclusion qui comporte deux éléments: l'expression: "faire tous les commandements" (Nb 15,22.40) et la formule "pour vos générations – לדרתיכם":

Nb 15,22-23: "Et si vous vous égariez et ne faisiez pas tous ces commandements dont YHWH a parlé à Moïse; tout ce que vous a commandé YHWH par la main de Moïse, depuis le jour où YHWH vous a commandés, et au-delà, pour vos générations".

Nb 15,38-40: "Parle aux fils d'Israël. Tu leur diras qu'ils se fassent une frange sur les bords de leurs vêtements – pour toutes leurs générations. Ils mettront sur la frange du bord un fil de pourpre. Ce sera pour vous une frange. Vous la verrez et vous vous souviendrez de tous les commandements de YHWH, et vous les ferez. Vous n'explorerez pas avec vos coeurs et vos yeux, avec lesquels vous seriez des prostitués. Afin que vous pensiez à faire tous mes commandements, et que vous soyez saints devant votre Dieu".

Trois sections peuvent être délimitées en Nb 15,22-41:

-Nb 15,22-31: rituel pour les manquements involontaires (שגגה) aux commandements et punition des manquements volontaires.

-Nb 15,32-36: punition d'un homme ne respectant pas le sabbat.

-Nb 15,37-41: la frange des vêtements comme rappel des commandements.

Il existe des liens littéraires – certes ténus – entre les deux parties du chapitre (Nb 15,1-21 et Nb 15,22-41): ces deux sections stipulent en effet que les commandements obligent non seulement les fils d'Israël, mais aussi le résident étranger (גר: Nb 15,14.15.16.26.29.30) qui réside avec eux (Nb 15,14.16) ou au milieu d'eux – Nb 15,26.29).

---

3   Noth, Numeri (1966) 101.

En conclusion: si les éléments qui composent le chapitre 15 sont fort divers, on peut cependant relever quelques indices littéraires qui témoignent d'une volonté rédactionnelle d'unification ou, au moins, d'homogénéisation du texte.

2.3. *Nb 16–17*

Ici encore, la délimitation de l'unité littéraire est sans difficultés puisqu'elle rassemble des récits qui se situent entre deux collections de lois: Nb 15 et Nb 18–19. L'étude du contenu de Nb 16–17 permet d'y distinguer trois sections:

A. *Nb 16,1–17,5: récit de la révolte de Coré, Datan et Abiram et de leurs partisans*
L'unité du récit[4] dont les éléments sont très divers tient à la spécificité des personnages qui le caractérisent (Coré, Datan, Abiram) et est renforcée par une inclusion que constituent les termes suivants:
- קָדוֹשׁ, קְדֹשִׁים, קָדַשׁ (saint, saints, être saint): Nb 16,3.5.7; 17,2.3.
- קָרַב (approcher): Nb 16,5; 17,3.5.
B. *Nb 17,6-15: récit de protestation de la communauté des Israélites contre Moïse et Aaron*
L'usage du verbe מוּת – mourir – en 17,6 et 17,13.14 réalise une inclusion à l'intérieur de laquelle se déploie le récit.
C. *Nb 17,16-26: récit fondant la primauté de la tribu de Lévi et du sacerdoce aaronide.*
Le discours des fils d'Israël en Nb 17,27-28 assure la suture entre les récits de Nb 16-17 et les textes législatifs de Nb 18.

2.3.1. *RECIT A: Nb 16,1-17,5*

Ce sera le rôle de la critique littéraire de rendre compte des doublets et des nombreuses ruptures que l'analyse synchronique permet de relever dans le récit:
1° Nb 16,1-3: l'introduction du récit A décrit le développement de la révolte. Au sein de cette section les versets 2a et 3a forment un doublet dont le second terme introduit la figure d'Aaron – absente du premier:
Nb 16,2a: "Ils se dressèrent contre Moïse avec 250 des fils d'Israël ..."

---

4 Milgrom (*op. cit.* n. 2, 417) identifie dans le chapitre 16 du livre des Nombres une structure en chiasme. La construction de la structure s'appuie essentiellement sur les personnages du récit. Le fait que les versets 1-11 n'y soient pas intégrés par l'auteur, mais considérés comme une "introduction" fragilise considérablement le résultat obtenu.

Nb 16,3a: "Ils s'assemblèrent contre Moïse et Aaron ..."
Il y a donc ambiguïté concernant l'identité des protagonistes du conflit.
2° La réaction de Moïse face à la révolte de Coré se développe en deux temps (Nb 16,4-7 d'une part et Nb 16,8-11 de l'autre) dont la thématique diffère: Nb 16,5-7 pose la question de la *sainteté* de Coré et de ses partisans, tandis que Nb 16,8-11 interprète le conflit qui oppose Coré à Moïse et Aaron comme une *revendication par les lévites des prérogatives du sacerdoce*. L'usage du verbe קרב au hiphil (Nb 16,5.10) établit un lien littéraire entre les deux phases de la réponse de Moïse:
Nb 16,5: "Demain matin YHWH fera savoir qui est à lui, qui est saint, qui il *fait approcher* de lui; et celui qu'il choisira, il le *fera approcher* de lui".
Nb 16,10: "Il vous a *fait approcher*, toi et tous tes frères fils de Lévi avec toi, et vous demandez en plus le sacerdoce !"
3° Nb 16,12-14 vient briser la continuité du récit en donnant à la révolte de Datan et Abiram un motif très différent de celui énoncé en Nb 16,1: la nostalgie de l'Egypte. Les thèmes et le vocabulaire de ces versets se rapprochent de Nb 13-14 (עלה -monter, cf. Nb 13,30.31; מות -mourir, cf. Nb 14,2; ארץ זבת חלב ודבש – pays ruisselant de lait et de miel, cf. Nb 13,27; 14,8).
4° La réponse de Moïse en Nb 16,15 semble étrangère au contenu de la protestation de Datan et Abiram en Nb 16,12-14. En revanche, elle se trouve en continuité avec le motif développé en Nb 16,1-7 (l'agrément d'une offrande par Yahvé manifeste la sainteté de celui qui la présente).
5° Nb 16,16-17a et Nb 16,6-7a semblent faire double usage. Ces versets décrivent dans des termes comparables les modalités selon lesquelles le conflit opposant Coré à Moïse et Aaron peut être tranché:
Nb 16,6-7a: "Faites ceci: prenez pour vous des cassolettes, Coré et toute sa communauté. Et demain, mettez-y du feu et placez au-dessus d'elles de l'encens devant YHWH. L'homme que YHWH choisira, celui-là est saint".
Nb 16,16-17a: Moïse dit à Coré: "Toi et toute ta communauté, soyez devant YHWH, demain toi, eux et Aaron. Prenez chacun votre cassolette et mettez au-dessus d'elles de l'encens, vous approcherez devant YHWH, chacun sa cassolette, 250 cassolettes".
6° Le récit du règlement du conflit opposant Coré à Moïse et Aaron débute en Nb 16,16-19a mais ne trouve sa suite et sa conclusion qu'en Nb 16,35–17,5. Les versets 19b-34 – récit de la sanction de Yahvé contre Coré, Datan et Abiram – ont un contenu narratif qui leur est propre (la sanction est précédée d'une intercession de Moïse, ses modalités diffèrent) et recourent à un vocabulaire spécifique dont certains éléments évoquent le premier récit de la création (Nb 16,21: בדל – séparer; Nb 16,22: רוח – souffle; Nb 16,30: ברא – créer; Nb 16,30: אדמה – sol; Nb 16,32.33.34: ארץ - terre).

Le récit de Nb 16,1-17,5 juxtapose donc plusieurs motifs distincts:
- le motif de la révolte de Coré et de ses partisans mettant en cause l'autorité de Moïse (et celle d'Aaron). Cette révolte est interprétée en Nb 16,8-11 comme une prétention des lévites au sacerdoce.
- le motif de l'opposition de Datan et Abiram qui contestent la marche vers le pays promis.
- le motif de la légitimation de l'autorité de Moïse par un acte extraordinaire venant de Yahvé (Nb 16,28-34). Les transitions d'un motif à un autre sont assez brutales et donnent à l'ensemble un aspect composite, même si dans sa rédaction définitive Nb 16,1–17,5 se présente comme un récit unifié.

2.3.2. RECIT B: Nb 17,6-15

Ce texte est explicitement relié au récit A qui le précède:
- *par son thème*: la protestation du peuple est la suite logique de la sanction concluant le récit précédent.
- *par la récurrence de motifs littéraires*: Yahvé accepte l'offrande d'encens de Moïse et Aaron, tandis qu'il n'avait pas agréé celle de Coré et de ses partisans.
- *par le recours à un vocabulaire commun* pour désigner les attitudes d'opposition de la communauté (verbe לון - murmurer: Nb 16,11; 17,6; expression קהל על – s'assembler contre: Nb 16,3; 17,7), le mode de manifestation de Yahvé (וירא כבוד יהוה - la gloire de Yahvé apparut: Nb 16,19b; 17,7b), l'annonce de la sanction (je vais les détruire sur le champ – ואכלה אתם כרגע: Nb 16,21; 17,10) et enfin la réaction de Moïse et d'Aaron: (ויפלו על פניהם) – ils tombèrent face contre terre: Nb 16,22; 17,10).

2.3.3. RECIT C: Nb 17,16-26

Le lien thématique avec le premier récit repose sur l'affirmation de la primauté d'Aaron dont le bâton, seul, bourgeonne. La reprise de quelques éléments de vocabulaire assure par ailleurs un lien assez superficiel avec le premier et le second récits:
- verbe מות (mourir): Nb 16,29; 17,6.13.14.25.
- vocabulaire du murmure (racine לון): Nb 16,11; 17,6.20.25.
   Le discours de Yahvé qui constitue la finale du récit en Nb 17,25-26 fait allusion à l'ensemble des deux chapitres 16 et 17 auxquels il semble apporter une conclusion heureuse: une solution est proposée pour assurer la survie du peuple.
Nb 17,25-26: "YHWH dit à Moïse: "Ramène le bâton d'Aaron devant la charte afin de le garder comme signe pour les fils de la révolte. Tu feras

cesser leurs murmures d'au-dessus de moi et ils ne mourront pas". Et Moïse fit comme le lui avait ordonné YHWH. Ainsi il fit".

2.3.4. Discours des fils d'Israël en Nb 17,27-28

Le discours des fils d'Israël des versets 27-28 contraste, par sa tonalité de nouveau dramatique, avec le discours de Yahvé qui le précède (vv 25-26). Les versets 27-28 font allusion aux événements décrits par les deux premiers récits de Nb 16-17 et ont pour fonction littéraire d'assurer la suture de ces chapitres avec Nb 18 d'une part, et avec le récit de Nb 20,1-13 d'autre part, à l'aide de mots-crochets:

Nb 17,27-28: "Les fils d'Israël dirent à Moïse: "Vois, nous *expirons* (גוע), nous périssons nous périssons tous ! Tous ceux qui *approchent* (קרב) la demeure de YHWH *mourront* (מות). Est-ce que nous avons fini *d'expirer* ?"

Nb 18,2-3: "Tes frères de la tribu de Lévi – la tribu de ton père – *approcheront* avec toi, ils seront tes adjoints et te seconderont, mais c'est toi et tes fils avec toi qui serez devant la tente de la rencontre. Ils resteront à ton service et au service de toute la tente, mais pas pour les objets du sanctuaire, ni de l'autel. Ils n'*approcheront* pas et ils ne *mourront* pas, ni eux, ni vous".

Nb 20,3: "Le peuple se querella avec Moïse. Ils dirent: "Ah, si nous avions *expiré* (גוע), quand nos frères ont *expiré* face à YHWH !".

2.3.5. Synthèse de ces données

Dans sa version définitive, le texte de Nb 16–17 rassemble des éléments très divers autour d'un thème commun qui est retrouvé dans chacun des récits qui le composent: l'affirmation de la place spécifique des prêtres au sein du peuple d'Israël. La prétention des lévites à l'autorité sacerdotale entraîne leur sanction: leur offrande n'est pas agréée. En revanche, le rite d'absolution effectué par Moïse et Aaron en faveur du peuple est efficace. Enfin, le récit du Nb 17,16-26 confirme la légitimité du sacerdoce aaronide. Un certain nombre de techniques littéraires (inclusions, répétition de certains mots) assurent la cohésion de ces différents récits, mais ne masquent pas l'aspect très composite de l'ensemble.

2.4. Nb 18–19

Deux parties peuvent être distinguées dans cette collection de lois qui se démarque clairement des récits qui la précèdent et qui la suivent.

- Nb 18 précise le statut respectif des prêtres et des lévites ainsi que leurs relations dans le cadre du service du sanctuaire. Le lien entre Nb 18 et Nb 19 est ténu: le rôle du prêtre Eléazar dans la préparation de l'eau lustrale peut conduire à reconnaître dans la définition de fonctions ou de tâches spécifiquement sacerdotales un point commun entre ces deux chapitres. Mais ce thème n'épuise pas leur contenu.

La description de la préparation de l'eau lustrale et l'énoncé des règles concernant son usage assurent l'unité du chapitre 19. Les situations évoquées concernent les règles de pureté à observer en cas de contact avec un cadavre: Nb 19,11-13 énonce la règle générale, Nb 19,14-20 déploie cette règle en deux exemples particuliers. On note le parallélisme des versets 13 et 20:

- Nb 19,13: "Tout homme qui touche un mort – une personne humaine – et ne se purifie pas rend impure la demeure de YHWH. Cette personne sera retranchée d'Israël. Puisqu'il n'a pas été aspergé sur elle d'eau lustrale, elle est impure. Son impureté est encore sur elle".

- Nb 19,20 "L'homme qui est impur et ne se purifie pas, cette personne-là sera retranchée du milieu de l'assemblée; car elle rendrait impur le sanctuaire de YHWH; elle n'a pas été aspergée d'eau lustrale, elle est impure".

2.5. *Nb 20,1-13*

Une notice chronologique et topographique (Nb 20,1a) et la mention de la mort de Myriam (Nb 20,1b) servent de préambule à une nouvelle section narrative dont le premier élément est un récit d'opposition du peuple contre Moïse et Aaron. Les verbes ריב – quereller (Nb 20,3.13) et בוא au hiphil – faire entrer (Nb 20,4.12) encadrent le récit.

La notice chronologique et topographique de Nb 20,1a[5] est surprenante: d'une part, les données chronologiques sont incomplètes – ce qui contraste avec Nb 1,1; 9,1; 10,11, où la date est mentionnée avec précision selon un calendrier prenant pour point de départ la sortie d'Egypte, d'autre part les deux toponymes cités par le verset (Qadesh, désert de Cin) sont en contradiction: la mention de Qadesh semble indiquer que le peuple n'a pas progressé depuis Nb 13,26, tandis que l'expression "Toute la communauté entra dans le désert de Cin" évoque un mouvement, une marche. L'analyse diachronique tentera d'élucider cette opposition.

---

[5]   Nb 20,1: "Toute la communauté des fils d'Israël entra dans le désert de Cin le premier mois, et le peuple habita Qadesh. Et là mourut Myriam, et elle fut ensevelie là".

La finale du récit est inattendue: le peuple n'est pas sanctionné pour sa révolte ni pour ses propos qui pourtant reprennent certaines des expressions des discours de Nb 14,2-4; 16,12-14. Au contraire, le manque d'eau suscite l'intervention favorable de Yahvé. Ce sont Moïse et Aaron qui sont sanctionnés pour ne pas avoir scrupuleusement respecté les prescriptions de Yahvé, et pour avoir ainsi manifesté leur manque de foi.

La délimitation qui vient d'être faite de différentes unités littéraires a essentiellement fait droit aux "ruptures" survenant dans le cours du texte: la majorité d'entre elles correspondent à des transitions récits/lois. Les indices littéraires manifestant une volonté rédactionnelle de renforcer l'unité des récits – malgré leur caractère composite – sont nombreux (inclusions, parallélismes). En revanche, les collections de lois apparaissent assez peu homogènes. Leur unité thématique est difficile à manifester.

L'étape suivante de l'étude synchronique consiste à rechercher les liens littéraires pouvant exister entre les différentes unités délimitées, liens manifestant au plan interne l'unité de l'ensemble littéraire Nb 13,1-20,13.

3. RAPPORTS EXISTANT ENTRE LES DIFFÉRENTES UNITÉS LITTÉRAIRES DE NB 13,1-20,13

3.1. Liens existant entre les différents récits

3.1.1. Nb 14,1-38 et Nb 20,1-13

Une séquence identique peut être retrouvée dans les récits d'opposition du peuple de Nb 14,1-38 et Nb 20,2-13:

1° *Protestation du peuple* dont le contenu fait appel au verbe מות – mourir (Nb 14,2; 20,4) et fait référence au désert (Nb 14,2; 20,4) ainsi qu'à l'Egypte (Nb 14,2.3.4; 20,5).

2° *Réaction de Moïse et Aaron* qui se jettent face contre terre devant la communauté (Nb 14,5) ou devant la tente de la rencontre (Nb 20,6).

3° *Manifestation de la gloire de Yahvé* – כבוד יהוה (Nb 14,10; Nb 20,6).

4° *Accusation de ne pas croire en Yahvé* (אמן ב – hiphil), formulée contre le peuple (Nb 14,11), ou contre Moïse et Aaron (Nb 20,12).

5° *Sanction*: ne pas entrer dans le pays (Nb 14,30ss) ou ne pas faire entrer dans le pays (Nb 20,12).

Cependant, le parallélisme de ces différents éléments ne doit pas masquer une différence essentielle: en Nb 20,2-13, les personnes sanctionnées ne sont pas celles qui ont émis la protestation, mais les chefs du peuple qui ont manqué de foi. Ainsi, à travers l'usage d'une même séquence de vocabulaire, la parenté entre la faute du peuple et la faute de ses chefs est soulignée. La sanction qui en découle est identique : ni ceux-ci, ni celui-là n'entreront dans le pays promis.

3.1.2. *Nb 13-14 et Nb 16-17*

La plainte de Datan et Abiram en Nb 16,12-14 reprend un certain nombre de thèmes littéraires du récit de Nb 13-14 et se différencie ainsi nettement, par son contenu, de Nb 16,1-11:

Nb 16,12.14: "Nous ne monterons pas" (cf. Nb 13,31).
Nb 16,13: "Est-ce trop peu que tu nous aies fait monter d'un pays ruisselant de lait et de miel pour nous faire mourir dans le désert ?" (cf. Nb 14,2-4).
Nb 16,14: "Tu ne nous as vraiment pas fait entrer dans un pays ruisselant de lait et de miel" (cf. Nb 13,27; 14,8).

Par ailleurs, l'usage du vocabulaire du murmure (תלנות, לון) en Nb 16,11; 17,6.20.25 établit un lien supplémentaire entre les récits de Nb 16-17 et Nb 14 (vv. 2.27.29.36).

3.1.3. *Nb 16-17 et Nb 20,1-13*

Deux expressions relient Nb 20,1-13 à Nb 16-17:
- קהל על (s'assembler contre) désigne l'action du peuple s'opposant à Moïse et Aaron en Nb 16,3; 17,7; 20,2.
- L'accrochage de Nb 17,27-28 et de Nb 20,3 à l'aide du mot-crochet גוע (expirer) a été signalé plus haut. Cette suture manifeste le lien unissant les récits de Nb 16-17 et de Nb 20,1-13 – que sépare pourtant la collection de lois de Nb 18-19.

3.1.4. *Synthèse*

Les récits de Nb 13-14; Nb 16-17 et Nb 20,1-13 sont indépendants et déploient une intrigue qui leur est propre. Cependant, au-delà de la spécificité de chaque récit, une thématique commune (l'opposition du peuple à Yahvé) peut être retrouvée – thématique exprimée à l'aide d'un vocabulaire dont certains éléments sont identiques. De plus, il existe une progression entre Nb 13-14 et Nb 20,1-13: en Nb 13-14, l'ensemble du peuple (hormis Caleb et Josué) est fautif et son manque de foi (cf. Nb 14,11-12) est à l'origine de la sanction qui le frappe. En Nb 16-17, les chefs rebelles du peuple sont à leur tour châtiés. En Nb 20,1-13 enfin, ce sont Moïse et Aaron eux-mêmes – choisis par Yahvé pour conduire le peuple – qui connaissent à leur tour sa réprobation. Tous les membres du peuple, de la base au sommet selon l'organisation hiérarchique que reflète le texte, manifestent donc successivement leur manque de foi et sont ainsi exposés à la punition divine.

3.2. Enchaînement des différentes unités littéraires

3.2.1. Nb 13-14 / Nb 15

Trois observations peuvent être faites:

1° Les versets 15,2 et 15,18 fournissent aux dispositions législatives du chapitre 15 un contexte chronologique et géographique, contexte qui permet également de *réaffirmer implicitement la promesse du don du pays* dans les termes mêmes qui ont servi en 14,30-31 à en exclure la première génération des fils d'Israël[6]:

Nb 15,2: "Quand *vous entrerez dans le pays* de vos demeures – que moi, je vous donne."

Nb 15,18: "Quand *vous serez entrés dans le pays* dans lequel, moi, je vous fais entrer."

Nb 14,30-31: "*Jamais vous n'entrerez dans le pays* où j'ai levé la main pour que vous y habitiez – sauf Caleb, fils de Yefounné et Josué, fils de Noun. Et vos enfants, dont vous avez dit qu'ils seraient un butin, *je les ferai entrer* et ils connaîtront *le pays* que vous avez rejeté."

2° Le verset 15,39 ("Ce sera pour vous une frange. Vous la verrez et vous vous souviendrez de tous les commandements de YHWH, et vous les ferez. *Vous ne reconnaîtrez pas* avec vos coeurs et vos yeux, avec lesquels vous vous *prostitueriez*") comporte deux allusions à Nb 13-14: le verbe תור (reconnaître) est utilisé en Nb 13,2.17; 14,7.34.36.38[7] et le participe זנים (prostitués) provient de la même racine que le substantif זנותיכם (vos prostitutions: Nb 14,33). En se référant – même discrètement – au récit de Nb 13-14, l'exhortation de Nb 15,38-41 en souligne la valeur exemplaire: le récit de la faute du peuple et de la sanction qui en résulte vient appuyer la parénèse de Nb 15,38-41.

3° Le verset 15,41 définit Yahvé comme celui qui a fait sortir Israël d'Egypte[8]. Ainsi, Yahvé est à la fois le Dieu qui donne les commandements (vv 39-40), et celui qui propose au peuple un projet : monter dans le pays de Canaan. Etre fidèle à Yahvé conduit donc à honorer deux types

---

6   Cette opinion est défendue par Milgrom (*op. cit.* n. 2, xiv) et par Olson (Death of the Old [1985] 172): "Les lois de Nb 15 présupposent l'entrée de la nouvelle génération dans le pays promis et fonctionnent donc dans le contexte narratif comme la promesse faite à la nouvelle génération qu'elle vivra effectivement dans le pays de Canaan".

7   Le verbe תור est l'objet d'une étude détaillée dans l'analyse diachronique de Nb 13–14.

8   Nb 15,41: "Moi, je suis YHWH votre Dieu, qui vous ai fait sortir du pays d'Egypte, pour être votre Dieu. Moi, je suis YHWH, votre Dieu."

d'exigences: exécuter ses décisions concernant la conduite du peuple et accomplir ses commandements. La juxtaposition des chapitres 14 et 15 met en relation les deux types de fautes que le peuple est susceptible de commettre:
- le refus d'entrer dans le projet de Yahvé – que manifeste le désir de retourner en Egypte (cf. Nb 14,3b-4) – qui entraîne la condamnation de la première génération du peuple sorti d'Egypte.
- la désobéissance volontaire aux commandements dont les auteurs doivent être retranchés du peuple (Nb 15).
Dans les deux cas, les fautifs sont exclus du peuple bénéficiaire de la promesse de Yahvé.

Ces trois observations manifestent le rapport existant entre les récits de Nb 13-14 et la collection de lois de Nb 15, au delà de la rupture apparente de Nb 14,45/15,1: Nb 15 réaffirme implicitement qu'un avenir est possible pour le peuple – si celui-ci consent à obéir à Yahvé. *Les récits de Nb 13–14 ont une valeur exemplaire et contribuent à donner aux exhortations de Nb 15 tout leur poids et toute leur gravité.*

3.2.2. Nb 15 / Nb 16–17

Le lien littéraire entre ces deux unités repose uniquement sur l'usage d'un "mot-crochet" aux versets 15,40 et 16,3 – קדשׁים (saints): selon Nb 15,40, est saint celui qui "accomplit les commandements" de Yahvé. En contestant les chefs donnés par Yahvé au peuple et en mettant ainsi en cause l'organisation de la communauté, Coré et ses partisans – qui prétendent pourtant à la sainteté – contreviennent aux commandements de Yahvé – ce qui les conduit à la mort: la sainteté implique l'obéissance absolue aux commandements de Yahvé – compris au sens large du terme (prescriptions cultuelles, règles d'organisation du peuple) – et est requise pour appartenir à la communauté des fils d'Israël.

S'appuyant sur Nb 15,30.32-36, Olson remarque par ailleurs que le chapitre 15 du livre des Nombres peut être considéré comme un "bref traité sur le rôle de l'intentionalité dans la gravité de la faute"[9]: les fautes volontaires ne sont pas susceptibles d'être réparées et leur auteur doit être retranché du peuple.

C'est après l'exposé de ces dispositions législatives que débute en Nb 16,1ss le récit de la révolte de Coré, Datan et Abiram: le chapitre 15 contribue ainsi "à la dramatisation du caractère de gravité de la révolte de Coré qui est une rébellion délibérée et intentionnelle contre le médiateur

---

9   Olson, *ibid.* 173.

qu'a choisi le Seigneur[10]". Cette observation de Olson pourrait également être appliquée aux chapitres 13 et 14: le chapitre 15 donne une clef de compréhension de la gravité de la sanction qui frappe le peuple en Nb 14. L'intentionalité de la faute entraîne l'impossibilité de la réparation.

3.2.3. Nb 16–17 / Nb 18–19

Le lien thématique entre Nb 16–17 d'une part et Nb 18 de l'autre est clair: les récits de Nb 16–17 réaffirment en effet les prérogatives sacerdotales que la revendication des lévites a remises en question. Les lois de Nb 18 précisent et clarifient de nouveau les relations entre prêtres et lévites, et peuvent être considérées comme un développement juridique des récits qui les précèdent. En revanche, il n'existe aucune relation évidente entre Nb 16–17 et Nb 19.

3.2.4. Nb 18–19 / Nb 20

Les liens littéraires ou thématiques reliant Nb 18–19 à Nb 20,1-13 sont discrets. La juxtaposition de ces textes conduit le lecteur à mettre en relation – de la même manière qu'en Nb 13–14 et Nb 15 – les deux types de fautes volontaires que les Israélites (ou leurs chefs) sont susceptibles de commettre:
- le manquement aux prescriptions législatives (cf. Nb 19,13.20).
- la désobéissance aux décisions de Yahvé concernant la conduite du peuple (cf. Nb 20,7-12).

4. PEUT-ON CONSIDÉRER NB 13,1–20,13 COMME UN TOUT ?

Au sein de la deuxième grande section du livre des Nombres (11,1–22,1), la délimitation externe de Nb 13,1–20,13 apparaît assez aisée. En revanche, existe-t-il suffisamment d'arguments pour conclure à une certaine unité de cet ensemble ?

Chacun des indices qui ont été rassemblés ne semble pas en lui-même suffisamment significatif pour emporter la conviction. Ceci étant, la diversité et le nombre de ces indices – dont chacun manifeste un lien entre telle ou telle des différentes unités littéraires composant Nb 13,1–20,13 – invitent à penser qu'il y a ici une intention délibérée de rassembler des éléments au départ très divers, par des procédés littéraires en fait assez formels – mots-crochet, utilisation d'un vocabulaire ou d'expressions

---

10   Olson, *ibid.* 173.

communes. Chacune des unités littéraires peut être en effet sans dommage étudiée indépendamment de celles qui l'entourent.

Si le texte dans sa forme la plus tardive semble manifester une volonté de mettre en relation les éléments si divers qui le composent, quelle peut être la signification d'une telle démarche – signification à situer bien entendu dans le cadre plus large de la dynamique d'ensemble du livre des Nombres dans sa forme achevée ? Il a été remarqué que la première grande section du livre des Nombres s'ordonne autour d'un thème commun: le dénombrement et l'organisation du peuple en vue du départ du Sinaï sous la conduite de Moïse. Au centre du camp, la Demeure, manifestant que c'est le peuple de Yahvé qui se met en marche vers le pays promis, précédé de la nuée: Yahvé est le Dieu qui conduit Israël. En Nb 13,1–20,13, ce sont tour à tour chacune des composantes de ce peuple d'Israël – fils d'Israël, chefs, lévites, Moïse et Aaron – qui expriment leur opposition au projet de Yahvé ou qui remettent en cause l'organisation du peuple, et qui manifestent ainsi leur manque de foi en leur Dieu: les éclaireurs (qui sont des chefs représentant chacun une tribu) effectuent – hormis Caleb et Josué – un rapport calomniateur sur le pays promis (Nb 13); le peuple dans son ensemble refuse de monter vers le pays, veut se donner un chef différent de Moïse, et projette de retourner en Egypte (Nb 14); les lévites revendiquent pour eux-mêmes les privilèges sacerdotaux (Nb 16); Moïse et Aaron eux-mêmes désobéissent (Nb 20).

La sanction qui touche tous ces acteurs du récit est identique: ils n'entreront pas dans le pays promis. Nb 13,1–20,13 est ainsi le lieu où se croisent la première génération vouée à la mort au désert, et le seconde génération – pour qui la promesse est maintenue: le prêtre Eléazar joue pour la première fois un rôle spécifiquement sacerdotal dans le récit de Nb 17 – qui annonce ainsi la succession d'Aaron. Le récit de Nb 14, par la place particulière qu'il attribue à Josué, prépare de la même manière le récit de la succession de Moïse.

Deux remarques complémentaires peuvent être faites:
1° Si l'on peut facilement délimiter, au sein de la section Nb 11,1–22,1 l'ensemble littéraire Nb 13,1–20,13, cet ensemble entretient cependant des relations avec les textes qui le précèdent et avec ceux qui le suivent: respectivement Nb 11,1–12,16 et Nb 20,14–22,1:
Les récits d'opposition de Nb 11,1–12,15 et les sanctions qui y sont énoncées introduisent, par leur tonalité, les conflits majeurs de Nb 14 et Nb 16-17. Par ailleurs, il est tentant de mettre en relation la mort de Myriam (Nb 20,1) et la contestation de l'autorité de Moïse dont elle se rend

responsable (Nb 12,1-15) – même si le texte n'établit pas de rapport de causalité entre ces deux événements.

Au contraire, les récits de Nb 20,14–22,1 qui relatent les premiers succès d'Israël face à ses ennemis manifestent le caractère provisoire des sanctions énoncées en Nb 14 et confirment la promesse de Yahvé à l'égard de son peuple: à la défaite d'Horma en Nb 14,45 correspond la victoire d'Horma en Nb 21,1-3.

2° La troisième grande section du livre des Nombres (Nb 22,1–36,13) se réfère à plusieurs reprises à tel ou tel élément narratif de Nb 13,1–20,13[11]: les récits de Nb 13–14; 16–17; 20,1-13 jouent le rôle d'exemples incitant le peuple à la fidélité et à l'obéissance envers Yahvé. Le peuple est de nouveau organisé en vue de l'occupation imminente du pays de Canaan. Un nouveau chef (Josué) et de nouveaux prêtres (Eléazar, Pinhas) exercent en son sein des responsabilités. Le recensement de Nb 26 dénombre une nouvelle génération (Nb 26,44). Seuls, Caleb et Josué ont survécu aux événements du désert.

Ainsi, l'analyse synchronique parvient à manifester une certaine unité de Nb 13,1–20,13, tant sur le plan littéraire que sur le plan du sens. Cependant, ce résultat ne doit pas masquer la grande diversité des textes regroupés dans cet ensemble. En particulier, l'analyse qui a été menée est loin de rendre compte totalement de la place et du contenu des collections de lois de Nb 15 et Nb 18–19. Un certain nombre de pistes permettant de mieux apprécier l'articulation des récits et des lois dans cet ensemble littéraire ont cependant été dégagées. Il est utile, au terme de cette première étape de l'analyse synchronique d'en faire l'inventaire:

1° Nb 15 peut être interprété comme une réaffirmation de la promesse du don du pays après l'énoncé de la sanction qui touche le peuple en Nb 14. L'expression "Quand vous entrerez dans le pays" en Nb 15,2 représente davantage qu'une simple suture littéraire avec le chapitre précédent. Elle est un moyen de souligner le caractère provisoire de la punition: seule la génération actuelle du peuple est concernée. La génération suivante prendra possession du pays.

2° En faisant allusion au récit de Nb 13–14, l'exhortation de Nb 15,38-41 en souligne la valeur exemplaire. L'objectif commun des textes législatifs et des sections narratives est de susciter l'obéissance du peuple aux commandements de Yahvé – obéissance qui est la condition même de sa survie.

---

[11] Nb 26,44 se réfère à la sanction exposée en Nb 14,26-38. Nb 27,14 fait allusion à Nb 20,1-13. Nb 32,8-13 résume Nb 13–14.

3° En insistant sur la gravité des fautes intentionnelles, les prescriptions législatives rassemblées en Nb 15 donnent une clef d'interprétation des récits de Nb 13–14 et Nb 16–17 et permettent de mieux comprendre la sévérité de la sanction qui touche les coupables: les fautes volontaires ne peuvent être réparées et leurs auteurs sont retranchés du peuple.

4° Le lien unissant Nb 18 aux récits de Nb 16–17 est clair: le récit de la contestation par les lévites des prérogatives des prêtres est complété par les lois qui énoncent leurs compétences respectives.

5° Le thème de la mort est commun aux sections narratives et aux ensembles législatifs de Nb 13,1-20,13 (cf. chapitre II, § 1.2.4). En effet, la mort punit le rebelle qui s'oppose à Yahvé comme l'homme qui se rend coupable d'une faute volontaire, ou encore le profane qui approche de la Demeure. L'exhortation qui conclut Nb 15 apporte un éclairage théologique qui permet de mieux comprendre la motivation de ces sanctions – Nb 15,39b-41: "Vous n'explorerez pas avec vos coeurs et vos yeux, avec desquels vous seriez prostitués; afin que vous vous souveniez et que vous fassiez tous mes commandements, et que vous soyez saints pour votre Dieu. Moi, je suis YHWH votre Dieu, qui vous ai fait sortir du pays d'Egypte pour être votre Dieu. Moi, je suis YHWH votre Dieu." Reconnaître la divinité de Yahvé, c'est donc d'une part respecter les commandements qu'il donne, et d'autre part entrer dans le projet qui est le sien pour son peuple: accepter la sortie d'Egypte. L'homme qui fait confiance à Yahvé en respectant ses lois et en acceptant ses décisions est véritablement saint. La prétention de Coré à la sainteté (cf. Nb 16,3) est démentie par son opposition aux chefs que Yahvé a donnés à la communauté (Moïse et Aaron) et entraîne son châtiment. Ainsi, seuls sont admis à approcher Yahvé ceux qu'il a lui-même choisis, et seuls peuvent vivre au sein de son peuple ceux qui sont saints. On est tenté de conclure qu'à "l'état profane" de l'homme qui approche de la demeure sans y être habilité et qui de ce fait meurt, correspond un "comportement profane" – le comportement de l'homme qui ne respecte pas les règles de vie et les décisions que Yahvé donne à son peuple et qui, de ce fait, connaît lui aussi la mort.

Les cinq pistes proposées n'élucident que partiellement la question de la place des ensembles législatifs en Nb 13,1-20,13. En particulier, il demeure malaisé de rendre compte de la situation et de la fonction des textes rassemblés en Nb 19. Il apparaît donc légitime de recourir à d'autres méthodes pour tenter de mettre en évidence l'unité de sens de Nb 13,1-20,13. L'un des objectifs que l'analyse sémiotique de textes bibliques – dérivée des recherches linguistiques de Greimas – se donne est précisément de manifester à un niveau dit "profond" la cohérence d'un texte considéré comme un tout – quelle que soit l'histoire de sa composition. Cette analyse constitue donc un complément logique de l'étude synchronique qui vient d'être menée essentiellement à partir de l'étude du vocabulaire, des différents thèmes déployés, et de la structure des différents récits.

IV

APPROCHE SEMIOTIQUE DE NOMBRES 13,1–20,13

1. POINT DE DÉPART THÉORIQUE

1.1. *Présupposés de l'analyse sémiotique*

L'analyse sémiotique d'un texte se propose d'en mettre au jour les structures, dont le jeu manifeste le sens[1]. Les catégories de l'analyse sémiotique se donnent comme valables quel que soit le texte considéré, puisqu'elles sont développées à partir d'une "structure élémentaire de la signification" – le noyau taxinomique[2] – qui pour Greimas, qui reprend les travaux de Hjelmslev, est "le principe sémiotique qui institue et organise tout langage"[3]. Partant de ce présupposé, l'analyse sémiotique établit une correspondance entre deux niveaux de fonctionnement du texte:

Un niveau dit "superficiel" s'intéressant à l'enchaînement des transformations concernant les différents termes – termes abstraits qui dans un récit ne sont pas équivalents aux personnages mais sont définis par le système de relations qu'ils entretiennent les uns avec les autres[4].

Un niveau dit "profond" s'intéressant au fonctionnement logique de l'ensemble du texte et pouvant être déduit du niveau précédent[5].

---

[1] Delorme: "Sémiotique", SDB XII (1993) 296: "La sémiotique invite à dépasser la considération (toujours nécessaire) des mots, des phrases et de leurs liaisons (...). Un texte (comme discours ou unité de langage supérieure à la phrase) n'en est pas la somme. Il s'en sert pour une signification globale en faisant signifier tous ses composants les uns avec les autres, les uns par rapport aux autres (...) La sémiotique cherche à rendre compte de cette globalité signifiante en explicitant les opérations qui permettent de construire le texte comme discours. Discours ne veut pas dire ici développement oratoire par opposition à récit ou à texte écrit (...) mais organisation du contenu à l'échelle d'un texte. Il s'agit de passer de la manifestation du sens au niveau des signes audibles ou lisibles aux structures ou formes qui ne sont pas manifestées comme telles. Puisque nous avons affaire à une globalité, on donnera la priorité aux relations, aux structures sur les éléments".

[2] Greimas, Du Sens I (1970) 160: "La structure élémentaire de signification (...) doit être conçue comme le développement logique d'une catégorie sémique binaire, du type blanc vs noir, dont les termes sont, entre eux, dans une relation de contrariété, chacun étant en même temps susceptible de projeter un nouveau terme qui serait son contradictoire, les termes contradictoires pouvant, à leur tour, contracter une relation de présupposition à l'égard du terme contraire opposé."

[3] Greimas, *ibid.* 162.

[4] Cf. Sémiotique et Bible 1 (1975) 2-5.

[5] Cf. *ibid.* 9 (1978) 3-6.

1.2. *Méthodologie*

1.2.1. *Méthodologie proprement dite*

L'analyse du texte comporte deux aspects principaux et complémentaires:
1° *Une analyse narrative* s'intéressant à l'enchaînement des actions constituant le développement – ou l'intrigue – du récit. Ce développement narratif constitue le "système syntagmatique"[6]. L'analyse narrative est attentive aux transformations affectant l'état des différents actants[7] du récit et tente de mettre en évidence le programme narratif (PN)[8] principal[9] qui rend compte de l'ensemble du récit. L'analyse narrative est également attentive aux différents "parcours figuratifs", c'est-à-dire à l'enchaînement des différentes figures appartenant à un même thème dans un texte donné[10].
2° *Une étude sémantique* visant à dégager:
   1. Des *isotopies sémiologiques* – traits communs unissant les différentes figures d'un parcours figuratif.
   2. Une *isotopie sémantique* – plan commun de compréhension des isotopies sémiologiques, et catégorie pouvant rendre compte de leur fonctionnement logique[11].

1.2.2. *Remarques*

La mise en oeuvre d'un telle méthode appelle quelques observations:
Première remarque: l'analyse sémiotique de textes bibliques s'est tout d'abord intéressée à des récits – en général assez courts. Le vocabulaire même qui décrit sa technique semble indiquer qu'elle concerne en premier lieu des textes narratifs[12]. Il est dès lors nécessaire de s'interroger sur la

---

6   Cf. Patte, The Religious Dimensions of Biblical Texts (1990) 54-56.
7   Un actant n'est pas un personnage proprement dit d'un récit, c'est une notion abstraite désignant la position d'objet ou de sujet qu'occupe une chose ou un acteur dans le récit. La relation du sujet à l'objet est caractérisée par un état de disjonction (le sujet manque d'objet) ou par un état de conjonction (le sujet est joint à l'objet): cf. Sémiotique et Bible 1 (1975) 2-3.
8   Dans la suite de l'étude, l'abréviation "PN" est couramment utilisée pour désigner un programme narratif.
9   Le programme narratif est défini comme la suite d'états et de transformations qui s'enchaînent sur la base d'une relation sujet – objet. On y distingue un destinateur qui rend capable un sujet opérateur de faire une action transformant la relation d'un destinataire avec un objet. A un PN principal peuvent être ordonnés des PN secondaires jouant le rôle d'adjuvants ou d'opposants du sujet opérateur. Dans le cas d'opposants, on parle de contre-programmes (CP): cf. Patte, What is Structural Exegesis ? (1976) 42 ss.
10   Cf. Sémiotique et Bible 6 (1977) 1-4; 7 (1977) 6.
11   Cf. Sémiotique et Bible 7 (1977) 1-6.
12   "Programme narratif", "Analyse narrative".

légitimité du recours à une telle méthode lorsque l'analyse porte sur un ensemble littéraire extrêmement vaste (Nb 13,1–20,13) où sont juxtaposés des récits et des textes législatifs. Trois observations permettent de dépasser cette objection:

1. L'analyse sémiotique cherche à rejoindre la structure profonde et le fonctionnement logique d'un texte. Les critères littéraires qui permettent de distinguer formellement les *récits* et les *lois* au sein des écrits bibliques lui sont extérieurs. Seule, la mise en oeuvre de l'analyse sémiotique elle-même permet de déterminer – pour un texte donné – si cette méthode s'avère ou non fructueuse. De plus, comme le souligne Delorme[13], "les écrits bibliques pratiquent ordinairement le mélange des genres et des formes (..). La sémiotique s'en trouve encouragée à chercher leur articulation à un niveau où les différences et les oppositions de genres deviennent elles-mêmes signifiantes et pointent vers l'instance d'énonciation. Elle trouve plus de passerelles que prévu entre un récit et un psaume, un ensemble juridique et un oracle prophétique".

2. La délimitation de *récits* et de *lois* en Nb 13,1–20,13 ne doit pas occulter les liens qui existent entre ces deux types de textes:

D'une part, l'analyse synchronique a mis au jour des connexions reliant les récits et les lois qui composent cet ensemble littéraire: ainsi, le récit de Nb 13–14 vient appuyer l'exhortation qui conclut le chapitre 15 – chapitre qui regroupe des textes législatifs. De même, les lois du chapitre 18 se situent dans le prolongement des récits des chapitres 16 et 17 qui relatent une polémique opposant les lévites aux prêtres.

- D'autre part, des textes législatifs peuvent comporter une introduction narrative, ou encore prendre la forme de courts récits exemplaires – ce qui conduit à nuancer l'opposition que la critique des formes établit classiquement entre récits et lois: ainsi Nb 15 est introduit par deux versets qui donnent au chapitre un cadre géographique et chronologique[14] et la loi concernant le viol du sabbat (Nb 15,32-26) est exposée sous la forme d'un bref récit[15].

---

13 Delorme, *op. cit.* (n. 1) 319.
14 Nb 15,1-2: "YHWH parla à Moïse: "Parle aux fils d'Israël. Tu leur diras: "Quand vous serez entrés dans le pays où vous habiterez, pays que moi je vais vous donner".
15 Nb 15,32-36: "Les fils d'Israël étaient dans le désert, et l'on surprit un homme ramassant des branches de bois le jour du sabbat. Ceux qui l'avaient trouvé ramassant des morceaux de bois l'amenèrent à Moïse, Aaron et toute la communauté. Ils le placèrent sous garde, car il n'avait pas été expliqué ce qui lui serait fait. YHWH dit à Moïse: "Que l'homme soit mis à mort ! Que toute la communauté le lapide avec des pierres, à l'extérieur du camp". Toute la communauté le fit sortir à l'extérieur du camp, on le lapida avec des pierres et il mourut, comme l'avait ordonné YHWH à Moïse."

3. Si l'analyse sémiotique a effectivement d'abord concerné des textes assez courts, des études concernant des ensembles littéraires plus vastes ont également été tentées. Ainsi, Jobling a publié dès 1978 les résultats d'une analyse structurale de Nb 11–12[16]. Plus récemment, des études portant sur un livre entier de la Bible ont été réalisées[17]. L'objet de telles analyses est la recherche du fonctionnement logique de grands ensembles littéraires – considérés comme un tout – ensembles littéraires dont l'analyse exégétique classique souligne avant tout le caractère composite.

L'ensemble de ces observations permet de conclure à la légitimité d'une analyse sémiotique de Nb 13,1–20,13 – analyse qui représente une possibilité de mettre en évidence l'unité de sens de cet ensemble littéraire et de dépasser ainsi le clivage récits/lois qu'il est classique d'y effectuer.

Seconde remarque: cependant, l'analyse sémiotique comporte des limites: en particulier, le passage du plan *superficiel* au plan dit *profond* de l'analyse implique que l'on s'éloigne du texte biblique pour parvenir à des catégories logiques: c'est un travail d'interprétation effectué, certes, en fonction de critères qui se veulent objectifs et universels, mais qui – de fait – sollicite la subjectivité de l'opérateur. De plus, cette analyse dite sémiotique (ou structurale) des textes bibliques dérive de la méthodologie mise en oeuvre par Greimas, qui elle-même se réfère à un projet plus vaste: parvenir à constituer une "sémiotique générale", dont les modèles puissent avoir une valeur universelle[18]. Il peut apparaître contestable d'utiliser une méthodologie sans mener une étude critique des prémisses philosophiques qui la fondent.

Ces deux réserves doivent conduire à la prudence dans l'exploitation des résultats apportés par l'analyse sémiotique d'un texte biblique.

2. ANALYSE SÉMIOTIQUE DE NB 13,1–20,13

2.1. *Analyse narrative*

2.1.1. *Définition du Programme Narratif Principal (PNP)*

Il est difficile, dans le cadre de l'analyse sémiotique d'un ensemble littéraire aussi vaste que Nb 13,1–20,13, de proposer d'emblée un PN rendant

---

16 Cf. Jobling, A Structural Analysis of Numbers 11-12, dans: The Sens of Biblical Narrative I (1978) 31-65.

17 Ainsi l'étude du livre de Job effectuée par De Gaulmyn: Dialogue avec Job, Sémiotique et Bible 52 (1988) 1-14.

18 Cf. Greimas, Du sens I (1970) 157.

compte de la totalité du texte. Le premier temps de l'étude synchronique a permis de diviser cet ensemble en différentes unités littéraires, et a d'autre part mis en évidence la place particulière de Nb 15 : ce texte législatif semble en effet venir briser la continuité du récit, et les ruptures 14,45/15,1 et 15,41/16,1 sont particulièrement marquées. Cependant, la juxtaposition de Nb 15 et des récits de Nb 13–14 et 16–17 fait sens: les lois de Nb 15 contribuent en effet à clarifier la nature des fautes commises, à en apprécier la gravité, à en expliquer la sanction. *Le chapitre 15 du livre des Nombres constitue donc une clef de compréhension des récits qui l'entourent*, et il apparaît légitime de prendre ce texte pour point de départ de l'analyse sémiotique en tentant d'y faire apparaître un PN principal dont les relations avec les PN développés dans les autres unités littéraires de Nb 13,1–20,13 seront précisées dans une seconde étape de l'analyse narrative.

2.1.1.1. *Programme Narratif 1: Nb 15*

Nb 15 exprime la volonté et la capacité qu'a Yahvé de se constituer un peuple:

1° *Un peuple qui soit saint* (v 40b) en obéissant à ses lois et à ses commandements (vv 16.22-23.39-40),

2° *Un peuple qui le reconnaisse comme son Dieu* – celui qui l'a fait sortir d'Egypte (v 41) et le fera entrer dans le pays promis (vv 2.18). Moïse est le porte-parole de Yahvé, et est chargé de transmettre au peuple ses prescriptions (vv 1-2a.22-23a). Ces différents éléments peuvent être schématisés sous la forme d'un Programme Narratif (PN 1 = Programme narratif principal de Nb 15) défini par un destinateur qui en est également le destinataire et le sujet opérateur: Yahvé.

Yahvé est en effet celui qui fait sortir le peuple d'Egypte, qui le guide vers le pays promis, et qui lui donne les commandements et les lois qui peuvent le conduire à la sainteté. L'objet qui caractérise le PN 1 est le peuple, la communauté des fils d'Israël. Les fils d'Israël deviennent le peuple de Yahvé dans la mesure où ils acceptent d'être saints pour lui (v 40b) en respectant ses commandements, et dans la mesure où ils le reconnaissent comme leur Dieu: celui qui les a fait sortir d'Egypte et qui les fera entrer dans le pays promis. Moïse, porte-parole de Yahvé, peut être considéré comme adjuvant du PN 1. A côté de ce programme narratif principal de Nb 15, se développent un certain nombre de PN secondaires qui jouent le rôle de programmes adjuvants ou de programmes opposants du PN 1 (ou contre-programmes (CP) – c'est-à-dire de programmes dont la performance principale[19] s'oppose à la performance principale du PN 1, ou manifeste une opposition au destinateur de ce programme). Face aux contre-programmes sont mis en oeuvre des programmes tendant à restaurer le performance principale du PN 1. Jobling donne le nom de contre-contre-programmes à de tels programmes narratifs[20]. Par convention, dans la présente étude, ces programmes sont dénommés *programmes d'annulation* (P.A.)[21] du contre-programme.

Contre-Programmes du PN 1 en Nb 15

On peut distinguer de manière formelle des contre-programmes réels correspondant à une action énoncée par le texte et des contre-programmes virtuels, correspondant à une action hypothétique. En Nb 15, les contre-programmes virtuels peuvent être définis à partir de lois présentées selon une formulation casuistique[22]:

L'unique contre-programme réel que l'on peut reconnaître en Nb 15 a pour sujet opérateur un homme qui ramasse du bois un jour de sabbat : en violant le commandement du repos le jour du sabbat, cet homme se comporte en opposant du programme principal. Sa condamnation à mort et son exécution constituent un programme d'annulation du contre-programme – programme d'annulation dont Yahvé est à la fois le destinateur et le destinataire, le peuple le sujet opérateur, Moïse l'adjuvant, et la mort de l'homme l'objet. L'exécution du coupable permet en effet de retrancher du peuple de Dieu celui qui – n'étant plus saint puisqu'il n'accomplit plus les commandements de Yahvé – ne satisfait plus aux critères d'appartenance à ce peuple. Ce programme d'annulation permet en outre de vérifier que l'objet qui caractérise la performance du PN 1 n'est pas seulement un objet modal (Yahvé *veut* pour lui-même un peuple) mais un objet de valeur[23]: Yahvé apparaît comme un sujet opérateur compétent en se constituant progressivement un peuple qui lui appartient. La sortie d'Egypte a constitué la première étape de la formation du peuple, l'élimination de ceux qui ne se

---

19 La performance principale d'un programme narratif est l'opération qui permet l'acquisition d'un objet donné par le destinataire de ce programme. cf. Sémiotique et Bible 1 (1975) 3; 2 (1976) 4.

20 Cf . Jobling, *op. cit.* (n. 16) 39.

21 Cette expression n'appartient pas à la terminologie classique de l'analyse sémiotique.

22 On regroupe sous ce terme d'une part les prescriptions débutant par les particules כי (comme en Nb 15,22) ou אם (cf. Nb 15,24.27), d'autre part les lois débutant par l'expression הנפש אשר (cf. Nb 15,30).

23 Toute performance exige un sujet opérateur capable: on parle de sujet compétent – sujet en état de conjonction vis-à-vis de trois "objets modaux": le vouloir faire, le pouvoir faire et le savoir faire. L'acquisition des objets modaux (performance modale) est un préalable à l'acquisition de tout objet de valeur (performance principale): cf. Sémiotique et Bible 1 (1975) 4-5; Greimas, Du Sens II (1983) 53.

conforment pas aux commandements représente une nouvelle étape du processus de formation du peuple de Dieu.

A côté de ce contre-programme réel, peuvent être définis deux contre-programmes "virtuels":

1° En Nb 15,22-29, un contre-programme dont le sujet opérateur est l'auteur éventuel d'un manquement involontaire aux commandements de Yahvé. A ce contre-programme correspond un programme d'annulation dont le sujet opérateur peut être la communauté toute entière (Nb 15,24), ou la personne responsable de la faute involontaire (Nb 15,27). Le prêtre est l'adjuvant de ce programme dont Yahvé est à la fois le destinateur (comme auteur de la législation) et le destinataire (comme bénéficiaire du sacrifice de réparation).

2° En Nb 15,30-31 peut être individualisé un contre-programme virtuel du PN 1 dont le sujet opérateur est l'auteur éventuel de tout manquement volontaire aux commandements de Yahvé. Le programme d'annulation de ce contre-programme a pour objet l'élimination de la personne responsable du manquement volontaire (Nb 15,31b: "Pour être retranchée, cette personne sera retranchée. Sa faute est sur elle".

Programmes adjuvants du PN 1 en Nb 15

En Nb 15,37-40 est développé un PN adjuvant du programme narratif principal: le port de la frange sur le bord des vêtements constitue un rappel des commandements à observer et incite donc le peuple à demeurer saint pour Yahvé.

L'articulation du PN 1, des contre-programmes, des programmes d'annulation et des programmes adjuvants peut être schématisée de la manière suivante:

PN 1

DESTINATEUR: Yahvé   –   DESTINATAIRE: Yahvé

OBJET: Le Peuple

Saint pour Yahvé

Observant les commandements

Reconnaissant Yahvé comme son Dieu l'ayant fait sortir d'Egypte et le conduisant vers le pays promis.

PN 1: OPPOSANTS	PN 1: ADJUVANTS
Réel: L'homme qui viole le sabbat --> *Annulation: condamnation à* *mort.* **Virtuels**: Responsables de manquements involontaires --> *Annulation: sacrifice de* *réparation* Responsables de manquements volontaires --> *Annulation: le responsable est* *retranché du peuple*	• Moïse • La frange des vêtements

La seconde étape de l'analyse narrative consiste à confronter le PN 1 et les programmes narratifs qui rendent compte des différentes unités littéraires de Nb 13,1–20,13. Cette confrontation doit permettre en particulier de confirmer ou d'infirmer la définition de l'objet du programme principal issue de l'analyse de Nb 15: *un peuple saint*. Nb 15 fournit 3 éléments de définition de la sainteté:

1° Est saint *celui qui reconnaît Yahvé comme Dieu* (Nb 15,40).

2° Ceci implique d'*accepter la sortie d'Egypte* (Nb 15,41) *et le don du pays* (15,2).

3° Entrer dans le pays est réservé au peuple de Yahvé dont seuls font partie *ceux qui accomplissent les commandements*.

2.1.1.2. Articulation des différents programmes narratifs
en Nb 13,1–20,13[24]

Programmes narratifs mis en évidence en Nb 13–14

Deux programmes narratifs concurrents peuvent être définis en Nb 13,1–14,38. Le premier programme (PN 2) a pour destinateur Yahvé, pour sujet opérateur Moïse, pour destinataire le peuple et pour objet l'exploration puis la conquête du pays de Canaan. Caleb et Josué sont des adjuvants de ce

---

24 L'étude menée cherche à mettre en évidence des programmes narratifs rendant compte des unités littéraires considérées dans leur ensemble. Les programmes narratifs secondaires n'apportant pas d'éléments significatifs dans le développement de l'intrigue ou dans la compréhension des unités littéraires comme un tout sont donc négligés dans l'exposé.

programme, puisqu'ils défendent devant le peuple les qualités du pays et les avantages de sa conquête (Nb 13,30; 14,6-9). Le second programme (PN 3) a pour destinateur, pour destinataire et pour sujet opérateur le peuple. L'objet de ce programme narratif est le retour en Egypte sous la conduite d'un chef différent de Moïse, chef que le peuple envisage de se donner lui-même (Nb 14,3b-4). L'ensemble des éclaireurs qui, hormis Caleb et Josué, effectuent un rapport défavorable sur le pays (Nb 13,31-33) sont les adjuvants du PN 3 – auquel manque cependant un sujet opérateur compétent. Nb 14,4 n'attribue en effet au peuple qu'un seul des trois objets modaux nécessaires au faire: le vouloir-faire.

Le PN 2 peut être considéré comme un programme narratif secondaire adjuvant du PN 1. En effet, ce programme concourt à la conquête du pays, à l'initiative de Yahvé, sous la conduite des chefs qu'il a lui-même choisis pour le peuple. Les adjuvants de ce programme (Caleb et Josué) expriment leur conviction que Yahvé est à leurs côtés dans l'action qu'ils entreprennent – Nb 14,8: "Si YHWH nous est favorable, il nous fera entrer dans ce pays et nous le donnera: un pays ruisselant de lait et de miel".

Au contraire, le PN 3 constitue un contre-programme du PN 1: non seulement l'objectif du peuple est – en remettant en cause l'autorité du chef (Moïse) que Yahvé a choisi – de retourner dans le lieu dont Yahvé l'a fait sortir, mais surtout, en prétendant se donner lui-même un chef, le peuple entend devenir son propre maître et nie toute souveraineté divine.

Face à ce contre-programme, Yahvé est le destinateur et le sujet opérateur de plusieurs programmes d'annulation:

1° *Un programme virtuel* (qui ne connaît pas de réalisation en Nb 14): tous les fils d'Israël de la première génération sont condamnés à mourir dans le désert. Ainsi, tous ceux qui n'ont pas voulu entrer dans le projet de Yahvé (sortir d'Egypte pour entrer dans le pays qu'il a promis de donner) seront exclus du peuple.

2° *Un programme réel*: les éclaireurs responsables d'un rapport calomniateur meurent (Nb 14,36-38). Ce programme réel peut être considéré comme le début de la réalisation du programme virtuel développé en Nb 14,21-35.

En Nb 14,39-45, l'action du peuple – qui part à la conquête du pays de Canaan sans bénéficier de l'appui de Yahvé – peut être également interprétée comme un contre-programme du PN 1 (PN 4): les fils d'Israël ne constituent en effet le peuple de Yahvé que dans la mesure où ils acceptent d'être conduits par lui. En voulant triompher seuls de leurs ennemis, ils rejettent une nouvelle fois sa souveraineté. Leur défaite peut être interprétée comme un programme d'annulation du PN 4.

Ainsi, l'ensemble des programmes narratifs qui ont été reconnus en Nb 13-14 peuvent être considérés comme des programmes secondaires – adjuvants ou opposants – du PN 1, défini en Nb 15.

PAR RAPPORT AU PN 1

ADJUVANTS	OPPOSANTS	ANNULATION DES OPPOSANTS
PN 2	PN 3	*ANNULATION REELLE:*
SUJET OPERATEUR:	SUJET OPERATEUR	SUJET OPERATEUR
Moïse	DESTINATEUR	DESTINATEUR
DESTINATEUR:	DESTINATAIRE:	DESTINATAIRE:
Yahvé	Le peuple	Yahvé
DESTINATAIRE:		
Le peuple		
OBJET:	OBJET:	OBJET:
Exploration	Retour en Egypte	Mort des éclaireurs
Conquête	Changer de chef	
		ANNULATION
Adjuvants:		*VIRTUELLE:*
Caleb, Josué		SUJET OPERATEUR
	Adjuvants du PN 3:	DESTINATEUR
	Les éclaireurs	DESTINATAIRE:
		Yahvé
		OBJET:
		Mort de la première génération
	PN 4	*ANNULATION du PN 4*
	SUJET OPERATEUR	SUJET OPERATEUR
	DESTINATEUR	DESTINATEUR
	DESTINATAIRE:	DESTINATAIRE:
	Le peuple	Yahvé ?
	OBJET:	OBJET:
	Conquête	Echec de la tentative de conquête
	Opposant au PN 4:	
	Moïse	

Comme l'illustre le tableau qui schématise ces programmes narratifs[25], c'est la question de l'acceptation ou du refus du don du pays qui est au centre des chapitres 13–14: tous ceux qui souhaitent retourner en Egypte se voient condamnés à mourir dans le désert et sont donc exclus du peuple. Par ailleurs, la tentative de monter en Canaan sans le concours de Yahvé est un désastre: seul le don de Yahvé peut permettre au peuple d'entrer dans le pays. Les chapitres 13 et 14 confirment donc la définition de l'objet du programme narratif principal: *Yahvé se constitue un peuple invité à le reconnaître comme le Dieu qui l'a fait sortir d'Egypte et qui lui donne le pays de Canaan.*

Programmes Narratifs en Nb 16–17

En Nb 16,1–17,5, deux contre-programmes du PN 1 peuvent être distingués:

Premier contre-programme – PN 5: Coré et ses partisans sont les sujets opérateurs, les destinateurs et les destinataires d'un programme narratif (PN 5) dont la performance réside dans l'acquisition d'objets modaux: le désir de partager le pouvoir de Moïse et d'Aaron (Nb 16,3) et le désir de partager les attributions du sacerdoce (Nb 16,10). Ces objets modaux présupposent chez les destinataires de ce programme la prétention à la sainteté (Nb 16,3) – valeur dont seul Yahvé peut en réalité juger. Coré et ses partisans remettent ainsi implicitement en cause l'autorité de celui qu'ils prétendent servir.

Second contre-programme – PN 6: Datan et Abiram refusent de monter dans le pays et contestent l'autorité de Moïse: ils sont ainsi les sujets opérateurs d'un contre-programme dont la performance est l'acquisition d'un objet modal: le refus de vouloir marcher vers le pays que donne Yahvé.

Aux PN 5 et PN 6 correspondent respectivement deux programmes d'annulation – programmes dont Yahvé est le destinateur, le destinataire et le sujet opérateur, et dont la performance principale est la destruction de Coré et de ses partisans, ainsi que de Datan et Abiram: toute personne qui conteste le projet de Yahvé pour son peuple – en remettant en cause l'organisation de la communauté, ou plus radicalement en s'opposant à la marche vers le pays promis – se trouve éliminée du peuple. Appartenir au peuple que Yahvé se constitue signifie accepter l'ensemble des modalités pratiques – commandements, lois, organisation, itinéraire – que Yahvé fait connaître aux fils d'Israël par l'intermédiaire de Moïse, et implique également de reconnaître Moïse comme le porte-parole qualifié de Yahvé:

---

[25] Cf. page précédente. Les différents programmes narratifs de Nb 13-14 sont répartis en programmes adjuvants ou opposants du PN 1.

les programmes d'annulation des contre-programmes contribuent ainsi à préciser la performance principale du PN 1.

En Nb 17,6-15 peuvent être identifiés un contre-programme du PN 1 (PN 7) et le programme d'annulation qui lui correspond. L'accusation formulée par les fils d'Israël en Nb 17,6b ("Vous avez fait mourir le peuple de Yahvé") semble viser uniquement Moïse et Aaron. En réalité, c'est à Yahvé lui-même – dont Moïse et Aaron ne sont que les intermédiaires – que les Israélites s'opposent en agissant ainsi:

PN 7: CONTRE-PROGRAMME DU PN 1	PROGRAMME D'ANNULATION DU PN 7
Sujet opérateur: les fils d'Israël	Sujet opérateur: Yahvé
Destinataire: Yahvé	Destinataire: les fils d'Israël
Objet: contestation de l'action de Moïse et d'Aaron.	Objet: élimination des protestataires
	Opposants: Moïse et Aaron[26]

Nb 17,16-26 peut être interprété comme un programme secondaire (PN 8) adjuvant du PN 1: l'épisode du bâton d'Aaron vient conforter la place spécifique de la tribu de Lévi au sein des fils d'Israël et constitue une prévention contre toute rébellion ultérieure: l'avenir du peuple que s'est choisi Yahvé est ainsi sauvegardé et son organisation confirmée.

Définition de programmes narratifs en Nb 18–19

A Nb 18 et Nb 19 correspondent respectivement deux programmes narratifs secondaires adjuvants du PN 1 (PN 9 et PN 10):

Nb 18 précise l'organisation du peuple de Dieu invité à rendre un culte à Yahvé. Ce culte a deux fonctions principales: manifester que le peuple confesse Yahvé comme son Dieu et réparer les fautes éventuelles commises contre lui. La définition précise des tâches et des revenus des prêtres et des lévites participe donc de la constitution progressive d'un peuple pour Yahvé

---

26 En Nb 17,11ss – comme en Nb 14,13ss – Moïse peut être considéré comme un opposant au programme d'annulation dont le sujet opérateur est Yahvé: la fonction de Moïse, selon le texte, est celle d'un intercesseur efficace qui permet la survie du peuple, en limitant les sanctions qu'il encourt. Mais l'intervention de Moïse, si elle vise à obtenir la survie du peuple, ne prend pas en compte l'unique critère en fonction duquel Yahvé détermine sa propre action: la sainteté du peuple.

– ce qui est la performance principale du PN 1[27]. Au PN 9 sont subordonnés deux programmes secondaires – un contre-programme virtuel et un programme d'annulation de ce contre-programme: Nb 18,7bß – "Le profane qui s'approcherait sera mis à mort". Tout homme qui, en s'approchant indûment de la demeure, remet en cause l'organisation du peuple établie par Yahvé, en est immédiatement éliminé.

Le PN 10 (Nb 19) est un programme narratif secondaire adjuvant du PN 1: il a comme objet de valeur une qualité attribuée au peuple que se constitue Yahvé: la pureté.

Ce PN peut être schématisé de la manière suivante:

DESTINATEUR: Yahvé DESTINATAIRE: Yahvé S. OPERATEUR: Le peuple ADJUVANTS: Moïse, Aaron, Eleazar	

CONTRE-PROGRAMME: (Nb 19,13.20)	PROGRAMME D'ANNULATION DU CP (Nb 19,13.20)
SUJET OPERATEUR: tout homme qui n'effectue pas de purification	DESTINATEUR: Yahvé DESTINATAIRE: Yahvé SUJET OPERATEUR: Le peuple OBJET: Elimination de l'homme impur

De même que le peuple doit marcher vers le pays de Canaan, de même qu'il est exhorté à respecter les commandements et l'organisation cultuelle qui lui sont donnés, de même il a l'obligation d'observer les lois de pureté. Ainsi, la plupart des programmes narratifs adjuvants du PN 1 que l'on peut identifier en Nb 13,1–20,13 ont pour objets de valeur des qualités qui caractérisent le peuple de Yahvé.

Définition de Programmes narratifs en Nb 20,1–13

Deux contre-programmes du PN 1 peuvent être identifiés dans le récit de Nb 20,1-13. Un programme (PN 11) dont le destinateur est le peuple, le destinataire Yahvé, et l'objet la protestation du peuple devant le manque d'eau. Le programme d'annulation qui est subordonné au PN 11 a pour destinateur Yahvé, pour sujet opérateur Moïse, et pour objet l'eau qui permet de combler le manque du peuple.[28]

---

27 On pourrait également définir le PN 9 comme un programme d'annulation du contre-programme PN 5: le PN 9 réaffirme en effet la place et la fonction respectives des prêtres et des lévites, remises en cause par le contre-programme PN 5.

28 La logique narrative des récits qui précèdent rend étonnante l'absence de toute sanction contre le peuple. Cependant, la spécificité du récit de Nb 20,1-13 réside dans le fait que

Le second contre-programme (PN 12) a pour destinateurs Moïse et Aaron, pour destinataire Yahvé et pour objet la confiance que Moïse et Aaron refusent à Yahvé: en ne respectant pas à la lettre ses instructions pour faire sortir l'eau du rocher (Nb 20,8-11), Moïse manifeste son manque de foi. Au PN 12 est lié un programme d'annulation: du fait de leur manque de foi, Moïse et Aaron ne remplissent plus les conditions nécessaires pour appartenir au peuple de Dieu et en seront éliminés avant l'entrée en Canaan (Nb 20,12).

2.1.1.3. *Synthèse de ces données*

L'ensemble des programmes narratifs identifiés en Nb 13,1–20,13 peuvent être reliés au PN 1 défini en Nb 15: ils constituent des programmes secondaires adjuvants ou opposants de ce programme qui est donc le programme narratif principal de l'ensemble littéraire étudié. Les programmes adjuvants ont souvent pour fonction de préciser les qualités qui caractérisent le peuple que Yahvé s'est choisi. Les programmes opposants ont pour objet, dans la plupart des cas, le refus d'une des décisions de Yahvé traduisant le manque de foi des rebelles. Quelle que soit la décision contestée (marche vers le pays promis, sortie d'Egypte, refus d'obeissance aux commandements ou contestation de l'organisation du peuple), ces contre-programmes appellent des programmes d'annulation dont l'objet est l'élimination des coupables – permettant la restauration de l'intégrité d'un peuple de croyants. Le PN 11 échappe à cette règle: la protestation du peuple a pour motivation sa propre survie, et le programme d'annulation qui lui correspond apporte aux fils d'Israël les moyens de leur subsistance[29].

2.1.2. *Mise en oeuvre de la catégorie de véridiction*

L'analyse sémiotique cherche à déterminer à quels énoncés d'un récit peuvent être attribuées les valeurs de *vrai* et de *faux*. Il ne s'agit pas de porter de l'extérieur du récit un jugement de vérité, mais de dégager ces valeurs des relations réciproques qu'entretiennent les différents éléments du récit: le récit produit sa propre vérité.

---

la rébellion est liée au manque des moyens nécessaires à la subsistance des Israélites. Pour se constituer un peuple, Yahvé doit assurer sa survie. Le programme d'annulation subordonné au PN 11 est donc bien un programme adjuvant du PN 1 puisque sa performance principale est nécessaire à la poursuite du projet de Yahvé.

29 L'ensemble assez complexe des relations entre programme narratif principal, programmes secondaires et programmes d'annulation des contre-programmes est résumé par le schéma des pages suivantes.

ADJUVANTS	PN 1	OPPOSANTS	ANNULATION
	PERF. PRINCIPALE: Yahvé *SE CONSTITUE UN PEUPLE SAINT*: • qui le reconnaît comme Dieu • qui accepte le don du pays • qui met en pratique les commandements		
PN 2 (13,1-14,38) OBJET: exploration conquête	Un peuple qui se laisse conduire en Canaan		
	" "	**PN3** (13,31-14,38) OBJET: changer de chef retour en Egypte	14,21-35 OBJET VIRTUEL Mort de la 1ère génération 14,36-38 OBJET REEL Mort des éclaireurs
	" "	**PN 4** (14,39-45) OBJET: Conquête sans Yahvé	14,39-45 Echec de la conquête.
	Un peuple qui accepte l'organisation cultuelle que lui donne Yahvé	**PN 5** (16,1-17,5) Révolte de Coré	16,1-17,5 Mort de Coré et de ses partisans
	Un peuple qui ne regrette pas l'Egypte	**PN 6** (16,1-17,5) Révolte de Datan et Abiram	16,1-17,5 Mort de Datan et Abiram

ADJUVANTS	PN 1	OPPOSANTS	ANNULATION
	Un peuple qui accepte l'autorité des chefs que Yahvé lui donne	PN 7 (17,6-15) Le peuple conteste Moïse et Aaron	17,6-15 Mort des opposants
PN 8 (17,16-28) Le bâton d'Aaron	Un peuple mis en garde contre les révoltes		
PN 9 (18) Rôle des prêtres et des lévites	Un peuple rendant un culte à Yahvé	18,7: CP Virtuel Le profane qui approche	18,7: Mort du profane qui approche
PN10 (19) Rites de pureté	Un peuple qui se rend pur pour Yahvé	19,13.20: C.P virtuel: L'homme qui néglige les rites de pureté	19,13.20 Mort de l'homme qui néglige les rites de pureté
	Un peuple dont Yahvé assure la subsistance	PN 11: (20,1-13) Manque d'eau	20,1-13: Comblement du manque
	Un peuple dont les membres doivent avoir foi en Yahvé	PN 12: (20,8-12) Manque de Foi de Moïse et Aaron	20,12 Annonce de la mort de Moïse et Aaron

L'ensemble des programmes narratifs définis en Nb 13,1-20,13 peuvent être mis en relation avec le PN 1 défini comme programme narratif principal. Ce tableau montre comment ils se répartissent en programmes adjuvants, opposants et programmes d'annulation des programmes opposants du programme narratif principal.

Le "système de véridiction" est constitué par l'articulation de deux plans qui peuvent qualifier l'existence d'un sujet: la manifestation (paraître) et l'immanence (être)[30]

Comme le souligne Greimas, "les termes employés sont des dénominations sémiotiques, sans aucun rapport avec les concepts ontologiques desquels ils peuvent être rapprochés"[31]. Tout énoncé d'état qualifiant un sujet peut être défini dans le cadre du système de véridiction, sur les plans de la

---

[30] Cf. Sémiotique et Bible 4 (1976) 3-5.
[31] Greimas, Du Sens II (1983) 72.

manifestation et de l'immanence dont l'articulation peut être schématisée comme suit[32]:

Etre   Paraître

VRAI

SECRET   MENSONGE

FAUX

Non paraître   Non être

C'est sans doute en Nb 13–14 que se pose de la manière la plus radicale la question de la vérité dans le récit. En effet, deux programmes narratifs (PN 2 et PN 3) s'opposent point par point: ou bien, poursuivre la marche vers Canaan – territoire qualifié par Caleb et Josué de "bon " pays (Nb 14,7), de pays "ruisselant de lait et de miel" (Nb 14,8) – et vaincre ses occupants sous la conduite de Moïse avec l'appui de Yahvé; ou bien changer de chef et retourner en Egypte – attitude qualifiée de "bonne" par le peuple.

Le débat qui a lieu a donc pour objet de discerner "ce qui est bon" pour le peuple d'Israël. Si, en effet, la performance principale du PN 1 est la constitution progressive par Yahvé d'un peuple qu'il se donne à lui-même, la question se pose de savoir dans quel but Dieu veut s'attacher ce peuple: est-ce pour le bien de ce dernier – comme en témoignerait le don d'un bon pays, ruisselant de lait et de miel – ou est-ce en vue de son aliénation, comme pourrait le faire croire le sort de tous ceux qui trouvent la mort à la suite d'une désobéissance ?

L'analyse sémiotique a fait apparaître que, dans l'ensemble littéraire Nb 13,1-20,13, la conquête et le don du pays sont indissociables du respect des commandements, des lois cultuelles et des lois de pureté: ainsi, le débat qui intervient au sujet du pays concerne en réalité l'ensemble du projet de Yahvé pour le peuple.

Deux récits fournissent les éléments nécessaires pour dirimer la question – Nb 14,39-45 et Nb 20,1-13:

---

[32] Schéma d'après Greimas, *ibid.* 54. A partir de deux axes articulant deux à deux des termes opposés (être et non-être, paraître et non-paraître) les concepts sémiotiques de vrai, faux, mensonge et secret sont définis. Le vrai est la corrélation de l'être et du paraître.

1° Le récit de Nb 14,39-45 objective la coïncidence entre l'absence de Yahvé et l'échec du peuple et, de cette manière, manifeste comme vraie la parole de Moïse: "Ne montez pas, car YHWH n'est pas au milieu de vous ! Ne soyez pas battus par vos ennemis !" (Nb 14,42). L'autonomie du peuple, sa capacité à se déterminer de manière indépendante face aux événements et d'affronter seul ses ennemis sont présentées par le texte comme des illusions et appartiennent à la catégorie sémiotique du mensonge.

2° Le récit de Nb 20,1-13 décrit Yahvé comme celui qui écoute la plainte des fils d'Israël et qui assure leur subsistance par l'intermédiaire de Moïse: ainsi, seuls sont sanctionnés par Yahvé les épisodes de rébellion injustifiés.

Non seulement la seigneurie de Yahvé sur le peuple est présentée par ces deux récits comme authentique, mais en outre, le projet qu'a Dieu de se constituer un peuple qui ait foi en lui et qui lui obéisse apparaît ordonné au bien de ce peuple.

2.2. Analyse sémantique

La mise en évidence de parcours figuratifs doit permettre de dégager différentes isotopies sémiologiques dont une isotopie sémantique puisse rendre compte.

2.2.1. Parcours figuratifs et isotopies sémiologiques[33]

2.2.1.1. Les rébellions contre Yahvé

Le thème de la rébellion se retrouve dans chaque unité littéraire de Nb 13,1–20,13. Le contexte et le vocabulaire qui lui correspondent sont extrêmement variés, mais dans tous les cas il s'agit d'un refus du projet que Yahvé a conçu pour le peuple – refus qui se traduit par une contestation de l'autorité des chefs, par un refus de l'ordre de marche qui a été donné aux Israélites, par une remise en cause de l'organisation du culte, ou encore par une violation réelle ou virtuelle des commandements et de ses lois données par Dieu. Yahvé annule sa promesse envers les responsables de ces manquements – quels qu'ils soient. Ils meurent (ou ils mourront) avant de parvenir en Canaan:

- les éclaireurs effectuent un rapport mensonger sur le pays (13,31-33), ce qui entraîne leur mort (14,36-38).
- les fils d'Israël murmurent et projettent de retourner en Egypte (14,1-4), ce qui conduit à la condamnation de la première génération (Nb 14,21-35).

---

33 Seuls sont exposés ici les parcours figuratifs et les isotopies sémiologiques significatifs pour le résultat de l'étude.

- l'exposé de lois cultuelles (Nb 15) s'accompagne d'une mise en garde à ceux qui violeraient délibérément les commandements (Nb 15,30-31). L'exemple de la condamnation à mort de l'homme qui ne respecte pas le sabbat (Nb 15,32-36) entre dans la même logique.
- la contestation de l'autorité de Moïse et d'Aaron par Coré et par ses partisans (Nb 16,1–17,5) a comme issue leur mort. De même, la rébellion de Datan et Abiram entraîne leur élimination du peuple.
- les lois de Nb 18 et Nb 19 prescrivent de mettre à mort (Nb 18,7) ou de retrancher du peuple (Nb 19,13.20) ceux qui ne respectent pas la distinction profane / non profane comme ceux qui ne respectent pas la distinction pur / impur.
- enfin, en Nb 20, l'annonce de la mort de Moïse et Aaron avant l'entrée en Canaan est mise en relation avec leur manque de foi en Yahvé.

On peut rendre compte de ce premier parcours figuratif grâce à *l'isotopie de la foi ou de la fidélité*. Le peuple tout entier est invité à manifester sa foi: d'une part en acceptant la sortie d'Egypte et la marche vers Canaan, d'autre part en obéissant à tous les commandements. Tous ceux qui refusent à Yahvé leur confiance sont exclus du peuple. Seuls, au sein de la première génération sortie d'Egypte, Caleb et Josué demeurent fidèles et peuvent ainsi bénéficier de la promesse. L'isotopie de la fidélité s'organise donc autour de deux pôles:

TOUS sont appelés à être fidèles

QUELQUES-UNS le demeurent effectivement.

TOUS sont appelés à faire partie du peuple de Dieu

QUELQUES-UNS manifestent la foi requise pour y demeurer

2.2.1.2. *La revendication du pouvoir*

Plusieurs actants des différents récits entrent en concurrence pour exercer le pouvoir au sein du peuple:
- le peuple tout entier désire être souverain, se donner un chef qui se substitue aux chefs donnés par Yahvé (Nb 14,1-4) et décider seul de son destin (retourner en Egypte: Nb 14,3-4); combattre les Amalécites: Nb 14,39-45).
- le groupe des lévites conteste Moïse et Aaron et revendique pour lui-même les prérogatives sacerdotales (Nb 16).

Cependant, ces tentatives débouchent sur des échecs et seuls ceux que Yahvé choisit exercent un pouvoir légitime et efficace: Moïse et Aaron, les prêtres dans leur ensemble (Nb 16.17.18), Eléazar (Nb 17; 19).

L'isotopie de l'autorité peut rendre compte de ce second parcours figuratif. Elle s'organise également autour de deux pôles:

BEAUCOUP croient pouvoir prétendre à l'autorité au sein du peuple
QUELQUES-UNS, choisis par Yahvé, l'exercent légitimement et avec succès

2.2.2. *Isotopie sémantique*

L'isotopie sémantique tente de représenter sur un plan logique l'intersection des isotopies sémiologiques: *l'opposition distinct/indistinct* semble pouvoir se projeter sur les deux plans sémiologiques envisagés. Le texte effectue en effet un travail de différenciation, de sélection pour parvenir à un résultat qui ne présente plus d'ambiguités.

Cette opposition peut être schématisée de la manière suivante[34]:

DISTINCT	INDISTINCT[35]
Le peuple ne peut survivre que	*Seuls quelques-uns survivent*
comme peuple saint pour Yahvé	*L'autorité appartient à ceux que*
Yahvé veut le bien du peuple	*que Yahvé choisit: Moïse, les prêtres*
	Le pur est distingué de l'impur
	Le profane est distingué du saint.

INDISTINCT	DISTINCT[36]
Tous reçoivent la promesse du pays	*Deux conceptions concurrentes de ce*
Certains prétendent à l'autorité	*qui est bon pour le peuple*
Certains ne se purifient pas	*Le peuple peut-il prétendre à l'autonomie,*
Tous prétendent à la sainteté	*ou, au contraire, a-t-il besoin de la*
	souveraineté de Yahvé ?

L'opposition distinct/indistinct correspond à une *logique de séparation* sous-jacente à l'ensemble des textes de Nb 13,1–20,13: le peuple choisi par Yahvé a été séparé des Egyptiens lors de la sortie d'Egypte. En son sein ont été mis à part les prêtres et les lévites pour le service de la Demeure. L'organisation du peuple repose sur cette différenciation entre le profane et celui qui peut approcher Yahvé. Dans la vie quotidienne, le peuple doit rester pur pour Yahvé et se séparer de l'impur: par des rites de pureté, mais aussi en retranchant de son sein le pécheur volontaire. Ainsi, tous ceux qui refusent délibérément tout ou partie du projet de Yahvé sont exclus de la communauté des Israélites et ne bénéficient plus de la promesse.

---

[34] En reprenant le schéma du fonctionnement de la structure élémentaire de la signification, cf. n. 32.

[35] Contraire d'indistinct.

[36] Contraire de distinct.

2.3. *Conclusions*

L'analyse sémiotique, dans l'esprit où elle a été entreprise dans le cadre de cette étude, constitue une aide pour la compréhension synchronique de Nb 13,1–20,13. Ses résultats doivent être utilisés avec la prudence que requièrent les remarques méthodologiques formulées au § 1.2.2.

Quatre points essentiels peuvent cependant être retenus :

1° *Un programme narratif principal rend compte de l'ensemble du texte* : Yahvé se constitue progressivement un peuple qui lui appartient. Ce programme renvoie à un ensemble littéraire plus vaste que Nb 13,1–20,13: c'est à toute la marche du peuple depuis l'Egypte jusqu'en Canaan qu'un tel PN pourrait correspondre. La spécificité de Nb 13,1–20,13 tient cependant à la succession de contre-programmes qui tendent à annuler le programme principal: le projet de Yahvé se heurte à l'opposition du peuple qu'il a lui-même choisi.

2° Les programmes d'annulation des contre-programmes ont pour objet dans la plupart des cas l'élimination des opposants – ce qui est conforme à la logique de séparation (ou de différenciation) sous-jacente à l'ensemble du texte et objectivée par l'analyse sémantique: Yahvé se constitue un peuple saint, ce qui conduit à la disparition presque totale de la première génération sortie d'Egypte.

3° La radicalité du projet de Yahvé et les oppositions qu'il rencontre posent la question de son bien-fondé: le texte tranche en faveur de Yahvé le débat concernant "ce qui est bon" pour le peuple. L'ensemble du projet de Yahvé (sortie d'Egypte, marche vers Canaan, mais aussi commandements, organisation cultuelle, lois de pureté) apparaît ordonné au bien de la communauté.

4° *Le projet de Yahvé forme un tout* et requiert que le peuple y adhère totalement:

- en acceptant la sortie d'Egypte et la marche vers Canaan.
- en considérant le pays promis comme don de Dieu et non comme susceptible d'être conquis sans son assistance.
- en obéissant à l'ensemble des préceptes et commandements qui régulent la vie des fils d'Israël dans tous ses aspects .

Le refus de tout ou partie de ce programme exprime un manque de foi, et conduit son auteur, quel qu'il soit, à être condamné – c'est-à-dire exclu du peuple et du bénéfice de la promesse qui lui a été faite.

Ainsi, *l'analyse sémiotique confirme l'existence de liens entre les récits et les lois composant l'ensemble littéraire Nb 13,1–20,13* – liens que l'étude synchronique de la structure avait commencé de manifester. Plus précisément, l'analyse sémiotique conduit à *dépasser l'opposition récits/lois* que reconnaît la critique littéraire classique. C'est en effet la même "logique de séparation" qui est à l'oeuvre tant dans les sections narratives que dans les sections législatives du texte. C'est dans cette logique que s'inscrit la condamnation à mort de la presque totalité de la première génération sortie d'Egypte – coupable d'infidélité envers Yahvé. L'analyse de la structure d'ensemble du livre des Nombres a montré comment ce schéma de la succession des générations constitue l'un des axes autour duquel le livre est construit – le sort de la première génération prend en effet valeur d'exemple pour la génération qui lui fait suite. L'analyse sémiotique permet de manifester la signification et la logique théologiques de ce renouvellement ou de cette opposition des générations dont chacun des récits de Nb 13,1–20,13 porte la marque: aux membres du peuple qui regrettent l'Egypte et se tournent vers le passé (Nb 14,2b-4; 16,13-14; 20,5), s'opposent les fidèles qui, tournés vers l'avenir aspirent à entrer dans le pays promis (Nb 13,30; 14,6-9).

Les catégories que recouvre la "logique de séparation" qui marque de son emprunte cette section du livre des Nombres[37] (saint/profane; pur/impur) relèvent classiquement de la théologie sacerdotale – ce qui conduit à évoquer l'influence d'auteurs sacerdotaux dans la composition du texte final des chapitres étudiés.

Si l'analyse synchronique de Nb 13,1–20,13 parvient à manifester une certaine unité de ces chapitres, leur simple lecture a mis en évidence de nombreuses ruptures et tensions qui soulignent la nécessité d'en faire la critique littéraire, pour délimiter les divers documents, traditions et rédactions – provenant de milieux différents – qui les composent. C'est cette perspective diachronique qu'adopte la suite de cette étude afin de déterminer quel rôle précis les auteurs sacerdotaux ont joué dans la composition de Nb 13,1–20,13 (rôle suggéré plus haut par les conclusions de l'analyse synchronique), quel matériel littéraire ont utilisé ces auteurs et quel(s) autre(s) rédacteur(s) éventuel(s) a(ont) contribué à façonner la forme définitive du texte.

---

[37] Certains textes échappent cependant à cette logique – particulièrement Nb 14,13-20. cf. l'analyse de ces versets au chapitre V (§ 3.5).

V

ETUDE DIACHRONIQUE DE NOMBRES 13–14

Une simple lecture de Nb 13–14 met en évidence de nombreux indices qui manifestent la complexité de l'histoire de la composition de ce récit. Plusieurs scènes peuvent y être distinguées: l'envoi d'éclaireurs en mission, le déroulement de la reconnaissance, le retour et le compte-rendu des éclaireurs, la protestation du peuple contre Moïse et Aaron et son refus de monter vers le pays promis, qui suscitent une intervention de Josué et Caleb, la sanction de Yahvé exposée en deux discours différents – dont le premier est interrompu par une longue intercession de Moïse, enfin l'échec d'une tentative de conquête.

Certaines de ces scènes juxtaposent des indications qu'il est difficile ou impossible d'harmoniser[1], et comportent des doublets, des répétitions. Le cours du récit est parfois heurté – ainsi le discours de Caleb en Nb 13,30 semble répondre à une intervention du peuple dont le récit ne fait pourtant pas mention[2]. Enfin, le vocabulaire utilisé pour décrire une même action est parfois diversifié[3].

Tous ces éléments invitent à rechercher d'une part les différentes traditions, sources ou documents qui sont à l'origine du récit, et à reconstituer d'autre part le processus rédactionnel qui a conduit à unifier – et peut-être à remanier – ces traditions, ces sources et ces documents. Avant d'aborder l'analyse du texte section par section, il est utile de préciser les termes de *tradition* et de *rédaction* auxquels il est recouru pour exposer les résultats de l'étude.

1. LES CONCEPTS DE TRADITION ET DE RÉDACTION

Le but de la critique littéraire de l'Ancien Testament est de reconstituer l'histoire des textes qu'elle soumet à son analyse. C'est cet objectif que s'assigne Noth dans l'introduction de son ouvrage "Überlieferungsgeschichte des Pentateuch": "Ce qui se présente aujourd'hui devant nous

---

[1] Une des illustrations les plus significatives est fournie par le contraste entre Nb 13,21 qui envisage l'exploration de l'ensemble du pays de Canaan ("Ils montèrent et ils reconnurent le pays depuis le désert de Cin, jusqu'à Rehov. Lebo-Hamat"), et Nb 13,22 qui limite la zone explorée à la région d'Hébron – c'est-à-dire au sud du pays ("Ils montèrent par le Neguev, et il arriva à Hébron").

[2] Nb 13,30a: "Caleb fit taire le peuple devant Moïse."

[3] Ainsi Nb 13,17a et 13,18 a: "Moïse les envoya pour reconnaître (לתור) le pays de Canaan"; "Vous verrez (וראיתם) comment est le pays."

dans l'oeuvre volumineuse et littérairement compliquée du Pentateuque – nourrie de nombreuses racines et extraite d'une grosse masse de traditions – fut un processus long influencé par des intérêts et tendances divers; processus dans le déroulement duquel des traditions tout d'abord gardées et transmises sans aucun doute par voie orale ont été probablement mises par écrit, avec le temps, pour des raisons qui ne sont plus exactement connues et avec une ampleur que la recherche ne peut apprécier de manière sûre. Plus tard, ces traditions ont été réunies dans de grands ouvrages littéraires, qu'ensuite des "rédacteurs" ont finalement fusionné par un travail purement littéraire, pour former la totalité du Pentateuque qui fut transmis. Une histoire de la tradition du Pentateuque a la tâche de suivre ce processus de son origine à son terme"[4]. Noth distingue donc trois étapes essentielles: celle, initiale, où des traditions sont transmises oralement[5], celle, intermédiaire, où ces traditions sont mises par écrit et forment des documents, celle – finale – où différents documents sont réunis pour constituer la forme définitive du texte – qui à son tour va devenir traditionnelle. Selon cette description, le concept de tradition semble être essentiellement défini non par la taille du récit concerné ou par son contenu, mais par l'acte de transmission de ce récit – oral ou écrit – d'une génération à une autre. Le rédacteur intervient pour suturer différentes traditions entre elles, former des collections ou les fusionner (les harmoniser) en un ouvrage portant forcément les traces de la diversité de ses origines.

Harrelson, dans un essai plus récent[6], s'efforce de comprendre le développement de la littérature israélite. Reprenant tout d'abord la définition de la notion de tradition énoncée par Knight en 1975[7], il essaie d'en préciser les limites. Il résume en ces termes les critères utilisés par Knight:

"1° Une tradition est reçue d'autres et transmise à nouveau, en particulier d'une génération à la suivante.

2° Elle a à la fois une forme et un contenu. On ne peut retracer l'histoire d'une tradition que dans la mesure où elle demeure "formal greifbar" – c'est-à-dire susceptible d'être appréhendée sur un plan formel.

---

4   Noth, Überlieferungsgeschichte (1948) 1.
5   Dès ce stade de transmission orale, les traditions à l'origine du Tétrateuque (Genèse, Exode, Lévitique, Nombres) sont – selon Noth – regroupées en fonction de cinq grands thèmes (Sortie d'Egypte, entrée en Canaan, puis promesse faite aux patriarches, conduite à travers le désert et révélation au Sinaï). Ces thèmes sont d'abord indépendants, puis sont réunis pour former un unique ensemble narratif. Ce processus précède la constitution des documents écrits (cf. Noth, *ibid.* 45-67).
6   Harrelson, Naissance de la tradition (1982) 21-40.
7   Knight, Rediscovering the Traditions (1975) 26.

3° Une tradition est la propriété directe d'un groupe ou d'une communauté, c'est-à-dire qu'elle a une fonction directe pour les gens qui la transmettent.

4° Une tradition est vivante, elle se développe, est malléable; sa stabilité n'est que relative, elle peut être modifiée et réinterprétée en fonction des besoins de ceux qui la transmettent.

5° Une tradition est habituellement orale mais elle peut aussi avoir une forme écrite aussi longtemps qu'elle répond aux autres critères.

6° Une tradition tend à être cumulative et agglutinante"[8].

Ces critères apparaissent insuffisants à Harrelson pour caractériser les traditions de l'Ancien Testament. Pour cet auteur, le noyau de traditions de l'ancien Israël est formé des éléments dans lesquels le groupe qui le transmet reconnaît quelque chose de décisif pour sa survie et pour sa foi[9]. En ce sens, il a un *contenu théologique spécifique* qui prime sur les formes selon lesquelles il se transmet. La composition comme la transmission de ce noyau ont d'abord été orales[10].

Vouloir intégrer, comme le fait Harrelson, la notion de spécificité théologique à la définition de la tradition est source d'ambiguïté: en effet, la distinction des éléments traditionnels et rédactionnels d'un texte fait appel à des critères d'ordre exclusivement littéraire – critères objectifs qui ne présupposent rien du contenu des traditions qu'ils vont permettre de mettre au jour et qui peuvent s'appliquer à toute oeuvre écrite. La recherche de la spécificité théologique des traditions appartient à un temps ultérieur de l'étude. Ainsi, les critères de définition élaborés par Knight, qui s'en tiennent au processus même de transmission d'un récit – oral ou écrit – semblent préférables pour appréhender le concept de tradition.

Une fois ce concept défini, il faut toutefois souligner les limites de la démarche visant à reconstituer l'histoire d'un texte: remonter aux traditions orales secondairement rassemblées dans des collections écrites – ce qui est l'objectif de Noth – ou reconstituer le noyau traditionnel oral décisif pour la survie d'Israël comme peuple – ce qui constitue le projet de Harrelson, présuppose que la critique littéraire, malgré la complexité de la tâche – que ces auteurs ne sous-estiment pas – a la capacité de parvenir à la racine même des traditions orales dont le texte biblique porte l'empreinte. Cependant, l'unique point de départ de l'étude critique demeure un document écrit, comme le remarque Briend: "A propos des traditions on évoque souvent la tradition orale, en particulier dans l'étude des traditions du Pentateuque. Mais peut-on atteindre de manière perceptible une

---

8   Harrelson, *ibid.* (n. 6) 25.
9   Cf. Harrelson, *ibid.* 27.
10 Cf. Harrelson, *ibid.* 39.

tradition orale ? Qu'il y ait eu un stade pré-littéraire des traditions, marqué par l'oralité, cela ne fait aucun doute (...) Toutefois, ce que nous atteignons ce sont d'abord des traditions écrites dont la forme et le style sont marqués par l'oralité dans une mesure bien difficile à préciser dans le détail. On ne peut oublier que la seule forme perceptible d'une tradition pour l'exégète est la trace écrite. Cela est si vrai que quand on cherche à préciser le stade pré-littéraire des récits du Pentateuque, on ne parvient qu'à un squelette de ce que pouvait être ce stade"[11]

Le dernier point évoqué par Briend peut concerner non seulement la recherche des traditions à leur stade prélittéraire, mais aussi la tentative de reconstitution des documents écrits dont la fusion a abouti au texte dans sa forme la plus récente. Par exemple, beaucoup, parmi les commentateurs les plus anciens, distinguent en Nb 13-14 non seulement deux trames narratives différentes comme il est classique de le faire – l'une, ancienne, généralement qualifiée de jehoviste (JE), et l'autre sacerdotale – mais cherchent aussi à différencier au sein même du récit JE ce qui relève du yahviste et de l'élohiste[12]. Ces tentatives conduisent à la délimitation de textes assez fragmentaires – récits dont le fil est sans cesse interrompu et qui ne forment pas un ensemble cohérent.

L'analyse de Nb 13-14 qui est exposée dans les pages qui suivent se fixe pour objectif de mettre au jour les différentes traditions ou sources écrites, *caractérisées par une trame narrative continue*, qui sont entrées dans la composition de ces chapitres. Ces traditions écrites portent certainement les traces de la complexité de leur propre genèse. Il faut cependant éviter de pousser la critique littéraire au-delà de ses limites, là où ses conclusions deviennent des conjectures: cela conduit à renoncer à rejoindre les traditions orales, et sans doute aussi les premiers stades de la tradition écrite pour ne conserver que les résultats qui reposent sur un faisceau d'arguments leur donnant une solidité suffisante.

Les différentes phases de l'analyse seront donc les suivantes:

1° A partir des critères classiques de la critique littéraire, l'analyse cherchera tout d'abord à reconnaître, au sein de Nb 13-14, différentes traditions.

2° Si plusieurs traditions sont mises en évidence, les liens de dépendance éventuels qui les unissent seront précisés.

---

11 Briend, Tradition et Théologie (1982) 8.
12 Cette perspective est celle de Dillmann, Numeri, Deuteronomium und Joshua (1886), Bacon, Triple Tradition (1894), Baentsch, Exodus, Leviticus, Numeri (1903), Holzinger, Numeri (1903), Gray, Numbers (1903), Smend, Erzählung des Hexateuch (1912), Gressmann, Mose und seine Zeit (1913), Eißfeldt, Hexateuch-Synopse (1922), Simpson, Early Traditions (1948).

3° Puis les relectures, les additions éventuelles qu'ont connues ces traditions – relectures ou additions qu'il convient de différencier d'un simple processus rédactionnel de fusion ou d'harmonisation de traditions différentes – seront délimitées.

4° Enfin, les résultats de la critique littéraire seront interprétés en cherchant à préciser, si cela est possible, la spécificité théologique de chaque tradition, son milieu d'origine – milieu qui a produit le texte et l'a transmis – et son enracinement historique.

2. STRUCTURE DU RÉCIT

Dans sa rédaction définitive, Nb 13–14 juxtapose des discours et des sections proprement narratives. Les formules d'introduction des discours d'une part, et la thématique des sections narratives d'autre part suggèrent une structure d'ensemble du récit qui ne préjuge pas de l'histoire de sa composition. Pour faciliter l'étude, chacune des sections du texte – délimitée au sein de cette structure d'ensemble – sera d'abord envisagée pour elle-même, une synthèse des résultats de la critique littéraire sera ensuite proposée.

Les formules d'introduction des discours constituent donc le premier élément pris en compte pour dégager une structure d'ensemble du récit. Leur répartition dans le texte est la suivante:

Nb 13,1: וידבר יהוה אל־משה לאמר. Cette proposition introduit le discours de Yahvé en Nb 13,2 – discours relié à la section narrative de Nb 13,3-17a par la reprise du verbe שלח (Nb 13,2a.2b.3a.16a.17a).

Nb 13,17bα: ויאמר אלהם[13]. Introduction du discours de Moïse (Nb 13,17bß-20). Ce discours est lié au récit qui lui fait suite par l'usage du verbe עלה: 13,17bß.21.22.

En Nb 13,27aß-28.30.31.32b-33 s'enchaînent 4 discours dont le thème commun est le compte-rendu de la reconnaissance des éclaireurs. Les destinateurs et les destinataires de ces discours sont clairement désignés dans les formules d'introduction, sauf en ce qui concerne le premier d'entre eux: ויספרו־לו ויאמרו (Nb 13,27a). Le sujet du verbe ספר est exprimé en Nb 13,16a (האנשים) et le pronom personnel singulier désigne Moïse comme destinataire. En Nb 13,30, Caleb prend la parole devant le peuple et Moïse. Deux discours des hommes partis en reconnaissance se succèdent en Nb 13,31 et Nb 13,32b-33.

---

[13] Le sujet du verbe אמר (משה) est exprimé au verset 17a. אלהם – son complément – se réfère à האנשים (v. 16a).

Deux discours de la communauté des fils d'Israël se font suite en Nb 14,2b-3 et Nb 14,4b. Le premier d'entre eux est adressé à Moïse et Aaron[14], tandis que le second constitue une délibération interne de la communauté (cf. Nb 14,4a: ויאמרו איש אל אחיו). Ces discours de protestation sont précédés d'une série de verbes exprimant le mécontentement du peuple (Nb 14,1-2aα) et constituent l'antécédent des réactions de Moïse et Aaron (Nb 14,5: réaction silencieuse), du discours de Josué et Caleb (Nb 14,7b-9 introduit en Nb 14,7a par la formule: ויאמרו אל־כל־עדת בני־ישראל לאמר) et de la manifestation de la gloire de Yahvé (Nb 14,10b).

En Nb 14,11-12.13-19.20-25 s'enchaînent trois discours qui se répondent et dont les interlocuteurs sont Yahvé et Moïse:

Nb 14,11: ויאמר יהוה אל־משה

Nb 14,13: ויאמר משה אל־יהוה

Nb 14,20: ויאמר יהוה סלחתי כדברך. Le pronom personnel de la deuxième personne du singulier ne laisse aucun doute sur l'identité de l'interlocuteur de Yahvé dans ce dernier discours.

14,27-35 est un long discours de Yahvé dont l'introduction se situe en Nb 14,26 (וידבר יהוה אל־משה ואל־אהרן לאמר).

Les événements décrits en Nb 14,36-38 constituent un début de réalisation des sanctions annoncées par Yahvé selon Nb 14,27-35.

Enfin, un dialogue entre le peuple (Nb 14,40b) et Moïse (Nb 14, 41-43) est étroitement inséré dans un récit de tentative de conquête (Nb 14,40-45) dont la suture avec le reste de Nb 13–14 est assurée par le discours indirect de Moïse en Nb 14,39a:

וידבר משה את הדברים האלה אל כל בני ישראל
ויתאבלו העם מאד

L'ensemble de ces observations conduit à proposer la structure suivante :

1/ Nb 13,1-17a	Discours: ordre de Yahvé adressé à Moïse
	(Envoyer des hommes – שלח)
	Récit: exécution de cet ordre par Moïse
2/ Nb 13,17b-24	Discours: ordre de mission de Moïse aux hommes
	(monter – עלה)
	Récit: exécution de la mission
3/ Nb 13,25-33	Récit: retour de mission
	4 discours: compte-rendus de mission

14 Nb 14,2a – formule d'introduction: וילנו על־משה ועל־אהרן כל בני ישראל ויאמרו אלהם כל־העדה

4/ Nb 14,1-10	Récit puis discours: protestation du peuple
	Réactions:
	- de Moïse et Aaron (récit),
	- de Josué et Caleb (récit puis discours),
	- de Yahvé (récit)
5/ Nb 14,11-25	Dialogue de Yahvé et de Moïse (3 discours)
	Projet de sanction de Yahvé contre le peuple,
	intercession de Moïse, exposé définitif de la sanction
6/ Nb 14,26-38	Discours de Yahvé (projet de sanction) et début de mise en
	application de la sanction (récit)
7/ Nb 14,39-45	Récit et discours: exposé de la sanction et réaction du
	peuple: tentative de conquête.

3. ANALYSE LITTÉRAIRE

3.1 Nb 13,1-17a: l'ordre de Yahvé et son exécution

3.1.1. Traduction et critique textuelle[15]

13,1[16] YHWH parla à Moïse et dit: (2) "Envoie des hommes pour qu'ils reconnaissent le pays de Canaan que moi, je donne aux fils d'Israël. Vous

---

15 Les appels de notes dans la traduction renvoient aux remarques de critique textuelle.

16 Entre Nb 12,16 (ואחר נסעו העם מהצרות ויהנו במדבר פארן) "Puis le peuple quitta Haçerot et ils campèrent dans le désert de Paran") et Nb 13,1, le Pentateuque Samaritain intercale le texte suivant – reproduisant presque mot à mot Dt 1,20-23a:

ויאמר משה לבני ישראל באתם עד הר האמרי אשר יהוה אלהינו נתן לנו ראה נתן יהוה אלהיך
לפניך את הארץ עלה רש כאשר דבר יהוה אלהי לך אל תירא ואל תחת ויקרבו אל משה
ויאמרו נשלחה אנשים לפנינו אבתיך ויחפדו לנו את הארץ וישיבו אתנו דבר את הדרך
אשר נבוא עליהן ייטב בעיני משה

Cf. Von Gall, Der hebräische Pentateuch der Samaritaner, Numeri (1916) 296.
Traduction: "Moïse dit aux fils d'Israël (Dt 1,20 ויאמר אלכם: il leur dit): "Vous êtes arrivés à la montagne des Amorites que YHWH notre Dieu nous donne. Vois: YHWH ton Dieu a donné le pays devant toi. Monte ! Prends-en possession comme te l'a dit YHWH Dieu de tes pères. Ne crains pas et ne sois pas effrayé. Alors, ils se sont approchés de Moïse (Dt 1,22 ותקרבון אלי: Vous vous êtes approchés de moi) et ils ont dit (Dt 1,22 ותאמרו: vous avez dit): "Envoyons des hommes devant nous, ils reconnaîtront pour nous le pays et ils nous feront un rapport sur le chemin où nous monterons et sur les villes où nous irons." Cela parut bon aux yeux de Moïse (Dt 1,23 וייטב בעיני: cela parut bon à mes yeux). La seule divergence de ce texte avec celui du Deutéronome est son adaptation au style narratif du livre des Nombres dont le récit est à la troisième personne. Inséré entre les versets 12,16 et 13,1, il interrompt le fil du récit (arrivée dans le désert de Paran en Nb 12,16 et envoi d'éclaireurs depuis ce même désert en Nb 13,3) et son contenu contredit Nb 13,1-2: tandis que l'initiative de l'envoi des éclaireurs revient à Yahvé en Nb 13,1-2, le texte intercalé entre Nb 12,16 et 13,1 l'attribue au peuple lui-même. Par cette addition, le Pentateuque samaritain cherche à harmoniser les deux récits parallèles de Nb 13 et Dt 1. Holzinger – Numeri (1903) 51 –

enverrez[17] un homme et un seul par tribu de ses pères[18] – tous étant chefs parmi eux". (3) Moïse les envoya du désert de Paran, sur l'ordre de YHWH. Tous ces hommes étaient les dirigeants des fils d'Israël.

(4) Voici leurs noms: pour la tribu de Ruben, Shammoua fils de Zakkour. (5) Pour la tribu de Siméon, Shafath, fils de Horî. (6) Pour la tribu de Juda, Caleb, fils de Yefounné. (7) Pour la tribu d'Issakar, Yigal, fils de Joseph[19]. (8) Pour la tribu d'Ephraïm, Hoshéa, fils de Noun. (9) Pour la tribu de Benjamin, Palti, fils de Rafou. (10) Pour la tribu de Zabulon, Gaddiel, fils de Sodi. (11) Pour la tribu de Joseph – pour la tribu de Manassé, Gaddi, fils de Sousi[20]. (12) Pour la tribu de Dan, Ammiel, fils de Gemali. (13) Pour la tribu d'Asher, Satour, fils de Mikael. (14) Pour la tribu de Nephtali, Nahbi, fils de Wofsi. (15) Pour la tribu de Gad, Geouel, fils de Maki.

(16) Voici les noms des hommes que Moïse a envoyés reconnaître le pays. Moïse donna à Hoshéa, fils de Nun, le nom de Josué. (17a) Moïse les envoya reconnaître le pays de Canaan.

---

voit dans la leçon du Pentateuque samaritain la conséquence de la perte de l'introduction de la version JE du récit des éclaireurs: la lacune serait comblée grâce à un emprunt tardif au livre du Deutéronome. En réalité, ce phénomène d'additions caractérisé par des emprunts au livre du Deutéronome ne peut être utilisé pour résoudre le problème de l'histoire de la composition de Nb 13, car, comme le souligne Gray (Numbers, 1903, introduction xl-xli), c'est un phénomène habituel dans le texte du livre des Nombres qu'offre le Pentateuque samaritain – phénomène qui déborde donc le cadre de ce récit particulier.

17 Le verbe שלח est au singulier dans le Pentateuque samaritain, la Septante, la version syriaque et la Peshitta. Ce singulier harmonise Nb 13,2b avec Nb 13,2a. Il faut ici préférer la lectio difficilior (תשלחו) – la critique littéraire ayant pour tâche de rendre compte de la tension existant entre le singulier du v. 2a et le pluriel du v. 2b.

18 L'idée distributive est exprimée par la répétition du nombre associée à ל' cf. Joüon, Grammaire de l'Hebreu Biblique [1923] 442) למטה אבתיו איש אחד איש אחד איש.

19 Comme l'indiquent Gray – cf. Numbers (1903) 136 – et Baentsch – cf. Exodus, Leviticus, Numeri (1903) 518 – l'expression בן־יוסף semble se rattacher au verset 8 et concerner Ephraïm. Le nom du père de Yigal serait donc perdu.

20 Il semble probable que l'ordre des vv. 7-11 ne soit pas celui du texte original, comme le suggère la BHS: en effet, d'une part, les tribus d'Ephraïm et de Manassé sont mentionnées ici séparément – ce qui est inhabituel (cf Nb 1,10; 2,18-21; 7,48-59; 10,22-23). L'expression du verset 11 למטה יסף qui semble appeler la mention des deux moitiés de cette tribu renforce l'hypothèse d'une corruption du texte. D'autre part, Issakar se trouve séparé de Zabulon, ce qui est également exceptionnel (cf Nb 1,8-9; 2,5; 7,18-29; 10,15-16). Le texte original aurait donc juxtaposé Issakar et Zabulon (vv. 7abα.10), Manassé et Ephraïm (vv. 7bß-8.11). Ce point de vue est également celui de Gray (ibid. cf. n. 19) et de Baentsch (ibid. cf. n. 19). Enfin, la BHS propose de lire en Nb 13,11aα לבני יסף – ce qui reprend la terminologie du v. 7bß. Dans l'état original du texte se seraient donc succédé deux versets introduits par des formules parallèles: לבני יסף למטה מנשה לבני יסף למטה אפרים . Cette hypothèse est vraisemblable, mais ne peut être retenue avec le même degré de certitude que l'erreur de copie concernant la séquence des vv. 7-11.

3.1.2. *Analyse littéraire*

Nb 13,1-17a juxtapose l'introduction d'un discours de Yahvé adressé à Moïse (Nb 13,1), le corps de ce discours – qui exprime un ordre de Yahvé (Nb 13,2) et le récit de l'exécution de cet ordre (Nb 13,3-17a) qui est interrompu par une longue incise: la liste des noms des éclaireurs en Nb 13,4-16.

Introduction du discours: la formule וידבר יהוה אל־משה לאמר (Nb 13,1) est fréquente dans le livre des Nombres où elle est en effet utilisée 40 fois. Elle indique le plus souvent le début d'une nouvelle section narrative ou législative. Dans 34 cas, Moïse est le destinataire exclusif du discours de Yahvé; il est, dans 6 cas, associé à Aaron. La formule peut être solennisée par l'addition de précisions de lieu (Nb 33,50; 35,1) ou de temps et de lieu (Nb 1,1; 9,1).

Corps du discours: le corps du discours est constitué de deux éléments:
- l'ordre d'envoyer des hommes afin de reconnaître le pays.
- des précisions concernant l'identité de ces hommes.

Grammaticalement, la première partie du discours a une construction simple. Elle associe une proposition principale dont le verbe est à l'impératif (שלח־לך אנשים), une proposition subordonnée exprimant une finalité selon la forme grammaticale du volitif indirect[21]: ויתרו־את־ארץ כנען, et enfin une proposition nominale relative au pays de Canaan: אשר־אני נתן לבני ישראל

En revanche, la seconde partie du discours s'harmonise difficilement avec la précédente, puisque le verbe תשלחו (vous enverrez) est au pluriel – s'adressant soit à Moïse et Aaron, soit à l'ensemble des fils d'Israël. La tension qui existe entre Nb 13,2a et Nb 13,2b évoque l'existence de différentes étapes rédactionnelles dans la composition du discours de Nb 13,2.

Analyse du vocabulaire

תור: 12 des 15 emplois que fait le Pentateuque de ce verbe sont situés dans le récit de Nb 13–14. Dans chacune de ces occurrences, le verbe תור est associé au prédicat ארץ (le pays). תור est également utilisé dans le récit parallèle de Dt 1,19-46, mais dans un sens et un contexte différents puisqu'il y désigne – comme en Nb 10,33 – l'activité prévenante de Yahvé

---

[21] Le ו peut exprimer une idée de finalité après un impératif, cf. Joüon, Grammaire de l'Hébreu biblique (1923) 314-315.

cherchant un lieu de campement pour Israël. Le verbe qui, en Dt, correspond à la fonction que remplit תור en Nb 13–14 est רגל (Dt 1,24: explorer). Cette différence de vocabulaire recouvre également une différence de signification. En effet si, comme l'indique Rose[22], רגל fait partie du vocabulaire classique de la conquête militaire – son utilisation en Jos 6,22.25; 7,2; 14,7; Jg 18,2.14.17 en témoigne – תור n'appartient pas au même registre. Deux arguments permettent d'étayer cette affirmation:

D'une part, la mission des éclaireurs dans le récit de Nb 13–14 consiste, selon le discours de Nb 13,17b-20, à repérer les défenses du pays et à évaluer sa fertilité, mais c'est le verbe ראה (voir) et non le verbe תור qui est utilisé dans ce contexte.

D'autre part, le discours de Nb 13,2 utilise l'expression: "Envoie des hommes pour qu'ils *reconnaissent le pays* de Canaan que *moi, je donne* aux fils d'Israël". Ainsi, la conquête, selon ce discours, ne dépend pas de l'efficacité de l'exploration. Elle ne sera que l'expression du don de Yahvé, et le verbe תור revêt, en Nb 13–14, une signification plus "théologique" que militaire: selon les termes de McEvenue, les hommes que Yahvé ordonne à Moïse d'envoyer "n'ont pas à découvrir le pays (..). Ils ont plutôt à connaître, à l'aide de leurs propres yeux, la bonne chose que Yahvé est sur le point de leur donner; ils ont à l'évaluer et à en donner au peuple une évaluation favorable"[23].

Une telle signification se démarque de celle que prend תור en Jg 1,23: celle d'un verbe d'action – signifiant explorer, reconnaître un lieu précis. En Nb 15,39 en revanche, le verbe a un sens imagé: il désigne l'agir moral de l'homme. Cette acception du terme est sans doute à rapprocher de Qo 1,13; 2,3; 7,25 où תור acquiert un sens existentiel – désignant la démarche de l'homme recherchant la sagesse. En Nb 13–14, si תור ne se situe plus exclusivement dans le premier registre – le registre de l'action, de la conquête – sa signification ne rejoint pas pour autant le second: les hommes envoyés en Canaan ont bien la mission de parcourir le pays, *mais cette mission revêt un caractère largement symbolique: prendre la mesure du don que Yahvé fait à son peuple.*

ארץ כנען אשר־אני נתן[24] לבני ישראל: "le pays de Canaan que moi je donne aux fils d'Israël". L'association de l'expression ארץ כנען et du verbe נתן (donner) – avec comme sujet Yahvé – est relativement rare dans la Bible hébraïque. Les occurrences en sont les suivantes: Gn 17,8 dans le contexte du récit sacerdotal de la promesse à Abraham; Ex 6,4 dans le récit

[22] Cf. Rose, Deuteronomist und Jahwist (1981) 271ss.
[23] McEvenue, Narrative Style (1971) 121.
[24] Le verbe נתן est ici au participe qal.

sacerdotal de la mission de Moïse; Lv 14,34 et 25,38 dans le contexte de (ou comme introduction à des) prescriptions législatives; Dt 32,49 (dans la section narrative concluant le livre du Deutéronome) et enfin Ps 105,11 (Psaume de louange) et 1 Ch 16,18. Seul Dt 32,49 utilise une formulation strictement identique à Nb 13,2. Cette formulation est composée de deux éléments: l'expression ארץ כנען d'une part, et d'autre part une proposition relative ayant pour verbe le participe qal de נתן et pour sujet אני (pronom personnel représentant Yahvé). Isolément, chacun de ces deux éléments est extrêmement fréquent dans le Pentateuque:

ארץ כנען y apparaît 53 fois – dont 12 dans le livre des Nombres, 2 dans l'Exode, 3 dans le Lévitique, une seule dans le Deutéronome (Dt 32,49) mais 35 fois dans la Genèse. Dans les textes sacerdotaux, l'expression a simultanément un contenu géographique[25] et une signification théologique[26] – puisqu'elle désigne le pays promis par Yahvé à son peuple (Gn 17,8; Ex 6,4)[27].

נתן, associé à ארץ אשר, se retrouve 20 fois dans le Deutéronome[28], mais seulement 2 fois en Nb (13,2 et 15,2) et une fois dans le Lévitique (23,10).

La formule ארץ כנען אשר-אני נתן לבני ישראל se laisse donc décomposer en deux expressions dont chacune est utilisée avec une fréquence particulière dans une section bien délimitée du Pentateuque (ארץ כנען dans les récits patriarcaux du livre de la Genèse et ארץ אשר־נתן dans le Deutéronome). L'association de ces expressions qui se rattachent à des oeuvres et à des milieux littéraires différents suggère que la formule qui les rassemble appartienne aux couches les plus récentes du Pentateuque.

איש[29] la formule distributive איש אחד איש אחד: איש אחד איש אחד למטה אבתיו rapproche Nb 13,2b de Nb 1,4 et Nb 34,18 – textes sacerdotaux décrivant la désignation, dans chaque tribu, d'hommes responsables du recensement (Nb 1) et de l'attribution des terres (Nb 34).

---

25 Cf. par exemple Nb 34,1-12 où sont délimitées les frontières du pays de Canaan.

26 McEvenue décrit en ces termes la signification de l'expression ארץ כנען dans les textes sacerdotaux: "P a trouvé le terme "erets kᵉnaan" dans ses sources, mais il n'y avait pas de contenu théologique (...) Au contraire P, tout au long de la Genèse utilise "erets kᵉnaan" dans un sens technique: le pays promis, et donné symboliquement à Abraham et ses descendants. En Ex 6,4, P se réfère explicitement à une telle signification" (Narrative Style [1971] 119-120).

27 Gn 17,8: "Je te donnerai, à toi et à ta descendance après toi, le pays où tu résides: tout le pays de Canaan".
    Ex 6,4: "Puis, j'ai établi mon alliance avec eux, pour leur donner le pays de Canaan, pays de leurs migrations, où ils résidaient en étrangers."

28 Dt 3,20; 4,21; 5,16.31; 11,17.31; 15,4.7; 16,20; 17,14; 18,9; 19,2.10.14; 24,4; 25,19; 26,1.2; 27,2.3.

29 On trouve des expressions semblables en Lv 16,17; 17,3.8.10.13; 20,2.9; 22,4.

L'expression מטה אבתיו (אבתינו/אבתם) – tribu de ses (leurs, nos) pères – est retrouvée, dans le livre des Nombres, uniquement dans le contexte de l'un des deux recensements (1,16; 26,55) et dans celui de l'attribution du patrimoine aux tribus (33,54; 36,4.7). Quels personnages le mot אבות désigne-t-il dans cette expression ? Le texte fait-il allusion à l'époque des patriarches, époque marquée par la promesse de Yahvé – dont l'entrée en Canaan serait la réalisation ? Ou bien la formule "tribus de vos pères" est-elle à prendre au pied de la lettre, se référant simplement à la génération précédente ? Pour Römer[30], l'horizon de compréhension du récit de Nb 13–14 est le séjour en Egypte – pays d'où est sorti le peuple (cf. Nb 14,3.19.22) – et par conséquent, les "pères" sont les membres de la génération qui a précédé l'exode. Cette interprétation du mot אבות se rapproche de celle que l'auteur propose pour un autre texte, qui se réfère directement au récit de Nb 13–14: Jos 18,3. Il s'agit d'un discours de Josué précédant un récit de reconnaissance du pays – préalable à sa répartition entre les tribus:
"Jusqu'à quand attendrez-vous avant d'aller prendre possession du pays que vous a donné le Dieu de vos pères (אלהי אבותיכם) ? "

Selon Römer, le concept de "Dieu des pères" évoque, en Jos 18,3, "le lien direct existant entre la première tentative de don du pays (qui concerne la génération de l'exode), et sa totale réalisation (dont seule, la génération suivante bénéficie)"[31]. Ainsi, si le mot "pères" désigne simplement la génération précédente, l'horizon historique auquel se réfère Nb 13,2 – horizon qui va permettre la compréhension théologique du récit de Nb 13-14 – est proche dans le temps: la servitude en Egypte, à laquelle Yahvé vient de mettre fin. Au-delà du récit de Nb 13-14, Römer propose cette interprétation du mot אבות pour l'ensemble des textes d'Ex/Nb mentionnant un "serment fait aux pères" – mentions dont l'origine serait selon lui deutéronomiste: "Les mentions du serment fait aux Pères en Ex/Nb apparaissent toutes dans un contexte Dtr. Elles présupposent l'histoire deutéronomiste (...) L'identification des אבות aux Patriarches, qui est suggérée par la superstructure du Pentateuque, n'est sans doute pas originellement intentionnelle. Le mot désigne initialement la génération de l'Exode"[32].

---

[30] Römer, Israels Väter (1990) 560-561.

[31] *Ibid.* 339.

[32] *Ibid.* 561. Römer ne met pas en doute que – de même qu'en Exode et en Nombres – dans la version définitive du Deutéronome, toutes les mentions d'une promesse faite aux pères – אבות – (nommant ou non les trois patriarches Abraham, Isaac et Jacob) fassent allusion maux récits patriarchaux de la Genèse (cf. *ibid.* 566). Cependant, pour l'auteur, les références explicites aux patriarches de la Genèse ont été insérées tardivement dans le Deutéronome, au moment de la rédaction du Pentateuque. Par ailleurs, selon Römer, l'expression אבות n'a jamais connu, dans le livre de Josué, la modification de sens

כל נשיא בהם: cette proposition nominale trouve un parallèle étroit au verset 3b: כלם ראשי בני־ישראל המה. Dans le récit de Nb 13-14, les substantifs נשׂיא et ראש sont donc équivalents. C'est également le cas en Nb 36,1 et 7,2a: ויקריב מטות אבותם ראשי אלפי בית אבותמו.

En Nb 1,16, ראש est utilisé pour préciser le contenu de נשׂיא: נשׂיאי מטות אבותם ראשי אלפי ישראל הם. En fait, il est difficile de préciser, dans le livre des Nombres, la spécificité de chacun des deux termes vis-à-vis de l'autre[33]: נשׂיא et ראש désignent des responsables de tribus, choisis à l'occasion de circonstances précises et dont l'identité varie en fonction de ces circonstances.

Le récit de Nb 13,3-17a

De même que le verset 13,3a ("Moïse les *envoya* du désert de Paran sur l'ordre de YHWH") décrit l'exécution par Moïse de l'ordre de Yahvé énoncé en Nb 13,2a – auquel il est lié par le verbe שלח ("*Envoie* des hommes pour qu'ils reconnaissent le pays...") – de même le verset 13,3b, strictement parallèle à Nb 13,2b, exprime le respect scrupuleux par Moïse des instructions qu'il a reçues: l'envoi en mission de chefs fait suite aux directives exposées au verset 13,2b. Le verset 2b – simplement apposé au verset 2a – doit être considéré comme une addition. De même Nb 13,3b, qui se relie à lui, constitue également une addition.

La liste des éclaireurs de Nb 13,4-16a est encadrée par la répétition de l'expression: ואלה שמות – voici les noms. Elle interrompt le cours du récit et est liée grammaticalement avec le verset 3b par le pronom personnel suffixe שמותם qui se réfère à אנשים. Nb 13,16a sert de conclusion à la liste et résume Nb 13,1-2a en en empruntant le vocabulaire.

Nb 13,16b introduit le nom de Josué dans le récit. Cette incise interrompt une nouvelle fois le cours de l'action. Sa fonction est de préparer le lecteur au rôle que va jouer Josué dans la suite du texte: en effet, en Nb

---

observée dans le Deutéronome lors de la rédaction du Pentateuque: "Die Väter werden in den Landschwurtexten in Jos anders als in Dtn nie mit den Patriarchennamen erweitert" (*ibid.* 368). Les conclusions de Römer demeurent aujourd'hui débattues: Lohfink a récemment, dans un dialogue critique avec la thèse de Römer (Die Väter Israels im Deuteronomium, 1991), mis en question ses conclusions tant pour le Deutéronome que pour le livre de Josué. Concernant ce dernier, Lohfink considère que toutes les mentions d'un serment fait aux Pères dans la plus ancienne couche deutéronomiste du livre renvoient à la promesse faite aux patriarches Abraham, Isaac et Jacob (cf. pp. 75-85).

33 On peut toutefois remarquer que les énumérations de chefs de Nb 2; 7 et 34 recourent exclusivement au mot נשׂיא. Ce terme désignerait donc la fonction proprement dite, et ראש – qui vient en apposition en Nb 1,16; 7,2; 36,1 – pourrait ne constituer qu'une précision permettant de mieux faire comprendre le contenu de cette fonction.

13 Caleb se distingue seul du reste des éclaireurs. En revanche, en Nb 14,6.30.38 son nom est associé à celui de Josué. Dans la suite du livre des Nombres, le rôle de Caleb devient très discret, tandis que celui de Josué ne cesse de croître, préparant celui qu'il tiendra dans le livre de Josué lui-même. Le verset 16b ne tient pas compte des textes précédents du Pentateuque qui citent déjà le personnage de Josué: Ex 17,9.13; 24,13; 32,17; 33,11; Nb 11,28.

Nb 13,17a – וישלח אתם משה – est un doublet de Nb 13,3a. La répétition de ces trois mots évoque un phénomène littéraire décrit par Richter et Kuhl sous le nom de "Wiederaufnahme"[34]: il s'agit d'un procédé consistant à encadrer par un même groupe de mots un développement apporté à un récit. L'accrochage ("Anknüpfung") ainsi réalisé permet de signaler la fin de l'addition et la reprise du cours du récit.

Analyse du vocabulaire

ממדבר פארן: Cette précision topographique est en conformité avec la notice d'itinéraire de Nb 12,16. L'analyse synchronique du livre des Nombres a montré que les données géographiques sont un des éléments qui assure l'unité du livre dans sa forme définitive. Hors du livre des Nombres, le désert de Paran n'est mentionné qu'à deux reprises dans la Bible hébraïque: Gn 21,21 et 1 S 25,1. Le contexte narratif de Nb 10,12; 12,16; 13,3.26 invite à situer ce désert au sud de la limite méridionale du pays de Canaan.

על־פי יהוה: plusieurs textes sacerdotaux du livre des Nombres ont recours à cette expression[35], dans différents contextes: recensement des lévites (Nb 3,16.39.51), instructions générales pour le voyage (Nb 9,18.20.23), départ du désert du Sinaï (Nb 10,13), récapitulation de l'itinéraire (Nb 33,2.38), instructions concernant la répartition du patrimoine (Nb 36,5). Les récits du livre de Josué qui l'utilisent (Jos 19,50; 21,3; 22,9) reflètent également une influence sacerdotale[36]. La formule veut exprimer la souveraineté de Yahvé qui prend l'initiative de projets dont Moïse, Josué ou les fils d'Israël ne sont que les exécutants dociles, les instruments. Tout autre est la perspective théologique d'un certain nombre de textes qui, dans le Deutéronome ou l'histoire deutéronomiste recourent à la même expression, sans son intro-

---

34 Cf. Richter, Exegese als Literaturwissenschaft, (1971) 70. L'auteur reprend et développe une théorie émise une vingtaine d'années plus tôt par Kuhl, cf. "Die "Wiederaufnahme" – ein literarkritisches Prinzip ?", ZAW 64 (1952) 1-11.

35 Gray signale על־פי יהוה comme l'une des expressions "favorites et les plus caracté-ristiques" de l'auteur sacerdotal, cf. Numbers (1903) 135.

36 Cortese, dans une analyse de Jos 13-21 (cf. Cortese, Josua 13-21 [1990] 111-116) attribue Jos 19,50 et Jos 21,3 à une première relecture sacerdotale (Ps) d'un texte "ancien", Jos 22,9 à une relecture sacerdotale plus tardive (Pss).

duction par la préposition עַל: Dt 1,26.43; 9,23; 1 S 12,14.15; 15,24; 1 R
13,21.26; 2 R 24,3. Chacun de ces textes évoque les conséquences funestes
de la désobéissance aux ordres de Yahvé: l'individu n'est pas un instrument
face à Yahvé, il est libre de sa décision, mais l'histoire vient lui enseigner
ce qu'il en coûte de transgresser la volonté de Yahvé.
La liste de Nb 13,4-15: deux remarques peuvent être effectuées: d'une part,
les noms des chefs (נְשִׂיאִים) diffèrent de ceux utilisés en Nb 1,5-15; d'autre
part, comme le relèvent Baentsch, Gray et Levine, 11 des 24 noms cités
sont originaux – spécifiques de cette liste[37]. Quoi qu'il en soit de
l'ancienneté de ces noms et de leur provenance, difficiles à déterminer, la
critique littéraire a montré que leur insertion dans le récit – en interrompant
le cours – est tardive[38].

3.1.3. *Principaux résultats de l'analyse de Nb 13,1-17a*

La critique littéraire a permis de distinguer un *récit de base* – représenté
par les versets 1-2a.3a – et des *additions* (versets 2b.3b-16a.16b). Le verset
17a poursuit le récit interrompu en Nb 13,3a.
    Le vocabulaire et la théologie du récit de base évoquent une origine
sacerdotale: Moïse est un simple intermédiaire entre Yahvé et les fils
d'Israël et Yahvé a toujours l'initiative de l'action. Une des caractéristiques
du texte réside sans doute dans l'utilisation qu'il fait du verbe תּוּר: ce verbe
ne peut être ici assimilé au vocabulaire classique des récits de
"reconnaissance". Pour autant, son sens n'a pas le caractère uniquement
figuré qu'il revêt en Nb 15,39 par exemple. תּוּר désigne à la fois une action
et une attitude théologique: les éclaireurs seront conduits à se prononcer sur
le pays que Yahvé donne aux fils d'Israël.
    Doit-on attribuer les additions à un seul ou à plusieurs rédacteurs ? Les
arguments qui conduisent à relier Nb 13,2b et Nb 13,3b ont été développés
plus haut. Ces versets constituent-ils le préambule de la liste de Nb 13,4-
16a ? Le parallélisme avec Nb 1,4-16 d'une part et Nb 34,18-29 de l'autre
invite à répondre par l'affirmative[39]. Nb 13,16b corrige la liste de Nb 13,4-

---

[37] Cf. Baentsch, Exodus, Leviticus, Numeri (1903) 517-518; Gray, Numbers (1903) 135-
136; Levine, Numbers 1-20 (1993) 352.
[38] Noth fait remarquer qu'aucun des noms de la liste ne fait référence au nom de Yahvé, ce
qui correspondrait au souci de l'auteur sacerdotal de montrer que les éclaireurs
appartiennent à une génération née avant la révélation de ce nom au Sinaï – en Ex 6,
dans "l'histoire sacerdotale", cf. Numeri (1966) 92.
[39] Chacun de ces textes juxtapose – comme Nb 13,2b.3b-16a – un discours de Yahvé
ordonnant la désignation d'un responsable par tribu (Nb 1,4; 34,18) et une liste de noms
(Nb 1,5b-15; 34,19b-28) introduite et conclue par une proposition qu'ouvre le pronom
démonstratif אֵלֶּה - voici (Nb 1,5a.16; 34,19a.29).

16a pour introduire le personnage de Josué. Ce verset pourrait éventuellement relever d'une étape rédactionnelle ultérieure, éventuellement sacerdotale: il n'est pas inhabituel en effet qu'un récit sacerdotal s'intéresse à des changements de noms (cf. Gn 17,5.15; 35,10). Ces différentes observations peuvent être résumées de la manière suivante:

RECIT DE BASE	ADDITION	SECONDE ADDITION	WIEDERAUFNAHME
13,1-2a			
	13,2b		
13, 3a			
	13,3b-16a		
		13,16b	
			13,17a

Ces résultats sont-ils conformes aux principales données de la littérature ? Il y a unanimité des auteurs pour attribuer Nb 13,1-17a aux milieux sacerdotaux[40]. Certains différencient un texte Pg, appartenant à l'histoire sacerdotale, et une addition dont l'élément essentiel est représenté par la liste des éclaireurs: ainsi Smend[41], Noth[42] pour qui la répétition en Nb 13,17a du verset 3a constitue un argument important en faveur du caractère secondaire de la liste de Nb 13,4-16. McEvenue[43] propose une délimitation un peu différente, rattachant les versets 1-3a..17aβ au récit Pg, tandis que les versets 3b-17aα feraient partie de suppléments d'origine sacerdotale. Ce découpage permet – en attribuant le verbe חור de Nb 13,17aβ au récit Pg – de faire coïncider exactement le récit de l'exécution de l'ordre de Yahvé par Moïse (Nb 13,3a.17aβ) et le discours de Yahvé (Nb 13,2a). Il demeure cependant assez conjectural, car il conduit à fragmenter une phrase. Le procédé littéraire de la "Wiederaufnahme", qui relance le récit en reprenant des éléments du texte qui précèdent l'insertion d'un supplément semble mieux à même d'expliquer le contenu de Nb 13,17a.

---

[40] Cf. Bacon, Triple Tradition (1894) 188; Baentsch, Exodus, Leviticus, Numeri (1903) 514; Dillmann, Numeri, Deuteronomium, Josua (1886) 68 ; Eißfeldt, Hexateuch Synopse (1922); Gray, Numbers (1903) 130; Gressmann, Mose und seine Zeit (1913) 291; Holzinger, Numeri (1903) xv.; Simpson, The Early Traditions of Israel (1948) 230; Wellhausen, Composition des Hexateuchs (³1899) 101 et, plus récemment Budd, Numbers (1984) 140; Levine, Numbers 1-20 (1993) 347; De Vaulx, Les Nombres (1972) 167-168.

[41] Cf. Smend, Erzählung des Hexateuch (1912) 192.

[42] Cf. Noth, Numeri (1966) 92.

[43] Cf. McEvenue, Narrative Style (1971) 90ss.

L'analyse littéraire de Mittmann[44] doit être envisagée à part, car elle parvient à des résultats assez différents: l'auteur distingue en effet un récit de base ("Grundschicht") en Nb 13,1-2a, dont la suite se situerait en Nb 13,17a. Nb 13,2b constituerait une première addition introduisant la liste des éclaireurs (Nb 13,4-16), tandis que Nb 13,3 – ne se rattachant ni au texte de base, ni à Nb 13,2b appartiendrait à une autre "couche secondaire" ("Sekundärschicht") dont la fonction serait d'exprimer l'accomplissement exact par Moïse des instructions données dans le discours du verset 2. La logique de cette hypothèse voudrait que le rédacteur de Nb 13,3 ait eu recours à un vocabulaire strictement identique à celui de Nb 13,2. Ce n'est pas le cas, puisque ראש désigne en Nb 13,3 les éclaireurs, tandis que נשׂיא est utilisé en Nb 13,2b. En outre, le verset 16a, qui conclut la liste des éclaireurs et que Mittmann rattache à une première addition fait déjà mention de l'exécution par Moïse de l'ordre donné par Yahvé. Ainsi, on ne voit pas quel élément nouveau apporterait au récit Nb 13,3 s'il fallait considérer ce verset comme une addition indépendante. La solution la plus crédible demeure donc de lier aux remaniements engendrés par l'insertion de la liste des éclaireurs les nombreuses redites que l'on observe dans le texte.

Enfin, récemment, Schmidt[45] a proposé une solution assez peu différente de celle retenue dans cette étude, puisque l'auteur attribue à un récit sacerdotal "de base" les vv. 1.2a.17a, tandis que l'ensemble des vv. 2b-16 sont considérés comme une addition. Cependant, il semble préférable de rattacher le v. 3a au récit le plus ancien, et de considérer Nb 13,17a comme une "Wiederaufnahme". En effet, Nb 13,17a reprend mot à mot les données topographiques déjà exposées au v. 2a (Nb 13,2a: "Envoie des hommes pour qu'ils reconnaissent le pays de Canaan..."; Nb 13,17a: "Moïse les envoya reconnaître le pays de Canaan"). Une telle redite ne peut être expliquée que par la nécessité de "relancer" l'action après l'incise des vv. 3b-16. En revanche, Nb 13,3a apporte un élément nouveau au récit introduit par les vv. 1-2a, en situant l'action dans le désert de Paran. Ces remarques conduisent donc à maintenir la délimitation adoptée plus haut pour le "récit de base": Nb 13,1-2a.3a.

---

[44] Cf. Mittmann, Deuteronomium (1975) 42.

[45] Cf. Schmidt, Studien zur Priesterschrift (1993) 75.

3.2. Nb 13,17b-24: directives de Moïse et exécution de la mission

3.2.1. Traduction et critique textuelle

13,17b Il leur dit: "Montez là-bas par le Negev. pour monter[46] la montagne. (18) Vous verrez comment est le pays, et si le peuple qui y habite est fort ou faible, s'il est peu nombreux ou nombreux[47]; (19) si le pays où il habite est bon ou mauvais; si les villes où il habite sont des campements[48] ou des forteresses[49]; (20) si le pays est gras ou maigre, s'il y a du bois ou pas. Montrez vous forts en prenant des fruits du pays" – c'étaient les jours des premiers raisins.

(21) Ils montèrent[50] et reconnurent le pays depuis le désert de Cin jusqu'à Rehov, à Lebo-Hamat[51]. (22) Ils montèrent dans le Negev, et il arriva[52] à

---

46 ועליתם est ici interprété comme un volitif indirect. cf. n. 21.

47 L'interrogation indirecte emprunte deux formes grammaticales différentes en Nb 13,18bα et bß: tandis que, pour exprimer la disjonction Nb 13,18bß recourt à la formule classique אם..ה–רב אם הוא המעט– cf. Joüon, Grammaire de l'Hébreu biblique (1923) 497 – formule également utilisée en Nb 13,19.20aα, 13,18 bα répète au contraire la particule interrogative ה (החזק הוא הרפה), ce qui est inhabituel et grammaticalement moins rigoureux.

48 En l'absence de suffixe, le pluriel de מחנה est toujours מחנות sauf dans ce verset. Cette particularité conduit Levine – Numbers 1-20 (1993) 353-354 – à s'interroger sur la signification du terme dans le contexte de Nb 13,19: plus qu'un campement nomade, מחנים désignerait un village non fortifié, et c'est ce contraste entre présence ou absence de fortifications que voudrait souligner l'expression: הבמחנים אם במבצרים.
Les traductions de la Septante et de la Vulgate vont en ce sens (εν τειχηρεσιν η εν ατειξιστοις; muratae an absque muris – "des villes fortifiées ou sans fortifications"). Deux textes que cite Levine – Dt 3,5 et 1 S 6,18 – mettent également en opposition villes fortifiées et villages, mais n'utilisent pas le substantif מחנים. La traduction de הבמחנים אם במבצרים – expression unique dans la Bible hébraïque – demeure donc incertaine.

49 Le ב introduisant les substantifs מחנים et מבצרים est considéré comme un ב essentiae, simple exposant du prédicat.

50 Le Pentateuque samaritain substitue וילכו ויבאו à ויעלו et harmonise ainsi le début du verset 21 avec celui du verset 26 qui décrit le retour des éclaireurs vers Moïse.

51 Deux possibilités de traduction sont offertes, suivant que l'on fait de לבא l'infinitif construit du verbe בוא, ou un nom propre: dans le premier cas, le texte signifierait "jusqu'à Rehov, à l'entrée d'Hamat". Les références à un site géographique du nom de "Lebo-Hamat" situé à la frontière nord du pays sont assez fréquentes dans la Bible hébraïque (Nb 34,8; Jos 13,5; Jg 3,3; 1 R 8,65; 2 R 14,25, Ez 48,1; Am 6,14; 1 Ch 13,5). Ce constat, ainsi que la mention dans un texte des annales de Teglath Phalasar III d'un site appelé Lab'u conduisent Levine – Numbers 1-20 (1993) 354 – à considérer le ל comme partie intégrante de la racine du nom propre et non comme une préposition. Noth retient une hypothèse différente (cf. Numeri, 1966, 93): l'auteur sacerdotal – auquel il attribue le verset 21 – aurait compris "Lebo Hamat" dans le sens d'entrée d'Hamat – sans que cette traduction préjuge de l'étymologie de ce toponyme. La syntaxe du texte n'invite pas à retenir cette seconde solution: en effet, elle supposerait une dissymétrie

Hébron. Là, il y avait Ahiman, Sheshai et Talmai – les descendants d'Anaq – et Hébron avait été bâtie 7 ans avant Tsoan en Egypte. (23) Ils arrivèrent à la vallée d'Eshkol, et en coupèrent un sarment avec une grappe de raisins. Ils le portèrent à deux sur une perche – et aussi des grenades et des figues. (24) On appela[53] ce lieu "vallée d'Eshkol", à cause de la grappe que les fils d'Israël y avaient coupée.

3.2.2. Analyse littéraire

Un discours de Moïse (Nb 13,17b-20) et un récit de reconnaissance sont juxtaposés en Nb 13,17b-24.

Discours de Moïse

Le discours de Moïse se distingue des versets 1-17a tant par sa thématique que par son vocabulaire:

La thématique:

1° *Les indications géographiques* suggèrent que l'objectif de la reconnaissance est plus limité que celui désigné au v. 2. En effet, l'expression "pays de Canaan" n'est plus utilisée. L'itinéraire assigné par Moïse aux éclaireurs comporte deux repères géographiques: le Négev. et la Montagne. S'il n'y a pas d'ambiguïté concernant le premier terme, le contenu du second (הר à l'état absolu) doit être défini. Le substantif הר est utilisé dans plusieurs descriptions stéréotypées du pays et y désigne, selon l'expression de Schwarzenbach un lieu spécifique ("eine selbständige Stellung"[54]) bordé, au sud, par le Négev, à l'ouest par la Shephela, à l'est par la Arabah, et au nord, par la montagne du Liban (cf. Dt 1,7; 3,25; Jos 9,1; 12,8[55]). Dans tous ces textes, הר désigne la partie centrale du pays: une chaîne montagneuse que l'on peut suivre du nord au sud. Le contexte de certains récits est plus précis et le territoire désigné par ההר se limite à la Montagne de Juda – nommément désignée (Jos 20,7; 21,11) ou non (Jos 11,16; 15,48; Jg 1,9). C'est ce territoire que recouvre fort probablement ההר en Nb

---

dans les prépositions de direction (עד et ל) utilisées pour introduire les noms de lieu d'une même proposition: עד רהב לבא חמת.

[52] Le verbe בוא est au pluriel dans la leçon du Pentateuque samaritain qui l'harmonise ainsi avec עלה, au verset 22a. La lectio difficilior, qui reflète la complexité de l'histoire de la composition de ce récit, s'impose cependant.

[53] Le verbe קרא est au pluriel dans la leçon du Pentateuque samaritain. De même dans la Septante (επωνομασαν) et la version syriaque. L'harmonisation de Nb 13,24a avec le reste du récit, dont les verbes sont au pluriel, explique cette variante.

[54] Cf. Schwarzenbach, Geographische Terminologie (1954) 6.

[55] Dans ces textes, le substantif הר est utilisé au singulier. On le retrouve à l'état absolu, mais au pluriel en Ez 36,1-4 où il désigne de manière métonymique la totalité du pays.

13,17b, puisque le verset 22 – où est relatée l'exécution des ordres de Moïse par les éclaireurs – cite la ville de Hébron. La mission de reconnaissance se limite donc, selon Nb 13,17b, à la montagne de Juda.

2° *La mission des éclaireurs*: en Nb 13,2, le verbe תור définissait la mission des éclaireurs, mais aucun détail n'était donné sur son contenu précis. En Nb 13,17b-20, le but recherché est au contraire très clair: évaluer la pays tant sur le plan stratégique (force du peuple, vulnérabilité des villes), qu'économique (fertilité de la terre).

3° *Le rôle de Moïse*: le discours direct de Nb 13,17b-20 manifeste l'autorité de Moïse, que Nb 13,1-17a présentait comme un simple exécutant des ordres de Yahvé.

Le vocabulaire: l'absence du verbe תור a déjà été signalée. Deux verbes définissent, au début du discours de Moïse, la tâche des éclaireurs: עלה – monter et ראה – voir. Le corps du discours recourt à un vocabulaire riche et diversifié dont certains termes sont assez rares[56]. Le changement de vocabulaire, la modification de la délimitation géographique et du but de la mission (qui prend en Nb 13,17b-20 un contenu très concret) invitent à considérer Nb 13,1-17a[57] et Nb 13,17b-20 comme *deux récits différents*. Ces récits sont parallèles, puisqu'ils décrivent tous deux les objectifs assignés à des hommes qui doivent se rendre dans le pays (ארץ), mais leur spécificité est assez marquée pour que l'on puisse énoncer un certain nombre de critères qui pourront servir à les différencier dans la suite de l'analyse de Nb 13-14:

Nb 13,1-17a	*Nb 13,17b-20*
Reconnaissance (תור)	Repérage (ראה)
sans contenu précis.	des défenses et des richesses du pays.
Objectif géographique:	*Objectif géographique:*
Le Pays de Canaan	la Montagne de Juda
Moïse simple exécutant des ordres de Yahvé	*Moïse* agit avec autorité

La distinction de deux récits repose sur des indices assez nombreux et assez incontestables pour faire l'unanimité parmi les commentateurs. Leur délimitation dans la suite de Nb 13-14 est en revanche très débattue.

Structure du discours de Nb 13,17b-20: La structure grammaticale du texte hébraïque peut être présentée de la manière suivante:

---

[56] Hormis Nb 13,18, רפה (faible) n'apparaît qu'en 2 S 17,12; Is 35,3 et Jb 4,3. רזה (maigre) est utilisé en Nb 13,20 et en Ez 34,20.

[57] Ou, pour être plus exact, Nb 13,1-2a.3a (récit sacerdotal *de base*).

עלו זה בנגב ועליתם את ההר

וראיתם אֶת הארץ מַה הוא

וְאֶת העם הישב עליה הֶחָזק הוּא הֲרפה

המעט הוּא אִם רב

וּמַה הארץ אֲשֶׁר הוּא ישב בה

הטובה הוּא אִם רעה

וּמַה הערים אֲשֶׁר הוּא יושב בהנה

הבמחנים אִם במבצרים

וּמַה הארץ

השמנה הוּא אִם רזה

הֲיֵשׁ בה עץ אִם אין

L'impression d'homogénéité qui se dégage du discours – liée à la répétition
de la particule מה et à l'usage de l'interrogation indirecte ה....אם ne doit pas
masquer les nombreuses tensions qu'il recèle.

Verset 17b: la répétition du verbe עלה ne doit pas nécessairement conduire
à attribuer Nb 13,17bα et 13,17bß à deux récits différents[58]. La seconde
occurrence de עלה en Nb 13,17b peut avoir un sens volitif indirect, ce qui
conduit à proposer la traduction: "Montez là-bas par le Negev. pour monter
la montagne" – qui est conforme à la géographie du pays[59].

Versets 18-20:
Le plan du discours: les propositions nominales qui sont subordonnées à la
proposition principale qui ouvre le verset 18   s'enchaînent selon une
séquence qui n'a aucun ordre apparent. En effet, les directives de Moïse
invitent les éclaireurs à récolter deux types de renseignements – les

---

58 C'est l'hypothèse retenue par Baentsch, cf. Exodus, Leviticus, Numeri (1903) 519, et
Eißfeldt, cf. Hexateuch Synopse (1922) qui attribuent Nb 13,17bα à un document
yahviste et Nb 13,17bß à un document élohiste.

59 Mittmann, Deuteronomium (1975) 43, n. 33, aboutit à une conclusion identique: "On ne
doit pas douter de l'unité du v. 17b, souvent mise en question du fait du redoublement de
עלה". Rose, Deuteronomist und Yahwist (1981) 281, accepte cette opinion tout en la
nuançant: l'auteur cherche à établir l'antériorité du "récit des éclaireurs" de Dt 1 par
rapport à celui de Nb 13-14 et développe son argumentation en ces termes: "Saisir le
verset 17b comme une occasion de mener des opérations de critique littéraire est
certainement erroné. Mais par ailleurs, masquer le doublet à l'aide d'une traduction
"Monter dans la montagne par le Néguev" ne peut être davantage accepté. Un processus
relevant de l'histoire des traditions se cache là-derrière. הר est apporté par la tradition –
tradition qui se reflète en Dt 1,24.41.43.44 ; Jos 14,12. Par contre, "J" qui accepte cette
tradition, veut apporter des précisions sur la montagne qui est désignée par le mot הר, et
atteint cet objectif en présentant le Neguev. comme un site très proche". Cette hypothèse
de Rose admet donc que l'objectif du texte, dans sa forme actuelle, est de relier la
"montagne" et le "Néguev": ces deux termes sont complémentaires et ne se rattachent
pas à deux récits divergents.

renseignements concernant le pays et les renseignements concernant le peuple – et ces deux thématiques s'entrecroisent sans cesse: 13,18a – pays / 13,18b peuple (force et nombre) / 13,19a – pays (qualité) / 13,19b – peuple (villes) / 13,20 pays (fertilité, bois).

Le style: l'apparence d'homogénéité que produit la répétition de la particule interrogative מה et d'une série d'interrogations disjonctives ne doit pas masquer plusieurs particularités: En Nb 13,18bα, l'interrogation indirecte n'emprunte pas la forme grammaticale ה...אם mais l'expression ה...ה, formule beaucoup moins habituelle. Par ailleurs, alors que le verbe ישב est associé à la préposition ב en Nb 13,19a et Nb 13,19b: ומה הארץ אשר הוא מה הערים אשר הוא יושב בהנה / ישב בה.
c'est la préposition על qui est utilisée en Nb 13,18b: ואת העם הישב עליה
Ces différents indices conduisent à supposer que le texte actuel est le résultat d'un processus de composition assez complexe. L'analyse littéraire ne fournit cependant pas assez d'arguments pour isoler, au sein de ce discours, deux versions concurrentes ou un noyau qui correspondrait à une forme primitive du texte[60]. Plusieurs auteurs franchissent cependant ce pas: Eißfeldt[61] attribue Nb 13,18 à un document L[62], Nb 13,19 à un document élohiste et Nb 13,20 à un document yahviste. Mittmann définit en Nb 13,17b.18aßb.20aßb une couche de base (Grundschicht) qui aurait reçu à plusieurs reprises des compléments. Si cette délimitation du récit de base ne représente pas autre chose qu'une hypothèse[63], le processus de composition qu'évoque l'auteur est en revanche assez plausible. Un tel processus est également retenu par Noth[64]: "La péricope Nb 13,17b-20 est manifestement surchargée. Cependant, on ne parvient pas à y distinguer clairement deux variantes du récit. On doit plutôt compter avec des compléments secondaires apportés au texte initial (Grundbestand)".

Le discours est conclu par deux recommandations ("vous vous montrerez forts en prenant les fruits du pays") exprimées par deux verbes au wᵉqatal et est suivi d'une courte notice explicative dont le vocabulaire ne trouve

---

60 C'est, en particulier, l'opinion de Holzinger (cf. Numeri, 1903, 51) qui, ayant relevé les "tensions" que comporte le discours, ne peut cependant parvenir à aucune conclusion. Plus récemment le commentaire de Budd (cf. Numbers, 1984, 142) se heurte à la même aporie.

61 Cf. Hexateuch Synopse (1922) 167.

62 Eißfeldt définit ainsi cette source: "La "Laienquelle" représente la plus ancienne des deux trames yahvistes (...) Cette source yahviste la plus ancienne est, parmi les quatre sources de l'Hexateuque, celle dont le contenu est le plus profane", Hexateuch-Synopse (1922) x.

63 Cf. Mittmann, Deuteronomium (1975) 43.

64 Noth, Überlieferungsgeschichte (1948) 34.

aucun parallèle dans la Bible hébraïque: l'expression "premiers raisins" –
בכורי ענבים est en effet spécifique de Nb 13,20.

Récit de reconnaissance (vv. 21-24)

Le verset 21 se rattache au récit sacerdotal identifié en Nb 13,1-17a: l'usage
du verbe תור et les indications géographiques[65] fournies par le texte fondent
cette affirmation. Comment expliquer la présence du verbe עלה au sein de
ce récit sacerdotal ? Deux explications peuvent être proposées:
1° *Une suture rédactionnelle:* Nb 13–14 fusionne deux récits parallèles.
L'usage de mots-crochets permet de suturer les éléments qui composent ces
récits.

2° *Un usage délibéré par le récit sacerdotal du vocabulaire du récit qui le
précède* et dont il a connaissance: le parallélisme des deux récits ne peut
être expliqué que de deux manières: soit ces deux récits sont indépendants
l'un de l'autre, mais proviennent d'une même source. Soit, le récit
sacerdotal dérive de son parallèle, qu'il utilise et qu'il corrige en fonction de
sa propre perspective théologique. Dans cette hypothèse, la présence du
verbe עלה au verset 21 représente davantage qu'une simple suture
rédactionnelle: emprunté à un récit plus ancien, le verbe voit sa
signification transformée et mise au service des conceptions géographiques
propres au récit sacerdotal: עלה perd son sens concret (monter dans la
montagne de Juda) au profit d'une signification plus large et aussi plus
théologique: pénétrer dans le pays de Canaan. Ceci rejoint l'appréciation
que porte McEvenue sur le style littéraire du récit sacerdotal, dont il note la
tendance à "remplacer l'action par la théologie"[66].

Les versets 22-24 appartiennent au même récit que les versets 17b-20
comme le montrent d'une part les références géographiques qui y sont
données et d'autre part la description de la reconnaissance effectuée par les
éclaireurs.

Références géographiques: Nb 13,22aα (ויעלו בנגב) fait écho à Nb
13,17bα: l'itinéraire des éclaireurs correspond à celui prescrit dans le
discours de Moïse, de même que les territoires dans lesquels se déroule la
reconnaissance (Hébron et ses environs) sont situés dans la montagne de
Juda – déjà évoquée en Nb 13,17bß.

---

65 Le désert de Cin et Lebo Hamat sont les extrémités sud et nord du pays de Canaan selon
   Nb 34,2-12 – texte sacerdotal qui en délimite les frontières. C'est donc la totalité du pays
   de Canaan que les éclaireurs reconnaissent selon Nb 13,21, en conformité avec les
   instructions de Nb 13,2.
66 Cf. McEvenue, Narrative Style (1971) 127.

Les termes "Hébron" et "Eshkol" sont dissociés dans le récit: les expressions הברון au v. 22, et ויבאו עד נחל אשכל au v. 23 sont parallèles et le texte ne précise pas la localisation exacte de la vallée d'Eshkol. Ces constats conduisent plusieurs auteurs à distinguer deux récits en Nb 13,22-24[67]: Nb 13,22, texte selon lequel l'objectif des éclaireurs est Hébron, et Nb 13,23-24, versets qui mentionnent uniquement la vallée d'Eshkol. Cette hypothèse ne peut être retenue si l'on considère que les versets 22 d'une part et 23 d'autre part correspondent respectivement aux deux "versants" de la mission confiée par Moïse aux éclaireurs en Nb 13,17b-20: voir les villes et leurs habitants, mais aussi apprécier la fertilité du pays. Ainsi, c'est le récit de Nb 13,22-24 dans son ensemble qui constitue la suite du discours de Moïse et les deux éléments qui le composent sont complémentaires[68].

La reconnaissance proprement dite: de même qu'en Nb 13,17b-20, la reconnaissance du pays est envisagée selon un point de vue très concret qui se démarque de la perspective du récit sacerdotal. Nb 13,22-24 n'apporte qu'une partie des réponses précises qu'appellent les nombreuses questions rassemblées dans le discours de Moïse. Les réponses à ces différentes questions sont réparties sans ordre apparent entre le récit de Nb 13,22-24 et les discours des éclaireurs en Nb 13,27-28.31 ss – comme le montre le tableau de correspondances suivant:

QUESTIONS DU DISCOURS DE MOISE	REPONSES APPORTEES PAR LE TEXTE
13,18 bα	13,31 b
"peuple fort (חזק) ou faible" ?	"il est plus fort (חזק) que nous"
13,18 bß	13,28 a
"peuple nombreux ou pas (רב)" ?	"peuple puissant (עז)"
13,19a	14,7b
"pays bon (טוב) ou mauvais (רע)" ?	"très très bon pays" (texte P)
13,19bα	13,22a
"les villes" ?	"Hébron".
13,19bß	13,28b
"Camps ou forteresses (מבצרים)" ?	"Les villes sont inaccessibles" (בצרות)
13,20aα	13,27b
"pays fertile ou maigre" ?	"Un pays ruisselant de lait et de miel"

---

67 Ainsi Bacon, cf. Triple Tradition (1894) 180, attribue Nb 13,22 au document J, et Nb 13,23-24 au document E. C'est également l'opinion de Baentsch, cf. Exodus, Leviticus, Numeri (1903) 520, et de Holzinger, cf. Numeri (1903) 51-52.
68 Pour Rose, le doublet constitué par Nb 13,22a et Nb 13,23a ne doit pas conduire à séparer ces versets en les attribuant à des sources différentes. Il constitue un signe manifestant le processus de croissance qu'a connu le document J avant de parvenir à son état actuel (cf. *op. cit.* n. 59, 282).

QUESTIONS DU DISCOURS DE MOISE	REPONSES APPORTEES PAR LE TEXTE
13,20aß "s'il y a du bois ou pas" ?	....
13,20aγ "vous prendrez les fruits du pays"	13,23 les éclaireurs prennent des raisins, des figues et des grenades de la vallée d'Eshkol

Les thèmes abordés par le discours de Nb 13,18-20 se retrouvent donc disséminés en Nb 13,22-24.27-28.31ss, sans ordre apparent. Seule, la question de Nb 13,20aß ne trouve aucune réponse. Le vocabulaire utilisé en Nb 13,22-24.27-28.31ss diffère souvent de celui du discours de Moïse. Ces observations permettent de soupçonner la complexité de l'histoire de la composition du texte.

Grammaire et vocabulaire de Nb 13,22-24: la composition de Nb 13,22-24 a sans aucun doute également comporté différentes étapes, comme le montre l'analyse grammaticale du texte:

1° On retrouve, juxtaposés en Nb 13,22a, deux verbes dont le premier est à la troisième personne du pluriel (ויעלו) et le second à la 3ème personne du singulier (ויבא). Ainsi, un récit ancien – récit de la reconnaissance de la région de Hébron *par un seul homme* – pourrait constituer la source et le noyau du récit de Nb 13,17b-20.22-24. La suite du texte – particulièrement Nb 13,30; 14,24 qui attribuent à Caleb un rôle et une importance particuliers, rôle et importance que l'on ne retrouve plus dans la suite du livre des Nombres – vient étayer cette hypothèse.

2° Le verset 22 est formé d'une proposition principale à laquelle sont coordonnées par un simple ו deux propositions qui forment des incises dans le récit: la première proposition a pour fonction de lier un toponyme (Hébron) au nom d'un peuple (les fils d'Anaq) – peuple mentionné par ailleurs dans le discours des éclaireurs en Nb 13,28b. La seconde proposition est une notice chronologique concernant la date de construction d'Hébron. Sa syntaxe est particulière, puisque le sujet (Hébron) y précède le verbe. En Nb 13,23b, une apposition vient compléter la liste des fruits apportés par les éclaireurs. Enfin, Nb 13,24 est une notice fournissant l'étiologie du toponyme "Eshkol". Deux caractéristiques communes relient ces différentes notices: elles forment des incises dans le récit, et leur style diffère de celui des propositions auxquelles elles se rattachent. En dehors de ces incises, le style grammatical du récit de Nb 13,17b-20.22-24 est en effet assez homogène: en Nb 13,17bß-20, 4 wᵉqatalti coordonnés deux par deux décrivent la mission des hommes envoyés par Moïse (monter – voir;

se montrer fort – prendre). En Nb 13,22-24, l'action est décrite à l'aide de wayyiqtol. Le verbe ouvre toujours la proposition et est suivi de son sujet et/ou de son complément. Ces observations suggèrent que Nb 13,22aßb.23b, et peut-être aussi Nb 13,24 soient des additions[69]. Le récit initial se limiterait donc à Nb13,22aα.23a[70].

3.2.3. *Résultats de l'analyse littéraire*

L'analyse littéraire conduit à répartir le texte de Nb 13,17b-24 entre:
1° Un récit parallèle au récit sacerdotal que l'on appellera récit "non-sacerdotal", avant d'avoir déterminé plus précisément son origine.
2° La suite du récit sacerdotal identifié en Nb 13,1-2a.3a
3° Des additions au récit "non-sacerdotal"[71].

RECIT NON-SACERDOTAL	RECIT SACERDOTAL	ADDITIONS AU RECIT NON-SACERDOTAL
Nb 13,17b-20	Nb 13,21	
Nb 13,22aα		Nb 13,22aß.b
Nb 13,23a		Nb 13,23b
		Nb 13,24 ?

3.3. Nb 13,25-33: retour et compte-rendus de mission. Contrastes et divergences

3.3.1. *Traduction et critique textuelle*

13,25 Ils revinrent de la reconnaissance du pays, au bout de 40 jours. (26) Ils firent route et vinrent vers Moïse, Aaron et toute la communauté des fils d'Israël, dans le désert de Paran – à Qadesh. Ils leur rendirent compte – ainsi qu'à toute la communauté, et leur firent voir le fruit du pays. (27) Ils lui racontèrent et dirent: "Nous sommes allés dans le pays où tu nous as envoyés. Vraiment, il ruisselle de lait et de miel: voici son fruit. (28) Seulement, le peuple qui habite le pays est puissant, et les villes sont

---

69 McEvenue retient également l'hypothèse que Nb 13,22aßb.23b soit une addition apportée au récit non-sacerdotal qu'il qualifie de "JE", cf. Narrative Style (1971) 92.
70 L'analyse du vocabulaire de ce récit n'apporte aucun élément nouveau qui vienne enrichir les critères de spécificité définis plus haut. Deux substantifs assez rares sont retrouvés au verset 23a: זמורה (sarment) utilisé par ailleurs en Is 17,10; Ez 15,2; Na 2,3 dans un sens similaire, et מוט (perche) qui revêt en Nb 4,10.12; Na 1,13 des significations différentes de celle qu'on lui attribue en Nb 13,23.
71 L'origine de ces additions sera étudiée à l'occasion de l'analyse littéraire de Nb 13,25-33.

fortes[72] et très grandes. Et puis, nous avons vu là-bas les descendants d'Anaq"[73]. (29) Amaleq habite le pays du Negev; les Hittites[74], les Jébusites et les Amorites habitent la montagne, et les Cananéens habitent au bord de la mer et sur la rive du Jourdain. (30) Caleb fit taire le peuple hostile à Moïse[75]. Il dit "Montons donc et prenons-en possession! Car nous en sommes capables". (31) Mais les hommes qui étaient montés avec lui dirent: "Nous ne serons pas capables de monter contre le peuple, car il est plus fort que nous." (32) Ils tinrent aux fils d'Israël des propos médisants concernant le pays qu'ils avaient reconnu: "Le pays que nous avons traversé pour le reconnaître est un pays qui mange ses habitants; le peuple que nous y avons vu: ce sont des hommes de haute taille. (33) Et nous avons vu là-bas les géants – les fils d'Anaq descendant des géants[76] – nous étions à nos propres yeux semblables à des sauterelles; et c'est ainsi que nous étions également à leurs yeux[77]."

3.3.2. *Analyse littéraire*

Le récit du retour des éclaireurs vers Moïse, Aaron et toute la communauté (Nb 13,25-26) est suivi de 4 discours: discours des éclaireurs adressé à Moïse (13,27-28); discours de Caleb (Nb 13,30) séparé du précédent par l'incise de Nb 13,29; premier discours des hommes montés avec Caleb (Nb 13,31); second discours des hommes montés avec Caleb (Nb 13,32-33).

---

72 בצרות a la signification d' inaccessible. La traduction "ville forte" manifeste la racine commune à ce mot et à מבצרים (forteresses) – substantif utilisé en Nb 13,19.

73 L'hébreu ילדי הענק est traduit par l'expression "descendants d'Anaq" tandis que "fils d'Anaq" (v. 33) correspond à l'Hebreu בני ענק.

74 Le Pentateuque samaritain ajoute ici –והחוי– les Hivvites – addition que l'on trouve également dans la Septante. Les Hivvites sont mentionnés dans un certain nombre de listes des peuples qui précèdent Israël en Canaan: associés aux Cananéens et aux Hittites en Gn 23,28; aux Cananéens, aux Amorites, aux Hittites, aux Perizzites et aux Jébusites en Ex 23,23; 33,2; 34,11; Dt 7,1; 20,17; Jos 3,10; 9,1; 11,3; 12,8; 24,11; 1 R 9,20; 2 Ch 8,7. L'addition du Pentateuque samaritain et de la Septante harmonise donc le texte de Nb 13,29 avec ces listes. L'originalité de Nb 13,29 réside dans la mention des Amalécites – qu'aucune de ces listes ne comporte.

75 La leçon du Pentateuque samaritain est ici: ויהס כלב את העם על משה. L'usage de préposition על peut exprimer l'hostilité du peuple envers Moïse. La préposition אל peut revêtir la même signification, mais peut aussi avoir un sens purement topographique. La version de la Septante – και κατεσιωπησεν Χαλεβ τον λαον προς Μουσης: "Caleb fit taire le peuple au sujet de Moïse" – exprime, elle aussi, l'hostilité du peuple envers Moïse.

76 La version de la Septante ne traduit pas l'apposition בני ענק מן הנפלים.

77 Le Pentateuque samaritain intercale entre Nb 13,33 et Nb 14,1 une importante addition qu'il emprunte au Deutéronome: Dt 1,27-33. Comme en Nb 13,1, le texte du Deutéronome est modifié: le discours de Moïse à la 2ème personne est transformé en récit à la 3ème personne. Cette addition harmonise le récit de Nb 13 avec le récit parallèle du Deutéronome en y intégrant un dialogue entre Moïse et les fils d'Israël.

Retour des éclaireurs: Nb 13,25-26

Analyse grammaticale: l'étude des verbes montre l'homogénéité de Nb 13,25-26a où se succèdent trois wayyiqtol qui décrivent le retour des hommes partis reconnaître le pays (qal, 3ème personne du pluriel). En Nb 13,25-26a, l'usage de deux prépositions permet de préciser le mouvement et le trajet des éclaireurs qui reviennent vers Moïse et Aaron: מִן qui indique la provenance (מתור), et אל la destination. La provenance des éclaireurs n'est pas un lieu précis mais une action qu'exprime le verbe תור, utilisé dans le récit sacerdotal pour désigner la reconnaissance de la totalité du pays de Canaan. La préposition אל introduit à la fois des noms de personnes (Moïse, Aaron, toute la communauté des fils d'Israël) et un nom de lieu – déjà mentionné en Nb 13,3a: le désert de Paran. En revanche קדשה – le nom de ville apposé à מדבר פארן – n'est pas introduit par la particule אל mais porte la terminaison ה de l'accusatif directionnel.

Analyse du vocabulaire: l'usage du verbe תור, la mention d'Aaron et de "toute la communauté des fils d'Israël", les précisions chronologiques (40 jours) suggèrent l'origine sacerdotale de Nb 13,25-26a. Cependant, deux éléments posent problème:

1° L'indication topographique קדשה au v. 26a contredit celle qui la précède ("désert de Paran"): en effet, Qadesh n'est pas située dans le désert de Paran et il faut tenter d'expliquer le voisinage de ces deux indications contradictoires par l'histoire de la composition du texte. Plusieurs hypothèses ont été émises pour résoudre ce problème littéraire:

1. קדשה appartiendrait à un récit ancien (généralement rattaché au document J ou au document JE) supplanté par le récit sacerdotal[78].

---

[78] Wellhausen (cf. Composition des Hexateuchs [³1899] 101-102) considère la mention de Qadesh comme un des "débris" du récit ancien de l'histoire des éclaireurs subsistant en Nb 13,26a. Cette thèse est également celle de Dillmann (cf. Numeri, Deuteronomium, Josua [1886] 73) et Baentsch (cf. Exodus, Leviticus, Numeri [1903] 521). Baentsch attribue à un document JE la mention de Qadesh – document dont s'inspirerait le texte de Dt 1,19. Gray (cf. Numbers [1903] 144) considère que קדשה est le seul élément que l'on puisse considérer avec certitude comme non-sacerdotal dans les versets 25-26a. Eißfeldt (cf. Hexateuch Synopse [1922] 167), attribue le mot à un document élohiste, tandis qu'il rattache au document sacerdotal le reste de Nb 13,25-26. Plus récemment, Noth (cf. Numeri [1966] 94) attribue l'ensemble des vv. 25-26 au récit sacerdotal, hormis la mention de Qadesh, rattachée au document J. Budd (cf. Numbers [1984] 142) adopte la même opinion. Enfin, Schmidt (cf. Studien zur Priesterschrift [1993] 81) voit dans la mention de Qadesh un élément du récit pré-sacerdotal, tellement ancré dans la tradition israélite des éclaireurs que, lors de la fusion des récits sacerdotal et présacerdotal, cette mention n'est pas harmonisée avec celle du "désert de Paran" qui, pourtant, la contredit.

2. L'hypothèse précédente considère קדשה comme un "débris" isolé provenant du récit ancien. McEvenue se propose en revanche de retrouver
dans le texte actuel une trame narrative cohérente correspondant au récit
ancien (qu'il attribue à JE)[79]: "Le toponyme Qadesh était certainement
gouverné par un verbe de mouvement", écrit cet auteur qui fait de קדשה le
complément de וילכו (v. 26a).
3. Levine adopte une hypothèse voisine de la précédente, tout en en tirant
des conséquences concernant les conceptions géographiques de l'auteur
sacerdotal: Qadesh est en effet localisé par Nb 20,1; 33,36; 34,3-4 dans le
désert de Cin, situé au sud du Negev. Ainsi, "lors de la relecture P de Nb
13,26, ou bien Qadesh aurait glissé vers le sud dans le désert de Paran, ou
bien le désert de Paran aurait vu sa limite repoussée vers le nord, et
recouvrir la limite du désert de Cin. Ceci autoriserait Qadesh à être à la fois
dans le désert de Cin et le désert de Paran".[80]
4. Une dernière hypothèse doit cependant être envisagée: la facture et le
contenu de Nb 13,25-26a évoquent une origine sacerdotale. Or, il a été
précédemment observé que le récit sacerdotal n'hésite pas à "corriger" les
données topographiques du récit ancien: la reconnaissance du pays de
Canaan dans sa totalité se substitue à une expédition limitée à une région
bien déterminée. On comprend donc mal, si l'on retient l'une des trois
hypothèses qui ont été exposées, pourquoi l'auteur sacerdotal hésiterait ici à
adapter ses sources à ses propres conceptions géographiques. Ne faut-il pas
plutôt, comme Fritz[81], voir dans la mention de Qadesh l'intervention d'un
rédacteur plus tardif, ayant peut-être une perspective d'harmonisation entre
d'une part le récit sacerdotal – pour qui le point de départ et le point
d'arrivée des éclaireurs est le désert de Paran (Nb 13,3a.26a) – et d'autre
part le récit de Dt 1 qui a pour référence Qadesh-Barnéa (Dt 1,19.46) ? Cet
ultime rédacteur serait donc post-deutéronomique.

2° *"Ils revinrent de la reconnaissance du pays (v. 25a)"* et *"Ils firent route
et vinrent vers Moïse, Aaron et toute la communauté des fils d'Israël (v.
26a)"* forment un doublet.
Comme cela a été montré plus haut, le v. 25a emprunte un vocabulaire
spécifiquement sacerdotal. Dès lors, faut-il considérer le v. 26aα comme un
élément du récit non-sacerdotal, auquel aurait ajoutée l'apposition du v.
26aß: "Aaron et toute la communauté des fils d'Israël" ? L'homogénéité de
la syntaxe des vv. 25-26a semble s'opposer à cette hypothèse. La

---

79 Cf. McEvenue, Narrative Style (1971) 100, n. 18.
80 Levine, Numbers 1-20 (1993) 54.
81 Cf. Fritz, Israel in der Wüste (1970) 20-21.

reconstitution, à partir du texte actuel, du récit non-sacerdotal ne comporte donc pas de mention du retour des éclaireurs.

3° v. 26b וישיבו אותם דבר : l'expression associe le verbe שוב au hiphil, un complément d'objet direct personnel introduit par את, et דבר, qui est le second complément d'objet du verbe. Aucun texte sacerdotal ne l'utilise. En revanche, comme le montre la liste de ses occurrences[82], on la retrouve avec une fréquence particulière dans les récits des livres de Josué et des Rois. Elle est également utilisée en Dt 1,22, dans le récit parallèle à Nb 13. Cependant, en Nb 13, cette expression se trouve insérée dans une proposition dont la facture est marquée par une influence sacerdotale, comme en témoignent son vocabulaire et sa syntaxe:

Nb 13,26: "Ils firent route et vinrent vers *Moïse, Aaron et toute la communauté des fils d'Israël*. Ils leur rendirent compte ainsi qu'à *toute la communauté,* et leur firent voir le fruit du pays". וישיבו est le quatrième terme d'une série de 5 verbes à l'inaccompli inversé (wayyiqtol – וילכו וישבו ויבאו; et wayyaqtil – וישיבו ויראום), rythmée par la répétition du verbe שוב (vv. 25a, 26b). En outre, le v. 26b constitue un doublet du v. 27, selon lequel les éclaireurs font leur rapport (ויספרו־לו) – et présentent les fruits du pays – à Moïse seul. Il est donc légitime de rattacher le v. 26 (hormis la mention de Qadesh) au récit sacerdotal, tandis que l'autre membre du doublet formé par le v. 27 appartiendrait au récit non-sacerdotal.

Synthèse de l'analyse des vv. 25-26

L'ensemble des deux versets est rattaché (hormis la mention de Qadesh) au récit sacerdotal. Cette solution ne fait pas l'unanimité des auteurs: ainsi, Bacon[83], Baentsch[84], Gray[85], et plus récemment McEvenue[86] et Levine[87] dissocient Nb 13,26b du récit sacerdotal – seule la formule "toute la communauté" (Nb 13,26bα) est considérée par ces auteurs comme comme une addition rédactionnelle sacerdotale. Pour Schmidt[88], le v. 26b est tardif et sert à suturer le récit sacerdotal (représenté par Nb 13,25) et les éléments pré-sacerdotaux (vv. 26a.27a.bß).

---

[82] Nb 13,26; 22,8; Dt 1,22.25; Jos 14,7; 22,32; 1 R 2,30; 12,6.16; 2 R 22,9.20; Ne 2,20; 2 Ch 34,16.28.

[83] Bacon attribue au document élohiste le verset 26b, cf. Triple Tradition (1894) 180.

[84] Cf. Baentsch, Exodus, Leviticus, Numeri (1903) 521.

[85] Cf. Gray, Numbers (1903) 144-145.

[86] Cf. McEvenue, Narrative Style (1971) 100, n. 18.

[87] Cf. Levine, *op. cit.* (n. 80) 54.

[88] Cf. Schmidt, *op. cit.* (n. 78) 81-85.

Discours des éclaireurs: Nb 13,27-28

Le discours est introduit par le verbe ספר au piel (seule occurrence dans le livre des Nombres) et s'adresse à un interlocuteur unique (לו) dans lequel on peut reconnaître Moïse, même s'il n'est pas nommément désigné. Cette caractéristique différencie le v. 27a des vv. 25-26a et invite à le rattacher au récit non-sacerdotal.

Analyse grammaticale:

Nb 13,27bα: וגם זבת חלב ודבש הוא - Vraiment, il ruisselle de lait et de miel: cette proposition nominale est reliée à Nb 13,27a, comme le fait remarquer Weimar, par un lien grammatical très lâche[89] et évoque, de ce fait, une addition. En revanche, וזה־פריה (qui forme avec Nb 13,26bß un doublet) pourrait appartenir au récit non-sacerdotal.

La locution אפס כי qui ouvre le verset 28 doit être comprise dans un sens restrictif (toutefois, seulement). C'est le sens qu'elle revêt également en Dt 15,4; Jg 4,9; Am 9,8. En Nb 13,28, cette conjonction a pour fonction d'une part d'exprimer un contraste avec l'image positive du pays qui émane de Nb 13,27bß, et d'autre part d'introduire une nouvelle phrase[90].

Le texte original du discours des vv. 27-28 comporterait donc les éléments suivants (Nb 13,27a.27bß.28a.bα)[91] :

באנו אל הארץ אשר שלחתנו וזה פריה
אפס כי עז העם הישב הארץ והערים בצרות גדלת מאד

"Nous sommes allés dans le pays dans lequel tu nous as envoyés et voici son fruit; seulement, le peuple qui habite le pays est puissant et les villes sont fortes et très grandes".

Analyse du vocabulaire:

שלחתנו –: l'attribution du verset 13,27a au récit non-sacerdotal n'est-elle pas remise en question par la présence du verbe שלח auquel recourt le récit sacerdotal en Nb 13,2a.3a ? L'utilisation du verbe par le récit parallèle du Deutéronome en Dt 1,22 indique qu'il n'est pas spécifique du récit sacerdotal et provient sans doute d'une tradition plus ancienne.

---

89 Weimar, Berufung (1980) 323, n. 16: "Num 13,27b kann kaum als ursprüngliche Fortsetzung von 13,27a verstanden werden, was u.a. auch der syntaktisch lockere Anschluß mit וגם anzeigt".

90 La syntaxe de Dt 15,4 – où l'on trouve אפס כי en début de phrase – est identique à celle de Nb 13,28.

91 Le lien grammatical de Nb 13,28bß avec le reste du discours est assez lâche, ce qui invite à considérer cette proposition (וגם־ילד הענק ראינו שם– "Et puis, nous avons vu là-bas les descendants d'Anaq") comme une addition (cf. analyse du vocabulaire).

- זבת חלב ודבש: la formule apparaît trois fois dans le livre des Nombres (Nb 13,27; 14,8; 16,13.14)[92]. Pour Schmidt, elle appartient dans les trois cas à des relectures tardives du récit[93]: en Nb 13,27, le contenu de l'expression contredit les données du récit ancien ("Le lait et le miel ne correspondent pas aux fruits que les éclaireurs rapportent comme preuve de la richesse du pays[94]") – ce qui manifeste, selon l'auteur, son origine rédactionnelle. Weimar[95] qui analyse les différentes occurrences de ודבש זבת חלב considère également qu'il s'agit d'une formule tardive "apparaissant au plus tôt dans un contexte deutéronomiste, et introduite ensuite dans des couches littéraires encore plus récentes qui sont liées au deutéronomiste"[96]. Cette conclusion repose sur le constat que le lien grammatical de cette expression avec son contexte est toujours très lâche – que ce soit dans le texte même du Deutéronome ou dans les attestations extra-deutéronomiques de la formule[97].

- L'expression והערים בצרות fait directement allusion à l'une des questions du discours de Moïse (Nb 13,19bß) dont elle reprend le vocabulaire:

ומה הערים אשר הוא יושב בהנה הבמחנים אם במבצרים

- ילדי הענק: Nb 13,28; Nb 13,22 et Jos 15,14 représentent les seules occurrences de cette formule dans la Bible hébraïque.

Peut-on rattacher Nb 13,28bß au récit non-sacerdotal ? Le lien de Nb 13,28bß au reste du verset est assez lâche, et il pourrait s'agir d'une addition (וגם-ילדי הענק ראינו שם). De même, Nb 13,22aß est vraisemblablement une addition reprenant partiellement les données de Jos 15,14:

---

92 Elle fait écho à Ex 3,8.17; 13,5, 33,3, est retrouvée une seule fois dans le Lévitique (Lv. 20,24), 7 fois dans le Deutéronome (Dt 6,3; 8,8; 11,9; 26,9.15; 27,3; 31,20), 1 fois en Josué (5,6) et enfin 2 fois en Jérémie (11,5; 32,22) et en Ezechiel (20,6.15).

93 Cf. Schmidt, Exodus II$_2$, Biblischer Kommentar (1977) 138-139.

94 Cf. Schmidt, *ibid.* 138.

95 Cf.Weimar, Berufung (1980) 319-323.

96 Weimar, *Ibid.* 323.

97 Holzinger (Numeri, 1903, 52) considérait déjà la formule comme une addition apportée au texte – rapprochant ce dernier d'Ex 3,8 où il le qualifie de "tournure deutéronomique – deuteronomistische Wendung" (Exodus [1900] 8). Cette option s'oppose à celle que prend Levine (cf. Numbers 1-20 [1993] 356) qui accorde à l'expression une beaucoup plus grande antiquité en l'assignant en Nb 14,8 à un document yahviste et en Nb 13,27b à un récit JE. Cette position ne tient pas compte de la construction grammaticale du verset 27. La solution adoptée par Schmidt est différente (cf. Studien zur Priesterschrift [1993] 84), puisque l'auteur considère Nb 13,27bα comme une addition apportée au récit non-sacerdotal avant la compositon du récit sacerdotal. L'auteur appuie son hypothèse sur le fait que, selon lui, l'expression, également utilisée en Ex 3,8.17, y est antérieure au texte sacerdotal. Les arguments avancés par Schmidt demeurent donc extérieurs à la péricope étudiée – dont l'analyse manifeste, comme il a été dit plus haut, le lien grammatical très lâche de Nb 13,27bα avec le reste du verset.

ויֵרש משם כלב את שלושה בני הענק

את ששי את אחימן ואת תלמי ילידי הענק

Nb 13,28bß et Nb 13,22aß ont vraisemblablement pour fonction d'harmoniser le récit de Nb 13 avec l'histoire deutéronomiste: la mention des noms
des fils d'Anaq en Nb 13,22 relie en effet le récit de la reconnaissance du
pays à celui de la conquête. L'absence de toute allusion aux Anaqites dans
le récit parallèle de Dt 1 vient conforter cette hypothèse d'une addition
post-deutéronomiste.

- Nb 13,29 ("Amaleq habite le pays du Negev; les Hittites, les Jébusites et
les Amorites habitent la montagne, et les Cananéens habitent au bord de la
mer et sur la rive du Jourdain") doit également être considéré comme une
addition[98]: cette notice interrompt en effet le cours du récit et son horizon
géographique déborde de loin celui du récit non-sacerdotal, qui se limite au
Negev et à la montagne de Juda[99]. La liste de peuples de Nb 13,29 évoque
celles retrouvées en Ex 23,23; 33,2; 34,11; Dt 7,1; 20,17; Jos 3,10; 9,1;
11,3; 12,8; 24,11; 1 R 9,20; 2 Ch 8,7. Cependant, la mention d'Amaleq y
est atypique, puisqu'elle manque dans toutes les occurrences qui ont été
citées. Amaleq est un ennemi d'Israël qui vit sur les marches de Canaan, au
Sud, et qui est cité seul, à de multiples reprises[100]. La liste de Nb 13,29
effectue l'inventaire des ennemis d'Israël et il est légitime de considérer
qu'elle représente un stade tardif de la rédaction dans la mesure où elle
rassemble des données issues de différents récits de l'histoire
deutéronomiste.

Discours de Caleb et premier discours des hommes montés avec lui

Ces deux discours sont intimement liés par la répétition des verbes עלה et
יכול:

Nb 13,30 b: עלה נעלה וירשנו אתה כי יכול נוכל לה

Nb 13,31aß: לא נוכל לעלות אל העם

---

98 C'est l'opinion de Baentsch (cf. Exodus, Leviticus, Numeri, [1903] 522), Holzinger (cf.
Numeri [1903] 52), Gray (cf. Numbers [1903] 146), et plus récemment de Noth (cf.
Numeri [1966] 95), McEvenue (Narrative Style [1971] 92), Schmidt (cf. Studien zur
Priesterschrift [1993] 77) – opinion fondée le plus souvent sur la rupture qu'introduit le
verset dans le récit. De Vaulx (cf. Les Nombres [1972] 165) et Levine (cf. Numbers
[1993] 356) ne dissocient pas le verset 29 du reste du récit non-sacerdotal, mais
n'effectuent pas de critique littéraire détaillée du verset.

99 Une remarque de Mittmann expose parfaitement ces arguments (Deuteronomium
[1975] 45): "Eine Glosse ist der v. 29, der in trockener Aufzählung und weit über den
südjudäischen Gesichtskreis hinausgreifend eine das ganze Land umfassende ethnisch-
geographische Aufteilung und Gruppierung vornimmt".

100 Cf. Gn 36,12.16; Ex 17,8.9.10.11.13.16; Nb 13,29; 24,20; Dt 25,17; Jg 5,14; 6,3.33;
7,12; 10,12; 1 S 14,48; 15,2.3.7.18.20; 28,18; 30,18; 2S 1,1; 8,12.

L'introduction du discours de Caleb est surprenante. Caleb – dont l'irruption dans le récit est "soudaine" – selon l'expression de Rose[101] – fait taire (ויהס[102]) le peuple qui pourtant n'a pas encore pris la parole – et ne se manifeste qu'en Nb 14,1 dans la forme actuelle du texte. Cette particularité pourrait s'expliquer soit par la perte d'une partie du récit[103], soit par un bouleversement ayant conduit à y inverser la réaction du peuple et le discours de Caleb[104]. Le texte, dans son état actuel, ne permet pas d'apporter une solution, mais fournit suffisamment d'arguments pour refuser une lecture "harmonisante" – comme celle proposée par Mittmann[105]: "Caleb veut de prime abord parer à l'impression défavorable que l'information "Nous avons aussi vu là-bas les descendants des Anaqites" risque de susciter chez le peuple".

Vocabulaire: Caleb est cité seul et c'est la première fois que le récit le distingue clairement des autres éclaireurs. Il s'exprime face au peuple aux côtés de Moïse. La désignation des personnages diffère donc de celle du récit sacerdotal de Nb 13,25-26: en Nb 13,30, Moïse est mentionné seul – sans Aaron – et les Israélites sont désignés par עם et non par עֲדַת-בְּנֵי יִשְׂרָאֵל. Le verbe עלה, l'adjectif חזק (qui fait écho au verset 18bα) confirment l'appartenance des versets 30-31 au récit non-sacerdotal.

Second discours des hommes montés avec Caleb

L'introduction du discours et le verset 32bα évoquent, par le vocabulaire qu'ils utilisent (בני ישראל/תור), un texte sacerdotal. Cependant, les images que déploient les versets 32bß.33 sont beaucoup plus inhabituelles, et ne peuvent être attribuées sans discussion à un auteur sacerdotal. La diversité des solutions adoptées par les différents auteurs est une illustration supplémentaire du caractère inhabituel du texte[106]. L'analyse de chacune

---

101 Cf. Rose, Deuteronomist und Yahwist (1981) 269.
102 Ce verbe au hiphil est un hapax dans la Bible hébraïque.
103 Holzinger (cf. Numeri, [1903] 52) évoque un arrangement rédactionnel supprimant le discours du peuple auquel répondent les propos de Caleb.
104 Cf. Dillmann, Numeri, Deuteronomium, Josua (1886) 74, Wellhausen, Composition des Hexateuch (³1899) 101-102, Baentsch, Exodus, Leviticus, Numeri (1903) 522, Gray, Numbers (1903) 150, Budd, Numbers (1984) 143.
105 Mittmann, Deuteronomium (1975) 46, n. 40.
106 Deux types principaux de solutions sont proposés:
1° Nb 13,32a.bα est attribué à un auteur sacerdotal et Nb 13,32bß.33 à un document plus ancien (élohiste le plus souvent): cf. Bacon, Triple Tradition (1894) 180, Baentsch, Exodus, Leviticus, Numeri (1903) 523 – L'auteur attribue la totalité du verset 32 à un auteur sacerdotal, et le verset 33 à un document élohiste, Holzinger, Numeri (1903) 53, Eißfeldt, Hexateuch Synopse (1922) 61ss.168ss, Levine, Numbers (1993) 358-359 –

des expressions utilisées par ces deux versets est seule susceptible d'en faire apparaître l'origine:

- ויוציאו דבת: Le substantif דבה n'est pas caractéristique du récit sacerdotal: il est retrouvé seulement 4 fois dans le Pentateuque – dont 3 en Nb 13–14[107]– avec le sens de calomnie, dénigrement. En Nb 13,32; 14,36.37 ainsi qu'en Pr 10,28, le substantif est le complément du verbe יצא au hiphil (littéralement: "faire sortir la calomnie"). L'association du substantif דבה et du verbe יצא est donc, dans le Pentateuque, spécifique du récit de Nb 13–14.

- ארץ אכלת יושביה: cette image singulière désigne une terre peu fertile – ce qui est contradictoire avec les résultats de l'expédition qui a permis de ramener les fruits du pays, et s'adapte donc parfaitement au contexte de la calomnie. Une image assez proche est retrouvée en Lv 26,38 (ארץ איביכם ואכלה אתכם – "Le pays de vos ennemis vous dévorera", c'est à dire: vos ennemis vous infligeront une défaite militaire), tandis qu' Ez 36,13-14 recourt à un vocabulaire légèrement différent: "Ainsi parle le Seigneur YHWH: "Parce que l'on vous dit: "Tu es mangeuse d'hommes" (אכלת אדם), tu as privé ta nation de ses enfants". Eh bien, tu ne dévoreras plus d'homme". Quelle que soit l'ancienneté de ces images, elles sont donc connues et utilisées par des auteurs appartenant aux milieux sacerdotaux. Il faut peut-être les rapprocher de celle auquel recourt le verset 33 b: "Nous étions à nos propres yeux semblables à des sauterelles; et c'est ainsi que nous étions également à leurs yeux". La sauterelle (חגב) est citée par Lv 11,22 dans la liste des animaux ailés comestibles: la comparaison du verset 33 invite peut-être à comprendre que non seulement le pays dévore ses propres habitants (v. 32), mais qu'en outre les Israélites risquent d'être dévorés comme des sauterelles par les géants qui y habitent.

- אנשי מדות: cette expression est très rare dans la Bible hébraïque – retrouvée uniquement en Is 45,14 et en Nb 13,32. En revanche, le substantif מדה est très usité dans le sens de "mesure, dimension" – particulièrement dans le livre d'Ezechiel.

- נפלים: la mention des "géants" donne au récit un caractère légendaire. Le mot est retrouvé deux fois dans la Bible hébraïque (Gn 6,4; Nb 13,33). Il est ici le complément d'objet du verbe ראה – qui appartient au vocabulaire

---

L'auteur attribue la totalité du verset 32 à un auteur sacerdotal, et le verset 33 à un récit JE.

2° L'ensemble des versets 32-33 sont attribués à un auteur sacerdotal: cf Noth, Numeri (1966) 95, Fritz, Israel in der Wüste (1970) 20, Mittmann, Deuteronomium (1975) 44 (n. 38), Budd, Numbers (1984) 143.

[107] Autres occurrences dans la Bible hébraïque: Gn 37,2; Jr 20,10; Ez 36,3; Ps 31,4; Pr 10,18; 25,10.

utilisé, en Nb 13, par le récit non-sacerdotal. L'apposition בני ענק מן־הנפלים (Nb 13,33aß) manque dans le texte de la Septante. Doublet de Nb 13,33aα, elle a une fonction harmonisante dans le récit. En effet, en identifiant les géants aux fils d'Anaq (ce qui correspond à une étymologie possible de ce nom de peuple[108], et ce qui reprend les données d'autres textes bibliques – cf. Dt 1,28; 2,10.21; 9,2)[109] elle minimise l'aspect fantastique ou légendaire du texte. Nb 13,33aß est manifestement une addition, qui se rapproche par sa fonction harmonisante et explicative des additions précédentes attribuées à un rédacteur post-deutéronomiste.

L'analyse du vocabulaire montre donc la diversité des éléments composant les versets 32-33. On peut reconnaître de manière certaine dans l'introduction du discours un matériel sacerdotal. De même, l'image d'un pays "qui mange ses habitants" est connue de plusieurs textes sacerdotaux. En revanche, le reste du vocabulaire des deux versets est beaucoup plus inhabituel – le texte s'apparentant à un récit légendaire. Si les versets 32-33 sont, dans leur état actuel, l'oeuvre d'un auteur sacerdotal, celui-ci a sans doute agencé un matériel littéraire plus ancien, peut-être emprunté à la version non-sacerdotale du récit. Nb 13,33aß est une addition rédactionnelle post-deutéronomiste.

3.3.3. *Principaux résultats de l'analyse de Nb 13,25-33*

La critique littéraire distingue en Nb 13,25-33, un récit sacerdotal, un récit non-sacerdotal, et des additions qui sont le fait d'un rédacteur présupposant l'histoire deutéronomiste. Ces dernières seront provisoirement qualifiées d' "additions post-deutéronomistes".

RECIT NON-SACERDOTAL	RECIT SACERDOTAL	ADDITIONS POST-Dtr
	13,25-26	13,26aβ
	(sauf קדשה)	(קדשה)
13,27a		13,27bα
13,27bß-28a.bα		13,28bß.29
13,30-31	13,32a	13,33aß
	(32b.33aα.33b)	

Reliées aux précédentes, ces conclusions permettent de schématiser de la manière suivante l'histoire de la composition du chapitre 13:

---

108 ענק désigne en Hébreu un collier et la même racine signifie en Arabe "cou, long, haut" (cf. Holzinger, Numeri [1903] 55).

109 Dt 2,10: "Les Emites y habitaient auparavant, un peuple grand, nombreux et de haute taille – comme les Anaqites."

RECIT NON-SACERDOTAL	RECIT SACERDOTAL	ADDITIONS SACERDOTALES	ADDITIONS POST-DEUTERONOMISTES
	13,1-2a		
		13,2b	
	13,3a		
		13,3b-17a	
13,17b-20			
	13,21		
13,22aα			13,22aß.b
13,23a			13,23b
			13,24 ?
	13,25-26		13,26aß (קדשה)
	(sauf קדשה)		
13,27a			13,27bα
13,27bß-28a.bα			13,28bß.29
13,30-31	13,32a		
	(13,32b)		13,33aß
	(13,33aα.33b)		

On peut reconstituer les textes respectifs des récits non-sacerdotal et sacerdotal:

Récit non-sacerdotal:
13,17b Il leur dit: "Montez là-bas par le Negev. pour monter la montagne. (18) Vous verrez comment est le pays, et si le peuple qui y habite est fort ou faible, s'il est peu nombreux ou nombreux, (19) si le pays où il habite est bon ou mauvais, si les villes où il habite sont des campements ou des forteresses, (20) si le pays est gras ou maigre, s'il y a du bois ou pas. Montrez vous forts en prenant des fruits du pays" – c'étaient les jours des premiers raisins. (22) Ils montèrent dans le Negev, et il arriva[110] à Hébron.... (23) Ils arrivèrent à la vallée d'Eshkol, et en coupèrent un sarment avec une grappe de raisins. Ils le portèrent à deux sur une perche.... (24) (On appela ce lieu "vallée d'Eshkol", à cause de la grappe que les fils d'Israël y avaient coupée). (27) Ils lui racontèrent et dirent: "Nous sommes allés dans le pays où tu nous as envoyés.....Voici son fruit. (28) Seulement, le peuple qui habite le pays est puissant, et les villes sont fortes et très grandes". (30) Caleb fit taire le peuple devant Moïse. Il dit "Montons donc

---

110 La traduction conserve délibérément la tension entre le pluriel de ויעלו et le singulier de ויבא (cf. infra).

! Car nous en sommes capables". (31) Mais les hommes qui étaient montés avec lui dirent: "Nous ne serons pas capables de monter contre le peuple, car il est plus fort que nous".

Récit sacerdotal:
13,1 YHWH parla à Moïse et dit: (2) "Envoie des hommes pour qu'ils reconnaissent le pays de Canaan que moi, je donne aux fils d'Israël".... (3) Moïse les envoya du désert de Paran, sur l'ordre de YHWH....(21) Ils montèrent et reconnurent le pays depuis le désert de Cin jusqu'à Rehov, à Lebo-Hamat. (25) Ils revinrent de la reconnaissance du pays, au bout de 40 jours. (26) Ils firent route et vinrent vers Moïse, Aaron et toute la communauté des fils d'Israël, dans le désert de Paran... Ils leur rendirent compte – ainsi qu'à toute la communauté – et leur firent voir le fruit du pays. (32) Ils tinrent aux fils d'Israël des propos médisants concernant le pays qu'ils avaient reconnu: "Le pays que nous avons traversé pour le reconnaître est un pays qui mange ses habitants; le peuple que nous y avons vu: ce sont des hommes de haute taille. (33) Et nous avons vu là-bas les géants.... nous étions à nos propres yeux semblables à des sauterelles; et c'est ainsi que nous étions également à leurs yeux."

Le récit non-sacerdotal présente de nombreuses tensions qui manifestent la complexité de sa composition: le singulier du verset 22aα suggère qu'un seul éclaireur ait effectué la reconnaissance du pays ("il arriva à Hébron") et le verset 30 met en valeur le personnage de Caleb. Ainsi, il n'est pas impossible qu'une tradition relative à Caleb en lien avec la ville de Hébron ait formé le noyau de ce qui constitue le récit non-sacerdotal que l'on délimite à partir du texte actuel[111]. L'introduction du récit manque: c'est le récit sacerdotal qui fournit aux deux récits parallèles une introduction commune. Certains auteurs croient trouver en Dt 1,19-23 un texte dont la source serait l'introduction manquante du récit non-sacerdotal[112]: la différence principale avec le récit sacerdotal réside dans le fait que selon Dt 1, l'envoi d'éclaireurs résulte de l'initiative du peuple et non, comme en Nb

---

111 Cette hypothèse est développée en particulier par Noth (cf. Überlieferungsgeschichte [1948] 143-145), Fritz (cf. Israel in der Wüste [1970] 80.84), De Vaux (cf. Installation [1969] 150).
112 Cf. par exemple Baentsch, Exodus, Leviticus, Numeri (1903) 517. Cependant il ne faut pas conclure trop rapidement que le récit du Deutéronome a connu et utilisé le récit non-sacerdotal. Comme le suggère Lohfink (cf. Darstellungkunst [1960] 107), il se peut que l'auteur du Deutéronome ne se réfère pas directement au récit "ancien", mais le présuppose simplement comme "généralement connu". Cette connaissance du texte de la part du lecteur le rend plus attentif aux "écarts" par rapport à l'histoire originale – écarts qui, théologiquement, "font sens" *ibid.* 109).

13, d'un ordre de Yahvé: Dt 1,22: "Vous êtes tous venus vers moi et vous avez dit: "Envoyons des hommes devant nous ! Ils reconnaîtront pour nous le pays. Ils nous feront un rapport sur le chemin où nous devrons monter et sur les villes dans lesquelles nous irons".

Le récit sacerdotal est parallèle au récit non-sacerdotal – dont il emprunte occasionnellement le vocabulaire (cf. Nb 13,21)[113]. Cependant, son style, son contenu et sa théologie le démarquent clairement du précédent. Une comparaison précise sera effectuée au terme de l'analyse du chapitre 14, mais trois remarques peuvent être effectuées dès ce stade de l'analyse:
- Yahvé a, dans le récit sacerdotal, l'initiative de l'action: Moïse n'est qu'un intermédiaire.
- le compte-rendu des éclaireurs ne souligne que les aspects négatifs du pays.
- le style du récit est plus "distancié" par rapport aux événements: les détails concrets sont réduits au minimum – comme l'écrit McEvenue dans son analyse du style de l'auteur sacerdotal en Nb 13-14: "Le caractère légendaire des détails donnés par le récit "JE" est évident. L'auteur sacerdotal ne retient rien de tout cela (...) Pas de mention de recherche de nourriture, pas de grappes géantes (...), pas d'instructions pour une enquête sur les défenses, (...) pas de traces d'une intention de passer à l'attaque"[114].

Des additions rédactionnelles ont été identifiées en de nombreux endroits du récit. Une origine post-deutéronomiste a été parfois évoquée[115]. Le plus souvent, ces additions se greffent sur le récit non-sacerdotal. Cependant, en Nb 13,26aß l'indication קדשה vient compléter le récit sacerdotal: ceci semble indiquer que *les rédacteurs post-deutéronomistes travaillent sur une version tardive du texte*, dans laquelle les deux récits ont déjà fusionné. La fonction des ces additions "post-deutéronomistes" est essentiellement harmonisante: le texte est enrichi de détails issus du Deutéronome et du livre de Josué, détails qui cherchent à gommer les contradictions avec le premier[116], et à "arrimer" le récit aux événements décrits par le second.

L'analyse de Nb 14 va constituer le lieu de vérification des résultats de la critique littéraire de Nb 13. En effet, le texte de Nb 14 doit être considéré comme la suite du chapitre 13 auquel il se rattache explicitement (cf. Nb

---

113 Le récit sacerdotal semble donc avoir connaissance du récit non-sacerdotal. Ce point sera précisé à l'issue de l'analyse du chapitre 14.

114 McEvenue, Narrative Style (1971) 118.

115 Le terme "post-deutéronomiste" qualifie des textes qui présupposent la littérature et l'histoire deutéronomistes.

116 C'est la fonction de la mention de Qadesh en Nb 13,26a.

14,6-9.36-38.39-45). Mais il introduit également des thèmes nouveaux – en particulier celui de la protestation du peuple, rencontré dès le premier verset du chapitre.

CRITIQUE LITTERAIRE DE Nb 14

3.4. *Nb 14,1-10: Opposition du peuple*

3.4.1. *Traduction et critique textuelle*

14,1 Toute la communauté s'emporta[117], et ils donnèrent de la voix. Le peuple pleura[118] cette nuit-là.. (2) Tous les fils d'Israël murmurèrent contre Moïse et Aaron. Toute la communauté leur dit: "Si seulement nous étions morts au pays d'Egypte ! Ou si seulement nous étions morts dans ce désert ! (3) Pourquoi YHWH nous fait-il entrer dans ce pays pour que nous tombions par l'épée ? Nos femmes et nos enfants deviendront un butin. Ne serait-il pas bon pour nous de retourner en Egypte ?" (4) Ils se dirent l'un à l'autre: "Donnons-nous un chef[119] pour retourner en Egypte !"

---

[117] Il est fréquent de traduire ותשא par "ils élevèrent la voix". C'est le choix opéré par la Bible de Jérusalem et par de nombreux auteurs (cf. par exemple De Vaulx, Les Nombres [1972] 170, Levine, Numbers[1993] 359). Cette solution est également adoptée par Koehler et Baumgartner (Hebräisches und Aramäisches Lexikon [1983] 685) qui s'appuient sur plusieurs textes utilisant l'expression נשא קול (cf. Gn 21,16; 27,38; 29,11; Jg 9,7; 21,2; 1 S 11,4; 24,17; 30,4; 2 S 13,36). Elle a pourtant l'inconvénient d'attribuer au verbe נשא un complément – קול – qu'il ne possède pas en Nb 14,1. Holzinger contourne cette objection grammaticale en considérant que קול est le complément d'objet commun des verbes נשא et נתן (cf. Numeri [1903] 57). Cette solution ne peut être davantage retenue. En effet, les propositions ויתנו את קולם et ותשא כל העדה sont coordonnées par la particule ו, mais demeurent indépendantes l'une de l'autre. Noth (cf. Numeri [1966] 88) propose une traduction plus fidèle au texte et à l'idée contenue dans le verbe נשא dépourvu de complément: "Da erhob die ganze Gemeinde, da ließen sie hören ihre Stimme: toute la communauté s'éleva (s'emporta) et ils firent entendre leur voix". La BHS suggère de lire ותרא au lieu de ותשא. Le texte signifierait donc: "Toute la communauté eut peur et ils donnèrent de la voix". La motivation d'une telle suggestion réside sans doute dans la synonymie des deux verbes du verset 1a – le verbe נשא semblant faire double usage. La suggestion de la BHS ne s'appuie cependant sur aucune leçon du texte et demeure une conjecture.

[118] Le verbe בכה est au singulier dans la leçon du Pentateuque samaritain – comme dans la Septante, la version syriaque et la vulgate. עם désigne une pluralité d'individus, ce qui commande sans doute le pluriel du texte massorétique. Une construction identique est utilisée en Ex 14,31; 15,24; 16,30; Jos 6,5; 10,21; 1 S 11,4, etc...

[119] L'expression du texte massorétique – נתן ראש – est rare. La traduction qui est adoptée s'appuie sur Ex 18,25 et Dt 1,15 – textes qui utilisent le même vocabulaire pour décrire la désignation par Moïse de chefs. Il est possible que Nb 14,4 recoure délibérément au vocabulaire d'Ex 18 – repris par Dt 1,15 – pour souligner le désir d'autonomie du peuple et son rejet de Moïse et des institutions qu'il lui a données.

(5) Moïse et Aaron tombèrent face contre terre devant toute l'assemblée[120] de la communauté des fils d'Israël.

(6) Alors Josué fils de Noun et Caleb fils de Yefounné – qui étaient de ceux qui avaient reconnu le pays – déchirèrent leurs vêtements. (7) Ils dirent à toute la communauté des fils d'Israël: "Le pays que nous avons parcouru pour le reconnaître est un très très bon pays. (8) Si YHWH nous est favorable, il nous fera entrer dans ce pays et nous le donnera – un pays qui ruisselle de lait et de miel. (9) Mais ne vous révoltez pas contre YHWH ! Et vous, ne craignez pas le peuple du pays, car ils seront notre nourriture ! Leur ombre s'est éloignée d'eux[121], et YHWH est avec nous. Ne les craignez pas !"

(10) Toute la communauté dit de les lapider avec des pierres; mais la gloire de YHWH apparut au-dessus de la tente[122] de la rencontre à tous les fils d'Israël.

3.4.2. *Analyse littéraire*

Le jeu des personnages et la progression de l'action permettent de distinguer trois scènes successives dans cette section du récit: Nb 14,1-5 où s'exprime l'opposition du peuple à Moïse et à Aaron; Nb 14,6-10a qui correspond à l'intervention de Josué et Caleb; Nb 14,10b enfin, avec l'intervention directe de Yahvé dans le récit.

---

[120] "Assemblée" (קהל dans le texte massorétique) manque dans la version de la Septante (LXX: και επεσεν Μωυσης και Ααρων επι προσωπον εναντιον πασης συναγωγης υιων Ισραηλ) et le Targum du Pseudo-Jonathan. Si la formule "toute la communauté des fils d'Israël" – כל עדת בני ישראל est fréquente dans les récits sacerdotaux du Pentateuque, l'expression de Nb 14,5 est unique dans le texte massorétique. On trouve en Ex 12,6 un parallèle proche כל קהל עדת ישראל – "toute l'assemblée de la communauté d'Israël", que le Pentateuque samaritain complète en כל קהל עדת בני ישראל – leçon qui correspond à la version de la Septante. En Nb 14,5, la leçon de la Septante ne doit pas surprendre: elle traduit en effet קהל et עדה par le même mot συναγωγη. Lorsque les deux mots hébraïques se font suite dans le texte massorétique, on ne trouve dans la Septante que le seul mot συναγωγη (cf. Dorival, La Bible d'Alexandrie, Les Nombres [1994] 317).

[121] La Septante traduit סר צלם מעליהם (leur ombre s'est éloignée d'eux) par αφεστηκεν γαρ ο καιρος. απ'αυτων (leur temps est passé), traduction reprise par la vieille latine (abscessit enim tempus ab eis). La traduction des LXX semble éviter ici des concepts éloignés de la culture hellénistique.

[122] La leçon de la Septante – εν νεφελη επι της σκηνης – (dans la nuée au-dessus de la tente) développe le texte en y introduisant une précision empruntée à d'autres récits de l'Exode ou des Nombres (cf. Ex 16,10; 24,16; 40,34.35; Nb 17,7).

Nb 14,1-5

Nb 14,1a et 1b forment un doublet. Chacune des moitiés du verset exprime le désespoir des Israélites avec un vocabulaire qui lui est propre (נשא et קול, נתן en Nb 14,1a, בכה en Nb 14,1b). La désignation des Israélites comme communauté (עדה) conduit à rattacher Nb 14,1a au récit sacerdotal, tandis que le mot עם relie Nb 14,1b au récit non-sacerdotal. Le récit sacerdotal se poursuit en Nb 14,2a – où sont mentionnés Moïse et Aaron. Le parallélisme avec Nb 14,1a est clair (כל בני ישראל, כל העדה) mais le vocabulaire est différent (verbe לון au lieu de נשא et נתן קול): le désespoir du peuple devient protestation, opposition à Moïse et Aaron.

Le discours de la communauté en Nb 14,2b-3 – construit autour de l'opposition de trois termes géographiques (l'Egypte, "ce désert", "le pays dans lequel Yahvé fait entrer") – est composé de trois éléments distincts tant par le contenu que par le style: deux propositions à l'optatif expriment le désir de mort de la communauté (v. 2b). Elles sont suivies d'une proposition interrogative qui fait apparaître les craintes du peuple concernant son avenir immédiat (v. 3a). Enfin, la délibération de la communauté concernant la décision éventuelle de retourner en Egypte emprunte la forme d'une interrogation négative et conclut le discours (v. 3b) qui se trouve encadré par l'évocation de l'Egypte aux versets 2bβ et 3b.

Le discours du verset 4 possède une introduction indépendante: il ne s'adresse plus à Moïse et Aaron – les Israélites en constituent les destinateurs et les destinataires. Le mode cohortatif du discours est propre au verset 4b, mais son contenu forme avec Nb 14,3b un doublet que deux hypothèses peuvent expliquer:

Nb 14,3b: הלוא טוב לנו שוב מצרימה

Nb 14,4: נתנה ראש ונשובה מצרימה

- *Première hypothèse:* le verset 4 est le prolongement du discours des versets 2b-3 dont l'introduction est sacerdotale: la délibération du v. 3b fait place en Nb 14,4b à une décision.

- *Seconde hypothèse*: le verset 4 appartient à la tradition non-sacerdotale et fait suite, dans cette tradition, au verset 1b. Dans ce cas, la tradition sacerdotale a intégré dans le discours des versets 2b-3 des éléments empruntés au verset 4. Les versets 2-4 eux-mêmes ne fournissent pas d'éléments déterminants pour dirimer la question. Tout au plus peut-on remarquer que le discours du verset 4 possède une introduction indépendante qui s'expliquerait difficilement s'il ne faisait que prolonger le verset 3b. C'est en fait la suite du texte qui fournit les éléments de la réponse: dans le récit sacerdotal comme dans le récit non-sacerdotal, l'attitude des fils d'Israël appelle une sanction de Yahvé (Nb 14,11 ss; Nb

14,26ss). Soustraire Nb 14,4 (où le peuple décide d'être infidèle à Yahvé en retournant en Egypte) au récit non-sacerdotal rendrait la sanction envisagée aux versets 14,11ss difficilement explicable. La solution retenue consiste donc à relier Nb 14,1b.4 au récit non-sacerdotal, tandis que Nb 14,1a.2-3 se rattachent au récit sacerdotal[123].

Les personnages évoqués par Nb 14,5 (Moïse, Aaron, toute l'assemblée de la communauté des fils d'Israël) permettent d'attribuer ce verset au récit sacerdotal.

Analyse du vocabulaire:
- לון על (v. 2): les occurrences du verbe לון (associé à la préposition על) sont les suivantes:
- au Niphal Ex 15,24; 16,2.7; Nb 14,2.36; 16,11; 17,6; Jos 9,18
- au Hiphil: Ex 16,2.7.8; 17,3; Nb 14,27.27.29.36; 16,11; 17,20.

Ce verbe est donc retrouvé dans 7 récits différents du Pentateuque (Ex 15,22-27; Ex 16,1-36; Ex 17,1-7; Nb 13–14; Nb 16,1–17,5; Nb 17,6-15; Nb 17,16-28), dont les trois derniers sont unis par de nombreux liens littéraires. Seuls Ex 15,24 et 17,3 n'appartiennent pas à des textes sacerdotaux. Le murmure contre Moïse a un motif très concret en Ex 15,24, comme dans le récit très voisin d'Ex 17,1-7: le manque d'eau. En Ex 15,24, le murmure du peuple s'exprime en un discours dont le contenu se limite au constat de ce manque: מה־נשתה. Le discours d'Ex 17,3 associe trois thèmes

---

[123] Cette position ne fait pas l'unanimité (la critique littéraire des versets 1-4 aboutit à une extrême diversité de résultats en fonction des auteurs). Elle rejoint celles de Noth (cf. Überlieferungsgeschichte [1948] 34 – Noth corrige légèrement son analyse dans son commentaire du livre des Nombres où il rattache au document yahviste les versets 1aßb.4, cf. Numeri [1966] 95), Coats (cf. Rebellion [1968] 139), Budd (cf. Numbers [1984] 150-151). Certains auteurs concluent – à partir de l'analyse du vocabulaire du verset 3 – à l'appartenance des versets 3-4 à un récit non-sacerdotal (cf. McEvenue, Narrative Style [1971] 90-93, Buis, Qadesh, [1974] 273, Struppe, Herrlichkeit [1988] 151-152). Cette solution a l'inconvénient de scinder en deux parties le discours de Nb 14,2b-3, privant par là-même Nb 14,3 d'introduction.
D'autres études considèrent en outre les versets 1aα et 1aß comme un doublet et ne rattachent au récit sacerdotal que Nb 14,1aα.2 (cf. Bacon, Triple Tradition [1894] 181, Baentsch, Exodus, Leviticus, Numeri [1903] 523-524, Gray, Numbers [1903] 152, Holzinger, Numeri [1903] xii, Mittmann, Deuteronomium [1975] 47-48, Schmidt, Studien zur Priesterschrift [1993] 85). Cependant, dans cette dernière hypothèse, on ne comprend pas pourquoi les verbes ויתנו et ויבכו – dont עם serait le sujet commun – se trouveraient séparés par un accent disjonctif. La syntaxe du verset invite plutôt à admettre que le sujet commun des verbes נתן (Nb 14,1aß) et נשא est le substantif העדה – la communauté. Les deux propositions qui constituent le v. 1a sont donc solidaires et appartiennent à une même trame narrative.
Schart (Mose und Israel [1990] 87) attribue l'ensemble des versets 1-4 (sauf 1b où il reconnaît un doublet de 1a) à un auteur sacerdotal. Enfin, Levine attribue l'ensemble du texte dans son état actuel à un auteur sacerdotal ayant intégré dans son récit quelques éléments "JE" préexistant en 1b.2-4 (cf. Numbers 1-20 [1993] p 362).

qui constituent autant de reproches adressés à Moïse: "Pourquoi nous as-tu fait *monter d'Egypte* ? Pour me *faire mourir* de *soif,* moi, mon fils et mes troupeaux ?".

En Nb 14,2, לון introduit un discours où les fils d'Israël expriment leur refus du projet de Yahvé. לון ne désigne plus seulement une protestation légitime engendrée par la soif[124], mais l'infidélité d'Israël. La communauté ne demande plus que l'on pourvoie à ses besoins élémentaires pour poursuivre la route. Elle se dresse contre Yahvé et ses représentants: Moïse et Aaron. De même que le verbe תור revêt en Nb 13 une portée théologique qui vient s'ajouter à sa signification concrète, de même on observe entre Ex 15,24 et Nb 14,2 un "glissement" dans la signification du verbe לון, qui prend également une portée théologique en manifestant le manque de confiance des Israélites envers Yahvé.

- לו מתנו: le thème de la mort est retrouvé dans plusieurs discours exprimant l'opposition des Israélites à Yahvé et à ses porte-parole: ou bien les Israélites prêtent à Moïse et Aaron l'intention de les faire mourir (cf Ex 17,3; Nb 21,5), ou bien – comme c'est le cas en Nb 14 et en Ex 16,3 – ils disent préférer la mort à leur condition présente: la sortie d'Egypte n'est pas vécue comme un événement salutaire mais comme le contraire même du salut.

- לנפל בחרב נשינו וטפנו יהיו לבז: les deux expressions "guerrières" qui se situent au verset 3 ont en commun d'être utilisées avec une fréquence particulière par le livre d'Ezéchiel[125]. Ce n'est pas le cas du sujet auquel se rapporte le prédicat בז - l'association des substantifs אשה et טף ("femmes et enfants"), retrouvée avec une fréquence particulière dans le Deutéronome[126]. Les élements composant le v. 3 sont donc très divers. L'introduction du discours en Nb 14,2a indique qu'ils ont été rassemblés par un auteur sacerdotal. En Nb 14,30-31, la version sacerdotale de l'exposé de la sentence qui touche les fils d'Israël se réfère directement à

---

[124] Zenger (cf. Israel am Sinai [²1985] 69-71) souligne la différence de signification du verbe לון en Ex 15,24; 17,3 d'une part, et en Nb 14; 16-17 d'autre part. Pour l'auteur, dans le premier cas, לון ne revêt aucun sens péjoratif: le verbe exprime simplement le cri du peuple en danger de mort. En revanche, en Nb 14,2, aucune situation d'urgence n'explique le comportement du peuple – dont la plainte est immotivée.

[125] L'expression נפל בחרב (tomber par l'épée) est retrouvée dans les textes suivants: 2 S 1,12; 3,29; 2 R 19,7; Is 3,25; 13,15; 31,8; 37,7; Jr 19,7; 39,18; Ez 5,12; 6,11.12; 11,10; 17,21; 23,25; 24,21; 25,13; 30,5.17; 32,22.23.24; 33,27; 39,23; Os 7,16; 14,1; Lm 2,21; Ps 78,64; 2 C 29,9; 32,21 tandis que la formule היה לבז (être, devenir un butin) est utilisée en Dt 1,39; 2 R 21,14; Is 42,22; Jr 2,14; 49,32; Ez 26,5; 34,22; 36,4. Si l'on en considère que le substantif בז – quel que soit le verbe auquel il est associé, 12 des 27 occurrences de ce terme dans la Bible hébraïque se situent dans le livre d'Ezechiel.

[126] (Nb 16,27; 32,26; Dt 2,34; 3,6; 29,10; 31,12; Jos 8,35; Jg 21,10; Jr 40,7; 41,16; Est 8,11; 2 C 20,13)

Nb 14,3 en empruntant un vocabulaire identique. De même que pour Nb 14,3, l'attribution de ce verset à un auteur sacerdotal est très controversée[127].

ויפל משה ואהרן על פניהם - : la formule נפל על פנים est utilisée 21 fois dans la Bible hébraïque – dont 8 fois dans le Pentateuque[128]. Dans la plupart des cas, elle désigne une attitude de crainte, de révérence ou de supplication face à un personnage redoutable – le prophète Elie (1 R 18,7), le roi David (2 S 9,6), mais le plus souvent Yahvé lui-même.

Les expressions נפל על פנים et כבוד יהוה (la gloire de Yahvé) sont liées en Lv 9,24; Nb 16,22; 20,6; Ez 1,28; 3,23. Dans tous ces textes, la manifestation de la gloire de Yahvé est directement précédée ou suivie du geste de crainte et/ou de révérence de celui ou de ceux qui y assistent. Cependant, la signification de נפל על פנים est plus difficile à préciser en Nb 14,5 car d'une part le texte mentionne que Moïse et Aaron tombent face contre terre *devant les fils d'Israël*, et d'autre part la gloire de Yahvé n'intervient dans le récit qu'en Nb 14,10b. Ce double constat conduit De Vaulx[129] à comprendre le geste de Moïse et d'Aaron comme une supplication devant le peuple qui veut attenter à leur vie, mais rien dans la suite du texte ne vient confirmer cette hypothèse – ni davantage celle de Coats qui discerne dans l'attitude de Moïse et d'Aaron leur volonté de demeurer en dehors du conflit qui survient entre la communauté et Yahvé[130]. La solution la plus acceptable consiste à relier le verset 5 au verset 10b: en se jetant face contre terre, Moïse et Aaron expriment la persistance de leur foi en Yahvé face au peuple qui l'a rejeté. Ils attendent et espèrent sa manifestation[131]. Leur geste comporte peut-être également, comme en Nb 16,22, une dimension d'intercession en faveur du peuple qui vient de désobéir gravement (c'est l'interprétation que retient Budd[132]).

כל קהל עדת בני ישראל - (v. 5): le caractère exceptionnel de cette formule a été noté précédemment dans le cadre de la critique textuelle du verset. Le mot קהל (assemblée cultuelle) est retrouvé assez fréquemment en Nb 13–20 (cf. Nb 15,15; 16,3.33; 17,12; 19,20; 20,4.6.10.12) pour désigner les fils d'Israël. Il ne revêt pas toujours dans ces différents textes la connotation

---

127 Cf. l'analyse des vv. 30-31, § 3.6.2.
128 (Gn 17,3.17; Lv. 9,24; Nb 14,5; 16,4.22; 17,10; 20,6; Jos 7,6.10; Jg 13,20; 1 S 17,49; 2 S 9,6; 1 R 18,7.39; Ez 1,28; 3,23; 9,8; 11,13; Da 8,17; 1 Ch 21,16).
129 Cf. De Vaulx, les Nombres (1972) 175.
130 Cf. Coats, Rebellion (1968) 173.
131 Cette interprétation de Nb 14,5 est développée par Struppe, cf. Herrlichkeit (1988) 176-178.
132 Cf. Budd, Numbers (1984)156.

liturgique qui lui est propre[133] et est parfois utilisé comme un simple équivalent de עדה (comme en Nb 20,4.6.10). C'est ainsi qu'il faut le comprendre également en Nb 14,5.

Nb 14,6-10a

Certains traits du vocabulaire (כל קהל עדת בני ישׂראל תור) invitent à attribuer les versets 6 et 7 à un auteur sacerdotal. Cependant, leur syntaxe se démarque de celle du récit sacerdotal. En effet, de Nb 13,1 à 14,5 le récit sacerdotal décrit chaque nouvelle action (prise de parole, mouvement, etc..) à l'aide d'un verbe au wayyiqtol qui ouvre une nouvelle proposition (cf. Nb 13,1.3a.17a.21. 25.26a.32; 14,1a.2.5). Nb 14,6 déroge doublement à cette règle puisque d'une part les sujets du verbe (Josué et Caleb) sont placés en tête du verset, et que d'autre part le verbe qui leur correspond est à l'accompli. Il y a donc une rupture dans le style du récit[134]. Par ailleurs, les versets 6-10a ne sont pas indispensables à la progression de l'action ni à la compréhension du récit, puisque le verset 10b constitue la suite attendue du verset 5. La fonction de Nb 14,6-10a réside essentiellement dans la mise en valeur du personnage de Josué qui, en opposition avec Nb 13,30, prend le pas sur Caleb. Il existe donc des arguments grammaticaux, stylistiques, narratifs qui invitent à considérer Nb 14,6-10a comme une addition, ce qui expliquerait la distance qui sépare le geste de Moïse et Aaron (qui tombent face contre terre – Nb 14,5) et la manifestation de la gloire de Yahvé (Nb 14,10b). L'analyse du contenu des versets 6-10a va permettre d'infirmer ou de confirmer cette hypothèse, et dans ce dernier cas de préciser la fonction et l'origine de cette addition.

Analyse du contenu de Nb 14,6-10a

- קרעו בגדיהם: cette expression du v. 6 est rencontrée avec une certaine fréquence dans les livres des Rois[135]. Déchirer ses vêtements est une manifestation publique de désespoir, de deuil ou de repentir.
- *L'introduction du discours de Josué et Caleb*, en Nb 14,7a comporte des éléments manifestement sacerdotaux ("Ils dirent à toute la communauté des

---

133 Cf. Jos 8,35 (où קהל désigne l'assemblée liturgique qui écoute la proclamation de la Loi par Josué sur le mont Ebal) et Ne 8,2.17 (où l'assemblée écoute la loi proclamée par Esdras).

134 Cet argument n'est pas absolu puisque les mêmes caractéristiques sont retrouvées en Nb 14,10b pourtant relié au récit sacerdotal. Struppe (cf. Herrlichkeit [1988] 161) s'appuie sur les deux "qatal" de Nb 14,6 et Nb 14,10b – pour délimiter Nb 14,6-10a comme une unité littéraire indépendante du récit interrompu en Nb 14,5.

135 Occurrences: Gn 37,29; Nb 14,6; Jg 11,35; 2 S 3,31; 1 R 21,27; 2 R 5,7.8; 6,30; 11,14; 19,1; 22,11.19; Is 37,1; Jl 2,13; Est 4,1; 2 C 23,13; 34,19.27.

fils d'Israël"). Il en va de même du verset 14,7b ("Le pays que nous avons parcouru pour le reconnaître (תור) est un très très bon pays" (הארץ מאד מאד טובה[136]).

- אם־חפץ בנו יהוה: "Si YHWH nous est favorable". Le verbe חפץ a rarement pour sujet Yahvé. Une telle association n'est retrouvée qu'en Jg 13,23; 1 S 2,25; Is 42,21; 53,10; 62,4.

- והביא אתנו אל־הארץ: cette expression, qui associe le verbe בוא au hiphil et le complément אל־ארץ, et qui a Yahvé pour sujet, est retrouvée avec une certaine fréquence dans les couches les plus récentes du Deutéronome. Elle est également utilisée dans la relecture de l'histoire d'Israël du chapitre 20 du livre d'Ezechiel[137] et n'est donc pas incompatible avec une origine sacerdotale.

En revanche, l'apposition ארץ אשר הוא זבת חלב ודבש de Nb 14,8b évoque une addition post-deutéronomiste – de même qu'en Nb 13,27b[138].

- ביהוה אל־תמרדו: (v. 9) C'est dans des textes tardifs, relevant souvent de milieux sacerdotaux que מרד désigne une rébellion contre Yahvé (cf Jos 22,16.18.19.29[139]; Ez 2,3; 20,38; Dn 9,5.9; Ne 9,26). Nb 14,9 est la seule occurrence où, dans le Pentateuque, מרד revête cette signification.

- כי לחמנו הם ("car ils seront notre nourriture"): cette image évoque celles utilisées en Nb 13,32-33. On peut en rapprocher Dt 7,16 ("Tu mangeras tous les peuples que YHWH ton Dieu te donnera"); Jr 8,16 ("Ils sont venus pour manger la terre et sa plénitude, la ville et ceux qui y habitent"); Jr 10,25 ("Car on mange Jacob, on le mange, on l'achève"); Jr 30,16 ("Tous ceux qui te dévorent seront dévorés"); Mi 3,3 ("Ceux qui mangent la chair de mon peuple") et surtout Ps 14,4 ("Ne savent-ils pas, tous ceux qui font le mal. Mangeant mon peuple, ils mangent leur nourriture" – לחם). Ces images ont une connotation souvent guerrière. Leur vocabulaire diffère cependant de Nb 14,9, puisqu'elles empruntent le verbe אכל. Comme le remarque Levine, l'usage de לחם, dans l'acception que prend ce terme en Nb 14,9 est unique en hébreu biblique[140].

---

[136] La même formulation est utilisée pour exprimer le superlatif absolu en Gn 7,19; 17,2.6.20; 30,43.

[137] Occurrences de associant le verbe בוא au hiphil (ayant Yahvé pour sujet) au complément אל־ארץ: Ex 13,5.11; Nb 14,3.8.24; Dt 6,10; 7,1; 8,7; 9,28; 11,29; 30,5; 31,20.21.23; Jg 2,1; Jr 2,7; Ez 20,28.

[138] L'analyse de l'expression ארץ זבת חלב ודבש est détaillée dans le commentaire de Nb 13,27b.

[139] Dans une étude portant sur Jos 22,9-34, Kloppenborg démontre l'intervention d'un auteur sacerdotal sur une tradition préexilique. מרד fait partie des éléments que l'auteur attribue à la relecture sacerdotale du récit.(cf. Kloppenborg, Joshua 22 [1981] 347-371).

[140] Cf. Levine, Numbers 1-20 (1993) 364.

סר צלם מעליהם - : l'ombre représente sans doute ici la protection qu'apporte à un peuple une divinité[141]: tandis que les ennemis ne peuvent compter sur la protection de leurs dieux qui s'est retirée d'eux, Yahvé est aux côtés d'Israël. צל est utilisé ici dans un sens figuratif – comme en Ps 91,1; 121,5; Is 30,2.3; 49,2, tandis que le verbe סור construit avec מעל a la même signification qu'en Jg 16,20 et 1 S 28,15, où il désigne le retrait de la protection de la divinité (Yahvé) dont bénéficiaient respectivement Samson et Saül.

Les expressions כי לחמנו הם et סר צלם מעליהם sont encadrées par la formule אל-תיראו (ne craignez pas: Nb 14,9aß et 14,9bß) – dont Desrousseaux[142] relève 74 occurrences et distingue deux types d'usages dans la Bible hébraïque:

1° Les oracles de salut, où elle semble ancienne.

2° Les "contextes de guerre sainte" où elle est retrouvée dans la bouche de Dieu ou de ses envoyés dans des textes en général plus tardifs (telles les couches les plus récentes du Deutéronome).

En Nb 14,9 cependant, l'expression – qui constitue une invitation à "bannir toute crainte des hommes, toute angoisse devant la situation présente pour s'en remettre à Yahvé tout proche, dans une confiance totale[143]" – semble relativement" ancienne à l'auteur qui l'attribue au document J[144].

ויאמרו כל-העדה לרגום אתם באבנים - : "Toute la communauté dit de les lapider avec des pierres": le verset 14,10 a est ambigu. Le pronom אתם désigne-t-il Josué et Caleb, ou bien Moïse et Aaron ? Le texte proprement dit ne permet pas de trancher formellement. Seul, le contexte narratif invite à rattacher Nb 14,10a à Nb 14,6-9. En outre, il n'existe aucun récit du Pentateuque dans lequel Moïse soit menacé de lapidation.

Critique littéraire de Nb 14,6-10a: tentative de solution

Les versets 6-10a associent:

1° *Une introduction narrative* (v. 6) qui vient interrompre le récit sacerdotal et qui pourrait être une addition post-deutéronomiste dont la perspective serait d'harmoniser le texte du Pentateuque et celui du livre de Josué en valorisant le rôle du personnage de Josué.

2° *L'introduction d'un discours* (v. 7a) qui peut être attribuée à un auteur sacerdotal.

---

[141] Cf.Gray, Numbers (1903) 153-154.
[142] Cf. Desrousseaux, Crainte de Dieu (1970) 90-97.
[143] *Ibid.* 97.
[144] *Ibid.* 119, n.35.

3° *La première partie du discours* (vv. 7b-8), construite autour de la répétition du mot אֶרֶץ (vv.7bα,7bß,8a,8b), et qui peut être attribuée à un auteur sacerdotal, hormis Nb 14,8bß qui est une addition post-deutéronomiste.

4° *La seconde partie du discours,* introduite par une formule qui relève sans doute d'un auteur sacerdotal, mais qui rassemble des éléments manifestement plus anciens.

5° Nb 14,10a – texte de facture sacerdotale.

Les solutions très diverses adoptées par les auteurs pour rendre compte de la composition de Nb 14,6-10a sont le reflet de la complexité de ce texte[145]. En fonction de l'analyse précédente, deux hypothèses peuvent être proposées:

1° *Ou bien, 3 étapes peuvent être distinguées dans la composition du texte:*

-1ère étape: des éléments anciens reconnus au verset 9.

-2ème étape: l'intégration de ces élements dans un texte de facture sacerdotale.

-3ème étape: remaniement de ce texte sacerdotal par un rédacteur post-deutéronomiste, accordant au personnage de Josué une place privilégiée, et donnant aux versets 6-10a leur forme actuelle et peut-être également leur place dans le récit sacerdotal – dont ils interrompent manifestement le cours.

2° *Ou bien, l'ensemble du texte est une composition post-deutéronomiste* empruntant des éléments tant au récit non-sacerdotal (par exemple l'adjectif טוֹב) qu'au récit sacerdotal. Cette seconde hypothèse, retenue par

---

[145] Les conclusions des différents auteurs se répartissent schématiquement en trois grands groupes:

1° les versets 5-10 sont globalement attribués à un auteur sacerdotal, même si l'originalité de certaines expressions est reconnue: cf. Bacon (Triple Tradition [1894] 181), Noth (Numeri [1966] 96), Coats (Rebellion [1968] 139), Budd (Numbers [1984] 152.

2° Les versets 6 et 7 sont attribués à un auteur sacerdotal, tandis que des solutions diversifiées sont retenues pour les vv. 8-9: attribution au document J ou JE (cf. Gray, Numbers [1903] 153-154, Holzinger, Numeri [1903] xiv, Eißfeldt, Hexateuch Synopse [1922] 169-170, De Vaulx, Les Nombres [1972] 167.174, Levine, Numbers 1-20 [1993] 363-364); addition tardive (Schmidt rattache les vv. 6-7 au récit sacerdotal, mais considère les vv. 8.9aα1 comme un supplément tardif. Les vv. 9aα2.ß.b.10 appartiendraient également, selon cet auteur, au récit sacerdotal – cf. Studien zur Priesterschrift [1993] 91).

3° D'autres auteurs enfin proposent plusieurs solutions sans choisir fermement l'une d'entre elles (ainsi Baentsch attribue les versets 6-7 à P, le verset 9 b à J, mais est hésitant sur l'appartenance de Nb 14,8b.9aa, cf. Exodus, Leviticus, Numeri [1903] 524-525). McEvenue (cf. Narrative Style [1971] 90-144) ne tranche pas la question de l'origine des vv. 8-9.

Mittmann[146], évite de postuler l'existence d'un texte ancien dont les fragments supposés ne parviennent pas à former une trame narrative cohérente.

Quelle que soit la solution adoptée, *elle démontre qu'un rédacteur post-deutéronomiste imprime sa marque aux chapitres 13-14, en remaniant le texte sacerdotal qui le précède.*

Nb 14,10b

Le récit sacerdotal se poursuit en Nb 14,10b. כְּבוֹד־יְהוָה - la gloire de Yahvé désigne, dans les textes sacerdotaux du Pentateuque, la présence visible de Yahvé et son intervention directe dans la vie de la communauté des fils d'Israël[147].

3.4.3. *Conclusions de l'analyse de Nb 14,1-10*

Nb 14,1-10 constitue une charnière dans le récit de Nb 13-14: si les versets 1-4 présupposent le chapitre 13 et si les versets 6-10a s'y réfèrent explicitement, ce sont les thèmes nouveaux introduits en Nb 14,1-4 qui prédominent dans la suite du chapitre 14. Tant dans le récit non-sacerdotal que dans le récit sacerdotal, l'infidélité dont se rendent coupables les Israélites à l'égard de Yahvé – infidélité que manifeste leur désir de retourner en Egypte – va entraîner l'annulation du don du pays.

La répartition du texte entre les récits non-sacerdotal et sacerdotal, ainsi que les additions ultérieures peuvent être schématisées de la manière suivante:

RECIT NON-SACERDOTAL	RECIT SACERDOTAL	ADDITIONS POST-DEUTERONOMISTES.
	14,1a	
14,1b	14,2-3	
14,4	14,5	14,6-10a
	14,10b	

---

146 "L'intervention de Caleb et Josué n'est à sa place dans aucun des deux récits qui forment Nb 13-14. Leur objection vient beaucoup trop tard. Le texte est un complément tardif comme le manifeste le fait qu'il emprunte des formules dans chacune des deux sources" (Mittmann, Deuteronomium [1975] 48).

147 Occurrences de l'expression כבוד-יהוה associée au verbe ראה ou aux substantifs de même racine: Ex 16,7.10; 24,17; 33,18; Lv. 9,6.23; Nb 14,10; 16,19; 17,7; 20,6; Is 35,2; Ez 1,28; 3,23.

3.5. Nb 14,11-25: menaces de Yahvé, intercession de Moïse, sanction contre le peuple

3.5.1. Traduction et critique textuelle

14,11 YHWH dit à Moïse: "Jusqu'à quand ce peuple me méprisera-t-il ? Et jusqu'à quand ne croira-t-il pas en moi, en tous les signes que j'ai faits au milieu de lui ? (12) Je le frapperai de la peste et le déposséderai; mais de toi[148] je ferai une nation plus grande et plus puissante que lui".
(13) Moïse dit à YHWH: "Les Egyptiens ont appris[149] que, par ta puissance, tu as fait monter ce peuple d'au milieu d'eux. (14) Ils l'ont dit à l'habitant de ce pays[150]; ils ont appris que toi, YHWH, tu es au milieu de ce peuple, que toi YHWH tu apparais oeil dans oeil et que ta nuée se tient au-dessus d'eux, que toi tu marches devant eux le jour dans une colonne de nuée, et la nuit dans une colonne de feu. (15) Et tu ferais mourir ce peuple comme un seul homme ! Alors, les nations qui ont appris ta réputation diront: (16) "C'est parce que YHWH n'est pas capable de faire entrer ce peuple dans le pays qu'il leur a promis, qu'il les a tués[151] dans le désert". (17) Et maintenant, que grandisse la puissance de mon Seigneur. Puisque tu as parlé en disant: (18) "YHWH est lent à la colère et grand en amour, portant la faute et la transgression; mais il ne laisse rien impuni, vengeant la faute des pères sur les fils sur trois et sur quatre générations." (19) Pardonne-donc la faute de ce peuple selon la grandeur de ton amour, et comme tu as porté ce peuple depuis l'Egypte jusqu'ici."

---

[148] Le Pentateuque samaritain et la Septante ajoutent: ואת בית אביך / και τον οικον του πατρος σου ("et de la maison de ton père").

[149] Le texte du v. 13 est difficile: l'argumentation de Moïse devient peu intelligible si l'on traduit le weqatalti ושמעו par un futur: la sortie d'Egypte est en effet un événement passé et connu des Egyptiens ! La solution de Budd respecte le temps des verbes, mais force le texte en faisant de Nb 14,13b une proposition conditionnelle et en modifiant la délimitation des phrases. L'auteur est d'ailleurs obligé de postuler que le texte massorétique est corrompu: "If the Egyptians hear of it, for you did bring up this people in your might from among them, then they will tell the inhabitants of this land..." (Numbers [1984] 148-150). La version de la Septante traduit ושמעו par un futur, mais modifie le début du verset 14 en le simplifiant – ואמרו אל (Nb 14,14aα) n'est pas traduit: Και ακουσεται Αιγυπτος οτι ανηγαγες εν ισχυι σου τον λαον τουτον εξ αυτων, αλλα και παντες οι κατοικουντες επι της γης ταυτης ακηκοασιν οτι συ ει κυριος εν τω λαω τουτω. La solution de Gray – qui attribue aux verbes ושמעו et ואמרו un sens passé – peut également être contestée sur le plan grammatical. Elle respecte cependant la dynamique du texte et donne sens à l'argumentation développée. C'est la solution qui est ici retenue (cf. Gray, Numbers [1903] 156-157).

[150] Les leçons du texte syriaque, de la Vulgate, du Targum du Pseudo-Jonathan insèrent ici un pronom relatif qui n'est pas nécessaire pour que le texte ait un sens.

[151] La leçon de la Septante (κατεστρωσεν αυτους) suppose la confusion de וישׁחטם et de וישׁטחם – dont le sens est d'ailleurs voisin.

(20) YHWH répondit: "Je pardonne, conformément à ta parole. (21) Mais, par ma vie[152] – et la gloire de YHWH remplit toute la terre - (22) je jure[153] que tous les hommes qui ont vu ma gloire et les signes que j'ai faits en Egypte et dans le désert – et ils m'ont éprouvé déjà dix fois, et ils n'ont pas écouté ma voix – (23) jamais ils ne verront le pays que j'ai promis à leurs pères[154]. Tous ceux qui m'ont méprisé ne le verront pas.

(24) Mais mon serviteur Caleb, parce qu'un autre esprit est avec lui et qu'il m'a été fidèle, je le ferai entrer dans le pays où il est allé, et sa descendance le possédera. (25) Les Amalécites et les Cananéens habitent la plaine – Demain, tournez -vous et mettez – vous en route vers le désert – direction de la mer de Souph !"

3.5.2. Analyse littéraire

La critique littéraire de Nb 14,11-25 a abouti à des résultats extrêmement contradictoires. Les principales solutions retenues au cours de l'histoire de la recherche seront exposées avant que soit entreprise l'analyse proprement dite du texte.

Principales hypothèses concernant la composition du texte

On peut distinguer schématiquement:
1° *Une hypothèse considérant Nb 14,11-25 comme la suite du récit ancien non-sacerdotal*[155].
2° *Une hypothèse distinguant deux phases de composition en Nb 14,11-25*: la comparaison de Nb 13–14 avec Dt 1,19-45 permet de constater l'absence d'intercession de Moïse dans ce dernier texte. Ainsi, Dt 1,19-45 serait le

---

[152] La Septante ajoute και ζων το ονομα μου (et mon nom étant vivant) à la formule du serment. Cette addition fait peut-être allusion à Nb 14,15 où la Septante traduit שְׁמֲעֲךָ par ονομα.

[153] כִּי appartient à la formule de serment qui débute au verset 21 par חַי-אָנִי.

[154] Le Pentateuque samaritain ajoute לתת להם (de leur donner).
Les LXX introduisent ici quelques mots empruntés au texte parallèle de Dt 1,39: αλλ' η τα τεκνα αυτων, α εστιν μετ'εμου ωδε, οσοι ουκ οιδασιν αγαθον ουδε κακον, πας νεωτερος απειρος, τουτοις δωσω την γην. Cette leçon harmonise Nb 14,23 avec Nb 14,31.

[155] Si, pour Wellhausen, les versets 11-25 sont un "développement jehoviste" construit autour d'un noyau yahviste très limité (cf. Composition des Hexateuchs [³1899] 102), Gray considère en revanche l'ensemble des versets 11-24 comme la suite du récit ancien "JE" auquel il attribue par ailleurs Nb 14,1b.3-4.8-9 (cf. Numbers [1903] 131-132). Eißfeldt (cf. Hexateuch Synopse [1922] 170-171) hésite à attribuer les versets 11-23.25a à un document yahviste, tandis que Nb 14,24.25b sont rattachés à un document élohiste. Plus récemment De Vaulx (cf. Les Nombres [1972] 167) relie les versets 11-25 à un document yahviste, tandis que Levine considère les versets 11-24 comme relevant d'un document JE (cf. Numbers 1-20 [1993] 364).

reflet d'un récit ancien selon lequel l'infidélité du peuple (Dt 1,32) conduit Yahvé à annuler sa promesse. Seul Caleb est épargné (cf Dt 1,35-36). Secondairement, une intercession de Moïse aurait été intégrée à ce récit – intercession dont la délimitation est loin de faire l'unanimité chez les auteurs qui adoptent cette solution[156]. Cependant, l'hypothèse qui attribue au récit ancien les versets 11a.23b-24, et à une addition Nb 14,11b-23a obtient l'adhésion d'un nombre important d'auteurs[157]. Elle se fonde sur deux arguments principaux:
- le lien établi entre Nb 14,11a et 23b à l'aide du mot-crochet יאן.
- le parallélisme existant entre Nb 14,11a et 11b d'une part, entre Nb 14,22-23a et 23b d'autre part.

3° *Une hypothèse considérant l'ensemble des versets 11-25 comme une addition:* Aurelius[158] refuse l'idée qu'il faille scinder les discours de Yahvé de Nb 14,11-12 et 20-25 en couches d'ancienneté différente. En effet, l'auteur ne distingue aucune césure dans le texte: "Le discours de Yahvé aux vv. 11ss, conduit sans rupture à l'intercession de Moïse (vv. 13-19), de même que les vv. 20-25 (à l'exception du verset 25a et peut-être aussi de 23b) sont d'un seul tenant (...). Que Caleb soit exempt de la punition (v. 24) présuppose l'annonce de la sanction (v. 23a). Le serment du v. 23a présuppose la formule de serment du v. 21a – dont l'introduction correspond davantage à la suite du pardon (v. 20) qu'à celle de la plainte (v. 11)"[159]. Cette opinion est partagée par Blum[160] qui – hormis quelques compléments très limités (25a et peut être 14a) – considère les versets 11-25 comme un ensemble très cohérent.

Hypothèses concernant la datation du texte

L'antériorité de Nb 14,11-25 par rapport au récit de Dt 1 – communément admise – a été récemment remise en question: l'absence d'intercession de Moïse dans le récit de Dt 1 conduit en effet Aurelius[161] à considérer Nb 14,11-25 comme un texte plus tardif: selon Aurelius, l'auteur de Dt 1 n'a aucun motif de passer sous silence un élément majeur du récit de Nb 13–14, s'il en a connaissance. Aurelius constate en outre que le récit du

---

156 Vv. 11-24 pour Simpson (cf. Early Traditions [1948] 233) et Bernini (cf. Numeri [1972] 143); vv. 12-20 pour Holzinger (cf. Numeri [1903] 53); vv. 11-20 pour Lohfink, (cf. Darstellungskunst [1960] 117); vv. 12-21 pour Fritz (cf. Israel in der Wüste [1970] 23).

157 Cf. Noth (cf. Numeri [1966] 96-97), Coats (cf. Rebellion [1968] 138ss), McEvenue (cf. Narrative Style [1971] 97)

158 cf. Aurelius, Fürbitter (1988) 130-141.

159 *Ibid.* 132.

160 Cf. Blum, Komposition (1990) 133-135.

161 Cf. Aurelius, *op. cit.* (n. 158) 132.

Deutéronome tait bien d'autres éléments de Nb 14,11-25 (pardon de Yahvé, plainte de Yahvé (v. 11), formule de serment (v. 21), désobéissance depuis l'Egypte (v. 22).

La solution proposée par Lohfink dans une étude de Dt 1,6–3,29[162] diffère radicalement de celle d'Aurelius: selon Lohfink, le récit de Dt 1 est postérieur à Nb 14,11-25, dont il utilise le matériel littéraire en l'agençant différemment[163]. La disparition de l'intercession en tant que telle serait liée à l'intention de l'auteur de Dt 1,19-46 d'utiliser le récit de Nb 13–14 pour le mettre au service d'une perspective théologique qui lui est propre: les allusions à Nb 13–14 que Lohfink discerne en Dt 1,19-46 le conduisent en effet à conclure que ce texte est délibérément construit en référence et en opposition au récit de la sortie d'Egypte et constitue ainsi un paradigme du manque de foi d'Israël, paradigme qui donne la clef de lecture du Deutéronome et de toute l'histoire Deutéronomiste qu'il inaugure.

Blum, sans entrer dans le détail de l'analyse des relations très complexes entre Dt 1 et Nb 14,11-25 estime très improbable l'antériorité de Nb 14,11-25 – que présupposait Lohfink. En effet, tandis que Dt 1,37 insiste sur la colère de Yahvé contre Moïse[164], Nb 14,11-25 valorise au contraire le personnage de Moïse – à partir duquel Yahvé a le projet de constituer une nouvelle "nation" (cf Nb 14,12)[165]. Cette mise au premier plan de la figure de Moïse correspond, selon Blum, à la tendance de textes tardifs – tel Dt 34,10.

Le bref exposé de ces différentes analyses manifeste la difficulté de parvenir à un résultat incontestable. Cependant, si les conclusions diffèrent, les paramètres pris en compte pour parvenir à une solution sont communs aux différents auteurs et peuvent être résumés en 6 points.

---

162 Cf. Lohfink, Darstellungkunst (1960) 105-134.
163 Lohfink retrouve une série de correspondances entre Dt 1,19-46 et Nb 14,11-25: Dt 1,32 et Nb 14,11; Dt 1,33 et Nb 14,14; Dt 1,35 et Nb 14,23. L'hypothèse de Lohfink rejoint celle, plus générale, avancée par Brekelmans. Selon cet auteur, le livre du Deutéronome utilise, en fonction de ses propres perspectives, un matériel littéraire qu'il emprunte au Tétrateuque – particulièrement aux textes de Gn-Nb dans lesquels la critique reconnaît une empreinte "deutéronomiste": "bestimmte texte mit sogennantem deuteronomischen Gepräge (...) eine Vorstufe zum voll-entwickelten Stil des Deuteronomiums sein können" (Brekelmans, Sogenannten deuteronomischen Elemente [1966] 92).
164 Dt 1,37: "Même contre moi, YHWH s'est mis en colère... "
165 Cf. Blum, Komposition (1990) 179-180. L'auteur reprend ici un argument exposé brièvement par Rose (cf. Deuteronomist und Yahwist [1981] 289): "Wäre diese Formulierung vom "Zürnen Jahwes" auf Mose möglich gewesen, wenn dem Verfasser schon der Gedanke von Num 14,12 vorgelegen hätte, daß Jahwe mit Mose eine neue Volks – und Heilsgeschichte beginnen lassen will ?"

Paramètres pris en compte pour parvenir à une solution

1° La structure des deux discours de Yahvé

- Trois éléments composent le premier discours (Nb 14,11-12): *deux plaintes de Yahvé* contre le peuple (14,11aß.11b) et un *projet de sanction* (Nb 14,12). Les deux plaintes du v. 11 sont exposées dans deux propositions parallèles introduites par עד-אנה (jusqu'à quand ?):

עד אנה ינאצני העם הזה

ועד אנה לא יאמינו בי בכל האתות אשר עשיתי בקרבו

Le verbe עשה sert à construire un parallélisme antithétique entre Nb 14,11b et 12b: "les signes que *j'ai faits* au milieu de lui (11b)" / " *je ferai* de toi un grand peuple (12b)".

Ainsi, au *faire* passé de Yahvé va s'opposer un *faire* nouveau qui annulera le précédent.

- Plusieurs éléments du vocabulaire des versets 11-12 sont retrouvés en Nb 14,22-23: le verbe נאץ (mépriser) en Nb 14,23b, le substantif אתות (signes) en Nb 14,22.

- De même qu'un parallélisme est observé entre les versets 11a et 11b, de même il existe un parallélisme entre Nb 14,22-23a et 14,23b, obtenu par la répétition de כל (Nb 14,22.23b) et du verbe ראה (Nb 14,23a.23b).

- Par ailleurs, au parallélisme antithétique observé entre Nb 14,11b et 14,12b, correspond un parallélisme antithétique entre Nb 14,22a et Nb 14,23a: "Tous les hommes qui *ont vu* ma gloire" (22) / "Jamais ils ne *verront* le pays" (23a).

Comme en Nb 14,11b-12a, les actions futures de Yahvé viennent contredire ses actions passées.

Ces différentes remarques ont conduit plusieurs auteurs à voir dans *les versets 11b-12 d'une part et 22-23a d'autre part des développements d'un texte ancien retrouvé en Nb 14,11a et 23b* (cf. supra). L' " accrochage " de ce texte ancien avec les additions ultérieures s'effectuerait à l'aide des mots-crochets עד-אנה (11a.11b) et ראה (23a.23b).

Par ailleurs, les vv. 11b-12 d'une part et 22-23a d'autre part ont en commun d'être structurés par un parallélisme antithétique qui oppose les événements passés aux événements futurs (" j'ai fait, je ferai / ils ont vu, ils ne verront pas"). Enfin, un lien est établi entre la plainte de Yahvé et la sanction qui frappe le peuple à l'aide de deux mots-crochets (נאץ - mépriser: vv. 11a.23b, אתות - signes: vv. 11b.22a).

2° La structure de l'intercession de Moïse

Le style du discours de Moïse (Nb 14,13-19) est peu homogène. La construction des versets 13-14 évoque la possibilité de compléments, d'additions ultérieurs[166]. Blum[167] suggère par exemple que Nb 14,14aα soit secondaire, considérant la répétition du verbe שמע en en 14,14aß comme la "Wiederaufnahme" de Nb 14,13b. Si le style est heurté, l'argumentation du discours est en revanche rigoureuse et peut être résumée de la manière suivante. On peut y distinguer deux parties:

1° La réputation de Yahvé procède de son action en faveur du peuple qu'il conduit – avec force (כח, v.13) – hors d'Egypte et auquel il promet un pays (cf. Nb 14,13-15). Cette réputation est compromise par la perspective de l'annulation du don du pays, qui ferait douter les nations de la capacité de Yahvé à mener à bien ses projets (Nb 14,16).

2° Les versets 17-19 tirent les conséquences de ce constat: la force (Nb 14,17) que Yahvé a montrée en portant Israël depuis l'Egypte (14,19b) – et qui a manifesté son amour pour ce peuple (Nb 14,19a) – doit s'exprimer dans un pardon (Nb 14,19) venant annuler la sanction projetée. Ainsi la réputation de Yahvé sera préservée.

La structure même du texte reflète la dynamique de cette argumentation:
- Les vv. 13.14.15 décrivent la réputation de Yahvé auprès de groupes différents: l'Egypte (Nb 14,13), l'habitant de "ce pays" (Nb 14,14), les nations (Nb 14,15). La cohésion de ces versets est assurée par la répétition du verbe שמע (entendre):

v. 13:   ושמעו מצרים כי
v. 14:   ואמרו אל יושב הארץ הזאת שמעו כי
v. 15:   הגוים אשר שמעו את

- La reprise du substantif כח – force (Nb 14,13b.17a) permet de relier la seconde partie de l'argumentation aux prémisses du discours.
- Cette seconde partie du discours est également bien structurée: le verset 19, qui exprime la prière proprement dite de Moïse le fait à l'aide d'un vocabulaire qui reprend celui de l'argumentation des vv.17-18:

14,17-18: "Et maintenant, que *grandisse* la puissance de mon Seigneur. Puisque tu as parlé en disant: "YHWH est lent à la colère et *grand* en *amour, portant* la *faute* et la transgression; mais il ne laisse rien impuni, vengeant la faute des pères sur les fils sur trois et sur quatre générations".

14,19: "Pardonne donc la *faute* (עון cf. Nb 14,18aß) de ce peuple, selon la *grandeur* (גדל: cf. Nb 14,17a) de ton *amour* (חסד: cf. Nb 14,18aα), et parce que tu as *porté* (נשא: cf Nb 14,18aß) ce peuple depuis l'Egypte jusqu'ici."

---

[166] Cf. par exemple Gray (Numbers [1903] 156-157): "These verses have been gradually built up of glosses, and their broken construction and unintelligibility is due to such an origin", De Vaulx (Les Nombres [1972] 173): "Le texte, assez corrompu, semble surchargé et remanié".

[167] Cf. Blum, Komposition (1990) 133-134 (n. 133).

- l'unité du discours de Nb 14,13-19 est enfin assurée par la répétition de l'expression עם הזה – "ce peuple" (Nb 14,13b.14a.15a.16a.19a. 19b.), et par une inclusion: la mention de l'Egypte ouvre et clôt le discours: "Moïse dit à YHWH: "Les Egyptiens ont appris" (Nb 14,13a); "et parce que tu as porté ce peuple depuis l'Egypte jusqu'ici" (Nb 14,19b).

3° Le vocabulaire de Nb 14,11-12
- נאץ: rare dans le Pentateuque (Nb 14,11.23; 16,30; Dt 31,20; 32,19), ce verbe – qui exprime le mépris à l'égard de la parole de Yahvé, ou de Yahvé lui-même – est retrouvé dans des textes prophétiques d'époques diverses (Is 1,4; 5,24; 60,14; Jr 23,17). Sa construction en Nb 14,23 (כל-מנאצי) est identique à celle d'Is 60,14. L'usage de נאץ ne peut donc être utilisé comme critère de datation du texte ni comme argument permettant de différencier le vocabulaire de Nb 14,11a.23b de celui de Nb 14,11b-12.22-23a.
- Le verbe אמן (croire) au hiphil, construit avec la préposition ב, est utilisé dans les récits du Deutéronome parallèles à Nb 13-14 (Dt 1,32; 9,23) et en Nb 20,12 dans la même acception qu'en Nb 14,11b[168].
- Le verbe ירש au hiphil (déshériter) est particulièrement fréquent dans le Deutéronome et dans les textes deutéronomistes.
- L'immense majorité des occurrences du substantif דבר préfixé de la préposition ב ("par la peste" cf. v. 12) se situe dans les livres d'Ezechiel et surtout de Jérémie.

4° Le contenu de l'intercession de Moïse (Nb 14,13-19)
La première partie de l'intercession évoque des données historiques connues de tous (sortie d'Egypte). Le verset 14b ("que toi YHWH tu apparais oeil dans oeil et que ta nuée se tient au-dessus d'eux, que toi tu marches devant eux le jour dans une colonne de nuée, et la nuit dans une colonne de feu") se réfère à Ex 13,21-22[169]. La suite de l'argumentation se rapproche, par son vocabulaire, d'Ex 34,6-9[170]:
Nb 14,17-19: "Et maintenant, que grandisse la puissance de mon Seigneur. Puisque tu as parlé en disant: "*YHWH est lent à la colère et grand en amour, portant la faute et la transgression; mais il ne laisse rien impuni, vengeant la faute des pères sur les fils sur trois et sur quatre générations.*" *Pardonne*-donc la faute de ce peuple selon la grandeur de ton amour, et parce que tu as porté ce peuple depuis l'Egypte jusqu'ici".

---

168 Autres occurrences de cette construction du verbe אמן avec comme complément יהוה: Gn 15,6; 2 R 17,14; Ps 78,22; 106,12.
169 Cf. sur ce point, Groß, Wolkensäule (1993) 142-165, particulièrement 158-161.
170 Le vocabulaire commun à Nb 14,17-19 et Ex 34,6-9 est en caractères italiques.

Ex 34,6-9: "YHWH passa devant lui et cria: "*YHWH*, YHWH, Dieu miséri-
cordieux et bienveillant, *lent à la colère, grand en amour* et en fidélité;
restant fidèle à des milliers, *portant la faute, la transgression* et le péché;
mais il ne laisse rien impuni, poursuivant la faute des pères sur les fils et
les fils des fils *sur trois et sur quatre générations*. Moïse s'agenouilla et se
prosterna. Il dit: "Si j'ai vraiment trouvé grâce à tes yeux YHWH, marche,
YHWH au milieu de nous, car c'est un *peuple* à la nuque raide; tu
pardonneras nos *fautes* et notre péché et tu nous prendras comme
possession."
Nb 14,18 cite donc presque littéralement Ex 34,7[171]. Le vocabulaire du
pardon est également commun aux deux textes. La diversité des sources de
l'intercession de Moïse invite à y voir un texte de composition assez
tardive.

5° Le contenu du second discours de Yahvé
La demande de pardon formulée par Moïse en Nb 14,19 est accueillie
favorablement par Yahvé (Nb 14,20). La reprise du verbe סלח (pardonner)
en Nb 14,20 manifeste le lien entre l'intercession de Moïse et la réponse de
Yahvé. Dès lors, les sanctions exposées par les versets 21-23 sont
difficilement compréhensibles. Deux types d'hypothèses ont été émises
pour expliquer la tension qui existe entre l'annonce du pardon en Nb 14,20,
et sa remise en cause apparente en Nb 14,21 ss:
1° Le pardon du verset 20 consiste, pour Yahvé, à renoncer à la sanction
annoncée en Nb 14,12. Mais si Yahvé accepte de ne pas détruire le peuple,
il n'en châtie pas moins la génération coupable[172].
2° Le contraste existant entre Nb 14,20 et Nb 14,21ss reflèterait le contraste de l'argumentation de Moïse au verset 18 – dont les deux moitiés sont en
opposition: "YHWH est lent à la colère et grand en amour, portant la faute
et la transgression; *mais il ne laisse rien impuni, vengeant la faute des pères
sur les fils sur trois et sur quatre générations*"[173].

---

[171] Selon la formule de Lohfink, (Darstellungkunst [1960] 117-118): "Gott beschließt, das
Volk zu vernichten und mit Moses neu anzufangen (v. 12). Dessen sich anschließenden
Fürbitte gipfelt darin, daß er Jahwes Selbstprädikation "langmutig und voller חסד"
zitiert."

[172] C'est l'interprétation que donnent de Nb 14,20 Lohfink (cf. Darstellungkunst [1960] 117
n. 51), Sakenfeld (cf. Divine Forgiveness [1975] 329-330), Ashley (cf. Numbers [1993]
259). Ce dernier auteur propose, pour les vv. 19-20 l'interprétation suivante: le mot
"pardon" n'indique pas "que la punition d'Israël sera évitée ou annulée, mais simplement
que la relation d'alliance fondamentale entre Yahvé et Israël sera maintenue, pour ce qui
concerne Yahvé".

[173] Cf. en particulier McEvenue (Narrative Style [1971] 91 n. 4), Boorer (Promise of the
Land [1992] 350-351).

En réalité, comme l'écrit Aurelius, "l'annonce du pardon et le verbe סלח risquent de voir leur signification s'émousser, si le pardon est lié à une punition annoncée de manière si énergique[174]". La critique littéraire doit donc tenter de rendre compte d'une manière plus satisfaisante de la tension qui existe entre l'annonce de pardon du verset 20 et l'énoncé des sanctions des versets 21-23.

L'analyse du vocabulaire des versets 21-23 démontre leur lien avec le discours de Yahvé en Nb 14,11-12, l'intercession de Moïse (Nb 14,13-19), *et le texte manifestement sacerdotal de Nb 14,10b*: le mot אתות (signes, Nb 14,22a) renvoie au verset 11b. Le verbe שמע (entendre, Nb 14,22b) fait allusion à l'intercession de Moïse[175]. La phrase "le pays que j'ai juré" (Nb 14,23a) fait écho au verset 16a. Enfin, Nb 14,21-23a utilise à deux reprises le substantif כבוד– gloire – dont le seul antécédent dans le récit se trouve en Nb 14,10b – verset appartenant clairement à la tradition sacerdotale.

La formule de serment חי-אני – (moi vivant) est rare dans le Pentateuque: Nb 14,21 et Nb 14,28 en sont les deux seules occurrences. On la retrouve en revanche plus fréquemment dans les textes prophétiques – particulièrement le livre d'Ezéchiel: Is 49,18; Jr 46,18; Ez 5,11; 14,16.8.20; 16,48; 17,16.19; 18,3; 20,3.31.33; 33,11.27; 34,8; 35,6.11; So 2,9.

Le verset 22 représente la seule occurrence de נסה (éprouver) dans le livre des Nombres. Ce verbe caractérise, dans la Bible hébraïque, deux types de comportements, qui sont fonction du sujet qui le gouverne: 1° נסה avec comme sujet Yahvé, désigne la vérification par le Seigneur de l'obéissance et de la crainte du peuple ou d'un individu à son égard (cf. Gn 22,1; Ex 15,25; 16,4; 20,20; Dt 8,2.16; 13,4; Jg 2,22; 3,1.4). Parmi ces textes, Dt 8,2.16; 13,4 sont tardifs et représentatifs de l'acception du terme dans la littérature post-deutéronomiste[176].

2° Lorsque le peuple est sujet du verbe נסה, il désigne un comportement caractérisé par la rébellion ou la protestation (cf. Ex 17,2; *Nb 14,22*; Dt 6,16).

L'étude du vocabulaire fait donc apparaître le caractère composite des versets 21-23. La présence d'allusions au récit sacerdotal en manifeste la caractère tardif. Leur contenu, qui semble contredire celui du verset 20, pourrait constituer une tentative d'harmonisation entre d'une part l'intercession de Moïse suivie de l'annonce du pardon de Yahvé, et d'autre part le récit sacerdotal dont la conception du pardon est toute différente.

---

[174] Aurelius, Fürbitter (1988) 140.
[175] L'Egypte, le peuple du pays et les nations *ont entendu* la réputation de Yahvé (Nb 14,13-15), mais les fils d'Israël *n'ont pas entendu* sa voix.
[176] Cf. sur ce point Lohfink, Arzt (1981) 11-73, particulièrement 58-70.

L'analyse des mots סלח *et* עון *permet de préciser cette différence:* la faute du peuple est désignée en Nb 14,18b.19a par le mot עון, et c'est le verbe סלח qui exprime le pardon de Yahvé. Selon Nb 14,11b-20, une faute (עון) est donc susceptible d'être pardonnée (סלח). Les notions de faute (עון) et de pardon (סלח) sont également utilisées dans les prescriptions législatives du chapitre 15 du livre des Nombres. La signification de ces termes y est très différente de celle qu'ils revêtent en Nb 14,19-20. En effet, Nb 15 distingue deux types de fautes: les *fautes intentionnelles* désignées par le substantif עון (Nb 15,31) et les *fautes involontaires* que désigne le terme שגגה (Nb 15,24.25a.25b.26.27. 28.29). Ces dernières sont seules susceptibles d'être pardonnées (סלח: Nb15,25.26.28) moyennant un sacrifice pour le péché (חטאת: Nb 15,24.25.27), tandis que les auteurs des fautes volontaires sont retranchés (כרת: Nb 15,30.31) du peuple. La même acception du verbe סלח et du substantif עון est retrouvée dans le livre du Lévitique où עון désigne également les fautes volontaires – qui conduisent leur auteur à être retranché du peuple (cf. Lv 19-20). En revanche, Ex 34,9b (וסלחת לעוננו ולחטאתנו: "Tu pardonneras notre faute et notre péché") Jr 31,34; 33,8; 36,3; Ps 25,11; 103,3 ont la même compréhension de עון et de סלח que Nb 14,19-20.

Le récit sacerdotal qui se conclut par l'annonce de la mort des coupables (Nb 14,27ss) illustre parfaitement la conception de la faute volontaire et de sa punition exposée dans les textes législatifs sacerdotaux du Lévitique et de Nb 15. Cette conception est en opposition avec celle qu'exprime Nb 14,13-20. *Deux théologies différentes du péché et du pardon sont donc juxtaposées en Nb 14 et les vv. 21-23 assurent la suture littéraire entre deux textes contradictoires.*

Versets 24-25: le verset 24 qui valorise le personnage de Caleb se rattache au récit non-sacerdotal. Les précisions géographiques de l'incise de Nb 14,25a interrompent le cours du récit et peuvent être considérées comme une addition post-deutéronomiste.

6° La comparaison de Nb 14,11-25 avec Ex 32,9-14 et de Dt 9,13 ss (cf. tableaux pages suivantes)
L'intercession de Nb 14,13-19 est précédée d'un discours où Yahvé exprime son projet de détruire le peuple et d'y substituer une nation issue de Moïse (Nb 14,11b-12). Elle est suivie par l'annonce du pardon de Yahvé (Nb 14,20). Cette structure est également retrouvée en Ex 32,9-14 comme le montre la comparaison synoptique des textes. Dt 9,13ss, texte tardif, relit l'histoire d'Israël comme une suite de rébellions contre Yahvé: l'idolâtrie à l'Horeb puis la désobéissance à Qadesh-Barnéa.

Nb 14,11 b-20	Ex 32,9-14	Dt 9,13ss
14,11 YHWH dit à Moïse: "Jusqu'à quand c e **peuple** me méprisera- t-il, et jusqu'à quand ne croira-t-il pas en moi, en tous les signes que j'ai faits au milieu de lui ? 14,12 je le frapperai de la peste et le déposséderai; mais **de toi je ferai une nation** <u>plus</u> **gran-de** et plus puissante que lui." 14,13 Moïse dit à YHWH: "Les Egyptiens ont appris que, par ta <u>puissance</u>, tu as fait monter ce peuple d'au milieu d'eux. 14,14 Ils l'ont dit à l'habitant de ce pays; ils ont appris que toi, YHWH, tu es au milieu de ce peuple; que toi YHWH tu apparais oeil dans oeil et que ta nuée se tient au-dessus d'eux, que toi tu marches devant eux le jour dans une colonne de nuée, et la nuit dans une colonne de feu. 14,15 Et tu <u>ferais mourir</u> ce peuple comme un seul homme ! Alors, les nations qui ont appris ta réputation diront: 14,16 C'est parce que <u>YHWH n'est pas capable de faire entrer</u> ce peuple <u>dans le pays</u> qu'il leur a promis, qu'il les a tués <u>dans le désert</u>.	32,9 YHWH dit à Moïse: "J'ai vu **ce peuple**: eh bien c'est un peuple à la nuque raide. 32,10 Maintenant laisse-moi, ma colère contre eux s'enflammera. Je les exterminerai et **je ferai de toi** une **grande nation**." 32,11 Mais Moïse apaisa la face de YHWH son Dieu et dit: "Pourquoi, YHWH, ta colère s'enflammerait – elle contre ton peuple, que tu as fait sortir du pays **d'Egyp-te**, par ta grande puis-sance et par ta main forte ? 32,12 Pourquoi les Egyptiens diraient-ils: "Par méchanceté il les a fait sortir, pour les tuer dans les montagnes, et pour les exterminer de la face de la terre". Reviens de l'ardeur de ta colère et renonce au mal contre ton peuple !. 32,13 Souviens-toi d'A-braham, d'Isaac et d'Is-raël, tes serviteurs à qui tu as juré par toi-même, et tu leur as parlé en disant: "Je multiplierai votre descen-dance com-me les étoiles des cieux, et toute ce pays que j'ai dit, je le donnerai à votre descendance et ils le recevront pour patri-moine pour toujours."	9,13 YHWH me dit: "J'ai vu **ce peuple**. Eh bien c'est un peuple à la nuque raide. 9,14 Laisse-moi, je vais les exterminer et j'effa-cerai leur nom de dessous les cieux, et **je ferai de toi une nation** <u>plus</u> **grande** et plus nombreu-se qu'eux. ------------------------------ 9,18 Je suis tombé face à YHWH, comme la pre-mière fois, 40 jours et 40 nuits je n'ai pas mangé de pain et je n'ai pas bu d'eau, à cause de tous les péchés que vous aviez commis en faisant le mal aux yeux de YHWH, en l'offensant. ------------------------------ 9,25 Je suis tombé face à YHWH 40 jours et 40 nuits pendant lesquels je me suis prosterné – car YHWH avait parlé de vous exterminer. 9,26 J'ai prié YHWH et j'ai dit: "Mon Seigneur YHWH, ne détruis pas ton peuple, ton patrimoine que tu as racheté dans ta grandeur; que tu as fait sortir d'**Egypte** à main forte. 9,27 Souviens-toi de tes serviteurs Abraham, Isaac et Jacob, ne prête pas attention à l'obstination de ce peuple, à son impiété et à son péché.

Nb 14,11 b-20	Ex 32,9-14	Dt 9,13ss
14,17 Et maintenant, que grandisse la puissance de mon Seigneur. Puisque tu as parlé en disant: 14,18 "YHWH est lent à la colère et grand en amour, portant la faute et la transgression; mais il ne laisse rien impuni, vengeant la faute des pères sur les fils sur trois et sur quatre générations" 14,19 Pardonne-donc la faute de ce peuple selon la grandeur de ton amour, et parce que tu as porté ce peuple depuis l'**Egypte** jusqu'ici. 14,20 YHWH répondit: "J'ai pardonné conformément à ta parole."	32,14 YHWH renonça au mal qu'il avait dit faire contre son peuple.	9,28 Que le pays dont tu nous as fait sortir ne dise pas: "<u>YHWH n'était pas capable</u> de les <u>faire entrer dans le pays</u> dont il leur avait parlé; et c'est par haine pour eux qu'il les a fait sortir pour <u>les faire mourir dans le désert</u>. 9,29 Eux sont ton peuple et ton patrimoine, que tu as fait sortir par ta grande <u>puissance</u> et ton bras étendu." ------------------------------- 10,11 YHWH me dit "Lève-toi pour aller devant le peuple. Ils entreront et posséderont le pays que j'ai juré à leurs pères de leur donner."

[177]

Les trois éléments qui composent Nb 14,11-25 et Ex 32,9-14 sont également retrouvés en Dt 9-10, mais, à la différence des deux textes précédents, ils ne se font pas suite (Dt 9,13-14; 25-29; 10,10-11)[178]. La comparaison des trois textes[179] démontre que la structure "*menace de sanction-intercession-pardon*" retrouvée en Nb 14 correspond à celle d'Ex 32.

D'autre part, le vocabulaire de Nb 14 reflète davantage celui de Dt 9 que celui d'Ex 32 (la menace de Yahvé est exprimée avec un comparatif en Nb 14,12 comme en Dt 9,14: "je ferai de toi une nation plus grande qu'eux"; on retrouve en Nb 14 comme en Dt 9 le substantif כח, le verbe מות au hiphil, l'expression במדבר). *Tout se passe comme si Nb 14 dépendait simultanément d'Ex 32,9-14 et de Dt 9* [180].

---

177 Le vocabulaire commun aux trois textes figure en caractères gras. Le vocabulaire commun à Nb 14 et Dt 9-10 est souligné

178 Cf. Lohfink, Darstellungskunst (1960) 117-118: l'auteur souligne le schéma commun sous-jacent à Ex 32,11 ss, Nb 14,13 ss et Dt 9,13ss.

179 Cf. tableaux ci-dessous.

180 Dans l'analyse qu'il effectue des relations existant entre Ex 32,7-14 et Dt 9, Blum parvient à la conclusion qu'il existe entre ces deux textes des "relations de réciprocité" (cf. Blum, Montagne de Dieu [1989] particulièrement 283-288). On peut émettre l'hypothèse d'une dépendance de l'intercession de Nb 14 vis à vis de l'un et l'autre texte, ou encore celle d'une appartenance des auteurs de ces trois textes à un même milieu littéraire.

Une telle hypothèse confirme le caractère tardif de l'intercession de Nb 14,11b-20. Par ailleurs, la comparaison de Nb 14 et de Dt 1 montre que ce dernier texte – qui relate également la reconnaissance effectuée par les éclaireurs, le refus du peuple de monter dans le pays, et la sanction de Yahvé qui s'ensuit – ne comporte pas d'intercession de Moïse. Un tel constat invite à conclure que Dt 1 s'inspire d'une tradition dans laquelle l'intercession de Moïse n'a pas encore été insérée. L'analyse du vocabulaire, la comparaison avec Ex 32 et Dt 9, et le contenu du récit parallèle de Dt 1 conduisent donc à considérer l'intercession de Moïse, en Nb 14, comme un élément tardif du texte.

3.5.3. *Principaux résultats de l'analyse de Nb 14,11-25*

La délimitation en Nb 14,11a.23b-24.25b d'un *récit ancien* repose sur des arguments qui ne sont pas incontestables. L'étude du vocabulaire de ces versets n'a pas permis de parvenir à une conclusion formelle et la présence du substantif עם (v. 11) et du verbe ראה (v. 23b) – termes caractéristiques du récit non-sacerdotal – ne saurait à elle seule constituer un argument suffisant. En revanche, la mise en valeur du personnage de Caleb en Nb 14,24 invite à distinguer ce verset des couches les plus récentes du récit: de même qu'en Nb 13,30 l'attitude de Caleb est opposée à celle des autres éclaireurs, de même, en Nb 14,24 le sort de Caleb est distingué de celui du reste du peuple: les versets 23b et 24 peuvent donc être considérés comme les deux versants du verdict de Yahvé et attribués au récit non-sacerdotal. La seconde personne du pluriel du verset 25b étonne dans le cadre d'un discours adressé à Moïse seul. L'appartenance de ce verset au récit ancien est donc douteuse.

RECIT NON-SACERDOTAL	ADDITIONS POST-DEUTERONOMISTES
14,11a	14,11b-23a
14,23b-24	14,25a[181]
14,25b ?	14,25 b ?

Les vv. 11b-23a, postérieurs au récit sacerdotal, semblent devoir être attribués à une rédaction post-deutéronomiste. En Nb 13,1–14,10, les additions attribués à une relecture post-deutéronomiste semblaient extrêmement ponctuelles, leur objectif étant essentiellement d'harmoniser le texte avec le récit parallèle du Deutéronome, et avec le livre de Josué. Dès lors, est-il légitime d'attribuer à une même rédaction ces additions

---

181 Addition à thème ethnologique et topographique venant interrompre le cours du récit.

limitées et le texte définitif des vv. 11b-23a, de beaucoup plus grande ampleur ?

Tout conduit à répondre par l'affirmative à cette question: la portée de l'activité des rédacteur post-deutéronomistes en Nb 13,1–14,10 dépasse en effet le registre strictement littéraire. Leurs additions "harmonisantes" conduisent à manifester la parenté, le lien existant entre "pré-histoire" et histoire d'Israël: *il n'y a pas de césure entre la préhistoire d'Israël habitée par le péché et par les fautes du peuple qui culminent en Nb 13–14, et l'histoire d'Israël également habitée par le péché* qui conduit à la fin tragique de 2 Rois[182]. Dans ce contexte, la fonction spécifique de Nb 14,11b-20 est de réaffirmer, au coeur de cette histoire de péché que Yahvé est un Dieu qui pardonne. Mais les rédacteurs post-deutéronomistes doivent également assurer la suture entre des textes dont les perspectives sont différentes: l'annonce du pardon en Nb 14,20 est incompatible avec les vv. 27ss. Nb 14,21-23a assure donc la transition entre un texte développant une théologie selon laquelle l'histoire des hommes a toujours la possibilité d'être rejointe par le pardon de Yahvé (vv. 11b-20) et un récit sacerdotal selon lequel tous ceux qui contreviennent à la loi de Yahvé sont irrémédiablement exclus de la communauté d'Israël. Il faut également souligner que l'attribution à un rédacteur tardif de l'état actuel du texte de Nb 14,11b-23a ne préjuge en rien de l'existence d'une intercession de Moïse plus ancienne. L'idée d'un "noyau" autour duquel un texte plus récent se serait développé était déjà émise par Wellhausen[183]. La délimitation de ce "noyau" – s'il existe – échappe cependant à la critique littéraire.

3.6. *Nb 14,26-38: sanctions contre les fils d'Israël*

3.6.1. *Traduction et critique textuelle*

14,26 YHWH parla à Moïse et Aaron et dit: (27) "Jusqu'à quand cette méchante communauté[184] murmurera-t-elle contre moi[185] ? J'ai entendu les

---

[182] Cf. sur ce point, Aurelius, Fürbitter (1988) 136-139.

[183] Nb 14,11-25 ist "eine freie Ausführung (...) auf Grund eines ursprünglich gewiss sehr kurzen Kern", Wellhausen, Composition des Hexateuchs (³1899) 102.

[184] La traduction de l'expression עד מתי העדה הרעה הזאת – littéralement: *Jusqu'à quand à cette méchante communauté* est difficile. La TOB propose: Jusqu'à quand aurai-je affaire à cette détestable communauté – ce qui prend quelques distances avec le texte. L'expression עד-מתי est dans l'immense majorité des cas suivie d'un verbe, soit à l'inaccompli (Ex 10,7, 1 S 1,14, Ps 74,10 etc...), soit à l'accompli (Ex 10,3; Ps 80,5;...), soit enfin au participe (1 Sam 16,1; 1 R 18,21;..). Elle a toujours un sens temporel. En Ex 10,7, le verbe à l'inaccompli est suivi d'un complément d'objet et d'un complément d'attribution tous deux précédés de ל: "jusqu'à quand celui-ci sera-t-il pour nous un

murmures des fils d'Israël qui murmurent contre moi. (28) Dis leur: "Par ma vie, oracle de YHWH, je jure que d'après ce que vous avez dit à mon oreille, ainsi j'agirai envers vous. (29) Dans ce désert vos cadavres tomberont, et vous tous qui avez été comptés afin d'être tous dénombrés – à partir de l'âge de vingt ans et au-dessus – vous qui avez murmuré contre moi, (30)jamais vous n'entrerez dans le pays pour lequel j'avais levé la main afin que vous y habitiez – sauf Caleb fils de Yephounné, et Josué fils de Noun. (31) Mais vos enfants, dont vous avez dit qu'ils deviendraient un butin, je les ferai entrer: ils connaîtront le pays que vous avez rejeté[186]. (32) Et vos cadavres à vous, ils tomberont dans ce désert. (33) Et vos fils seront pasteurs[187] dans le désert 40 années; ils supporteront vos fornications, jusqu'à ce que vos cadavres soient détruits dans le désert. (34) De même que le nombre des jours pendant lesquels vous avez reconnu le pays est de 40 jours, un jour pour une année[188], vous supporterez vos fautes 40 ans. Vous connaîtrez ma réprobation[189]. (35)Moi, YHWH, j'ai parlé. Je jure que

---

piège ?" – עד מתי יהיה זה לנו למוקש. En fonction de ces données, l'hypothèse de l'omission d'un verbe dont לעדה serait le complément d'objet direct pourrait être envisagée, mais toute solution de cette nature demeure conjecturale. C'est également le cas de la suggestion de la BHS qui propose la restitution suivante – עד מתי לי לעדה – en fonction de Jérémie 2,18: ועתה מה לך La construction de Jérémie 2,18 utilise une particule différente et constitue donc une référence grammaticale sujette à caution.

[185] En Nb 14,27, la version de la Septante traduit le verbe מלינים על par γογγύζουσιν εναντιον (complément: Yahvé) et εγογγυζαν περι (compléments: Moïse et Aaron), tandis qu'en Nb 14,2 la traduction adoptée est διεγογγυζον επι (complément: Moïse et Aaron). Ainsi, selon le texte de la Septante le murmure n'est pas directement adressé à Yahvé, tandis que le texte massorétique établit une équivalence entre le murmure dirigé contre Moïse et Aaron (v. 2) et le murmure contre Yahvé (v. 27). Le texte de la Septante en Nb 14,27 peut être traduit de la manière suivante: "Jusqu'à quand cette méchante communauté qui murmure devant moi ? J'ai entendu les murmures des fils d'Israël qui ont murmuré à votre sujet". En revanche, en Nb 14,29, la septante traduit לון על littéralement: οσοι εγογγυσαν επ' εμοι.

[186] La version de la Septante traduit le verbe וידעו par κληρονομησουσιν, établissant un lien avec le verset 24 où le même verbe est utilisé pour la traduction de יורשנה.

[187] Le targum du pseudo Jonathan substitue תעים (errants) à רעים (pasteurs). La traduction de la Vulgate (vagi) va dans le même sens, supposant également la leçon תעים, ou encore נעים qui correspond au texte de Nb 32,13. La leçon du texte massorétique reste néanmoins de loin la plus attestée.

[188] L'idée distributive est exprimée par la répétition de יום לשנה (cf. Joüon, Grammaire de l'Hébreu biblique [1923] 442).

[189] La traduction de תנואתי est difficile. La Septante utilise une périphrase insistant sur la colère de Yahvé: τον θυμον της οργης μου. Une étude déjà ancienne de Loewe (cf. Divine Frustration [1968] 137-158) attribue à ce substantif – à partir d'une analyse des usages de la racine verbale נוא dont il dérive – l'idée de frustration divine. Selon cet auteur, la traduction la moins inexacte serait exprimée par une périphrase: "Vous saurez ce que cela signifie de me contrecarrer ou de me frustrer". A cette interprétation psychologique, il faut peut-être préférer une interprétation juridique: le verbe נוא est utilisé en Nb 30,6.9.12 dans le sens de désavouer, rompre des voeux. Le substantif תנואתי

je ferai cela à toute cette méchante communauté qui s'est réunie contre moi. Dans ce désert, ils finiront et là ils mourront[190]."

(36) Et les hommes que Moïse avait envoyés reconnaître le pays – ils étaient revenus et avaient murmuré contre lui[191] auprès de toute la communauté, en tenant des propos médisants contre le pays – (37) ils moururent, les hommes qui avaient tenu méchamment des propos médisants sur le pays, d'une mort brutale devant YHWH. (38)Et Josué fils de Noun, et Caleb fils de Yephounné, ils survécurent parmi ces hommes qui étaient allés reconnaître le pays.

3.6.2. *Analyse littéraire*

Les versets 26-38 juxtaposent un discours de Yahvé (vv. 27-35), dont l'introduction (v. 26) – qui cite Moïse et Aaron – est manifestement sacerdotale, et deux brefs épisodes narratifs (vv. 36-37.38) qui précisent le sort des éclaireurs.

Le discours de Yahvé (Nb 14,26-35)

L'unité du discours repose sur l'homogénéité de la thématique qui y est développée et sur la symétrie de sa structure.

- *La thématique du discours* est résumée par le verset 28: "Je jure que d'après ce que vous avez dit à mon oreille, ainsi j'agirai envers vous": Dans leur nature et dans leur intensité, les sanctions prises par Yahvé sont donc adaptées aux fautes commises. C'est l'ensemble du discours de Yahvé – tant par le choix du vocabulaire, que par l'argumentation développée – qui exprime cette corrélation entre le comportement de chacun et le sort qui l'attend:

- *Le vocabulaire* des vv. 27-35 reprend massivement celui des versets 1a.2-3: verbe לון[192] – murmurer (vv. 27a.29 et v. 2a), substantif טף – enfant (v. 31a et v. 3b), substantif בז – butin (v. 31a et v. 3b) verbe נפל – tomber (v. 32 et v. 3a), verbe מות –mourir (v. 35b et v. 2b).

---

pourrait désigner les conséquences dues à la rupture par Israël des engagements qui le liaient à Yahvé. Une telle lecture correspond davantage à la mentalité d'un auteur sacerdotal.

190 L'assonance entre les verbes יתמו (ils finiront) et ימתו(ils mourront) est sans doute délibérée.

191 La Septante traduit עליו par κατ'αυτης, ce qui change le sens du verset: le murmure vise Moïse dans le texte massorétique, tandis qu'il concerne le pays dans la version de la Septante.

192 Nb 14,27 illustre parfaitement la dimension théologique que revêt le verbe לון dans le récit sacerdotal de Nb 13-14: le concept de murmure est ici compris dans le sens de "péché, infidélité, désobéissance à Yahvé".

- *L'argumentation développée* rend plus explicite encore la corrélation entre Nb 14,27-35 et le discours sacerdotal des versets 2b-3. Le destin des Israélites est directement lié aux propos qu'ils ont tenu: au regret exprimé en Nb 14,2b ("Si seulement nous étions morts dans ce désert") vient répondre la condamnation à mort du verset 35b ("Dans ce désert ils finiront et là, ils mourront"), au procès d'intention du v. 3a ("Pourquoi YHWH nous fait-il entrer dans ce pays pour tomber par l'épée ?") vient répondre le v. 32 ("Et vos cadavres à vous, ils tomberont dans ce désert"), aux propos mensongers de Nb 14,3b ("Nos femmes et nos enfants deviendront un butin") correspond le démenti du v. 31 ("Vos enfants dont vous avez dit qu'ils seraient un butin, je les ferai entrer").

La référence aux thèmes et au vocabulaire de Nb 14,2-3 confirme l'origine sacerdotale du discours de Nb 14,27-35, origine que suggèrait déjà son introduction. Plusieurs auteurs mettent cependant en doute le caractère sacerdotal des vv. 30-33[193]. McEvenue présente l'argumentation la plus détaillée[194]: l'auteur considère d'une part les vv. 30-33 comme une unité, du fait de leur vocabulaire commun et du parallélisme de leur structure (à אתם au v. 30 et à וטפכם au v. 31 correspondent respectivement אתם au v. 32 et בניכם au v. 33); il estime d'autre part impossible que זנותיכם - "prostitutions, idolâtries" (v. 33) se réfère au récit des éclaireurs. Ce mot évoquerait bien davantage le contexte narratif d'Ex 32. D'où la conclusion suivante: Nb 14,30-33 est une addition au récit ancien "JE" contemporaine de Nb 14,11-23 – addition que le récit sacerdotal a secondairement insérée dans les vv. 27-35[195]. L'argumentation de McEvenue se révèle cependant fragile:
1° Si Nb 14,33 représente la seule occurrence de זנות dans le Pentateuque, ce substantif est utilisé à plusieurs reprises dans le livre d'Ezéchiel, dans des prophéties ou des visions dans lesquelles il est mis en relation avec un vocabulaire également retrouvé en Nb 14,27-35:
- זנות (prostitution): Ez 23,27; 43,7.9, son synonyme זנונים: Ez 23,11.29 et la racine correspondante זנה: Ez 23,3.5.19.30.43
- butin (בז): Ez 23,46, tomber par l'épée (נפל בחרב): Ez 23,25; 43,3, פגר cadavre: Ez 43,7.9
Ainsi, Nb 14,29-33 – comme Nb 14,2-3 – a la particularité de recourir à un vocabulaire utilisé dans un autre contexte par le livre d'Ezéchiel –

---

[193] Holzinger (cf. Numbers [1903] 58-59), Bacon (cf. Triple Tradition [1894] 188), De Vaulx (cf. Les Nombres [1972] 171) attribuent tout ou partie des vv. 30-33 à un document antérieur au récit sacerdotal ("document JE" ou "suppléments JE"). En revanche, Budd (cf. Numbers [1984] 153) défend leur appartenance sacerdotale, en estimant en particulier qu'il est difficile de les désolidariser du v. 29.

[194] Cf. Narrative Style (1971) 91-92, n. 5; Source-critical Problem (1969) 453-465.

[195] McEvenue attribue également Nb 14,3 à un auteur non-sacerdotal.

vocabulaire par conséquent connu des milieux sacerdotaux, et qui ne nécessite pas de distinguer les vv. 30-33 des vv. 27-29.35. L'expression נאם-יהוה, au v. 28, renforce le style prophétique du discours des vv. 27-35[196].

2° L'étude de la structure d'ensemble des vv. 27-35 ne permet pas de dissocier les vv. 30-33 du reste du texte, comme le fait McEvenue:

- L'expression העדה הרעה הזאת "à cette méchante communauté" (Nb 14,27a.35a) et les verbes דבר et עשׂה (Nb 14,28.35a) encadrent le discours.

- L'exposé proprement dit de la sanction est lui-même compris dans l'inclusion formée par les substantifs פגר - cadavres et מדבר – désert (Nb 14,29.33).

- Les versets 30-31 sont bâtis autour de l'opposition vous (v. 30) / vos enfants (v. 31) et compris dans l'inclusion formée par le verbe בוא et le substantif ארץ (vv. 30a.31b).

- les vv. 32-33 sont parallèles aux versets 30-31: ils sont structurés par l'opposition vous/vos fils qui correspond à l'opposition vous/vos enfants des vv. 30-31. Les versets 32-33 sont en outre compris dans l'inclusion formée par פגר et מדבר (vv. 32.33b).

L'ensemble de ces remarques peut être schématisé de la manière suivante:

Nb 14,27 OUVERTURE: "Cette méchante communauté"

   Nb 14,28 Principe de la sanction: Comme vous avez PARLE, je FERAI.

      Nb 14,29 Exposé de la sanction: Désert / Cadavres

         Nb 14,30-31 Opposition: Vous / Vos enfants

            inclusion: entrer / pays

               Parallélisme 30-31 // 32-33

         Nb 14,32-33 Opposition: Vous / Vos fils

            inclusion: Désert / Cadavres

      Nb 14,35a Confirmation de la sanction: J'ai PARLE, je FERAI

   Nb 14,35 CONCLUSION: "Cette méchante communauté".

NB: Le verset 34 – que ce schéma n'intègre pas – est communément considéré comme une addition sacerdotale construite à partir du chiffre 40 mentionné au verset 33. La syntaxe de Nb 14,34 (caractérisée par la formule distributive "un jour pour une année") évoque celle de Nb 13,2b – verset également attribué à un rédacteur sacerdotal tardif.

---

196 Très rare dans le Pentateuque (Gn 22,16 et Nb 14,28 en représentent les seules occurrences), l'expression נאם-יהוה est en revanche extrêmement fréquente dans les écrits prophétiques, particulièrement dans les livres de Jérémie et d'Ezéchiel.

Nb 14,36-38

Le vocabulaire du récit de la mort des éclaireurs en Nb 14,36-37 reprend les expressions caractéristiques du récit sacerdotal de Nb 13–14 (לון, תור, דבת, ארץ, כל-עדה)[197]. La mort des éclaireurs est une première mise en application de la punition qui touche les fils d'Israël. La logique de cette sanction évoque celle des textes législatifs rassemblés par le chapitre 15: l'auteur de fautes volontaires (cf. Nb 14,34; 15,31) doit être retranché de la communauté. Ainsi, c'est une même pensée théologique qui s'exprime dans le récit sacerdotal de Nb 13–14 et dans les textes législatifs du chapitre 15.

Le v. 38 est vraisemblablement une addition post-deutéronomiste qui fait suite à la conclusion initiale du récit sacerdotal représentée par les vv. 36-37. De même que Nb 14,6a-10 distingue le comportement de Josué et Caleb de celui des autres éclaireurs, de même Nb 14,38 distingue leur sort, mettant ainsi une nouvelle fois en valeur le personnage de Josué.

3.6.3. *Synthèse de l'analyse de Nb 14,26-38*

RECIT SACERDOTAL	REDACTEUR POST-DEUTERONOMISTE
14,26-37	14,38

3.7. *Nb 14,39-45: repentir du peuple et échec devant l'ennemi*

3.7.1. *Traduction et critique textuelle*

14,39 Moïse dit ces paroles à tous les fils d'Israël, et le peuple prit grand deuil. (40) Ils se levèrent tôt le matin et montèrent au sommet de la montagne en disant: "Nous voici, nous allons monter au lieu qu'a dit YHWH, car nous avons péché[198]". (41) Moïse dit: "Pourquoi donc transgressez-vous l'ordre de YHWH ? Cela ne réussira pas. (42) Ne montez pas, car YHWH n'est pas au milieu de vous ! Ne soyez pas battus face à vos ennemis ! (43) Car les Amalécites et les Cananéens sont là face à vous et vous tomberez par l'épée. Puisque que vous vous êtes détournés de YHWH, YHWH ne sera pas avec vous."

---

197 Le substantif מגפה (massacre, fléau) rapproche Nb 14,37 de Nb 17,13.14.15.

198 Le Pentateuque samaritain (de même que la version syrohexaplaire) comporte entre les versets 40 et 41 une addition empruntée au récit parallèle de Dt 1,42 – dont seule l'intro-duction est modifiée et adaptée au style narratif de Nb 14,39-45: משה ויאמר יהוה אל et non ויאמר יהוה אלי. La fonction de cette addition est de rendre plus explicite le texte de Nb 14,41 ("Vous transgressez l'ordre de YHWH") en le faisant précéder d'un discours de YHWH: "YHWH dit à Moïse: "Dis-leur "Vous ne monterez pas et vous ne combattrez pas, car je ne suis pas au milieu de vous. Ne soyez pas battus face à vos ennemis !".

(44) Mais ils se firent fort de monter au sommet de la montagne. Mais l'arche de l'alliance de YHWH et Moïse ne bougèrent pas de l'intérieur du camp. (45) Les Amalécites et les Cananéens qui habitent cette montagne descendirent[199]; ils les battirent et les écrasèrent jusqu'à Horma[200].

3.7.2. Analyse littéraire

La majorité des auteurs considère les vv. 39-45 comme la suite du récit non-sacerdotal[201]. Un certain nombre de tensions dans le texte expliquent les solutions qui y distinguent deux sources différentes, ou encore des suppléments rédactionnels[202]: ainsi, בני־ישראל peut, en Nb 14,39a, évoquer une suture rédactionnelle avec le discours de Nb 14,27-35, séparé de Nb 14,39-45 par les deux brefs récits des vv. 36-38, tandis que le doublet constitué par les versets 42a et 43b (v. 42a: "Ne montez pas, car YHWH n'est pas au milieu de vous !"; v. 43b: "YHWH ne sera pas avec vous") a conduit Holzinger à s'interroger sur l'existence de deux sources documentaires différentes[203].

Le verset 45a pose une difficulté car il contredit les données de Nb 13,29; 14,25a:

13,29: "Les Amalécites habitant dans le pays du Négev, les Hittites, les Jébusites et les Amorites habitant la montagne, et les Cananéens habitant au bord de la mer et sur la rive du Jourdain".

14,25a: "Les Amalécites et les Cananéens habitent dans la plaine".

14,45a: "Les Amalécites et les Cananéens qui habitent cette montagne descendirent".

---

[199] Le Pentateuque samaritain et la version syrohexaplaire comportent ici une addition dont la source est Dt 1,44: "pour les rencontrer et les poursuivirent comme un essaim d'abeilles".

[200] Une addition empruntée à Dt 1,45 (וישבו אל-המחנה) conclut le récit dans la Septante et le Pentateuque samaritain. Comme à plusieurs reprises en Nb 13-14, le Pentateuque samaritain cherche à résoudre les ambiguïtés ou à suppléer aux imprécisions du récit à l'aide du texte parallèle de Dt 1,19-46.

[201] Les versets 39-45 sont attribués par les différents commentateurs au document "E" (cf. Bacon, Triple Tradition [1894] 18, Gressmann, Mose und seine Zeit [1913] 291), au document "JE" (cf. Gray, Numbers [1903] 164-165, Bernini, Numeri [1972] 143, Levine, Numbers 1-20 [1993] 370-371) ou au document "J" (cf. Eißfeldt, Hexateuch Synopse [1922] 172-173, Noth, Numeri [1966] 98-99, De Vaulx, Les Nombres [1972] 167, Budd, Numbers [1984] 154). Certains auteurs voient dans le récit la juxtaposition d'éléments relevant du document "E" et d'éléments provenant du document "J" (cf. Baentsch, Leviticus, Exodus, Numeri [1903] 532, Dillmann, Numeri, Deuteronomium und Joshua [1886] 80-81).

[202] Mittmann attribue les vv. 39a.42.44b à un rédacteur tardif (cf. Deuteronomium [1975] 55).

[203] Cf. Holzinger, Numeri (1903) 54.

Le texte parallèle de Dt 1,44 est le suivant: "Alors les Amorites qui habitent cette montagne sont sortis à votre rencontre".

L'opposition entre ces différents textes s'explique sans doute par la différence de leur datation: tandis que Nb 13,29 et 14,25a ont été considérés comme des additions rédactionnelles deutéronomistes tardives, dont le rôle est explicatif et qui reprennent les données géographiques "normalisées" de la littérature deutéronomiste; Nb 14,45a fait sans doute écho à une tradition plus ancienne. Jg 1,10, qui situe également les Cananéens à Hébron, dans la montagne de Juda, reflète vraisemblablement la même tradition ("Puis Juda marcha contre les Cananéens qui habitaient à Hébron").

Aucune de ces remarques littéraires de détail ne constitue un obstacle pour considérer que Nb 14,39-45 prolonge, dans le récit non-sacerdotal, la condamnation prononcée par Yahvé aux vv. 23b-24. Comme dans le récit sacerdotal, la punition annoncée entre immédiatement dans les faits. Mais tandis qu'en Nb 14,23b-24.25b.39-45, l'insistance porte autant sur le récit de la défaite du peuple – manifestant sa disgrâce – que sur le discours extrêmement sobre de Yahvé, le discours de Yahvé est en revanche extrêmement développé dans le récit sacerdotal et l'action (Nb 14,36-37), réduite au minimum, passe au second plan et vient simplement fournir une illustration au discours.

3.7.3. *Résultats de l'analyse*

Les textes respectifs des récits non-sacerdotal et sacerdotal rassemblés en Nb 14 peuvent donc être restitués de la manière suivante:

Récit non-sacerdotal:
14,1b Le peuple pleura cette nuit-là. (4) Ils se dirent l'un à l'autre: "Donnons-nous un chef pour retourner en Egypte !" (11) YHWH dit à Moïse: "Jusqu'à quand ce peuple me méprisera-t-il ? (23b) Tous ceux qui m'ont méprisé ne verront pas (le pays). (24) Mais mon serviteur Caleb, parce qu'un autre esprit est avec lui et qu'il m'a été fidèle, je le ferai entrer dans le pays où il est allé, et sa descendance le possédera. (25)..... Demain, tournez-vous et mettez – vous en route vers le désert – direction de la mer de Souph !" (39) Moïse dit ces paroles à tous les fils d'Israël, et le peuple prit grand deuil. (40) Ils se levèrent tôt le matin et montèrent au sommet de la montagne en disant: "Nous voici, nous allons monter au lieu qu'a dit YHWH, car nous avons péché." (41) Moïse dit: "Pourquoi donc transgressez-vous l'ordre de YHWH ? Cela ne réussira pas. (42) Ne montez pas, car YHWH n'est pas au milieu de vous ! Ne soyez pas battus face à vos

ennemis ! (43) Car les Amalécites et les Cananéens sont là face à vous et vous tomberez par l'épée. Puisque que vous vous êtes détournés de YHWH, YHWH ne sera pas avec vous". (44) Mais ils se firent fort de monter au sommet de la montagne. Mais l'arche de l'alliance de YHWH et Moïse ne bougèrent pas de l'intérieur du camp. (45) Les Amalécites et les Cananéens qui habitent cette montagne descendirent, ils les battirent et les écrasèrent jusqu'à Horma.

Récit sacerdotal:
14,1 Toute la communauté s'emporta, et ils donnèrent de la voix....(2) Tous les fils d'Israël murmurèrent contre Moïse et Aaron. Toute la communauté leur dit: "Si seulement nous étions morts au pays d'Egypte ! Ou si seulement nous étions morts dans ce désert ! (3) Pourquoi YHWH nous fait-il entrer dans ce pays pour que nous tombions par l'épée ? Nos femmes et nos enfants deviendront un butin. Ne serait-il pas bon pour nous de retourner en Egypte ?" (5) Moïse et Aaron tombèrent face contre terre devant toute l'assemblée de la communauté des fils d'Israël. (10).....La gloire de YHWH apparut au-dessus de la tente de la rencontre à tous les fils d'Israël. (26) YHWH parla à Moïse et Aaron et dit: (27) "Jusqu'à quand cette méchante communauté qui murmure contre moi ? J'ai entendu les murmures des fils d'Israël qui murmurent contre moi. (28) Dis leur: "Par ma vie, oracle de YHWH, je jure que d'après ce que vous avez dit à mon oreille, ainsi j'agirai envers vous. (29) Dans ce désert vos cadavres tomberont et vous tous qui avez été comptés afin d'être tous dénombrés – à partir de l'âge de vingt ans et au-dessus – vous qui avez murmuré contre moi, (30) jamais vous n'entrerez dans le pays pour lequel j'avais levé la main afin que vous y habitiez – sauf Caleb fils de Yephounné, et Josué fils de Noun. (31) Mais vos enfants, dont vous avez dit qu'ils deviendraient un butin, je les ferai entrer: ils connaîtront le pays que vous avez rejeté. (32) Et vos cadavres à vous, ils tomberont dans ce désert. (33) Et vos fils seront pasteurs dans le désert 40 années; ils supporteront vos fornications, jusqu'à ce que vos cadavres soient détruits dans le désert. (35) Moi, YHWH, j'ai parlé. Je jure que je ferai cela à toute cette méchante communauté qui s'est réunie contre moi. Dans ce désert, ils finiront et là ils mourront. (36) Et les hommes que Moïse avait envoyés reconnaître le pays – ils étaient revenus et avaient murmuré contre lui auprès de toute la communauté, en tenant des propos médisants contre le pays – (37) ils moururent, les hommes qui avaient tenu méchamment des propos médisants sur le pays, d'une mort brutale devant YHWH.

Caractéristiques du récit non-sacerdotal
C'est l'action qui est privilégiée par le récit non-sacerdotal – comme le montre le vocabulaire très concret qui y est utilisé. Les discours des personnages participent eux-mêmes au développement de l'intrigue et ont un contenu très sobre. Le récit ne comporte pas de réflexion théologique proprement dite: c'est au lecteur de tirer les enseignements théologiques de l'histoire qui lui est racontée.

La mise en valeur du personnage de Caleb est spécifique du récit non-sacerdotal. Le rôle de Caleb apparaît beaucoup plus discret dans le récit parallèle de Dt 1, et Caleb se fond dans le groupe des éclaireurs dans le récit sacerdotal. Faut-il voir à l'origine du récit non-sacerdotal une tradition orale liée à Caleb ? C'est l'opinion de Noth pour qui, derrière le récit non-sacerdotal qu'il attribue à un auteur yahviste, apparaît une histoire calébite de la prise d'Hébron et de ses environs par le clan de Caleb[204]. Selon Noth, cette tradition aurait été secondairement mise en relation avec la tradition relative à la bataille d'Horma – dont on trouve les traces en Nb 14,39-45 – et intégrée dans le récit yahviste, ce qui implique un profond changement. En effet, la logique du récit yahviste qui décrit une conquête par l'est aurait entraîné la transformation du récit de la prise d'Hébron par les Calébites en récit de défaite militaire, tout en sauvegardant le rôle privilégié de Caleb et en fournissant ainsi une étiologie à la possession de la ville d'Hébron par le clan calébite[205].

D'autres hypothèses ont été avancées pour expliquer la juxtaposition dans le texte "ancien" de Nb 13-14 d'un récit d'exploration et d'un récit de protestation: pour Coats[206], la tradition la plus ancienne est constituée d'un récit d'exploration de la région de Hébron – exploration menée dans une perspective de conquête. Une forme littéraire intitulée "récit d'éclaireurs" a été décrite, à partir d'un nombre très limité de textes par Wagner[207] et c'est à ce cadre formel que Coats recourt pour expliquer la genèse du récit ancien de Nb 13-14. Le "récit d'éclaireurs" comporte, dans sa forme complète, 6 éléments:

1° Le choix d'éclaireurs.
2° Leur envoi en mission avec des instructions précises.
3° L'accomplissement de cette mission.
4° Le retour des éclaireurs et la description des résultats de la mission.

---

204 Cf. Noth, Überlieferungsgeschichte (1948) 145.
205 Cf. *ibid.* 148-149.
206 Cf. Coats, Rebellion (1968) 151-155.
207 Cf. Wagner, Kundschaftergeschichten (1964) 255-269. L'auteur définit cette forme littéraire ("Gattung") – le récit d'éclaireurs – à partir de Jos 2; Jos 7; Jg 18,1-10; Nb 13-14.

5° L'affirmation que Yahvé a remis le pays entre les mains des Israélites et
que la victoire est assurée
6° Le récit de l'entreprise de la conquête.

Selon Coats, le récit de la révolte d'Israël contre Yahvé aurait été, en Nb
13-14, secondairement ajouté au cadre littéraire initial[208] – constitué exclusivement du récit d'exploration – pour fournir une justification théologique
de l'échec de la mission. Le raisonnement de Coats est en fait très fragile,
car il s'appuie sur l'existence d'une forme littéraire qui est définie à partir
d'un nombre insuffisant de textes.

En réalité, il est illusoire de penser pouvoir reconstituer de manière
exacte l'histoire de la composition du récit non-sacerdotal, particulièrement
les phases pré-littéraires de cette histoire. Tout au plus peut-on remarquer
la place particulière de Caleb dans le récit. Ce constat suggère qu'une
tradition dont le principal personnage était Caleb puisse être sous-jacente
au récit non-sacerdotal[209].

Caractéristiques du récit sacerdotal
La source du récit sacerdotal est le récit non-sacerdotal. Le parallélisme du
plan des deux récits le démontre:

RECIT ANCIEN	RECIT SACERDOTAL
13,17b-20: ordre de mission de	13,1-2a.3a: Envoi d'éclaireurs
Moïse pour monter et voir le pays	pour explorer le pays de Canaan
13,22aα.23a: exécution de la	13,21: la reconnaissance
la mission	
	13,25-26: retour de mission
13,27a.27bß-28.30-31	13,32-33aα.33b: compte-rendu
compte-rendu de mission	calomniateur.
14,1b.4: protestation	14,1a.2-3.5.10b: murmure de la
et rébellion du peuple	communauté
14,11a.23b-24.25b	14,26-35: sanction de Yahvé
sanction de Yahvé	
14,39-45	14,36-37
début d'exécution de la sanction	début d'exécution de la sanction

Cette conclusion correspond aux résultats de l'étude de McEvenue
consacrée au style de l'auteur sacerdotal[210], malgré quelques divergences de
détail concernant la délimitation exacte des récits ancien et sacerdotal.

---

[208] Entre le compte-rendu de l'exploration et le récit de la défaite militaire.
[209] Ceci expliquerait en particulier le singulier du verbe בוא en Nb 13,22aα.
[210] Cf. McEvenue, Narrative Style (1971) 90-144.

McEvenue décrit parfaitement ce en quoi l'auteur sacerdotal diffère de sa source: *son oeuvre privilégie la théologie à l'action*. Les discours y prennent une place prépondérante. Le vocabulaire auquel recourt l'auteur sacerdotal se distingue de celui du récit ancien, même s'il lui arrive d'en emprunter quelques éléments. Ce dernier point a été souligné à deux reprises au cours de la présente analyse des chapitres 13-14 – qui a montré comment les verbes תור et לון prennent, dans le récit sacerdotal, un sens proprement théologique, et comment la reconnaissance du pays revêt, dans le récit sacerdotal, une dimension plus symbolique que pratique.

Les récits ancien et sacerdotal ont-ils eu une existence indépendante avant de fusionner ? Aucune réponse définitive ne peut être apportée à cette question à ce stade de l'étude: il est possible que le récit sacerdotal soit d'emblée venu se greffer à un document préexistant, comme il est possible qu'il ait d'abord eu une existence autonome au sein d'un document sacerdotal. Quelle que soit la réponse à cette question, les deux récits "fusionnés" ont été secondairement enrichis de plusieurs "additions" post-deutéronomistes, dont la conséquence est de faire coexister dans le texte définitif de Nb 13-14 deux théologies dont les perspectives diffèrent.

4. LA THÉOLOGIE DE NB 13-14: LA JUXTAPOSITION DE DEUX CONCEPTIONS DU RAPPORT DES HOMMES À DIEU

L'analyse synchronique de Nb 13,1–20,13 avait manifesté la prépondérance de l'influence sacerdotale dans ces chapitres – une même logique marquant de son empreinte les récits comme les ensembles législatifs: logique de séparation, de distinction entre d'une part ceux qui font la volonté de Yahvé et se conforment à ses lois – et sont ainsi reconnus dignes d'appartenir à son peuple, et d'autre part ceux qui s'écartent sciemment de la loi donnée par Yahvé et sont, de ce fait, irrémédiablement exclus de la communauté.

Cette logique de séparation domine les chapitres 13-14. *L'auteur sacerdotal utilise en effet le récit ancien pour le mettre au service de ses propres perspectives théologiques:* le récit sacerdotal vient appuyer et amplifier tout ce qui, dans le récit ancien, exprime la réprobation et la condamnation de Yahvé à l'égard de ceux qui contrarient sa volonté. En procédant de la sorte, l'auteur sacerdotal cherche à minimiser la dimension historique du récit dont il s'inspire et à n'en retenir que des principes formels. La relation de l'homme à Dieu apparaît quelque peu mécanique, rétribution exacte de l'agir humain. Yahvé est un Dieu souverain – ce que souligne la passivité de Moïse et d'Aaron. La théologie du récit sacerdotal de Nb 13-14 est conforme à celle qui s'exprime dans les textes législatifs de Nb 15,22-41: le lien entre Nb 13-14 et Nb 15 ne réside pas dans la parenté du vocabulaire, mais dans l'identité de la logique des deux textes. Ainsi, le récit sacerdotal de Nb 13–14 "fonctionne" comme un texte législatif et se rapproche à cet égard des brefs récits inclus dans les ensembles de lois sacerdotales – récits dont le rôle consiste uniquement à illustrer une prescription législative (cf. Lv 24,10-16; Nb 15,32-36).

Cependant, *l'intercession de Moïse et le pardon de Yahvé qui lui fait suite (Nb 14,11b-20) expriment une théologie différente:* dans leur version actuelle, les vv. 11b-20 ont été attribués à un rédacteur post-deutéronomiste – ce qui ne préjuge pas de l'existence éventuelle d'un noyau plus ancien. Les milieux post-deutéronomistes sont par ailleurs responsables d'un certain nombre d'additions ponctuelles, dont la fonction est souvent d'harmoniser le texte avec les données du Deutéronome et du livre de Josué – la place donnée au personnage de Josué dans la forme finale du récit donne un excellent exemple de ce souci d'harmonisation.

Les interventions – même ponctuelles – de la rédaction post-deutéronomiste n'ont pas uniquement une visée littéraire harmonisante, elles comportent également un enjeu théologique: ainsi, à travers le personnage de Josué, c'est la continuité d'Israël qui est affirmée. La crise sera surmontée et Yahvé continuera d'être présent à son peuple. C'est cette proximité de Yahvé à l'histoire des hommes et sa capacité de répondre à leur prière qu'exprime de manière beaucoup plus développée l'intercession de Nb 14,11b-20.

Ainsi, deux composantes littéraires et théologiques différentes – voire contradictoires – sont juxtaposées dans le récit de Nb 13–14:
Une composante sacerdotale: le récit de Nb 13–14, qui se termine par la mort des éclaireurs et la condamnation de la génération de l'Exode, doit servir d'exemple et de mise en garde à la génération suivante (pour qui la promesse est cependant confirmée) et au-delà, à toutes les générations futures.
Une composante post-deutéronomiste, plus discrète, mais incontestable: face au péché du peuple se manifeste la pardon de Yahvé, tout comme il se manifestera tout au long de l'histoire d'Israël. Ainsi, dans la perspective post-deutéronomiste, le récit de Nb 13–14 revêt également un rôle paradigmatique, préfigurant d'autres péchés et d'autres échecs (l'exil) au coeur desquels Yahvé sera avec le peuple et le pardonnera.

Deux théologies très différentes coexistent donc dans le même récit. Comme le souligne Crüsemann, cette "mise ensemble" de matériaux provenant d'époques différentes mais aussi de milieux qui se font face ou qui s'opposent (comme les cercles sacerdotaux et post-deutéronomistes) est sans doute l'un des traits les plus caractéristiques de la Tora[211]. Ainsi, les ultimes rédacteurs de Nb 13–14 n'ont pas cherché à uniformiser ce récit: ils ont laissé s'y exprimer une pluralité de théologies[212].

---

[211] Cf. Crüsemann, Die Tora (1992) 8.16.383-385.
[212] Les conclusions théologiques de l'étude des textes sont développées au chapitre IX.

VI

ETUDE DIACHRONIQUE DE NOMBRES 16–17

Ces deux chapitres du livre des Nombres sont encadrés par deux collections de lois (Nb 15 et Nb 18–19). Trois récits y sont juxtaposés:
- Le récit de la révolte de chefs du peuple – conduits par Coré – contre Moïse et Aaron (Nb 16,1–17,5).
- Un récit décrivant la protestation des Israélites contre Moïse et Aaron à la suite de la sanction prise contre les rebelles (Nb 17,6-15).
- Un récit établissant la primauté de la tribu de Lévi (et de son chef Aaron) sur les autres tribus d'Israël (Nb 17,16-26).

Dans la forme actuelle du texte, une thématique commune – l'affirmation de la place spécifique des prêtres et du sacerdoce aaronide au sein du peuple d'Israël – unit les trois récits et permet de considérer l'ensemble Nb 16–17 comme une unité littéraire[1]. Cependant les éléments rassemblés dans ces chapitres sont très divers, particulièrement en Nb 16,1–17,5 où la multiplicité des personnages et les nombreuses tensions et oppositions que met en évidence la simple lecture du texte témoignent de la complexité de l'histoire de sa composition.

1. STRUCTURE DU TEXTE

Le jeu des personnages, les thèmes abordés, les précisions topographiques, l'alternance de discours et de parties narratives constituent les points d'appui d'une structure littéraire qui rend compte des principales articulations du récit dans sa forme actuelle. Une telle structure est naturellement indépendante de l'histoire du texte:

Premier récit: Nb 16,1–17,5

Nb 16,1-3 Dans ces *versets d'introduction* sont juxtaposés d'une part une énumération de l'ensemble des personnages impliqués dans la révolte[2], et d'autre part un discours adressé par les rebelles à Moïse et Aaron – leur reprochant leur prééminence au sein de l'assemblée des Israélites (v. 3).
Nb 16,4-7 Réaction de Moïse (v. 4) et premier discours de Moïse (vv. 5-7): le premier discours de Moïse s'adresse exclusivement à Coré et à "sa"

---

1   Cf. chapitre III, § 2.3.
2   Dans la suite du récit, ces différents personnages interviennent le plus souvent séparément.

communauté, tandis que le verbe ויקהלו (v. 3) semble avoir pour sujet collectif l'ensemble des personnages cités aux vv. 1-2[3]. Le discours des vv. 5-7 répond au discours du v. 3 dont il met en cause l'argument principal: l'égale sainteté de l'ensemble des fils d'Israël. Par ailleurs, les actions prêtées à Moïse par les versets 4 (tomber face contre terre) et 5 (adresser un discours à Coré) peuvent sembler contradictoires. Cependant, le sujet du verbe וידבר (v. 5) – Moïse – n'est exprimé qu'en Nb 16,4: l'analyse grammaticale invite donc à ne pas séparer les versets 4 et 5.

Nb 16,8-11 Deuxième discours de Moïse: ce discours possède une introduction indépendante (Nb 16,8aα: ויאמר משה אל־קרח). Sa thématique (la prééminence du sacerdoce aaronide sur les lévites) n'a aucun antécédent dans le récit.

Nb 16,12-14 Discours de Datan et Abiram adressé à Moïse: les personnages de Datan et Abiram, absents des vv. 4-11, sont ici les seuls interlocuteurs de Moïse. Ils s'opposent à lui en contestant le bien-fondé de la marche vers le pays promis. Le motif de la révolte diffère donc de celui invoqué au v. 3 et se rapproche des récriminations des Israélites dans le récit de Nb 13-14.

Nb 16,15 Discours de Moïse adressé à Yahvé: les discours de Moïse des vv. 5-7.8-11 semblent constituer sa réponse au discours de protestation du v. 3. De même, il semble logique de considérer le discours du v. 15 comme la réponse de Moïse au discours de protestation de Datan et Abiram (vv. 12b-14), puisqu'il lui fait suite. Cependant, certains thèmes du v. 15 semblent étrangers à l'argumentation développée aux vv. 12b-14. C'est pourquoi il est préférable d'isoler ce verset dans la structure du texte.

Nb 16,16-19a Directives de Moïse. Leur mise en oeuvre par Coré et ses partisans: le discours de Moïse des vv. 16-17 reprend la plupart des éléments du discours des vv. 6-7.

Nb 16,19b-24 Intervention directe de Yahvé et annonce de sanctions: le récit de l'apparition de la gloire de Yahvé précède deux discours distincts de Yahvé (v. 21, introduit par le v. 20; v. 24, introduit par le v. 23) séparés par une intercession de Moïse et d'Aaron (v. 22).

Nb 16,25-34 Sanction contre les rebelles: deux discours de Moïse (vv. 26.28-30) annoncent le châtiment des rebelles dont les vv. 31-34 décrivent la réalisation. Le lieu de l'action se situe dans le camp, devant la tente des

---

3　C'est également l'interprétation de Gray (cf. Numbers [1903] 197), Liver, (Korah [1961] 189-217, particulièrement 194). En revanche Coats (cf. Rebellion [1968] 157) considère que seuls Coré et ses partisans sont les sujets du verbe ויקהלו. Cette solution s'inscrit dans la perspective diachronique qui est celle de l'auteur, mais rien ne permet de la retenir dans la version définitive du récit.

rebelles. Les vv. 18ss situaient au contraire l'action devant la tente de la rencontre.

Nb 16,35 Second récit de sanction: le thème du v. 35 le relie aux vv. 16-19a. L'action se situe de nouveau face à la tente de la rencontre (Nb 16,35a: "Un feu sortit de YHWH").

Nb 17,1-5: Ces versets se présentent comme un supplément au récit de Nb 16,1-35 dont ils mettent en relief l'un des thèmes théologiques: l'insistance sur la prééminence du sacerdoce aaronide (v. 5).

Deuxième récit: Nb 17,6-15

Le motif de la protestation du peuple ("C'est vous qui avez fait mourir le peuple de YHWH") rattache ce récit à celui qui le précède. Trois parties peuvent y être distinguées:

Nb 17,6: Discours de protestation des Israélites.

Nb 17,7-10a: Apparition de la gloire de Yahvé et discours de Yahvé (projet de sanction).

Nb 17,10b-15: Intervention salutaire de Moïse et Aaron.

Troisième récit: Nb 17,16-26

Deux éléments relient ce récit aux épisodes qui le précèdent: d'une part les vv. 20b et 25 se réfèrent explicitement aux révoltes du peuple décrites par les récits précédents: v. 20b: "J'apaiserai les murmures des fils d'Israël contre moi, eux qui murmurent contre vous"; v. 25: "YHWH dit à Moïse: "Ramène le bâton d'Aaron devant la charte afin de le garder comme signe pour les fils de la révolte. Tu feras cesser leurs murmures contre moi et ils ne mourront plus !". D'autre part, en soulignant la primauté d'Aaron, le récit reprend un thème déjà largement développé en Nb 16,1-17,5.

3 sections peuvent être délimitées:

Nb 17,16-20: Discours et instructions de Yahvé.

Nb 17,21-24: Exécution des instructions par Moïse.

Nb 17,25-26: Epilogue (second discours de Yahvé)

Nb 17,27-28: ces deux versets sont sans lien direct avec le récit des vv. 16-26. Ils semblent plutôt servir de transition avec les textes législatifs de Nb 18.

2. ANALYSE LITTÉRAIRE DE NB 16,1-17,5

2.1. Nb 16,1-3: une révolte de notables contre Moïse et Aaron

2.1.1. Traduction et critique textuelle

16,1 Coré, fils de Yiçhar, fils de Qehat, fils de Lévi prit Datan[4] et Abiram
fils d'Eliav et On[5] fils de Pelet[6], fils[7] de Ruben. (2) Ils se dressèrent contre

---

[4] La traduction proposée est conjecturale. En effet, le verbe ויקח qui ouvre le verset n'a
pas de complément d'objet direct. Les noms propres "Datan et Abiram" sont séparés du
verbe par la césure principale du verset et précédés par la particule ו - ce qui conduit à
considérer Nb 16,1b comme une apposition:

ויקח קרח בן-יצהר בן-קהת בן-לוי
ודתן ואבירם בני אליאב ואון בן-פלת בני ראובן

Les solutions proposées pour résoudre cette difficulté sont très diverses mais aucune ne
s'impose:
- la version de la Septante est éloignée du texte massorétique: Και ελαλησεν Κορε
υιος Ισααρ υιου Κααθ υιου Λευι, και Δαθαν και Αβιρων υιοι Ελιαβ, και Αυν
υιος Φαλεθ υιου Ρουβην.
- Plusieurs auteurs évoquent une corruption du texte et lisent ויקם, ou ויקהל, recourant
ainsi aux verbes qui ouvrent respectivement les vv. 2 et 3 (cf. Baentsch, Exodus,
Leviticus, Numeri [1903] 544, Rudolph, Elohist [1938] 83-84). Cependant, ces solutions
ne reposent pas sur des témoins textuels suffisants: seule la seconde colonne des
Hexaples d'Origène pourrait fournir un appui à la leçon ויקם, puisque la traduction
proposée est υπερηφανευθη.
- La comparaison avec la langue arabe conduit d'autres auteurs à faire dériver le verbe
ויקח d'une racine יקח signifiant "se conduire de manière insolente" et postulent, en
conséquence, une modification de la vocalisation du texte Massorétique (cf. Noth,
Numeri [1966] 104, Budd, Numbers [1984] 179).
- La traduction proposée donne parfois un sens figuré au verbe לקח – ainsi Levine
(Numbers 1-20 [1993] 407): "Korah son of Izhar, son of Kohath, son of Levi, took
counsel, along with Datan and Abiram, and On son of Peleth, all Reubenites".
- Enfin, Gray (cf. Numbers [1903] 195) évoque la possibilité que le complément d'objet
du verbe ait été perdu. Cette hypothèse est retenue par De Vaulx (cf. Les Nombres
[1972] 188) qui laisse demeurer une lacune dans la traduction qu'il adopte: "Qoré fils de
Yishar, fils de Qehât, fils de Levi prit... et Datan et Abiram".

[5] La BHS évoque ici une corruption du texte et propose de lire le pronom personnel הוא et
non ואון. "On" ne joue en effet aucun rôle dans la suite du récit et il n'existe aucune autre
mention de ce personnage dans la Bible hébraïque. Gray (cf. Numbers [1903] 195)
évoque la possibilité d'une dittographie – ואון représentant la répétition corrompue des
dernières lettres du nom propre אליאב qui le précède. Ces différentes hypothèses ne sont
attestées par aucun témoin textuel et ne peuvent donc être retenues.

[6] Se basant sur la généalogie de Nb 26,5-8 (Nb 26,8: "Fils de Pallu, Eliav"), la BHS
propose de lire פלוא au lieu de פלת. Aucun manuscrit ne retient néanmoins cette leçon
harmonisante.

[7] Le singulier du Pentateuque samaritain (בן) et de la version de la Septante (υιου)
s'oppose au pluriel בני du texte massorétique. La leçon du texte massorétique ne
comporte cependant aucune difficulté grammaticale: l'expression "fils de Ruben"
s'applique d'une part à Pelet et Eliav, et d'autre part à On.

Moïse, avec 250 hommes parmi les fils d'Israël: des chefs de la communauté, des délégués au rassemblement[8], des hommes de renom. (3) Ils s'assemblèrent contre Moïse et contre Aaron et leur dirent: "Assez ! Car[9] toute la communauté – eux tous – sont saints, et YHWH est au milieu d'eux; pourquoi vous élevez-vous au-dessus de l'assemblée de YHWH ?"

2.1.2. *Analyse littéraire*

Dans la forme actuelle du texte, l'ensemble des personnages énumérés au v. 1 sont les sujets des actions décrites par les vv. 2aα et 3aα. Ces deux versets forment un doublet, puisqu'ils décrivent tous deux en des termes différents le mouvement de protestation qui oppose les Israélites à leurs dirigeants, Moïse étant le seul destinataire de la révolte en Nb 16,2aα (משה ויקמו לפני), tandis que celle-ci apparaît dirigée contre Moïse et Aaron en Nb 16,3aα (ויקהלו על־משה ועל־אהרן).

L'utilisation du verbe קום pour désigner la révolte du peuple est inhabituelle, puisque Nb 16,2 représente la seule occurrence de ce terme dans les récits d'opposition du peuple, tant dans le livre de l'Exode que dans le livre des Nombres. En revanche, la construction קהל על (s'assembler contre) est retrouvée en Nb 17,7; 20,2 avec comme compléments Moïse et Aaron – de même qu'en Nb 16,3 – ce qui évoque une origine sacerdotale de l'expression. Les deux phrases parallèles des versets 2aα et 3aα ("Ils se dressèrent contre Moïse", "Ils s'assemblèrent contre Moïse et contre Aaron") pourraient donc provenir de deux traditions différentes.

Le vocabulaire de Nb 16,3 témoigne de l'origne sacerdotale de la totalité de ce verset (verbe קהל על, substantifs עדה et קהל, personnage d'Aaron). Deux thèmes différents y sont juxtaposés:

1° *L'affirmation de la sainteté de la totalité du peuple* (v. 3a):
"Assez ! Car toute la communauté – eux tous – sont saints, et YHWH est au milieu d'eux". Cette formule semble se référer à Nb 15,40, verset auquel la relie le mot-crochet קדשים (Nb 15,40: "De sorte que vous vous souveniez de tous mes commandements et que vous les mettiez en application, afin

---

8   Littéralement "des hommes appelés au rassemblement". Le mot rassemblement est relativement imprécis mais a été préféré au terme "assemblée" – qui traduit habituellement le substantif קהל – pour éviter toute ambiguïté.

9   Dans la traduction proposée par De Vaulx (Les Nombres [1972] 188: "Ca suffit ! Puisque toute la communauté, tous, sont saints et que YHWH est au milieu d'eux, pourquoi vous élevez-vous au-dessus de l'assemblée de YHWH ?"), le v. 3aß devient une proposition subordonnée au v. 3b. Cette interprétation ne prend pas en considération la particule ו qui ouvre Nb 16,3b (ומדוע) – particule qui, plus qu'un lien logique, exprime une simple juxtaposition entre les deux propositions qui forment le v. 3. Il est donc préférable de retenir une traduction assez littérale du verset.

d'être saints pour votre Dieu") et qui conclut la collection de lois sacerdotales qui précède immédiatement le récit de Nb 16. Dans le contexte plus
large du Pentateuque, le verset 3a évoque certaines expressions de la
théologie deutéronomique: ainsi, Crüsemann[10] remarque que la thèse des
rebelles en Nb 16,3a correspond à la théologie exprimée par Dt 7,6a; 14,2a
("Car toi, tu es un peuple saint pour YHWH ton Dieu..."), textes dans
lesquels la sainteté est présentée comme un attribut du peuple considéré
collectivement. Dans la mesure où le v. 3 est manifestement sacerdotal, on
peut envisager l'hypothèse que le texte reprenne ici un thème classique de
la théologie deutéronomique pour en faire la critique, en le plaçant dans la
bouche des rebelles qui s'opposent aux dirigeants du peuple. Ainsi, grâce au
récit de Nb 16,3ss, l'auteur sacerdotal précise la signification de Nb 15,40
et cherche à éviter tout contresens sur ce texte[11]: la sainteté à laquelle sont
appelés tous les Israélites ne saurait être invoquée pour remettre en cause
les institutions de la communauté, ni la prééminence de certains de ses
membres.

2° *Le reproche fait à Moïse et Aaron de s'élever au dessus du reste des
Israélites* (v. 3b): cette accusation trouve un parallèle dans le discours de
Datan et Abiram en Nb 16,13bß. Le vocabulaire utilisé est certes différent
(verbe שׂרר au hithpael en Nb 16,13bß[12], verbe נשׂא au hithpael en Nb
16,3b), mais le recours à une même forme grammaticale illustre la
proximité des deux textes et des thèmes qu'ils développent (v. 3b: s'élever
au-dessus de; v. 13bß: se poser en gouverneur au-dessus de). En revanche,
le v. 3b se différencie du verset 13bß par le vocabulaire qui y désigne les
Israélites: קהל־יהוה – l'assemblée de Yahvé. Cette terminologie comporte
une connotation cultuelle absente de Nb 16,13.

Ces différents constats conduisent à l'hypothèse suivante: Nb 16,3b
reprend la thématique de Nb 16,13bß en en modifiant le contexte. Tandis
que Datan et Abiram contestent le pouvoir temporel de Moïse dans le
discours de Nb 16,12-14, c'est la prééminence de Moïse et Aaron au sein
des Israélites considérés comme assemblée cultuelle qui est remise en
question par le discours de Nb 16,3b.

---

10 Cf. Crüsemann, Die Tora (1992) 415-416.

11 Blum décrit en ces termes les relations unissant Nb 15,40 et Nb 16,3 – relations qu'il
    considère comme un excellent exemple du travail de "composition" sacerdotale: "Als ein
    weiterer kompositorischer Zusammenhang innerhalb unseres Pentateuchtextes ist der
    Stichwort-Konnex mit Nu 15,40f zu beachten. In einer Paränese (..) geht es hier (..) um
    das "Heilig-sein" der Israeliten; und inhaltlich kann man 15,40f und 16,3ff in einem
    reziproken Verhältnis von "Aussage" und "verbindliche Entfaltung" sehen." (Komposi-
    tion [1990] 271, n. 157).

12 Cette forme verbale qui peut être traduite par "se poser en gouverneur" constitue un
    hapax dans la Bible hébraïque.

Dans l'état actuel du texte, les deux thèmes développés par le v. 3 sont complémentaires: Nb 16,3a peut en effet être considéré comme l'argument théologique qui vient soutenir le reproche formulé en Nb 16,3b – même si la construction grammaticale du verset ne permet pas de considérer Nb 16,3aß comme une proposition causale subordonnée à Nb 16,3b.

Etude des personnages
- *Coré:* dans la version actuelle du texte, le personnage de Coré est défini par Nb 16,1 comme un lévite[13]. La généalogie de Nb 16,1a correspond à la généalogie sacerdotale d'Ex 6,16ss. Dans la suite du récit, le personnage de Coré intervient uniquement dans des sections d'origine sacerdotale: il est qualifié de lévite (v. 8) ou est présenté comme un chef rebelle que suit une partie de la communauté ("sa communauté" – עדתו: Nb 16,5.6.16; 17,5) – parfois même sa totalité (Nb 16,19).
- *Datan et Abiram:* en Nb 16,1, Nb 16,24 et Nb 16,27a, Datan et Abiram sont associés au personnage de Coré. C'est également le cas en Nb 26,9 – texte sacerdotal qui fait référence au récit de Nb 16[14]. En revanche, Datan et Abiram sont cités seuls en Nb 16,12.25.27b, de même qu'en Dt 11,6 et Ps 106,17[15]. Ces deux derniers textes fournissent des données identiques à celles apportées par Nb 16,27ss – section du récit dans laquelles Datan et Abiram interviennent indépendamment de Coré. L'ensemble de ces remarques conduit à émettre l'hypothèse de l'existence d'un récit indépendant concernant Datan et Abiram[16], récit secondairement intégré dans le cadre plus large du chapitre 16 du livre des Nombres.

---

[13] Pour Gunneweg (cf. Leviten und Priester [1965] 173-175), le personnage de Coré lié à des traditions lévitiques (cf. Ex 6,16ss; Nb 26,58; 1 Ch 6,1ss; 9,18-19; 26,1; 2 Ch 20,19; Ps 42-49; 84; 87-88) doit être distingué des personnages de même nom évoqués dans le cadre de traditions non lévitiques (Gn 36,5; 1 Ch 1,35; 1 Ch 2,42ss). L'analyse des rapport éventuels existant entre ces différents textes sort du cadre de la présente étude pour laquelle il importe seulement de retenir qu'il existe une tradition fortement attestée liant le nom de Coré à des groupes et à des fonctions lévitiques.

[14] Nb 26,9: "Ce sont eux, Datan et Abiram, délégués de la communauté, qui s'étaient insurgés contre Moïse et contre Aaron, ils étaient dans la communauté de Coré lorsqu'ils s'insurgèrent contre YHWH".

[15] Dt 11,6: "C'est ce qu'il a fait à Datan et Abiram, fils d'Eliab, fils de Ruben, que la terre ouvrant sa bouche a engloutis – avec leurs maisons, leurs tentes et tous ceux qui s'étaient dressés à leur suite – au milieu de tout Israël ".
Ps 106,17: "La terre s'ouvrit et engloutit Datan, elle recouvrit la bande d'Abiram ".

[16] Parmi les études les plus récentes, celles de Budd (cf. Numbers [1984] 182) et de Blum (cf. Komposition [1990] 264) retiennent cette hypothèse. Blum l'exprime en ces termes: "Daß die Linie von Dathan und Abiram, die Mose Herrschaftsgelüste vorwarfen und zur Strafe mitsamt ihren Familien und Zelten von der Erde verschlungen wurden, daß diese linie auf eine eigenständige Tradition zurückgeht, wird durch Dtn 11,6 belegt".

- *250 hommes* (אנשים): la suite du récit fait deux fois référence au chiffre 250 (Nb 16,17.35) dans des sections dont le thème – l'agrément ou le rejet par Yahvé d'une offrande d'encens – est manifestement sacerdotal. Ceci conduit à récuser l'hypothèse de Lehming[17], selon laquelle le verset 2a (et peut-être également le v. 2b) fait partie d'un récit ancien qui constitue le noyau du récit actuel de Nb 16. De plus, la délimitation du texte ancien que propose l'auteur "Et 250 Israélites se dressèrent contre Moïse" se heurte à la syntaxe du récit actuel: une conjonction de coordination (ו) précède en effet le sujet que Lehming attribue au verbe קום: מבני אנשים ומשה לפני ויקמו ישראל חמשים ומאתים.L'auteur est conduit à postuler que cette conjonction a été introduite lors d'une phase ultérieure de la composition du texte, séparant ainsi le verbe de son sujet. Il semble moins conjectural de considérer Nb 16,2aß comme une addition apportée au texte ancien, auquel la relie la particule ו.

- *Chefs de la communauté, délégués au rassemblement, hommes de renom.*
- Le substantif נשיא (chefs) est employé à de multiples reprises dans les textes sacerdotaux du livre des Nombres (cf. Nb 14,2, chapitre V, § 3.1.2).
- L'expression קראי מועד (délégués au rassemblement) est unique. Elle se rapproche cependant des formulations de Nb 1,16 et 26,9 (délégués à l'assemblée: קריאי העדה). De même, la formule אנשי־שם (hommes de renom) est inaccoutumée. On retrouve des expressions similaires en Gn 6,4 (אנשי השם) et 1 Ch 5,24; 12,31 (אנשי שמות)

Le style littéraire de Nb 16,2b – où se succèdent trois appositions définissant l'identité des personnages – évoque le travail d'un auteur sacerdotal: les écrits sacerdotaux offrent en effet plusieurs exemples d'un tel procédé littéraire (cf. Nb 1,16; 7,2; 13,2). L'originalité du verset 2b tient à l'usage d'expressions inhabituelles: l'analyse littéraire de Nb 13-14 a cependant fourni plusieurs exemples de textes sacerdotaux ayant recours à un vocabulaire emprunté à des traditions plus anciennes.

2.1.3. *Principaux résultats de l'analyse littéraire de Nb 16,1-3*

Le matériel littéraire qui compose les versets 1-3 apparaît disparate: les personnages de Coré et des 250 fils d'Israël d'une part, les personnages de Datan et Abiram (et sans doute le personnage de On) d'autre part proviennent de traditions différentes: les premiers peuvent être rattachés à une tradition sacerdotale, tandis que les seconds proviennent d'une tradition probablement plus ancienne, qu'un auteur sacerdotal a intégrée dans son

---

17   Cf. Lehming, Versuch [1962] 301ss.

propre récit. Dans le texte actuel, Coré, Datan et Abiram sont en effet tous trois sujets du verbe וַיָּקֻמוּ (v. 2a).

Les versets 3aα et 2aα forment un doublet, le premier est manifestement d'origine sacerdotale, tandis que le second pourrait provenir de la tradition "Datan-Abiram". Nb 16,3b développe en fonction de catégories sacerdotales la thématique retrouvée au verset 13b: ainsi, comme en Nb 13-14, un texte sacerdotal développe et interprète des éléments d'un récit ancien qu'il adapte à la théologie des milieux sacerdotaux.

Il est difficile de préciser à ce stade de l'analyse si plusieurs étapes doivent être distinguées dans la composition du texte sacerdotal définitif : les appositions du verset 2b, les généalogies de Nb 16,1aß.bß pourraient être tardives.

Ces résultats de l'analyse de Nb 16,1-3 concordent avec ceux apportés par la plupart des études exégétiques qui distinguent également un matériel littéraire ancien auquel appartiennent les personnages de Datan et Abiram et des éléments sacerdotaux (Nb 16,1a.bß.2aß-3)[18], mais qui admettent que la fusion de ces différents éléments dans un même récit en Nb 16,1-2 rend hasardeuse la délimitation précise de ce qui revient aux différentes traditions au sein des deux premiers versets du texte. Ahuis[19] et Aurelius[20], définissent quant à eux trois types d'éléments en Nb 16,1-3: ceux qui proviennent d'une tradition ancienne concernant Datan et Abiram, ceux qui sont issus d'une tradition sacerdotale concernant 250 chefs de la communauté, des éléments plus tardifs enfin, attribués aux auteurs qui fusionnent les deux traditions précédentes. Ce n'est qu'à ce dernier stade de la composition que, selon Ahuis – dont le point de vue rejoint sur ce point celui de Blum[21] – et Aurelius, le personnage de Coré aurait été intégré dans le récit. En revanche, dans une étude récente, Schmidt[22] distingue 4 étapes dans la composition du texte (un récit pré-sacerdotal concernant Datan et Abiram, un récit sacerdotal concernant 250 hommes, une relecture sacerdotale introduisant le personnage de Coré et une couche rédactionnelle). Selon ce schéma, l'introduction du personnage de Coré dans le récit sacerdotal serait antérieure à l'ultime étape de la composition du texte – au cours de laquelle aurait été effectuée la fusion des récits pré-sacerdotal et

---

[18]   Cf. Baentsch (Exodus, Leviticus, Numeri [1903] 539-545), Holzinger (Numeri [1903] 66), Eißfeldt (Hexateuch Synopse [1922] 173), Noth (Numeri [1966] 109), Fritz (Israel in der Wüste [1970] 25-26), Budd (Numbers [1984] 181-182), Levine (Numbers 1-20 [1993] 423-424. 428-429).

[19]   Cf. Ahuis, Autorität im Umbruch (1983) 72.

[20]   Cf. Aurelius, Fürbitter (1988) 194-202.

[21]   Cf. Blum, Komposition (1990) 265-266. 266 n. 139.

[22]   Cf. Schmidt, Studien zur Priesterschrift (1993) 113-179.

sacerdotal. La discussion des principales hypothèses concernant la composition de Nb 16,1-17,5 sera effectuée au terme de l'analyse littéraire de ce récit.

2.2. Nb 16,4-7: réaction et premier discours de Moïse

2.2.1. Traduction et critique textuelle

16,4 Moïse entendit et tomba face contre terre[23]. (5) Il parla à Coré et à toute sa communauté en ces termes: "Demain matin[24], YHWH fera savoir qui est à lui et qui est saint et il le fera approcher vers lui; c'est celui qu'il choisira qu'il fera approcher vers lui[25]. (6) Faites ceci: prenez des cassolettes – Coré et toute sa communauté; (7) demain, mettez-y du feu et placez au-dessus d'elles de l'encens, devant YHWH. Alors, l'homme que YHWH choisira, c'est lui qui est saint. C'en est trop, fils de Lévi !"

2.2.2. Analyse littéraire

La tension existant entre le v. 4 d'une part et les vv. 5-7 d'autre part a été soulignée dans le paragraphe précédent. Mais dans l'état actuel du texte, le sujet des verbes וישמע, ויפל (v. 4) et וידבר (v. 5) – Moïse – n'est mentionné qu'une seule fois, au début du verset 4, ce qui renforce l'unité des vv. 4-7.

Les vv. 4-7 sont d'origine sacerdotale, comme en témoignent le vocabulaire utilisé (הקדוש עדתו[26]ויפל על־פניו) et la thématique développée (agrément par Yahvé d'une offrande d'encens, cf. Lv 10,1ss).
- Le style du v. 5 est très lourd, avec des redondances et des répétitions – ce qui laisse supposer l'intervention d'un rédacteur sacerdotal tardif: "Demain

---

[23] La BHS propose une leçon différente (ויפלו פניו: "son visage fut abattu") pour supprimer la tension qui existe entre les vv. 4 et 5. L'expression ויפל על פניו désigne en effet un geste de supplication adressé le plus souvent à Dieu (parfois aux hommes). Ainsi, en Nb 16,22, le discours de supplication qu'adressent à Dieu Moïse et Aaron suit immédiatement le geste. En Nb 16,4 cependant, l'interprétation de ויפל על פניו est difficile: le geste de Moïse s'adresse-t-il à Yahvé ou aux contestataires ? Quoi qu'il en soit, la tonalité du discours de Nb 16,5ss contraste fortement avec le v. 4. La leçon suggérée par la BHS s'appuie sur Gn 4,5 où l'on retrouve l'expression ויפלו פניו dans le sens de "son visage fut abattu". Certes, elle supprime la tension qui existe dans le récit en harmonisant le v. 4 avec son contexte immédiat, mais elle n'est attestée par aucun témoin textuel.

[24] La version de la Septante s'écarte du texte massorétique en considérant בקר comme un verbe et non comme un adverbe de temps: Επεσκεπται και εγνω ο θεος – "Dieu a regardé et reconnu ".

[25] Les verbes du v. 5b sont à l'aoriste dans la Septante – ce qui est homogène avec la version de la première moitié du verset.

[26] Cf. chapitre V, § 3.4.2.

matin, YHWH fera savoir qui est à lui et qui est saint, et il le fera approcher vers lui; c'est celui qu'il choisira qu'il fera approcher vers lui". Aurelius[27] considère l'ensemble de ce verset comme un supplément tardif apporté au récit, dans la mesure où il apparaît surchargé et où Nb 16,5b et Nb 16,7aß forment, selon lui, un doublet[28]:

Nb 16,5b: "C'est celui qu'il choisira qu'il fera approcher vers lui".

Nb 16,7aß "Alors, l'homme que YHWH choisira, c'est lui qui est saint".

Ahuis[29] remarque également le style "compliqué" du verset qu'il attribue à un auteur deutéronomiste dont le souci serait d'aboutir à un compromis entre les traditions qui le précèdent[30], tout en les actualisant. Cette hypothèse sera discutée à l'issue de l'analyse littéraire de Nb 16,1-17,5. En outre, selon Ahuis, le v. 5 anticiperait la fin du récit en en présupposant l'issue: le v. 5 "prévoit déjà la fin du récit, dans laquelle "P" raconte comment Moïse et Aaron vont devant la Tente de Yahvé (17,8)...pendant que Coré est déjà mort[31]". Cette dernière remarque de l'auteur vient appuyer son argumentation en faveur du caractère tardif de l'ensemble du verset. Une telle hypothèse qui considère le v. 5 comme additionnel *dans son ensemble* semble néanmoins contredite par le style littéraire "surchargé" du texte – style qui pourrait davantage refléter les additions ponctuelles effectuées par un rédacteur tardif.

- *Le v. 6bß* ("Coré et toute sa communauté") vient interrompre la phrase débutée en Nb 16,6a et qui se poursuit en Nb 16,7a: "Faites ceci: prenez des cassolettes *(Coré et toute sa communauté)* demain, mettez-y du feu et placez au-dessus d'elles de l'encens, devant YHWH." De plus, tandis que le discours est formulé à la deuxième personne du pluriel, le v. 6bß est caractérisé par l'usage de la troisième personne du singulier ("sa communauté"). Ces deux constats invitent à considérer Nb 16,6bß comme une addition[32].

- *Le v. 7b* attribue à Coré et à "sa communauté" la qualité de lévites. Cette précision n'a aucun antécédent dans le texte: seul Coré est présenté comme lévite par le v. 1, tandis que les personnages qui s'unissent à lui dans la

---

27 Cf. Aurelius, Fürbitter (1988) 196.

28 Ce qu'Aurelius considère comme un doublet pourrait en fait être une inclusion: le discours des vv. 5aß-7a est en effet encadré par la répétition de 3 termes: l'adjectif קדוש et les verbes בחר et קרב.

29 Ahuis, Autorität im Umbruch (1983) 75: "Die umständliche Sprache dieses Verses zeugt von dem Bemühen von Dtr, vorgegebene Traditionen zum Ausgleich zu bringen und gleichzeitig zu aktualisieren".

30 C'est-à-dire, selon l'auteur, le récit ancien "Datan-Abiram" et le récit sacerdotal.

31 Cf. Ahuis, *ibid*.

32 Cette hypothèse est retenue par Gray (cf. Numbers [1903] 199), Gunneweg (cf. Leviten und Priester [1965] 173), Aurelius (cf. Fürbitter [1988] 196).

révolte apparaissent très divers. Certes, l'introduction du discours de Nb 16,5-7 recourt, pour désigner les partisans de Coré, à l'expression כל־עדתו – "toute sa communauté" (v. 5aα), mais le corps du discours n'aborde aucun thème propre aux lévites: seul, le second discours de Moïse (vv. 8-11) a comme destinataires explicites les lévites et traite des problèmes qui leur sont spécifiques. Ainsi, les deux discours de Moïse – qui déploient une thématique différente – *pourraient correspondre à deux stades distincts de la composition du texte*: le premier discours répond à la contestation d'un groupe d'hommes assez disparates qui conteste l'autorité de Moïse et Aaron au nom de l'égale sainteté de tous les membres de la communauté. Le second discours traite d'un conflit concernant les attributions respectives des lévites et des prêtres aaronides. Par sa qualité de lévite, le personnage de Coré semble lié à la thématique du second discours. La mention de Coré dans l'introduction (Nb 16,5aα) et dans le corps (Nb 16,6bß) du premier discours pourrait ainsi être le fait de l'ultime rédacteur du texte, cherchant à en harmoniser les différentes composantes. De même, le v. 7b, en attribuant au premier discours de Moïse les mêmes destinataires que le second, contribue à l'harmonisation de l'ensemble du récit.

La répétition de l'expression רב־לכם en Nb 16,3a et Nb 16,7b a fait envisager à plusieurs commentateurs la possibilité que le v. 7b ait été initialement situé en Nb 16,3aß: l'expression "fils de Lévi" se serait ainsi initialement appliquée à Moïse et Aaron. Une telle hypothèse demeure conjecturale. La répétition de l'expression רב־לכם constitue plus probablement un jeu de mots: la réponse de Moïse reprend les termes mêmes dans lesquels ses opposants l'invectivaient.

Analyse du vocabulaire

- כל־עדתו – *toute sa communauté*: l'expression כל־העדה (toute la communauté) désigne habituellement les Israélites rassemblés par Yahvé en une unique communauté. Elle est utilisée soit à l'état absolu, soit à l'état construit avec comme complément בני־ישראל ou plus rarement יהוה. En Nb 16,5, la même formule est utilisée pour désigner un groupe restreint – les partisans de Coré. Un tel usage est unique dans le Pentateuque et rare dans la Bible hébraïque: en Job 16,7, כל־העדה désigne l'entourage de Job. Ailleurs, le substantif עדה peut être utilisé sans l'adjectif כל avec la signification de "bande" (cf Ps 22,17; 68,3; 86,14).

Les expressions "toute *sa* communauté" (כל־עדתו) et "toute *ta* communauté" (כל־עדתך) reviennent à cinq reprises dans le récit de Nb 16,1–17,5[33]. Comme le souligne Noth, une telle formulation est destinée à mieux faire

---

[33] Cf. Nb 16,5.6.11.16; 17,5.

percevoir la pointe théologique du récit[34]: à la communauté saint∢ rassemblée à l'initiative de Yahvé, s'oppose une autre communauté, qu∢ prétend également à la sainteté mais qui relève d'une initiative humaine ⋅ celle de Coré. L'issue du récit (la destruction de Coré et de ses partisans) es∢ une réaffirmation théologique de la souveraineté de Yahvé qui seul a l∢ pouvoir de se constituer un peuple, de décider de son organisation, et de lu∢ conférer la sainteté.

- קרב – *approcher*: ce verbe est utilisé à deux reprises en Nb 16,5, au Qa∢ (Nb 16,5a) et au Hiphil (Nb 16,5b). Dans le contexte de Nb 16, il désign∢ l'action cultuelle qui consiste à approcher de la Demeure pour présenter un∢ offrande à Yahvé. L'ensemble des occurrences du verbe en Nb 16,1–17,∷ revêtent cette signification, usuelle dans les textes sacerdotaux[35]. Dans l∢ suite du récit, קרב est retrouvé essentiellement dans les sections qui traiten∢ du conflit de compétences opposant les lévites aux prêtres aaronides (cf. N∢ 16,9.10.17.35; 17,3.4.5). Ainsi, en Nb 16,5, le verbe קרב introduit dans l∢ discours de Moïse un thème nouveau, absent du discours de Coré et de se∢ partisans en Nb 16,3. Ce constat conduit Gunneweg à considérer le moti∢ de "la proximité" de la Demeure comme un ajout qu'il attribue à l'étape l∢ plus récente de la composition du texte[36]. Cette hypothèse est vraisem∢ blable: l'incorporation du thème de la "proximité de la Demeure" a∢ premier discours de Moïse contribue à l'harmonisation de l'ensemble d∢ récit.

- מחתות – cassolettes (v. 6), קטרת – encens (v. 7): le substantif מחתה n'es∢ pas fréquemment utilisé pour désigner un réceptacle à encens. En dehors d∢ récit de Nb 16,1–17,5, deux textes seulement mettent en relation les terme∷ מחתה et קטרת: Lv 10,1 et 16,12. Cependant, la principale spécificité de N∢ 16,6-7 ne consiste pas à décrire une offrande d'encens à l'aide d'u∢ vocabulaire inhabituel, mais plutôt d'en faire l'occasion d'une choix a∢ terme duquel Yahvé doit manifester qui est saint. Le verbe בחר auquel il es∢ recouru pour désigner le choix de Yahvé est exceptionnel dans un text∢

---

34 Noth interprète le texte en ces termes: "Korah hat sich mit seinem Anhang ein∢ Karikatur von "Gemeinde" eigenmächtig geschaffen und meint, damit für die ganz∢ wirkliche Gemeinde sprechen zu können" (Numeri [1966] 110).

35 Cf. par exemple Lv 9,7; 16,1; 21,17-18.

36 Gunneweg, Leviten und Priester (1965) 176: "Das Motiv vom "nahen" (...) ist neu un∢ kein Punkt der bisherigen Kontroverse, wie sie v. 2f formuliert wurde. Ja, man hat i∢ diesem neuen Motiv eine bezeichnende Änderung der ursprünglichen Pointe zu sehen∢ den Empörern ging es laut ihrem eigenen Protest gar nicht darum, daß sie, den Priester∢ gleich, Jahwe "nahen" wollen. Und auch das Gottesurteil will ursprünglich nicht darüb∢ entscheiden, wer Priester sei und wer nicht, sondern wer heilig sei, und noch präzise∢ was "heilig" bedeute (v. 7a)".

sacerdotal[37]. En revanche, le terme est extrêmement fréquent dans le Deutéronome, et est utilisé en particulier dans les sections du livre qui traitent de la sainteté du peuple d'Israël (Dt 7,6; 14,2: "Car toi, tu es un peuple saint pour YHWH ton Dieu, YHWH ton Dieu t'a choisi pour être pour lui un peuple qui est sa part personnelle parmi tous les peuples qui sont sur la face de la terre"), mais aussi dans les sections traitant des privilèges des lévites (Dt 18,5: "Car c'est lui[38] que YHWH ton Dieu a choisi parmi toutes tes tribus, pour se tenir là et officier au nom de YHWH, lui et ses fils, tous les jours"). Le vocabulaire utilisé par le v. 5 semble venir confirmer l'hypothèse formulée dans le cadre de l'analyse de Nb 16,3aß: de même que le discours de Coré et de ses partisans s'appuie implicitement sur un thème théologique deutéronomique, de même la réponse de Moïse emprunte un vocabulaire caractéristique du Deutéronome[39]. Ces références aux thèmes et au vocabulaire deutéronomiques semblent délibérées. A travers le récit de la révolte de Coré et de ses partisans, les auteurs sacerdotaux se démarquent de la conception deutéronomique de la sainteté et en proposent leur propre définition.

2.2.3. *Principaux résultats de l'analyse littéraire de Nb 16,4-7*

Deux étapes peuvent donc être différenciées dans la composition des vv. 4-7:

- D'une part, ces versets forment la *suite du récit sacerdotal* dont le début a été fusionné avec l'introduction d'un récit ancien concernant Datan et Abiram (vv. 1-2), et auquel appartient le discours du v. 3 (au moins partiellement). Le thème central du récit est le concept sacerdotal de sainteté. La référence – au moins implicite – qui y est faite à des textes deutéronomiques peut viser deux objectifs: prévenir une interprétation erronée du Deutéronome, dont le discours de Nb 16,3a serait l'expression; corriger certains aspects de la théologie deutéronomique contestés par les milieux sacerdotaux.

- Le récit sacerdotal a fait l'objet d'additions tardives dont la fonction est de l'harmoniser avec la problématique développée par les vv. 8-11, centrée non plus sur le thème de la sainteté, mais sur celui – plus particulier – des fonctions respectives des lévites et des prêtres aaronides.

---

37 Nb 16,5.7; 17,20 représentent les trois seules occurrences de ce verbe dans des textes dont l'origine sacerdotale est incontestée.

38 "Lui": comprendre "le lévite" (cf. Dt 18,2).

39 Sur les 37 occurrences du verbe בחר dans le Pentateuque, 30 sont retrouvées dans le livre du Deutéronome.

La répartition des vv. 4-7 entre ces deux stades de la composition sacerdotale peut être schématisée de la manière suivante:

RECIT SACERDOTAL	ADDITIONS ULTERIEURES
Nb 16,4	
Nb 16,5 (partiellement)	Nb 16,5 (mention de Coré et
	de "sa communauté", verbe קרב)
Nb 16,6a	Nb 16,6bß
Nb 16,7a.bα	Nb 16,7b

2.3. Nb 16,8-11: deuxième discours de Moïse

2.3.1. Traduction et critique textuelle

16,8 Moïse dit à Coré: "Ecoutez-donc[40], fils de Lévi ! (9) Est-ce trop peu pour vous que le Dieu d'Israël vous ait séparés de la communauté d'Israël pour vous rendre proches de lui, pour accomplir le service de la Demeure de YHWH et pour vous tenir devant la communauté en la servant ? (10) Il t'a fait approcher, toi ainsi que tous tes frères fils de Lévi avec toi, et vous réclamez en plus le sacerdoce ! (11) C'est pour cela que toi et toute ta communauté, vous vous liguez contre YHWH ! Et Aaron, qu'est-il donc que vous murmuriez contre lui ?"

2.3.2. Analyse littéraire

On ne peut accepter l'interprétation de Levine selon laquelle les vv. 8-11 ne font "qu'amplifier et clarifier Nb 16,3-7 en centrant leur intérêt sur la lutte pour le pouvoir dans la tribu de Lévi"[41]. En effet, d'une part, le discours des vv. 8-11 possède une introduction indépendante qui marque une discontinuité avec ce qui le précède, d'autre part la thématique de la sainteté disparaît du texte, tandis qu'est évoqué un conflit concernant les compétences cultuelles des lévites – conflit dont le récit fait ici mention pour la première fois.

Contrairement à plusieurs textes du livre du Deutéronome dans lesquels l'usage de l'expression הכהנים הלוים – "prêtres-lévites"[42] reflète un stade de l'évolution du culte où les compétences des prêtres et des lévites ne sont pas clairement différenciées, le livre des Nombres définit avec précision les

---

[40] La version de la Septante εισακουσατε μου correspond à l'Hébreu שמעוני, très proche du texte massorétique (שמעו-נא).
[41] Levine, Numbers 1-20 (1993) 406.
[42] Cf. Dt 17,18; 18,1.

rôles respectifs de ces deux catégories de serviteurs du culte[43]. Nb 16,8-11 présente le statut des lévites comme le fruit de la volonté divine (v. 9a: "Est-ce trop peu pour vous que le Dieu d'Israël vous ait séparés[44] de la communauté d'Israël pour vous rendre proches de lui ?"), et leurs revendications comme une offense faite à Yahvé lui-même (v. 11a: "C'est pour cela que toi et toute ta communauté, vous vous liguez contre YHWH !"). La primauté du sacerdoce aaronide apparaît ainsi incontestable, et sa remise en cause expose son auteur au châtiment divin: c'est ce que vient souligner l'usage du verbe לון au v. 11. En effet, en décrivant le comportement des lévites avec un vocabulaire identique à celui utilisé en Nb 14,2 pour dépeindre la protestation des Israélites, l'auteur des vv. 8-11 met sur le même plan la révolte du peuple qui refuse de monter dans le pays promis (Nb 14) et la remise en cause par les lévites de l'organisation cultuelle de la communauté. Commettant une faute d'égale gravité, ses auteurs s'exposent à une sanction tout aussi sévère: la mort.

Le style du discours de Nb 16,8-11 est proche de celui de Nb 16,12-14 (discours de Datan et Abiram): dans les deux cas, l'expression המעט (est-ce trop peu ?) introduit une série de propositions interrogatives. La thématique des deux discours diffère en revanche totalement. L'utilisation de formes rhétoriques similaires pourrait refléter l'intervention de l'auteur sacerdotal tardif qui incorpore au récit les vv. 8-11: ainsi, de même qu'au stade ultime de la composition du texte les vv. 5-7 (sacerdotaux) reçoivent plusieurs additions dont la perspective est l'harmonisation avec Nb 16,8-11, de même les vv. 12-14 – dans lesquels se poursuit le récit "Datan-Abiram" – auraient été tardivement " suturés " aux vv. 8-11 au moyen de formules rhétoriques.

2.3.3. *Conclusions de l'analyse de Nb 16,8-11*

1° Les versets 8-11 doivent être rattachés au stade le plus récent de la composition de Nb 16,1–17,5: en effet, les sections du récit qui encadrent ces versets portent les marques de remaniements qui ont pour but de les harmoniser avec Nb 16,8-11. Ce travail rédactionnel est particulièrement net en Nb 16,5-7: grâce à l'incise de Nb 16,6bß ("Coré et toute sa communauté") et à l'insertion de la formule-crochet du v. 7b ("En voilà assez fils de Lévi"), les vv. 5-7 – qui constituent la réponse de Moïse au discours des rebelles (Nb 16,3) – annoncent déjà la thématique des vv. 8-11: l'ordalie annoncée par Nb 16,5-7 concerne non seulement les personnages impliqués

---

[43] Cf. Nb 3,1-13; 4,1-33; 8,5-22.
[44] Le verbe בדל au hiphil (mettre à part, séparer) fait écho à Nb 8,14 (récit de l'institution des lévites).

par le v. 3 (Moïse, Aaron, Coré et ses partisans), mais aussi, prospecti-
vement, ceux qui interviennent en Nb 16,8-11 (les lévites et Aaron).
2° De même qu'en Nb 16,3 et Nb 16,5-7, le discours de Nb 16,8-11
comporte des références implicites à des textes deutéronomiques: la
divergence avec les conceptions deutéronomiques ne porte plus – comme
en Nb 16,3.5-7 – sur l'interprétation du concept de sainteté, mais sur
l'organisation cultuelle du peuple[45].

2.4. *Nb 16,12-14: la révolte de Datan et Abiram*

2.4.1. *Traduction et critique textuelle*

16,12 Moïse envoya appeler Datan et Abiram, fils d'Eliav. Ils dirent: "Nous
ne monterons pas ! (13) Est-ce trop peu que tu nous aies fait monter d'un
pays ruisselant de lait et de miel pour nous faire mourir dans ce désert,
qu'en plus[46] tu te poses en gouverneur au – dessus de nous ? (14) Vraiment,
tu ne nous as pas[47] fait entrer dans un pays ruisselant de lait et de miel, tu ne
nous as donné comme patrimoine ni champ ni vignoble. Arracheras-tu les
yeux de ces hommes ? Nous ne monterons pas !"

2.4.2. *Analyse littéraire*

Dans la forme actuelle du texte, l'ouverture et la fermeture du discours de
Datan et Abiram forment une inclusion ("nous ne monterons pas !" – נעלה-
לא). Le contenu du discours apparaît assez peu homogène: le v. 13
juxtapose en effet une mise en cause de la sortie d'Egypte et une
contestation de l'autorité de Moïse sur le peuple, tandis que le v. 14 associe
une dénonciation de la situation présente du peuple et une interpellation de
Moïse qui, de nouveau, peut être interprétée comme une critique de ses
méthodes de gouvernement: "Arracheras-tu les yeux de ces hommes ?". La
diversité des thèmes abordés par le texte manifeste la complexité de sa
composition: le discours des vv. 12-14 qui, dans son état le plus ancien,
peut être rattaché au récit "Datan-Abiram" a fort probablement connu des

---

45 A propos du rejet de la pensée et de la théologie deutéronomiques exprimé par Nb 16,
    cf. Crüsemann, Die Tora (1992) 416.
46 L'infinitif absolu hithpael הותרר postposé exprime ici la surenchère (cf. Joüon,
    Grammaire de l'Hébreu biblique [1923] 352).
47 La version de la Septante ne comporte pas de négation: ει και εις γην ρεουσαν γαλα
    και μελι εισηγαγες ημας και εδωκας ημιν κληρον αγρου και αμπελωνας, τους
    οφθαλμους των ανθρωπων εκεινων αν εξεκοψας. Ουκ αναβαινομεν ("Si tu nous
    avais fait entrer... tu arracherais"). De même la Vulgate et la vieille latine. La
    suppression de la négation ne rend cependant pas plus évidents la signification du verset,
    ni le lien logique qui unit Nb 16,14a à Nb 16,14b.

additions ultérieures dont l'analyse littéraire doit chercher à manifester la fonction.

Analyse du vocabulaire

- עלה – *monter:* la signification de ce verbe dans le contexte du discours des vv. 12-14 est controversée. Exprime-t-il uniquement la désobéissance de Datan et Abiram qui refusent de se rendre à la convocation de Moïse, ou désigne-t-il leur refus de monter dans le pays promis[48] ? Le contenu actuel des vv. 13-14, qui mettent en cause la sortie d'Egypte et la marche du peuple orientent vers la seconde solution. De plus, ces versets contiennent des apostrophes directement adressées à Moïse à la seconde personne du singulier. La mise en présence de Datan et Abiram d'une part et de Moïse d'autre part est donc supposée par le récit, et le verbe עלה semble désigner ici – comme en Nb 13-14 – le fait de monter vers le pays promis. Crüsemann récuse pourtant catégoriquement cette hypothèse[49]. L'objection de cet auteur repose sur le fait que la tradition "Datan-Abiram" aurait pour thème, dans sa forme primitive, l'autorité de Moïse et non la marche vers le pays promis[50]. Cette dernière remarque est à elle seule insuffisante pour refuser d'attribuer au verbe עלה le sens de "monter vers le pays" – signification qu'il revêt également dans le récit ancien de Nb 13–14. Les thématiques de l'autorité et de la marche vers le pays promis, loin de s'exclure, peuvent en effet apparaître complémentaires: le refus de "monter" exprimé par Datan et Abiram pourrait être interprété comme un refus de poursuivre la marche *sous la conduite de Moïse*. En revanche, la suite du récit "Datan-Abiram" semble venir confirmer l'hypothèse retenue par Crüsemann: en Nb 16,25, Moïse et les anciens se rendent à la tente de Datan et Abiram, manifestant ainsi que ces derniers avaient refusé de répondre à la convocation de Moïse (Nb 16,25: "Moïse se leva pour aller vers Datan et Abiram. Les anciens d'Israël allèrent derrière lui"). La formule "Nous ne monterons pas" (Nb 16,12) désignerait donc le refus de

---

[48] Gray (cf. Numbers [1903] 201), Baentsch (cf. Exodus, Leviticus, Numeri [1903] 546), Rudolph (cf. Elohist [1938] 84), Noth (cf. Numeri [1966] 111), Crüsemann (cf. Widerstand [1978] 170 n. 24) et Schmidt (cf. Studien zur Priesterschrift [1993] 120) optent pour la première solution en s'appuyant sur un certain nombre d'occurrences dans lesquelles le verbe עלה revêt un sens identique (monter pour comparaître: cf Gn 46,31; Dt 17,8; 25,7 ; Jg 4,5). Au contraire, Coats (cf. Rebellion [1968] 164-166), Fritz (cf. Israel in der Wüste [1970] 87), Gordon (cf. Compositeness, JSOT 51 [1991] 66-67) estiment que cette première hypothèse s'adapte mal au contexte des vv. 12-14 et retiennent la seconde.

[49] Crüsemann, *ibid.* (n. 49): "Von der Frage, ob damit in einem älteren Stadium der Tradition eine Weigerung, an der Landnahme teilzunehmen, gemeint war, worauf die Wurzel עלה deuten könnte, kann hier abgesehen werden."

[50] La présente étude parvient à un résultat identique (cf. infra).

Datan et Abiram de "monter pour comparaître", et ce n'est que dans la forme actuelle du texte que עלה trouverait le sens de "monter vers le pays promis". Le déplacement de signification du verbe עלה permettrait en outre, dans l'ultime rédaction du livre des Nombres, d'établir un lien entre le récit de Nb 16 et le récit de Nb 13–14. Cette conclusion laisse cependant irrésolue une question: si l'on admet que עלה signifie "monter pour comparaître", le motif de la comparution demeure absent du récit et il faut envisager que la tradition "Datan-Abiram" ait été amputée lors de son incorporation dans le récit de Nb 16.

- ארץ זבת חלב ודבש – *pays ruisselant de lait et de miel:* cette expression dont l'analyse a été effectuée précédemment[51] est une formule tardive. En Nb 13,27 et Nb 14,8, l'analyse littéraire a montré qu'il s'agissait d'une addition post-deutéronomiste. En est-il de même en Nb 16,13a.14a ? L'originalité de Nb 16,13a est d'appliquer la formule à l'Egypte: en utilisant pour qualifier le pays de la servitude une expression spécifique du pays promis, Datan et Abiram manifestent leur refus de reconnaître l'intervention salvifique de Yahvé. La répétition de l'expression aux vv. 13a et 14a ne constitue pas un doublet, c'est une unique idée qui se déploie dans les deux versets: Moïse a trompé le peuple en prétendant le conduire dans un pays "ruisselant de lait et de miel" (v. 14a), car l'Egypte seule ruisselle de lait et de miel (v. 13a).

Ainsi, le thème des vv. 13a.14a relie Nb 16 à Nb 13–14. En outre, la plainte de Datan et Abiram reprend d'autres éléments du vocabulaire de Nb 14: "pour nous faire mourir dans ce désert" (cf. Nb 14,2b). L'analyse de Nb 16,11 avait également permis de retrouver dans ce verset un terme utilisé en Nb 14: le verbe לון. L'usage de ce mot-crochet par le rédacteur sacerdotal tardif avait été interprété comme un moyen d'établir un parallèle entre la faute reprochée aux lévites (Nb 16) et le péché du peuple décrit en Nb 14.

L'emploi de l'expression ארץ זבת חלב ודבש relève-t-il d'un procédé analogue et a-t-il pour objectif de mettre en parallèle la faute de Datan et Abiram d'une part, et le péché du peuple qui refuse de monter vers le pays promis d'autre part ? Une autre hypothèse est envisageable: l'analyse de Nb 13–14 a montré que l'un des objectifs de la relecture post-deutéronomiste du texte est d'harmoniser le récit avec son contexte plus large. Nb 16,13a.14a pourraient relever de cette même relecture post-deutéronomiste: les chapitres 15–19 interrompent en effet la progression du récit de la marche du peuple vers le pays promis et traitent de thèmes différents. Les sujets abordés par Nb 16 (autorité de Moïse, sainteté de la communauté, prééminence du sacerdoce aaronide sur les lévites) sont étrangers à la

---

[51] Cf. chapitre V, § 3.3.2.

thématique des chapitres 13–14 d'une part, des chapitres 20ss d'autre part. Dès lors, l'allusion de Nb 16,13a.14a à la marche vers le pays promis, à ses difficultés et aux réticences qu'elle suscite pourrait avoir pour fonction de relier – même modestement – le récit sacerdotal de Nb 16,1–17,5 à son contexte large.

En résumé, deux hypothèses peuvent être proposées
1° Le lien thématique et les mots-crochets unissant Nb 16,13-14 à Nb 13–14 ont pour objet de placer sur le même plan le péché de Datan et d'Abiram et celui du peuple. *Une telle perspective serait le fait de milieux sacerdotaux.*
2° Les parentés entre Nb 16,13-14 et Nb 13–14 peuvent être attribuées à une *relecture post-deutéronomiste* dont l'objectif est l'harmonisation – au moins superficielle – du récit et de son contexte. Dans la mesure où Nb 13,27b et Nb 14,8b ont été rattachés à une telle relecture, on est tenté de faire de même pour Nb 16,13a.14a – puisque ces versets partagent avec les précédents un même vocabulaire.

Cependant, l'expression ארץ זבת חלב ודבש n'est pas utilisée en Nb 16,13a comme une simple apposition ou un simple mot-crochet: elle sert à manifester la gravité du péché de Datan et Abiram qui attribuent à l'Egypte les qualités du pays promis – ce qui entre davantage dans une perspective sacerdotale. Le choix entre les deux hypothèses proposées demeure donc très délicat, la seule certitude étant le caractère tardif de Nb 16,13a.14a.

- השתרר – *se poser en gouverneur*: Nb 16,13 représente la seule occurrence du verbe שרר au hithpael dans la Bible hébraïque. Le reproche de Datan et Abiram trouve un parallèle dans le discours de Coré et de ses partisans en Nb 16,3bß ("pourquoi vous élevez-vous au-dessus de l'assemblée de YHWH"). Cependant, le discours de Nb 16,12-14 – contrairement à celui de Nb 16,3 – ne possède pas d'arrière-plan cultuel: ce sont l'autorité et la compétence de Moïse *comme chef du peuple* qui sont ici en jeu – comme l'exprime parfaitement la racine שרר, qui désigne l'activité des responsables civils d'un pays[52]. Le vocabulaire original utilisé par Nb 16,13b montre que ce verset appartient à la partie ancienne du discours de Nb 16,12-14: le récit "Datan-Abiram" a donc pour thème originel la contestation de l'autorité de Moïse par un groupe d'opposants.

- שדה וכרם – *champ et vignoble:* l'expression est retrouvée en Ex 22,4; Nb 20,17; 21,22; 1 S 22,7 où elle constitue une manière imagée de désigner la propriété, le bien: Datan et Abiram reprochent à Moïse le dénuement dans lequel ils se trouvent.

---

52 Cf. Jg 9,22; Is 32,1; Pr 8,16.

- הנקר ההם האנשים העיני – arracheras-tu les yeux de ces hommes ?: pour Budd[53] et Milgrom[54] l'expression a ici un sens métaphorique, tandis que Levine[55] la comprend au sens littéral en la rapprochant de Jg 16,21; 2 R 25,4-7; Jr 39,4-7. Le contenu du v. 14aß incite à choisir la première solution: Moïse est accusé de cacher au peuple la vérité (exprimée au v. 14aß: "tu ne nous as donné comme patrimoine ni champ ni vignoble") – ce qui motive le désir de Datan et Abiram de le destituer. Cependant, le discours dans lequel Moïse présente à Yahvé sa défense en Nb 16,15b inviterait plutôt à retenir la seconde solution: "je n'ai fait de mal à aucun d'entre eux".

Le v. 14b comporte une ambiguïté puisque l'identité des personnes désignées par le terme האנשים demeure imprécise: dans la mesure où les vv. 1-2 dans lesquels sont énumérés les personnages qui prennent part aux différentes révoltes résultent de la fusion du récit "Datan-Abiram" et du récit sacerdotal et comportent des additions tardives, il est difficile de déterminer avec précision les éléments qui reviennent à chacun des deux récits. De plus, la possibilité de lacunes n'est pas à exclure. L'analyse littéraire ne peut donc lever l'imprécision du texte.

2.4.3. *Principaux résultats de l'analyse de Nb 16,12-14*

Par leur thème (la mise en cause de l'autorité civile de Moïse), par les personnages qu'ils mettent en scène (Datan et Abiram), par l'originalité de leur vocabulaire, les vv. 12-14 se rattachent à une tradition différente des versets précédents. Cette tradition n'est pas sacerdotale, et a été remaniée par un auteur tardif dont l'identité demeure difficile à préciser: auteur sacerdotal qui, en rapprochant Nb 16,12-14 de Nb 13–14, cherche à mieux faire percevoir la gravité du péché de Datan et Abiram, auteur post-deutéronomiste cherchant à manifester la continuité du livre des Nombres dans la diversité des thèmes qu'il aborde en "accrochant" – de manière superficielle Nb 16,12-14 à Nb 13–14 ? La répartition des vv. 12-14 entre texte ancien et remaniements tardifs peut être résumée de la manière suivante[56]:

---

53 Cf. Budd, Numbers (1984) 187.
54 Cf. Milgrom, Numbers (1990) 133-134.
55 Cf. Levine, Numbers 1-20 (1993) 414.
56 La majorité des commentateurs n'effectuent pas une analyse de détail des vv. 12-14 qu'ils rattachent dans leur ensemble à la tradition "Datan-Abiram". Ahuis attribue l'expression "pays ruisselant de lait et de miel" (vv. 13a.14a) à une relecture deutéronomiste tardive (cf. Autorität im Umbruch [1983] 78). Schmidt (cf. Studien zur Priesterschrift [1993] 116-120.177) rattache l'ensemble des vv. 12-14 à un récit ancien présacerdotal – cette solution ne tient pas compte du caractère stéréotypé de l'expression "pays ruisselant de lait et de miel" (cf. vv. 13a.14a).

RECIT ANCIEN "DATAN-ABIRAM"	REMANIEMENTS TARDIFS
16,12	16,13a
16,13b	
	16,14aα
16,14aß.b	

2.5. Nb 16,15: discours de Moïse à Yahvé

2.5.1. Traduction et critique textuelle

16,15 Moïse se mit très en colère et dit à YHWH: "Ne te tourne pas vers leur offrande ! Je ne leur ai pas pris un seul âne[57] et je n'ai fait de mal à aucun d'entre eux."

2.5.2. Analyse littéraire

Les deux thèmes developpés par chacune des deux moitiés du v. 15 semblent étrangers l'un à l'autre: Nb 16,15aß marque en effet une rupture dans le récit, car il est difficile de discerner un lien entre cette proposition et les vv. 12-14. Cette première moitié du verset pourrait davantage constituer la suite de Nb 16,5-7, mais, comme le soulignent Gray et Coats[58], le vocabulaire qui y désigne l'offrande (מנחה) est impropre pour les offrandes d'encens. Cette dernière remarque rend donc difficile le rapprochement entre Nb 16,5-7 et Nb 16,15aß, auquel invite une thématique commune. Si le v. 15aß appartient effectivement au récit "Datan-Abiram", il faut envisager l'hypothèse que, lors de sa fusion avec la tradition sacerdotale, ce récit ait été amputé d'une partie de ses éléments, ce qui rend difficile la compréhension du texte dans sa forme actuelle. Une telle hypothèse demeure cependant conjecturale.

La seconde moitié du verset peut en revanche être rapprochée sans difficulté des vv. 12-14: les protestations d'innocence de Moïse apportent un démenti aux plaintes et aux accusations de ses détracteurs (vv. 13b.14b).

---

[57] La version de la Septante (ἐπιθύμημα – quelque chose de précieux) correspond à la leçon du Pentateuque samaritain (חמוד). La leçon du texte massorétique (חמור) est cependant tout à fait compréhensible et correspond à une protestation imagée d'innocence. Une image comparable est utilisée en 1 S 8,16; 12,3:
1 S 12,3: "Me voici ! Témoignez contre moi devant YHWH et devant son oint ! De qui ai-je pris le boeuf et de qui ai-je pris l'âne ? Qui ai-je exploité, qui ai-je maltraité ? De qui ai-je reçu un pot-de-vin pour que je ferme les yeux sur lui ? Je le restituerai".

[58] Cf. Gray, Numbers (1903) 201, Coats, Rebellion (1968) 158.

En définitive, l'analyse littéraire invite à attribuer l'ensemble du v. 15 au récit "Datan-Abiram", même si cette solution ne résoud pas totalement les difficultés que présente le texte[59].

2.6. Nb 16,16-19a: directives de Moïse et leur exécution

2.6.1. Traduction et critique textuelle

16,16 Moïse dit à Coré: "Toi et toute ta communauté[60], soyez devant YHWH, toi, eux et Aaron, demain ! (17) Prenez chacun votre cassolette et mettez de l'encens au-dessus d'elles, puis que chacun approche sa cassolette devant YHWH – 250 cassolettes – de même que toi et Aaron, chacun sa cassolette." (18) Ils prirent chacun sa cassolette, y mirent du feu et placèrent au-dessus d'elles de l'encens, et se présentèrent à l'entrée de la tente de la rencontre, de même que Moïse et Aaron[61]. (19a) Coré rassembla contre eux toute la communauté[62], à l'entrée de la tente de la rencontre.

2.6.2. Analyse littéraire

Nb 16,6-7 et Nb 16,16-17 forment un doublet. Après la longue parenthèse des vv. 8-15, le fil narratif sacerdotal reprend au point où il avait été interrompu au v. 7. Les vv. 16-17 peuvent donc être considérés comme une "Wiederaufnahme" – selon le vocabulaire utilisé par Richter et Kuhl[63] – ayant pour fonction de relancer le récit. Cependant, comme le note Gunneweg[64], les vv. 16-17 reprennent le contenu des vv. 6-7 *en le modi-*

---

59 Fritz (cf. Israel in der Wüste [1970] 26) et Schmidt (cf. Studien zur Priesterschrift [1993] 121) considèrent le verset 15 comme rédactionnel. Cette solution ne tient pas compte du lien narratif qui existe entre Nb 16,15b et Nb 16,13b.14b, ni de l'antiquité de la formulation de la seconde partie du verset.

60 La version de la Septante s'éloigne ici du texte massorétique en reprenant le thème de la sainteté déjà abordé par les vv. 3-7: Αγιασον την συναγωγην σου – sanctifie ta communauté.

61 La version de la Septante fait de Moïse et Aaron les sujets du verbe "se présenter" (και εστησαν παρα τας θυρας της σκηνης του μαρτυριου Μωυσης και Ααρων), tandis que dans le texte massorétique, la mention de Moïse et Aaron est une apposition introduite par la particule ו. La version de la Septante supprime ainsi le doublet formé par Nb 16,18b et Nb 16,19a dans le texte massorétique.

62 La Septante (την πασαν αυτου συναγωγην – toute sa communauté) harmonise le texte avec les vv. 5 et 11, ainsi qu'avec sa version du v. 16 (cf. supra).

63 Cf. Richter, Exegese als Literaturwissenschaft (1971) 70, Kuhl, "Die Wiederaufnahme – eine literarkritisches Prinzip ?", ZAW 64 (1952), 1-11.

64 Gunneweg, Leviten und Priester (1965) 177: "Insofern können v. 16.17 durchaus als Wiederholung, welche den durch die Dathan-Abiram-Geschichte unterbrochenen Faden wiederaufnimmt, gedacht sein (...) Sind sie eine Wiederholung, so sind sie eine solche, welche deutet und aktualisiert."

riant: Aaron est introduit dans le récit (vv. 16b.17b) d'où il était absent en Nb 16,6-7. Ainsi, c'est le conflit qui oppose les lévites (Coré et sa communauté) au sacerdoce aaronide que doit trancher – selon les vv. 16-17 – le jugement de Yahvé. La reprise par Nb 16,16-17 d'éléments narratifs contenus en Nb 16,6-7 peut donc être attribuée à la relecture sacerdotale la plus tardive du récit, celle qui y introduit Coré et "sa communauté" (v. 16a) ainsi que le conflit qui les oppose à Aaron.

Le v. 18 décrit l'exécution des directives données par Moïse aux vv. 6-7 et appartient à la tradition sacerdotale. L'apposition mentionnant Moïse et Aaron (Nb 16,18bß) est manifestement une addition qui peut être attribuée à la relecture sacerdotale tardive du récit.

Nb 16,19a et Nb 16,18bα forment un doublet. La fonction de Nb 16,19a est – de la même manière que Nb 16,18bß – de transformer la tradition sacerdotale: le conflit qui opposait primitivement des chefs de la communauté à Moïse devient un conflit entre Moïse et Aaron d'une part (Nb 16,18bß), et Coré qui dresse contre eux toute la communauté (Nb 16,19a).

2.6.3. *Résultats de l'analyse littéraire de Nb 16,16-19a*

Les versets 16-19a peuvent donc être répartis entre le récit sacerdotal et la relecture sacerdotale tardive de la manière suivante:

RECIT SACERDOTAL	RELECTURE SACERDOTALE
	Nb 16,16-17
Nb 16,18a.bα	Nb 16,18bß.19a

2.7. *Nb 16,19b-24: manifestation de Yahvé. Intercession de Moïse et d'Aaron*

2.7.1. *Traduction et critique textuelle*

16,19b Alors, la gloire de YHWH apparut à toute la communauté. (20) YHWH parla à Moïse et Aaron en ces termes: (21) "Séparez-vous du milieu de cette communauté ! Je vais les détruire sur-le-champ". (22) Ils tombèrent face contre terre et dirent: "Dieu, Dieu des souffles pour toute chair[65], un seul homme pèche et tu te fâches contre toute la communauté !"

---

[65] La leçon du Pentateuque samaritain: אל אלהי הרוחות לכל הבשר – Dieu, Dieu des souffles pour toute la chair – diffère légèrement du texte massorétique, ce qui ne modifie pas le sens du texte. En revanche, la solution adoptée par la version de la Septante interprète le texte en cherchant à en faciliter la compréhension: θεος των πνευματων και πασης σαρκος – Dieu des esprits et de toute chair.

(23) YHWH parla à Moïse en ces termes: (24) " Parle à la communauté en ces termes: "Eloignez-vous des alentours de la demeure[66] de Coré, de Datan et d'Abiram !".

2.7.2. Analyse littéraire

Si l'on excepte Nb 17,1-5 qui sert d'épilogue au récit, Nb 16,19b-24 est la seule section du texte dans laquelle le personnage de Yahvé intervient directement dans le développement de l'intrigue. La manifestation de la gloire de Yahvé est suivie d'un premier discours de Yahvé (Nb 16,21) qui entraîne une intercession de Moïse et d'Aaron (Nb 16,22), précédant elle-même une seconde intervention de Yahvé (Nb 16,23-24).

Le texte n'est pas dépourvu d'ambiguïtés: il est difficile de déterminer quelle réalité recouvre l'expression העדה הזאת – "cette communauté" au v. 21a: s'agit-il du groupe des partisans de Coré, ou de l'ensemble de la communauté d'Israël ralliée aux thèses de Coré, comme le laisse supposer le v. 19a ("Coré rassembla contre eux toute la communauté"). Le contenu même de l'intercession de Moïse et d'Aaron ("un seul homme pèche et tu te fâches contre toute la communauté !") semble accréditer cette seconde hypothèse.

L'ensemble de la section est manifestement sacerdotale comme en témoigne la terminologie utilisé (כבוד-יהוה – gloire de Yahvé, העדה – la communauté, ויפלו על-פניהם – ils tombèrent face contre terre). L'analyse plus précise du vocabulaire va permettre de déterminer à quelle étape de la composition les différents éléments qui forment cette section du récit peuvent être attribués.

Etude du vocabulaire

- הבדלו – *séparez-vous* ! (v. 21): le récit recourt à un verbe déjà utilisé en Nb 16,9: "Est-ce trop peu pour vous que le Dieu d'Israël vous ait *séparés* de la communauté d'Israël pour vous rendre proches de lui ?". L'usage de ce mot-crochet cherche sans doute à mieux manifester le lien entre la faute commise et sa sanction[67]: les lévites avaient été séparés de la communauté pour accomplir un service particulier mais se sont révoltés contre leur statut. Maintenant, c'est Moïse et Aaron que Yahvé va séparer de la communauté pour qu'ils ne subissent pas le châtiment de Coré et de la

---

[66] La leçon de la Septante évite de parler de la "demeure" de Coré (Αναχωπησατε κυκλω απο της συναγωγης Κορε – Eloignez-vous des alentours de la communauté de Coré) Le terme est en effet normalement réservé à la résidence de Yahvé parmi son peuple.

[67] Un tel procédé littéraire a été précédemment mis en évidence dans le récit sacerdotal de Nb 14 (cf. chapitre V, § 3.6.2).

communauté qui l'a suivi. Cette corrélation du vocabulaire manifeste l'appartenance de Nb 16,21 et de Nb 16,9 à une même étape de la composition du récit: la relecture sacerdotale la plus tardive.

אל אלהי הרוחות לכל בשר – *Dieu, Dieu des souffles pour toute chair* (v. 22)[68]: cette apostrophe trouve un parallèle unique en Nb 27,16 – texte tardif[69]. Elle ouvre un discours d'intercession de Moïse et d'Aaron – discours dont la théologie emprunte certains thèmes du livre d'Ezékiel (Nb 16,22b: "un seul homme pèche et tu te fâches contre toute la communauté !"): l'ensemble des Israélites ne doit pas porter une faute dont la responsabilité revient à un seul – Coré (cf. Ez 18,4.20[70]).

L'intercession de Moïse et Aaron répond, dans le récit, à la menace de sanction contenue dans le discours de Yahvé du v. 21 et peut être rattachée au même stade de la composition du texte.

המשכן-קרח דתן ואבירם – *la demeure de Coré, Datan et Abiram* (v. 24): comme le soulignent de nombreux commentateurs[71], l'usage du substantif משכן est tout-à-fait inhabituel dans ce contexte: dans les textes sacerdotaux, ce terme est en effet réservé à la Demeure de Yahvé. La coexistence dans une même proposition des personnages de Coré, Datan et Abiram invite à attribuer la forme actuelle du v. 24 à la relecture la plus tardive du récit: de même qu'en Nb 16,1-2, le texte juxtapose dans une même proposition les personnages propres aux différentes traditions rassemblées dans le récit de Nb 16. Le but d'un tel procédé littéraire est d'harmoniser – même superficiellement – le récit. Ainsi, comme Blum en émet l'hypothèse[72], la forme actuelle du texte résulte de la modification d'une tradition plus ancienne dans laquelle le terme משכן désignait la demeure de Yahvé, conformément à son usage habituel. A cette tradition peuvent être rattachés le v. 23 ainsi que la première partie du v. 24. En effet, il existe une discontinuité entre Nb 16,22 (verset dans lequel les personnages de Moïse et Aaron sont associés) et Nb 16,23 (le second discours de Yahvé est

---

[68] L'expression כל בשר "toute chair" est caractéristique des textes sacerdotaux (cf. Gn 6,12.17.19; 7,16.21; 9,15.16.17; Lv 17,14; Nb 18,15).

[69] La formulation de Nb 27,16 est cependant légèrement différente: יהוה אלהי הרוחות לכל בשר

[70] Ez 18,4: "Voici, toutes les vies sont à moi: la vie du père comme la vie du fils, elles sont à moi. La vie de celui qui a péché, c'est celle-là qui mourra"; Ez 18,20 : "C'est la vie qui a péché qui mourra. Le fils ne portera pas la faute du père, et le père ne portera pas la faute du fils. Pour le juste, sa justice sera sur lui, et pour le méchant, sa méchanceté sera sur lui".

[71] Cf. en particulier Gray (Numbers [1903] 204), Fritz (Israel in der Wüste [1970] 24), Aurelius (Fürbitter [1988] 191), Blum (Komposition [1990] 266-267 n. 143).

[72] Cf. Blum, *ibid.* Schmidt (cf. Studien zur Priesterschrift [1993] 140) adopte une solution analogue.

adressé à Moïse seul)[73]. Ainsi, ce n'est que dans l'étape la plus récente de la composition du récit que le v. 23 peut être interprété comme la réponse de Yahvé à l'intercession de Moïse.

2.7.3. *Principaux résultats de l'analyse littéraire de Nb 16,19b-24*

La plus grande partie des vv. 19b-24 doit être attribuée à l'étape la plus tardive de la composition du récit. Seuls Nb 16,23-24a.bα peuvent être rattachés au récit sacerdotal primitif. Si l'addition de Nb 16,24bß a une fonction exclusivement littéraire (tenter d'harmoniser le récit), l'insertion des vv. 19b-22 a une portée théologique: les personnages de Moïse et Aaron sont présentés comme intercesseurs, cependant leur prière a un tout autre contenu que l'intercession post-deutéronomiste de Nb 14. En effet, ils ne demandent pas à Yahvé de pardonner les fautes des pécheurs, mais uniquement de s'assurer que les actes de chacun connaissent une juste rétribution: seuls les pécheurs doivent connaître la condamnation.

2.8. *Nb 16,25-34: sanction contre les rebelles*

2.8.1. *Traduction et critique textuelle*

16,25 Moïse se leva pour aller vers Datan et Abiram, les anciens d'Israël allèrent derrière lui. (26) Moïse parla à la communauté en ces termes: "Ecartez-vous des tentes de ces hommes mauvais, et ne touchez pas à tout ce qui est à eux, afin que vous ne disparaissiez pas à cause de tous leurs péchés !". (27) Ils s'éloignèrent des alentours de la demeure de Coré, Datan et Abiram. Datan et Abiram étaient sortis et se tenaient à l'entrée de leurs tentes, avec leurs femmes, leurs fils et leurs petits enfants. (28) Moïse dit: "C'est en cela que vous connaîtrez que YHWH m'a envoyé pour faire toutes ces actions, qu'elles ne viennent pas de mon propre chef: (29) Si ces hommes-ci meurent de la mort de tout homme, et si le sort de tout homme s'abat sur eux, ce n'est pas YHWH qui m'a envoyé. (30) Mais si YHWH crée du nouveau[74], et si le sol ouvre sa bouche et les avale, ainsi

---

[73] Schmidt (*ibid.* 167) attribue l'ensemble des vv. 19-23 à une unique relecture sacerdotale du récit sacerdotal de base. Cette hypothèse ne prend pas en compte l'existence de deux discours (vv. 19-22 et vv. 23-24) s'adressant à des destinataires différents (Moïse et Aaron pour le premier, Moïse seul pour le second).

[74] Littéralement: "Si YHWH crée une création". La vulgate interprète: rem novam creaverit – crée une chose nouvelle. La vieille latine (si in visione ostendet Dominus) reprend la version de la Septante (αλλ'η εν φασματι δειξει κυριος – si le Seigneur fait signe dans un phénomène visible) – qui s'éloigne du texte massorétique en l'interprétant.

que tout ce qui est à eux, et s'ils descendent vivants au Shéol, vous connaîtrez que ces hommes ont méprisé YHWH". (31) Alors, comme il avait terminé de prononcer toutes ces paroles, le sol qui était au-dessous d'eux se fendit. (32) La terre ouvrit sa bouche et les avala avec leurs familles – ainsi que tout homme qui était à Coré – avec tous leurs biens. (33) Ils descendirent – eux et tout ce qui était à eux – vivants au Shéol, la terre les couvrit et ils disparurent du milieu de l'assemblée. (34) Alors tout Israël qui était autour d'eux s'enfuit à leurs cris, car ils disaient: "Que la terre ne nous avale pas !"

2.8.2. Analyse littéraire

Cette section du texte correspond pour l'essentiel à la tradition "Datan-Abiram"[75]. Plusieurs additions ultérieures, dont le but est l'harmonisation de cette section du récit avec le reste du chapitre 16 peuvent cependant être décelées:

- *l'appartenance du v. 26 au récit "Datan-Abiram" est contestée* par la majorité des auteurs[76]. C'est l'usage du terme עדה dans l'introduction du discours de Moïse qui suggère à la plupart des commentateurs l'origine sacerdotale de tout ou partie du verset. Cependant, dans la forme actuelle du texte, les vv. 26a et 24b forment un doublet:

Nb 16,24b: "Eloignez-vous des alentours de la demeure de Coré, de Datan et d'Abiram"

Nb 16,26aβ: "Ecartez-vous des tentes de ces hommes mauvais."

L'analyse littéraire a montré que le v. 24b provient de la relecture sacerdotale tardive du récit. Le v. 26aβ qui, dans la dynamique du récit, fait double usage avec le v. 24b, et dont le vocabulaire (tentes – אהלי) rejoint celui du v. 27b ne peut-il être rattaché au récit "Datan-Abiram" ? Cette hypothèse ne peut être écartée: des éléments de la tradition "Datan-Abiram" auraient ainsi été insérés dans un discours dont la rédaction est sacerdotale.

---

75 Datan et Abiram sont mentionnés à l'exclusion de tout autre personnage en Nb 16,25.27b.

76 Ainsi Liver (cf. Korah [1961] 196), Fritz (cf. Israel in der Wüste [1970] 24), Ahuis (cf. Autorität im Umbruch [1983] 72), Budd (cf. Numbers [1984] 183), Aurelius (cf. Fürbitter [1988] 194). Ce dernier auteur ne considère pas le v. 26 comme indispensable à la progression de l'intrigue du récit "Datan-Abiram" auquel il attribue les versets 25 et 27b. En revanche, Gray (cf. Numbers [1903] 205), s'il reconnaît dans l'introduction du discours du v. 26 l'intervention d'un auteur sacerdotal, en rattache le corps à une tradition plus ancienne. Holzinger (cf. Numeri [1903] 66) retient une solution identique, et, plus récemment Lehming (cf. Versuch [1962] 307) et Schmidt (cf. Studien zur Priesterschrift [1993] 177) attribuent également au v. 26 une origine ancienne.

- *la formulation du v. 27a* pose les mêmes problèmes que celle du v. 24b[77] ce verset peut donc être attribué au stade le plus tardif de la composition du texte.

- *Nb 16,32bα est une addition rédactionnelle* – comme le montre la mention du nom de Coré – qui vise à l'unification de l'ensemble du récit de Nb 16,1-17,5: dans la forme définitive du texte, un des liens essentiels qui unissent les différentes sections qui le composent est la référence au personnage de Coré qui est introduit dans le récit au stade le plus récent de sa composition.

- De même, le vocabulaire de *Nb 16,33bβ* ("ils disparurent du milieu de l'assemblée") évoque une addition sacerdotale.

Par ailleurs, la lecture des vv. 30-34 dans lesquels se correspondent l'annonce d'un châtiment (v. 30) et sa réalisation (31-33) met en évidence plusieurs tensions:

1° Tant dans l'annonce du châtiment que dans sa réalisation, deux thèmes sont juxtaposés: la terre ouvre sa bouche et avale (vv. 30aα.32a), les pécheurs descendent vivants au shéol (vv. 30aβ.33a).

2° Le vocabulaire utilisé dans l'annonce du châtiment et celui qui sert à décrire sa réalisation ne se correspondent pas exactement – ainsi les vv. 30a et 32a:

Nb 16,30a: ופצתה האדמה את-פיה – si le sol ouvre sa bouche.

Nb 16,32a: ותפתח הארץ את-פיה – la terre ouvrit sa bouche.

La tradition "Datan-Abiram" rassemble ainsi un matériel littéraire divers – ce qui témoigne de la complexité du processus de formation du récit dès ce stade ancien de sa composition[78].

Quoi qu'il en soit, la plus grande partie des vv. 25-34 peut être rattachée au récit "Datan-Abiram" – les additions tardives demeurant ponctuelles dans cette section du texte[79].

---

[77] Cf. supra, § 2.7.2.

[78] Schmidt (*op. cit.* n. 77) retient une solution différente: pour cet auteur, les discours de vv. 26 et 28-30 ont une fonction narrative identique. Pour Schmidt, les vv. 28-30 doivent être rattachés à la rédaction la plus récente qui fusionne les récits non-sacerdotal et sacerdotal. Dans une telle perspective, on comprend mal pourquoi Moïse serait le seul sujet du discours (supposé tardif) des vv. 28-30, et pourquoi le personnage d'Aaron serait absent de cette section du récit.

[79] La solution adoptée par Ahuis (cf. Autorität in Umbruch [1983] 72) qui attribue à une étape récente de la composition les vv. 33b-34 est contestable: Nb 16,33b interrompt effectivement le récit "Datan-Abiram", mais le vocabulaire retrouvé en Nb 16,34 est homogène avec celui des vv. 30-32a.33a et ces versets se rattachent donc probablement à une même tradition.

Etude du vocabulaire

Le vocabulaire et les images utilisées par le v. 30 sont relativement rares dans la Bible hébraïque:

ואם־בריאה יברא יהוה - – *si Yahvé crée du nouveau* (v. 30): le substantif בריאה – construit à partir de la racine ברא – est un hapax. L'expression évoque Jr 31,22[80] et surtout Ex 34,10[81]: la puissance de Yahvé qui se manifeste – selon Ex 34,10 – dans les merveilles qu'il réalise pour son peuple s'exprime, en Nb 16,30, dans le châtiment extraordinaire auquel il soumet ceux qui s'opposent à lui.

- ופצתה האדמה את־פי ובלעה אתם – *si le sol ouvre sa bouche et les avale*: l'image du sol ouvrant la bouche est retrouvée en Gn 4,11 ("Tu es maintenant maudit du sol qui a ouvert la bouche pour recueillir de ta main le sang de ton frère"), tandis que l'image de la terre avalant les hommes est utilisée dans l'hymne d'Ex 15: Ex 15,12: "Tu étendis ta droite, la terre les avale". Même s'il est impossible d'affirmer que le rapprochement entre Ex 15 et Nb 16 est délibéré, le lecteur de Nb 16 a obligatoirement en mémoire l'image utilisée par Ex 15: c'est le même châtiment qui vient frapper, sur l'ordre de Yahvé, les ennemis d'Israël et ceux qui – au sein même du peuple – se révoltent.

- וירדו חיים שאלה – *s'ils descendent vivants au shéol*: Nb 16,30 et Nb 16,33 représentent les seules mentions du shéol dans les récits des livres de l'Exode et des Nombres. Une expression similaire est retrouvée en Ps 55,16 ("Qu'ils descendent vivants au shéol !"), Pr 1,12 ("Comme le Shéol, nous l'avalerons vivant"). Les conceptions théologiques sous-jacentes à l'image de Nb 16,30 se rapprochent de celles véhiculées par 1 S 2,6 ("YHWH fait mourir et fait vivre, descendre au Shéol et remonter").

- נאץ – *mépriser* (v. 30): ce verbe est également utilisé dans le récit ancien de Nb 14 pour caractériser le comportement du peuple qui se révolte contre Yahvé.

2.8.3. *Synthèse des résultats de l'analyse littéraire*

Les vv. 25-34 sont essentiellement constitués par la suite du récit Datan-Abiram. L'analyse du vocabulaire montre, par l'ancienneté et l'originalité des expressions utilisées par le texte, que ce récit représente la plus ancienne des traditions regroupées en Nb 16,1–17,5. Les quelques additions apportées au texte peuvent être attribuées à l'étape la plus tardive de la

---

[80] Jr 31,22: "YHWH crée du nouveau sur la terre".
[81] Ex 34,10: "Voici que moi, je conclus une alliance. Devant tout ton peuple, je ferai des merveilles, qui n'ont jamais encore été créées dans toute la terre et dans toutes les nations...".

composition de Nb 16 et contribuent à une harmonisation très superficielle de l'ensemble du chapitre 16. La répartition du texte entre récit ancien et additions peut être schématisée de la manière suivante:

RECIT ANCIEN "DATAN-ABIRAM"	ADDITIONS
Nb 16,25	
Nb 16,26 (partiellement)	(Nb 16,26 partiellement)
	Nb 16,27a
Nb 16,27b-32a	Nb 16,32bα
Nb 16,32bß-33a.bα	Nb 16,33bß
Nb 16,34	

2.9. Nb 16,35: second récit de sanction

2.9.1. Traduction et critique textuelle

16,35 Un feu sortit d'auprès de YHWH, et il dévora les 250 hommes qui avaient présenté l'offrande.

2.9.2. Analyse littéraire

Ce verset rompt, par son contenu, avec la section qui le précède: les personnages sont ceux qui sont impliqués dans le conflit décrit par Nb 16,3.5-7. Nb 16,18 et Nb 16,23-24a.bα appartiennent également à cette tradition sacerdotale dont Nb 16,35 représente la conclusion. La mort de Coré n'est explicitement mentionnée ni dans cette tradition, ni dans les vv. 25-34 qui correspondent à la tradition "Datan-Abiram". On ne peut accepter l'hypothèse émise par Baentsch[82], Gray[83] et Holzinger[84] selon laquelle la mort de Coré, initialement mentionnée par le récit, aurait été secondairement supprimée: comme l'a montré l'analyse des différentes sections du chapitre 16, le personnage de Coré est introduit dans le texte à la phase la plus tardive de sa composition: par exemple, l'addition de Nb 16,32bα associe le personnage de Coré au récit du châtiment du peuple, et l'inclut – de manière implicite – dans la sanction qui frappe les rebelles.

Le châtiment qui touche les 250 hommes évoque celui qui frappe Nadav et Avihou, fils d'Aaron, dans le récit de Lv 10,1-3: le vocabulaire auquel

---

[82]   Cf. Baentsch, Exodus, Leviticus, Numeri (1903) 544.
[83]   Cf. Gray, Numbers (1903) 207.
[84]   Cf. Holzinger, Numeri (1903) 66.

recourt ce texte est identique à celui emprunté par le récit sacerdotal de Nb 16, comme le montre le tableau suivant[85]:

Lv 10,1-3	Nb 16,6-7
Les fils d'Aaron, Nadav. et Avihou *prirent chacun sa cassolette, y mirent du feu et placèrent de l'encens au-dessus d'elles*, et ils présentèrent devant YHWH un feu profane qu'il ne leur avait pas ordonné. Alors, *un feu sortit de* devant *YHWH* et les *dévora*, et ils moururent devant YHWH. Moïse dit à Aaron: "C'est cela qu'avait dit YHWH: "Je veux être sanctifié par celui qui m'approche, et à la face de tout le peuple, je veux être glorifié. Aaron garda le silence".	Faites ceci: *prenez* des *cassolettes* – Coré et toute sa communauté; demain, *mettez-y du feu et placez au-dessus d'elles de l'encens*, devant YHWH. Alors, l'homme que YHWH choisira, c'est lui qui est saint. C'en est trop, fils de Lévi ! Nb 16,35 *Un feu sortit* d'auprès *de YHWH*, et il *dévora* les 250 hommes qui avaient présenté l'offrande.

Les deux textes développent une théologie comparable dont le thème central est la sainteté: de même que nul ne saurait s'arroger le droit de sanctifier Yahvé (Lv 10,1-3), de même nul ne peut prétendre à la sainteté (Nb 16,3.5-7.18.35). C'est Yahvé qui est à l'origine de toute sainteté et le culte qui lui est rendu ne saurait relever d'une initiative humaine.

2.10. Nb 17,1-5: épilogue

2.10.1. Traduction et critique textuelle

17,1 YHWH parla à Moïse en ces termes: (2) "Dis à Eléazar fils d'Aaron – le prêtre – qu'il enlève les cassolettes du milieu du brasier et disperse au loin le feu. Car elles sont saintes[86]. (3) Les cassolettes de ces hommes qui

---

85 Le vocabulaire commun aux deux récits figure en caractères italiques.

86 La construction du verset est complexe: la proposition כי קדשׁו est en rapport avec le substantif המחתת – cassolettes, mais en est séparée par l'injonction: האת-האשׁ זרה-הלאה. Ceci conduit plusieurs commentateurs (cf.Gray, Numbers [1903] 211, De Vaulx, Les Nombres [1972] 198, Budd, Numbers [1984] 193) à suggérer de rattacher Nb 17,2b à Nb 17,3aα: את מחתות החטאים האלה בנפשׁתם. Le sens du texte deviendrait alors: "Parce que ces hommes pécheurs ont sanctifié ces cassolettes au prix de leur vie". La version de la Septante relie également Nb 17,2b à Nb 17,3 (οτι ηγιασαν τα πυρεια των αμαρτωλων τουτων εν ταις ψυχαις αυτων). Dans les deux cas, le verbe קדשׁו – statif – reçoit un sens actif et il est donc préférable de considérer Nb 17,2b comme une apposition en lien avec Nb 17,2a.

ont péché au prix de leur vie, on en fera des plaques martelées – un plaquage pour l'autel – car on les a approchées devant YHWH et elles sont saintes. Elles seront un signe pour les fils d'Israël."
(4) Le prêtre Eléazar prit les plaques de bronze qu'avaient présentées ceux qui furent brûlés, et on les martela comme plaquage pour l'autel. (5) Mémorial pour les fils d'Israël afin que n'approche pas un homme étranger qui n'est pas de la descendance d'Aaron pour faire brûler de l'encens devant YHWH, et qu'il n'en soit pas comme pour Coré et sa communauté, selon ce que YHWH lui avait dit par l'intermédiaire de Moïse.

2.10.2 *Analyse littéraire*

La théologie sous jacente à cette section du texte la relie aux éléments les plus récents de Nb 16,1–17,5[87]. En effet, le récit valorise le rôle des prêtres de la descendance d'Aaron: seul le prêtre Eléazar est habilité à approcher des cassolettes qui sont saintes. L'avertissement de Nb 17,5 rend encore plus explicite la perspective de la péricope: assurer au sacerdoce aaronide l'exclusivité du service de l'autel au détriment des lévites (représentés par Coré et sa communauté). Le concept d'homme étranger (איש זר), retrouvé en Nb 17,5, vise aussi bien les lévites que les autres catégories du peuple: le terme זר désigne ici – de même qu'en Ex 29,33; Lv 22,12. Nb 3,10 – tout homme extérieur à la descendance d'Aaron.

Ainsi, Nb 17,1-5 se greffe sur la conclusion du récit sacerdotal (Nb 16,35) pour en fournir une interprétation qui dépasse son contexte originel: de même qu'en Nb 16,8-11, la relecture sacerdotale tardive corrige une tradition qui lui est antérieure en fonction de ses propres perspectives théologiques[88].

---

[87] Cette analyse rejoint celle de l'ensemble des commentateurs (parmi les études les plus récentes, cf. Budd, Numbers (1984) 194, Aurelius, Fürbitter (1988) 193.198. Ahuis considère Nb 17,1-5 comme l'élément le plus récent du récit – postérieur aux additions tardives de Nb 16,1-35 (cf. Autorität im Umbruch [1984] 72). Parmi les 4 étapes qu'il reconnaît dans la composition de Nb 16-17, Schmidt rattache Nb 17,1-5 aux deux étapes les plus récentes: une relecture sacerdotale et des additions rédactionnelles contemporaines de la fusion des récits sacerdotal et pré-sacerdotal (cf. Studien zur Priesterschrift [1993] 177-178).

[88] Dans une perspective synchronique, Nb 17,1-5 semble faire double usage avec Ex 27,2; 38,2 – textes qui décrivent la mise en place de plaques de bronze devant l'autel: Ex 27,2: "Tu feras ses cornes sur ses quatre angles, de telle manière que ses cornes fassent un tout avec lui, et tu le plaqueras de bronze".
La tension entre les textes du livre des Nombres et du livre de l'Exode est éliminée par la version de la Septante qui ajoute à Ex 38,2: "Il fit l'autel de bronze avec les cassolettes de bronze qui appartenaient aux hommes qui s'étaient révoltés en compagnie de Coré". Il est difficile de préciser comment l'auteur de Nb 17,1-5 a envisagé les relations réciproques de Nb 17,3 et d'Ex 27,2; 38,2. Blum (Komposition [1990] 269 n. 152)

2.11. *Synthèse de l'analyse littéraire de Nb 16,1–17,5*

Deux traditions distinctes, représentées par deux trames narratives différentes, ont pu être reconstituées en Nb 16: une tradition "Datan-Abiram", probablement ancienne, et une tradition sacerdotale. A une étape tardive de la composition, ces deux traditions sont réunies et augmentées par une relecture sacerdotale dont le centre d'intérêt est le conflit opposant les lévites au sacerdoce aaronide[89].

La tradition Datan-Abiram

Cette tradition peut être restituée de la manière suivante:

16,1.... Datan et Abiram fils d'Eliav (et On fils de Pelet fils de Ruben) (2) se dressèrent contre Moïse..... (12) Moïse envoya appeler Datan et Abiram, fils d'Eliav. Ils dirent: "Nous ne monterons pas ! (13)......tu te poses en gouverneur au-dessus de nous (14)....tu ne nous as donné comme patrimoine ni champ ni vignoble. Arracheras-tu les yeux de ces hommes ? Nous ne monterons pas !" (15) Moïse se mit très en colère et dit à YHWH: "(Ne te tourne pas vers leur offrande !) Je ne leur ai pas pris un seul âne et je n'ai fait de mal à aucun d'entre eux"....(25) Moïse se leva pour aller vers Datan et Abiram, les anciens d'Israël allèrent derrière lui. (26) Moïse parla....en ces termes: "Ecartez-vous des tentes de ces hommes mauvais, et ne touchez pas à tout ce qui est à eux...." (27)....Datan et Abiram étaient sortis et se tenaient à l'entrée de leurs tentes, avec leurs femmes, leurs fils et leurs petits enfants. (28) Moïse dit: "C'est en cela que vous connaîtrez que YHWH m'a envoyé pour faire toutes ces actions, qu'elles ne viennent pas de mon propre chef: (29) Si ces hommes-ci

---

évoque cette question en ces termes: "Aufgrund der Spannung zu Ex 27,2; 38,2 sieht man darin im allgemeinen eine jüngere Ergänzung (Dillmann, Numeri, 95). Dies mag so sein, doch ist damit noch wenig erklärt: "Wie hat der Ergänzer den Zusammenhang mit den Exodusstellen gesehen ? Will er nur die reliquienartigen Mahnzeichen (vgl 17,25) vermehren oder auch ein Stück "Tradition" (aus dem Kontext der "250 Männer" Episode ?) festhalten – auch um Preis einer Unausgeglichenheit ?"

89 Même si la délimitation des trois strates du récit donne lieu à des variations de détail, ce schéma rejoint celui adopté par Gray (cf. Numbers [1903] 186-211), Holzinger (cf. Numeri [1903] 66ss), Baentsch (cf. Exodus, Leviticus, Numeri [1903] 539-549), Eißfeldt (cf. Hexateuch Synopse [1922] 73-175), Rudolph (cf. Elohist [1938] 81-84), Noth (cf. Numeri [1966] 107-115), Ahuis (cf. Autorität im Umbruch [1983] 72), Aurelius (cf. Fürbitter [1988] 192ss), Blum (cf. Komposition [1990] 264-271). L'analyse de Budd (cf. Numbers [1984] 184) qui tente de délimiter au sein du récit "Datan-Abiram" des éléments plus anciens concorde pour l'essentiel avec celles des auteurs précédents. Seul, Levine (cf. Numbers 1-20 [1993] 406) ne différencie pas deux étapes successives au sein des sections sacerdotales du texte – attribuant par exemple à un même stade de la composition Nb 16,3-7 et Nb 16,8-11. Enfin, Schmidt (cf. Studien zur Priesterschrift [1993] 113-179) différencie une relecture sacerdotale tardive, intégrant au récit sacerdotal le personnage de Coré, et des additions rédactionnelles – postérieures à cette relecture – qui seraient contemporaines de la fusion des récits pré-sacerdotal et sacerdotal. La présente étude permet de conclure à la coïncidence des deux étapes différenciées par Schmidt: la relecture sacerdotale tardive et la fusion des deux récits.

meurent de la mort de tout homme, et si le sort de tout homme s'abat sur eux, ce n'est pas YHWH qui m'a envoyé. (30) Mais si YHWH crée du nouveau, et si le sol ouvre sa bouche et les avale, ainsi que tout ce qui est à eux, et s'ils descendent vivants au Shéol, vous connaîtrez que ces hommes ont méprisé YHWH". (31) Alors, comme il avait terminé de prononcer toutes ces paroles, le sol qui était au-dessous d'eux se fendit. (32) La terre ouvrit sa bouche et les avala avec leurs familles....avec tous leurs biens. (33) Ils descendirent – eux et tout ce qui était à eux – vivants au Shéol, la terre les couvrit......(34) Alors tout Israël qui était autour d'eux s'enfuit à leurs cris, car ils disaient : "Que la terre ne nous avale pas !"

Cette tradition est probablement lacunaire dans sa première partie. L'analyse littéraire a montré comment sa fusion avec la tradition sacerdotale avait pu conduire à son amputation partielle. Le thème central du récit est l'autorité de Moïse sur le peuple – autorité qui s'appuie sur la mission donnée par Yahvé et qui se trouve confirmée par les événements extraordinaires dans lesquels ses détracteurs trouvent la mort. Aucune allusion n'est faite dans ce récit à l'organisation cultuelle du peuple – comme l'illustre le lieu principal dans lequel se déroule l'action: les tentes des rebelles[90].

La tradition sacerdotale
Le récit sacerdotal peut être restitué de la manière suivante:

16,2....250 hommes parmi les fils d'Israël: des chefs de la communauté, des délégués au rassemblement, des hommes de renom (3) s'assemblèrent contre Moïse et contre Aaron et leur dirent: "Assez ! Car toute la communauté – eux tous – sont saints, et YHWH est au milieu d'eux (pourquoi vous élevez-vous au-dessus de l'assemblée de YHWH ?)" (4) Moïse entendit et tomba face contre terre. (5) Il parla.....en ces termes...: (6) "Faites ceci: prenez des cassolettes.... (7) demain, mettez-y du feu et placez au-dessus d'elles de l'encens, devant YHWH. Alors, l'homme que YHWH choisira, c'est lui qui est saint....." (18) Ils prirent chacun sa cassolette, y mirent du feu et placèrent au-dessus d'elles de l'encens, et se présentèrent à l'entrée de la tente de la rencontre.... (23) YHWH parla à Moïse en ces termes: (24) "Parle à la communauté en ces termes: "Eloignez-vous des alentours de la demeure....." (35) Un feu sortit d'auprès de YHWH, et il dévora les 250 hommes qui avaient présenté l'offrande.

---

90 Schmidt considère que la tradition "Datan-Abiram" fait suite, dans le récit pré-sacerdotal, à Nb 14,40-45. La thèse de l'auteur repose sur une reconstruction de la logique du récit: l'attitude de Moïse, qui ne soutient pas le peuple dans sa tentative infructueuse de conquête à Horma (Nb 14,40-45) déboucherait sur la révolte des Israélites (Nb 16,1-2). Une telle hypothèse, intellectuellement séduisante, ne peut être démontrée par la critique littéraire et demeure conjecturale (cf. Studien zur Priesterschrift [1993] 132).

L'analyse du texte a montré que la délimitation précise du récit sacerdotal demeure souvent délicate. La restitution ci-dessus est donc présentée à titre d'hypothèse. Malgré ses limites évidentes, elle autorise deux constats: d'une part, une trame narrative continue, de provenance sacerdotale, peut être reconstituée[91]. *D'autre part, le thème central en est la question de la sainteté du peuple.* La théologie de ce récit se démarque de la théologie deutéronomique à laquelle il se réfère implicitement pour la rejeter (cf. supra).

La relecture sacerdotale tardive[92]
Contrairement aux deux strates précédentes du texte, il n'est pas possible de reconstituer un récit continu correspondant à cette troisième étape de la composition dont on retrouve les traces aussi bien au sein du récit "Datan-Abiram" que dans le récit sacerdotal. C'est à cette relecture tardive que l'on peut attribuer l'introduction dans le récit du personnage de Coré[93] dont la fonction – outre le fait qu'il est mentionné dans différentes généalogies lévitiques et peut ainsi être utilisé comme symbole des thèses et des revendications des lévites – est d'unifier les différentes traditions qui y sont juxtaposées. La dernière étape de la composition du texte en déplace la

---

91 Noth (cf. Überlieferunggeschichte [1948] 19 n. 59) et Lohfink (cf. Priesterschrift [1978] 198 n. 29) n'attribuent pas à "l'histoire sacerdotale" (Priesterschrift Pg) le récit sacerdotal de Nb 16 qui serait, selon eux, plus tardif.
En revanche, Schmidt (*op. cit.* n. 91) considère que, de même que dans la tradition pré-sacerdotale, le récit "Datan-Abiram" fait suite au récit relatif aux éclaireurs, à la révolte et à la défaite du peuple, de même dans la tradition sacerdotale, Nb 16-17P fait suite à Nb 13-14P. L'auteur conclut ainsi à une dépendance de Nb 16-17P vis-à-vis de la tradition "Datan-Abiram". La présente étude n'a retrouvé aucun élément qui vienne corroborer cette thèse. De plus, l'hypothèse de la juxtaposition de Nb 13-14P et de Nb 16-17P dans la tradition sacerdotale n'emporte pas la conviction: par son thème (le péché de la communauté), Nb 13-14P se rapproche en effet de Nb 20,1-13P qui relate le péché de Moïse et Aaron. Il serait peu vraisemblable que ces deux récits, entre lesquels les liens sont nombreux (cf. chapitre VIII, § 1.2.3), soient séparés par un texte dont la pointe est différente – puisque c'est la thématique de la sainteté qui caractérise Nb 16-17P.
92 Ahuis (cf Autorität im Umbruch [1983] 71-87) attribue à un auteur deutéronomiste cette strate la plus tardive du texte, mais le vocabulaire qu'elle utilise et la théologie du sacerdoce qui s'y exprime contredisent cette hypothèse et manifestent l'origine sacerdotale de cette dernière étape de la composition du récit.
93 Cf. les analyses de Guunneweg (Leviten und Priester [1965] 175ss.187-188) et Aurelius (Fürbitter [1988] 195-196). Kuenen (Opstand van Korach [1878] 139-162, cité par Aurelius 192-193), dans son étude qui a le mérite d'avoir été la première à discerner les trois étapes de la composition du texte, estimait que le personnage de Coré appartient à la tradition sacerdotale qui décrit la révolte de 250 chefs du peuple. A ce stade, Coré ne serait pas lévite mais laïc. Entre autres arguments, l'analyse de Nb 16,35 vient infirmer cette hypothèse: le personnage de Coré est absent du récit décrivant le châtiment qui frappe les 250 hommes.

problématique: les différentes additions qui y sont introduites invitent le lecteur à comprendre les divers conflits qui y sont dépeints comme les différentes expressions d'un unique conflit: celui qui oppose lévites et prêtres aaronides[94]. Les techniques littéraires utilisées pour harmoniser le récit sont de plusieurs ordres:

- insertion de personnages dans des traditions auxquelles ils sont étrangers: ainsi le personnage de Coré en Nb 16,5.24.27.32, les personnages de Datan et Abiram en Nb 16,24.27, l'expression "fils de Lévi" en Nb 16,7b.

- harmonisation de la rhétorique des discours (cf. Nb 16,9 et Nb 16,13: "Est-ce trop peu... ?").

- insertion dans une tradition d'une thématique issue d'une tradition différente: ainsi Nb 16,3b ("Ils s'assemblèrent contre Moïse et contre Aaron et leur dirent: "Assez! Car toute la communauté – eux tous – sont saints, et YHWH est au milieu d'eux; pourquoi vous élevez-vous au-dessus de l'assemblée de YHWH ?") pourrait avoir pour fonction d'harmoniser le discours de Nb 16,3 avec celui de Nb 16,12ss: "Nous ne monterons pas ! Est-ce trop peu que tu nous aies fait monter d'un pays ruisselant de lait et de miel pour nous faire mourir dans ce désert, qu'en plus tu te poses en gouverneur au-dessus de nous ?".

Mais l'harmonisation demeure assez superficielle, et le texte comporte de multiples tensions.

L'hypothèse compositionnelle retenue au terme de cette analyse conclut à l'indépendance de la tradition Datan-Abiram et de la tradition sacerdotale: ces deux traditions n'auraient été rapprochées que tardivement par les auteurs sacerdotaux composant le récit de Nb 16,1-17,5. Les analyses de Liver[95], Coats[96] et Schmidt[97] viennent contester ce dernier point:

Selon Liver, les deux trames narratives cohérentes reconstituées par la plupart des auteurs s'appuient sur des reconstructions du texte qui sont largement conjecturales. A l'hypothèse de deux traditions séparées rassemblées par un auteur tardif, l'auteur préfère celle d'une croissance progressive du texte et d'additions successives. Coats défend quant à lui la théorie de la dépendance du récit de la révolte des 250 hommes vis-à-vis de la tradition "Datan-Abiram": l'auteur cherche à démontrer que la structure des deux récits est parallèle (conflit d'autorité, résolution du conflit par une épreuve

---

94 Ainsi, comme l'écrit Blum (cf. Komposition [1990] 266), dans la forme finale du récit, les vv. 3-7 doivent déjà être compris en fonction des revendications des lévites: "Die Kompositoren geben aber zu verstehen, daß das levitische Begehren schon in v. 3-7 mitzuhören ist".

95 Cf. Liver, Korah (1961) 189-217.

96 Cf. Coats, Rebellion (1968) 173ss.

97 Cf. n. 91.92.

qui oppose les dirigeants du peuple aux rebelles, punition des rebelles) et en conclut que la tradition "Datan-Abiram" représente "la forme ancienne de la tradition sacerdotale"[98]. L'analyse du récit de Nb 13–14 a montré précédemment comment les auteurs sacerdotaux peuvent utiliser un récit ancien comme "matrice" de leur propre récit. En Nb 16 cependant, si l'intrigue des deux récits présente effectivement des affinités (conflit d'autorité dont l'issue est présentée dans les deux cas comme un choix de Yahvé en faveur de Moïse, au détriment de ses opposants), les différences de thème, de vocabulaire, de personnages, de lieux invitent à considérer qu'il s'agit de traditions indépendantes. Ce n'est que tardivement que ces traditions ont été rapprochées dans un même récit (peut-être précisément parce qu'elles relatent toutes deux un conflit d'autorité) et utilisées dans un nouveau contexte: le conflit qui oppose les lévites aux prêtres aaronides.

3. ANALYSE LITTÉRAIRE DE NB 17,6-28

3.1. Analyse littéraire de Nb 17,6-15

3.1.1. Traduction et critique textuelle

17,6 Le lendemain, toute la communauté des fils d'Israël murmura contre Moïse et contre Aaron: "Vous avez fait mourir le peuple de YHWH !"
(7) Alors, comme la communauté s'assemblait contre Moïse et Aaron, ils se tournèrent vers la tente de la rencontre. Et voici que la nuée la couvrit. La gloire de YHWH apparut. (8) Moïse et Aaron allèrent devant la tente de la rencontre. (9) YHWH parla à Moïse[99]: (10) "Ecartez-vous du milieu de cette communauté ! Je vais les détruire sur-le-champ". Ils tombèrent face contre terre.
(11) Moïse dit à Aaron: "Prends la cassolette, mets-y du feu de l'autel, place de l'encens et va vite vers la communauté, fais le rite d'absolution sur eux, car la colère est sortie de devant YHWH, le fléau a commencé." (12) Aaron la prit, comme avait dit Moïse, il courut au milieu de l'assemblée; et voici que le fléau avait commencé dans le peuple. Il mit l'encens et fit le rite d'absolution sur le peuple. (13) Il se tint entre les morts et les vivants et le fléau fut arrêté. (14) Il y eut 14700 morts dans le fléau, mis à part ceux qui moururent dans l'affaire de Coré. (15) Aaron retourna vers Moïse, à l'entrée de la tente de la rencontre, et le fléau s'arrêta.

---

98 Coats, *op. cit.* (n. 97) 173.
99 La version de la Septante (και ελαλησεν κυριος προς Μωυσην και Ααρων λεγων) harmonise le récit.

3.1.2. *Analyse littéraire*

La péricope est reliée au contexte narratif du chapitre 16 par le v. 6. La relation de causalité qui relie la sanction qui touche les rebelles (Nb 16,24-35) à la révolte de la communauté (Nb 17,6ss) est rendue explicite par le discours de Nb 17,6b ("Vous avez fait mourir le peuple de YHWH") et renforcée par la particule ממחרת – "le lendemain" (Nb 17,6a), qui souligne la proximité chronologique des deux épisodes.

Deux doublets encadrent le récit: Nb 17,7 et Nb 17,6 décrivent dans un vocabulaire différent (v. 6: verbe לון, v. 7: verbe קהל על) la révolte du peuple contre Moïse et Aaron; Nb 17,13b ("le fléau fut arrêté") et Nb 17,15b ("le fléau s'arrêta") recourent à une formulation pratiquement identique pour annoncer la fin du fléau.

La mention de Coré (v. 14) montre que les vv. 14-15 présupposent l'étape la plus récente de la composition du récit de Nb 16,1-17,5[100]. La datation des vv. 6-13 est plus délicate: en effet, le rite d'absolution effectué par Aaron à l'aide de l'encens est décrit à l'aide d'un vocabulaire déjà présent dans la strate la plus ancienne du récit sacerdotal de Nb 16 (Nb 17,11: "Prends la cassolette, mets-y du feu..., place de l'encens", cf .Nb 16,6.7). Le geste d'Aaron peut ainsi être compris comme le contrepoint de l'offrande d'encens des 250 hommes – l'agrément par Yahvé de l'offrande d'Aaron manifestant la sainteté de celui qui la présente. Mais les vv. 6-13 peuvent également être interprétés dans le contexte du conflit qui oppose les lévites aux prêtres aaronides: l'efficacité du geste d'Aaron – qui stoppe le fléau – vient l'accréditer comme prêtre véritable institué au service de la communauté. En outre, Nb 17,7-10 d'une part et Nb 16,19-22 d'autre part (section qui se rattache à l'étape compositionnelle la plus récente de Nb 16) présentent de nombreuses affinités[101] – ce qui conduit Blum[102] à remettre en

---

[100] Ahuis (cf. Autorität im Umbruch [1983] 72), Aurelius (cf. Fürbitter [1988] 199 n. 300), Schmidt(cf. Studien zur Priesterschrift [1993] 179) concluent également au caractère tardif des vv. 14-15.

[101] Nb 16,19b-22: "Alors, *la gloire de YHWH apparut* à toute la communauté. *YHWH parla à Moïse* et Aaron en ces termes: "Séparez-vous *du milieu de cette communauté ! Je vais les détruire sur-le-champ*". Ils *tombèrent face contre terre* et dirent: " Dieu, Dieu des souffles pour toute chair, un seul homme pèche et tu te fâches contre toute la communauté !"
Nb 17,7-10: "Alors, comme la communauté s'assemblait contre Moïse et Aaron, ils se tournèrent vers la tente de la rencontre. Et voici que la nuée la couvrait. *La gloire de YHWH apparut*. Moïse et Aaron allèrent devant la tente de la rencontre. *YHWH parla à Moïse*: "Ecartez-vous *du milieu de cette communauté ! Je vais les détruire sur-le-champ*." Ils tombèrent face contre terre".

[102] Cf. Blum, Komposition (1990) 268 et 268 n. 147.

question la théorie classique[103] qui consiste à voir dans les vv. 6-15 (ou au moins dans les vv. 6-13) la suite du récit "des 250 hommes" dont le début se situe en Nb 16.

Ces différentes remarques invitent à adopter – pour les vv. 6-15 – l'hypothèse d'un processus de composition comparable à celui que l'analyse de Nb 16 a permis de mettre en évidence: une tradition sacerdotale, constituant vraisemblablement la suite du récit des "250 hommes" a été remaniée par une relecture sacerdotale tardive, et interprétée en fonction du conflit prêtres-lévites. La délimitation exacte de ce qui revient à la tradition primitive et à sa relecture demeure – hormis les vv. 14-15 qui sont manifestement tardifs – délicate.

Etude du vocabulaire
- נגף – *fléau* (v. 11): le terme est assez rare dans la Bible hébraïque. Dans le sens de fléau, il est retrouvé en Ex 12,13; 30,12; Nb 8,19; 17,11.12; Jos 22,17. Il désigne dans toutes ces occurrences l'extermination d'un peuple à l'initiative de Yahvé. Le terme est en particulier utilisé pour désigner la mort des premiers-nés de l'Egypte en Ex 12,13: ainsi, le péché des Israélites les conduit à connaître le sort de leurs ennemis.
- כפר – *faire le rite d'absolution* (v. 11): ce terme technique est retrouvé dans le livre du Lévitique dans le contexte de rituels de purification (Lv 14) ou encore dans le cadre des dispositions législatives concernant la célébration du jour du grand pardon (Lv 16). En Nb 8,12.19.21, il décrit le rite d'absolution effectué par Aaron sur les lévites pour éviter tout fléau (נגף) sur Israël. Le récit de Nb 17,6-15 et les textes législatifs concernant les lévites de Nb 8,5-22 empruntent donc un vocabulaire commun. De même, le substantif קצף (colère) n'est retrouvé, dans le livre des Nombres, qu'en Nb 1,53 (dispositions législatives relatives à place des lévites dans le camp)[104]; 17,11 et 18,5 (dispositions législatives relatives au rôle des lévites dans le sanctuaire)[105]. Ainsi, le récit de Nb 17,6-15 semble proposer une illustration narrative des fléaux dont la communauté est menacée – fléaux auxquels font allusion les différents textes législatifs qui partagent avec ce récit un vocabulaire commun.

---

103 Cf. Noth, Numeri (1966) 108.

104 Nb 1,53: "Les lévites camperont autour de la demeure de la charte, ainsi il n'y aura pas de colère contre la communauté des fils d'Israël...".

105 Nb 18,5: "Vous (les prêtres) garderez le service du sanctuaire et le service de l'autel, ainsi il n'y aura plus de colère contre les fils d'Israël".

3.2. *Analyse littéraire de Nb 17,16-26*

3.2.1. *Traduction et critique textuelle*

17,16 YHWH parla à Moïse en ces termes: (17) Parle aux fils d'Israël et prends-leur un bâton pour chaque tribu, venant de tous les chefs de leurs tribus: 12 bâtons. Tu écriras le nom de chacun sur son bâton. (18) Quant au nom d'Aaron, tu l'écriras sur le bâton de Lévi, car il y aura un seul bâton par chef de tribu. (19) Tu les déposeras dans la tente de la rencontre, devant la charte, là où je vous[106] rencontre. (20) L'homme que je choisirai, son bâton bourgeonnera, ainsi j'apaiserai les murmures des fils d'Israël contre moi – les murmures qu'ils profèrent contre vous".
(21) Moïse parla aux fils d'Israël, et tous les chefs lui donnèrent un bâton – un seul bâton par chef de leurs tribus: 12 bâtons. Le bâton d'Aaron était au milieu de leurs bâtons. (22) Moïse déposa les bâtons devant YHWH, dans la tente de la charte.
(23) Le lendemain, Moïse[107] entra dans la tente de la charte, et voici que le bâton d'Aaron – pour la tribu de Lévi – avait bourgeonné: il avait fait sortir un bourgeon, éclore une fleur et fait mûrir des amandes. (24) Moïse sortit tous les bâtons de devant YHWH, vers tous les fils d'Israël. Ils virent et prirent chacun son bâton. (25) YHWH dit à Moïse: "Ramène le bâton d'Aaron devant la charte, en dépôt comme signe pour les fils de la révolte. Il fera cesser leurs murmures contre moi et ils ne mourront pas." (26) Moïse fit ainsi: il agit selon ce que lui avait ordonné YHWH.

3.2.2. *Analyse littéraire*

Deux étapes peuvent être distinguées dans la composition de cette péricope: une *série d'additions ponctuelles* dont la caractéristique commune est de valoriser le personnage d'Aaron sont en effet venues déplacer la pointe du récit[108]:

---

[106] Le Pentateuque samaritain, la version de la Septante et la Vulgate lisent ici un singulier ("là où je te rencontre").
[107] La version de la Septante ajoute ici "et Aaron".
[108] Cette analyse rejoint celle de Blum (cf. Komposition [1990] 269). L'auteur considère qu'il demeure difficile de retrouver la thématique originelle de la tradition sacerdotale sous-jacente à Nb 17,16-26: "Ob einen auf "Levi" zielende Tradition dahinter steht, muß wohl offen bleiben". Ahuis (cf. Autorität im Umbruch [1983] 72) propose une solution différente en considérant l'ensemble des versets 16-26 comme un supplément rédactionnel très tardif empruntant le style sacerdotal. Une telle hypothèse (qu'adopte également Schmidt, cf. Studien zur Priesterschrift [1993] 178) ne rend pas compte des doublets et des appositions que comporte le récit.

° Nb 17,18 reprend au profit du seul personnage d'Aaron les données de Nb 17,17:

Nb 17,17: "Parle aux fils d'Israël et prends-leur un bâton pour chaque tribu, venant de tous les chefs de leurs tribus: 12 bâtons. *Tu écriras le nom de chacun sur son bâton*".

Nb 17,18: "*Quant au nom d'Aaron, tu l'écriras sur le bâton de Lévi*, car il y aura un seul bâton par chef de tribu."

2° Nb 17,20 ne se réfère pas directement à la notion de tribu (présente en Nb 17,17.21), et emprunte un vocabulaire plus individualiste ("L'homme que je choisirai, son bâton bourgeonnera")[109].

3° L'apposition de Nb 17,21b ne contribue en rien à la progression de l'intrigue, mais permet de mettre en valeur Aaron: "Le bâton d'Aaron était au milieu de leurs bâtons".

4° La formule du v. 23aß ("et voici que le bâton d'Aaron – pour la tribu de Lévi – avait bourgeonné") apparaît surchargée – ce qui pourrait être lié à l'introduction tardive du nom d'Aaron dans un texte ne mentionnant primitivement que la tribu de Lévi.

Par ailleurs, certaines sections du récit semblent avoir pour fonction de attacher les vv. 16-26 au reste des chapitres 16-17 en recourant au vocabulaire du murmure – également utilisé en Nb 16,11; 17,6. Ces additions, dont le thème (le murmure des Israélites) est en tension avec le thème principal de la péricope (la mise-à-part par Yahvé d'une des tribus d'Israël), peuvent être attribuées à l'étape la plus tardive de la composition des chapitres 16 et 17:

Nb 17,20: "L'homme que je choisirai, son bâton bourgeonnera, ainsi j'apaiserai les murmures des fils d'Israël contre moi – les murmures qu'ils profèrent contre vous".

Nb 17,25: " YHWH dit à Moïse: "Ramène le bâton d'Aaron devant la charte, en dépôt comme signe pour les fils de la révolte. Il fera cesser leurs murmures contre moi et ils ne mourront pas".

L'ensemble de ces remarques permettent de proposer les conclusions suivantes: un récit sacerdotal (comme le montre le vocabulaire qu'il utilise: chefs, fils d'Israël, tente de la rencontre), dont le thème probable est la place spécifique de la tribu de Lévi, fait l'objet d'une relecture tardive qui en modifie la pointe: c'est le personnage d'Aaron qui, dans la version actuelle du texte, se trouve valorisé. Cette relecture s'inscrit dans le contexte de la

---

[109] Cet argument n'est pas incontestable: le substantif "l'homme" – אִישׁ pourrait simplement désigner les chefs des tribus évoqués par le v. 17, sans chercher à valoriser le personnage d'Aaron.

polémique qui oppose prêtres et lévites, polémique qui donne la clef de lecture de l'ensemble des chapitres 16 et 17 dans leur forme actuelle.

Ainsi, des auteurs sacerdotaux tardifs se livrent à un véritable travail de composition, rassemblant en Nb 16-17 des récits d'origine diverse qu'ils relient en fonction d'une nouvelle thématique: la prépondérance du sacerdoce aaronide. Les liens littéraires qui rattachent ces récits les uns aux autres demeurent souvent superficiels, comme le montre l'artifice littéraire qui relie Nb 17,16-26 aux récits qui le précèdent à l'aide du mot – crochet לוּן (murmurer).

3.3. Analyse littéraire de Nb 17,27-28

3.3.1. Traduction et critique textuelle

17,27 Les fils d'Israël dirent à Moïse: "Voilà que nous périssons[110], nous disparaissons, nous disparaissons tous ! (28) Tous ceux qui approchent, oui qui approchent[111] la Demeure de YHWH mourront. Est-ce que nous en avons fini de périr ainsi?"

3.3.2. Analyse littéraire

Les vv. 27-28 ne se rattachent pas directement, par leur thème, à la péricope qui les précède. Ils semblent plutôt faire allusion aux récits de Nb 16,1-17,5 et Nb 17,6-15 qui décrivent la destruction d'une partie du peuple. Par ailleurs, par le vocabulaire qu'ils utilisent, ces versets permettent de relier les chapitres 16-17 aux textes législatifs de Nb 18 d'une part, au récit de Nb 20,1-13 d'autre part: le verbe קרב est utilisé – avec la sens d' "approcher de la Demeure de Yahvé" – en Nb 16,5.9.10.17; 17,3.4.5.28; 18,2.3.4.22; le verbe גוע (périr) est retrouvé en Nb 17,27.28; 20,3.

Ainsi, les vv. 27-28 se présentent comme des sutures rédactionnelles qui concluent les récits qui les précèdent, tout en annonçant les textes qui les suivent. Cette fonction littéraire désigne ces versets comme manifestement tardifs, probablement contemporains de la rédaction finale du livre des Nombres[112].

---

110 Malgré l'emploi du qatal, le contexte commande de traduire par un présent (cf. Joüon Grammaire de l'hébreu biblique [1923] 298).

111 Contrairement au texte massorétique, la Septante, la version syriaque et la Vulgate ne comportent pas de répétition du verbe קרב - approcher. Cette forme de style du texte massorétique marque l'emphase et répond à la répétition du verbe אבד– "disparaître" au verset précédent.

112 Dès 1878, Kuenen (Opstand van Korach [1878] 139-162, cité par Baentsch, Exodus, Leviticus, Numeri [1903] 553) conclut au caractère tardif des versets 27-28 qui, selon lui, servent de transition entre Nb 17,26 et Nb 18,1ss.

4. PERSPECTIVES THÉOLOGIQUES DE NB 16–17[113]

Les chapitres 16 et 17 du livre des Nombres fournissent à la conception sacerdotale de la sainteté et à l'organisation du culte dont témoigne la relecture sacerdotale tardive du récit une ilustration narrative

En précisant la conception sacerdotale de la sainteté, Nb 16 prolonge l'exhortation de Nb 15,40[114] et évite toute ambiguïté concernant son interprétation: la sainteté n'est pas une qualité dont l'homme pourrait se prévaloir (comme le font les rebelles en Nb 16,3), elle est conférée par Yahvé lui-même et demeure ainsi un don de Dieu: Yahvé choisit ceux qu'il considère comme saints (Nb 16,6-7). La tradition sacerdotale se démarque ainsi des conceptions deutéronomiques auxquelles le discours des rebelles (Nb 16,3) se réfère implicitement et vient les contester "à distance". La nécessité qu'éprouvent les milieux sacerdotaux de réaffirmer avec autant de fermeté leurs positions théologiques – à travers des récits dans lesquels ils leur confèrent l'autorité de Yahvé lui-même – montre combien ces positions, loin de faire l'unanimité dans les communautés post-exiliques, sont l'objet de débats et de controverses.

La relecture sacerdotale tardive de Nb 16–17 a comme principal centre d'intérêt des questions institutionnelles: le récit cherche à fonder la prééminence du sacerdoce aaronide. Dans la première partie du livre des Nombres, la question de la répartition des fonctions entre prêtres et lévites est abordée par les textes législatifs de Nb 1,53-54; Nb 3,1-13 ; Nb 4,1-33; Nb 8,5-22. La législation illustrée par Nb 16-17 manifeste une évolution par rapport à ces textes: tandis que l'accent des lois de Nb 1; 4; 8 porte sur la séparation existant entre laïcs et personnel cultuel – prêtres et lévites – tout en différenciant le rôle des premiers de celui des seconds, les récits de Nb 16-17 – qui constituent l'illustration des lois de Nb 18 – viennent essentiellement réaffirmer une distinction de fonctions et de privilèges entre prêtres et lévites.

Ainsi, on assiste à une évolution des préoccupations théologiques des auteurs entre les deux strates du récit sacerdotal: tandis que la strate la plus ancienne pose de manière assez générale la question de la sainteté, la strate la plus récente manifeste un intérêt pour les seules questions cultuelles: au thème de la sainteté se substitue le thème du "sacré".

---

[113] Les différents thèmes théologiques, simplement évoqués dans ce paragraphe, seront repris de manière systématique au chapitre IX.

[114] Nb 15,40: "Afin que vous pensiez à faire tous mes commandements, et que vous soyez saints devant votre Dieu".

VII

ETUDE DIACHRONIQUE DE NOMBRES 20,1-13

1. TRADUCTION ET CRITIQUE TEXTUELLE

20,1 Les fils d'Israël – toute la communauté – arrivèrent au désert de Cin l[
premier mois, et le peuple demeura à Qadesh. Myriam mourut là et elle fu[
ensevelie là.
(2) Il n'y avait pas d'eau pour la communauté. Alors, ils s'assemblèren[
contre Moïse et Aaron. (3) Le peuple se querella avec Moïse[1]. Ils dirent[2]
"Ah! si nous avions péri lorsque nos frères ont péri devant YHWH ! (4) E[
pourquoi avez-vous fait entrer l'assemblée de YHWH dans ce désert ? Pou[
que nous mourions[3] là, nous et notre bétail ? (5) Pourquoi nous avez-vou[
fait monter d'Egypte pour nous faire entrer dans ce mauvais lieu ? Ce n'es[
pas un lieu pour les semailles, ni pour le figuier, la vigne et le grenadier, e[
il n'y a pas d'eau à boire".

---

[1] Un manuscrit de la version syriaque ajoute "et avec Aaron", ce qui manifeste un souc[
d'harmonisation avec le verset 2b.

[2] La BHS propose de lire ויאמרו לאמר et non ויאמרו לאמר. Cette suggestion se fond[
probablement sur le caractère inhabituel de l'expression ויאמרו לאמר dans la Bibl[
Hébraïque – et particulièrement dans le Pentateuque – ainsi que le soulignent d[
nombreux auteurs (cf. Gray, Numbers [1903] 264, Holzinger, Numeri [1903] 82[
Kohata, Numeri 20,1-13 [1977] 8 n. 16). La forme conjuguée et l'infinitif construit son[
en effet d'ordinaire séparés par le sujet du verbe אמר. Dans le Pentateuque, Ex 15,[
représente la seule autre occurrence de la construction utilisée en Nb 20,3bα. Dans l[
reste de la Bible hébraïque, cette construction est retrouvée en 2 S 5,1; 20,18; Jr 29,24[
Ez 33,10; Za 2,4. La proposition de la BHS (וימרו: ils se rebellèrent) s'appuie sur N[
20,10b – discours de Moïse dans lequel les fils d'Israël sont qualifiés de המרים– rebelles[
Ce discours aurait ainsi comme antécédent le verset 3bα dont le texte serait aujourd'hu[
altéré (la possibilité d'une telle corruption du texte est également évoquée par Rudolph[
Elohist [1938] 85). Cependant, l'absence de tout témoin textuel venant corrobore[
l'hypothèse avancée, ainsi que l'usage de la construction grammaticale ויאמרו לאמר dan[
plusieurs autres textes de la Bible hébraïque conduisent à considérer la proposition de l[
BHS comme une conjecture, et à conserver la leçon du texte massorétique. La version d[
la Septante corrige le texte massorétique en évitant de traduire la forme conjuguée ויאמר[
(και ελοιδορειτο ο λαος προς Μωυσην λεγοντες). Ainsi λεγοντες – participe qu[
traduit l'infinitif לאמר – n'est pas mis en relation avec une forme conjuguée du verb[
λεγω, comme dans la traduction habituelle de l'expression ויאמר...לאמר (ειπεν.... λεγων[
cf Gn 9,8; 21,22; Dt 1,9...), mais avec ελοιδορειτο – qui traduit la forme conjuguée d[
verbe précédent dans le texte massorétique: וירב. Un tel procédé de traduction es[
retrouvé dans plusieurs autres textes de la Septante, répertoriés par Meier (Speaking o[
Speaking. [1992] 87): Jos 4,21; 22,8; Jr 27,9.

[3] Au verbe מות correspond αποκτειναι (tuer) dans la version de la Septante, ce qu[
accentue la violence du propos tenu par le peuple. De même, en Ex 17,3 – dans le réci[
parallèle à Nb 20,1-13 – et en Nb 21,5, la Septante recourt au verbe αποκτειναι.

(6) Moïse et Aaron se rendirent de l'assemblée à l'entrée de la tente de la rencontre, et ils tombèrent face contre terre. La gloire de YHWH leur apparut. (7) YHWH parla à Moïse en ces termes: (8) "Prends le bâton et rassemble la communauté, toi et ton frère Aaron. Vous parlerez au rocher devant leurs yeux, ainsi[4] il donnera de l'eau. Tu feras sortir[5] pour eux l'eau du rocher et tu feras boire[6] la communauté et leur bétail." (9) Moïse prit le bâton devant YHWH, comme il le lui avait ordonné. (10) Moïse et Aaron rassemblèrent l'assemblée devant le rocher. Il leur dit: "Ecoutez-donc[7], rebelles ! De ce rocher, ferons-nous[8] sortir[9] pour vous de l'eau ? (11) Moïse leva la main et frappa le rocher deux fois avec son bâton[10]. L'eau sortit en abondance, la communauté but ainsi que leur bétail.

---

4   La succession de deux verbes au "weqatalti" exprime ici une consécution logique (cf. Joüon, Grammaire de l'Hébreu biblique [1923] 328).

5   Le verbe est au pluriel dans la version de la Septante (εξοισετε), ce qui permet de supprimer la tension existant entre Nb 20,8aβ et Nb 20,8b (Moïse et Aaron sont collectivement sujets de l'action en Nb 20,8aβ, Moïse est seul sujet en Nb 20,8b dans le texte massorétique).

6   De la même manière, au singulier והשקית correspond un pluriel dans la version de la Septante (ποτιειτε).

7   La version de la Septante ακουσατε μου (écoutez-moi donc) renforce le rôle de Moïse dans le récit. Elle peut témoigner d'une corruption du texte massorétique (שמעוני au lieu de שמעו-נא), ou encore d'une correction délibérée.

8   Joüon propose de donner une nuance exclamative à la particule ה dans l'expression המן הסלע הזה נוציא לכם מים (cf. Grammaire de l'Hébreu biblique [1923] 495). La traduction proposée devient ainsi: "Eh bien ! C'est de ce rocher que nous ferons sortir l'eau !". Cette hypothèse est cohérente avec le contenu du verset 11 qui relate le geste de Moïse, mais rend plus difficilement compréhensible le récit dans son ensemble: en effet, le motif invoqué au v. 12 pour expliquer la punition qui frappe Moïse et Aaron est leur manque de foi. Les deux manifestations plausibles d'un tel manque de foi dans le récit sont d'une part le décalage entre l'ordre de Yahvé (v. 8a: parler au rocher) et son exécution par Moïse (qui frappe le rocher au lieu de lui parler, v. 11a), et d'autre part le doute que pourrait exprimer la proposition interrogative de Nb 20,10b. Transformer cette proposition interrogative en proposition exclamative rend encore plus inattendu le v. 12 qui annonce la sanction dont Moïse et Aaron font l'objet, sanction que laisse difficilement prévoir le début de l'intrigue, aux vv. 1-11.

9   L'inaccompli נוציא peut traduire différentes nuances que Margaliot (Transgression [1983] 196-228, particulièrement 212-215) classe schématiquement en trois groupes:
- "pouvons-nous faire sortir ?" (solution retenue entre autres auteurs par Gray (cf. Numbers [1903] 263), Noth (cf. Numeri [1966] 126), Arden (cf. How Moses Failed God, JBL 76 [1957] 52).
- "allons-nous faire sortir ?" (solution adoptée récemment par Budd (cf. Numbers [1984] 215) et Levine (cf. Numbers [1993] 486).
- "devrions-nous faire sortir ?"
Le contexte ne permet pas de trancher en faveur d'une option plutôt que d'une autre et la traduction adoptée évite de choisir l'une des trois solutions classiques.

10   La version de la Septante ne comporte pas de pronom possessif: επαταξεν την πετραν τη ραβδω δις. Comme le fait remarquer Blum (Komposition [1990] 274 n. 170), le texte de la Septante en Nb 20,11 correspond aux données du verset 8a. La version

(12) YHWH dit à Moïse et à Aaron: "Parce que vous n'avez pas cru en moi[11] d'une manière telle[12] que vous manifestiez ma sainteté aux yeux des fils d'Israël, eh bien, vous ne ferez pas entrer cette assemblée dans le pays que je leur donne."
(13) Ce sont les eaux de Meriba, où les fils d'Israël querellèrent YHWH; et il se manifesta comme saint parmi[13] eux[14].

---

grecque procède donc ici à une correction allant dans le sens d'une harmonisation du récit.

[11] La version de la Septante ne donne aucun complément au verbe πιστευω (Οτι ουκ επιστευσατε αγιασαι με εναντιον υιων Ισραηλ), ce qui accentue la corrélation entre les deux verbes de la proposition (croire-sanctifier).

[12] La périphrase utilisée alourdit la traduction mais fait percevoir la nuance exprimée par le texte: le manque de foi reproché à Moïse et Aaron a comme corollaire leur incapacité à manifester Yahvé comme saint. Cette nuance est encore plus marquée dans la version de la Septante (cf. note précédente).

[13] La formule בם ויקדש peut revêtir deux significations qui sont fonction du substantif auquel est relié le pronom personnel de la 3ème personne du pluriel qui clôt le verset:
Nb 20,13a: המה מי מריבה אשר-רבו בני-ישראל את-יהוה
Nb 20,13b: ויקדש בם
- ou bien le pronom personnel pluriel désigne les fils d'Israël et le sens de la phrase est: "il se manifesta comme saint parmi eux",
- ou bien il se rapporte à מי מריבה et la signification du verset devient: "par lesquelles il se manifesta comme saint"
La version de la Septante (τουτο υδωρ αντιλογιας, οτι ελοιδορηθησαν οι υιοι Ισραηλ εναντι κυριου, και ηγιασθη εν αυτοις) correspond à la première solution. C'est également l'interprétation que retiennent la plupart des commentaires, s'appuyant – comme le souligne Schart (cf. Mose und Israel [1990] 98 n. 4) – sur le fait qu'un pronom personnel se réfère usuellement à l'expression grammaticale conforme la plus proche. De plus, une construction similaire du verbe קדש au niphal (avec Yahvé pour sujet et un complément introduit par la particule ב) revêtant le sens de "manifester sa sainteté parmi" est retrouvée en Ez 28,22.25; 39,27. Ces remarques conduisent à préférer la première solution. Il n'existe cependant aucun argument dirimant permettant d'écarter formellement – comme le fait Schart – la seconde interprétation, retenue, parmi les commentateurs les plus récents, par Noth et Levine ("Das war das Anklage-Wasser, weil die Israeliten Jahwe angeklagt hatten; und mit ihm hatte er sich als heilig erwiesen", Noth, Numeri [1966] 127; "Those are the Waters of Meribah, where the Israelite people quarreled with YHWH, and through which his sanctity was affirmed", Levine, Numeri 1-20 [1993] 486).

[14] Le Pentateuque Samaritain et la version syrohexaplaire insèrent entre les vv. 13 et 14 des éléments issus de Dt 3,24.25.26b-28:
"Moïse dit: "Seigneur YHWH, tu as commencé à faire voir à ton serviteur ta grandeur et ta main forte. Y a-t-il un dieu au ciel et sur terre qui égalerait tes actions et tes prodiges ? Que je traverse donc et que je voie le bon pays qui est au-delà du Jourdain, cette bonne montagne du Liban". YHWH dit à Moïse: "Assez, cesse de me parler encore de cette affaire ! Monte au sommet de la Pisga, lève tes yeux vers l'Ouest, vers le Nord, vers le Sud et vers l'Est, et regarde de tes yeux car tu ne traverseras pas ce Jourdain. Donne tes ordres à Josué fils de Nun, rends-le fort et courageux car c'est lui qui traversera devant ce peuple et qui leur donnera en possession le pays que tu vois."

2. ANALYSE LITTÉRAIRE

La simple lecture du récit de Nb 20,1-13 permet de formuler une série d'observations qui manifestent les difficultés auxquelles se heurte l'analyse diachronique de ce texte:

Observations concernant le style et les personnages du récit

1° Tantôt le récit associe les personnages de Moïse et Aaron, tantôt Moïse apparaît comme le seul sujet de l'action.

2° Le texte comporte plusieurs doublets (Nb 20,2b et Nb 20,3a, Nb 20,8aß et Nb 20,8b) qui suggèrent l'existence de différentes étapes dans sa composition.

Observations concernant la logique du récit

1° Le ton du discours de Moïse en Nb 20,10b – agressif et violent à l'égard des fils d'Israël – contraste avec le contenu des vv. 9-10a.11, qui présentent Moïse sous un jour beaucoup plus favorable.

2° L'épilogue du verset 13 qui évoque la *querelle des fils d'Israël* contre Yahvé est en décalage avec le contenu du v. 12 qui décrit la *faute de Moïse et d'Aaron* et la sanction qui en découle.

3° Le récit n'est pas totalement explicite: le lecteur est maintenu dans l'ignorance du motif précis des reproches adressés par Yahvé à Moïse et Aaron en Nb 20,12.

Observations concernant la forme littéraire du récit

Plusieurs thèmes sont intriqués dans la forme actuelle du texte: le don inattendu et miraculeux de l'eau, la protestation du peuple, la faute des chefs. Le récit est-il originellement un récit d'opposition du peuple, un récit mettant en scène le don salutaire que Yahvé fait à son peuple en lui procurant de l'eau, ou encore un récit de jugement ?

Ces différents constats ont conduit les commentateurs à élaborer différentes hypothèses concernant d'une part la composition du texte, et essayant d'autre part d'en mettre au jour la logique narrative. L'exposé de ces différentes théories permet de mieux cerner les principaux enjeux de l'étude diachronique de Nb 20,1-13, et précède donc l'analyse littéraire proprement dite du récit.

L'addition du Pentateuque Samaritain relève d'une perspective d'harmonisation entre les différents textes qui relatent l'interdiction qui est faite à Moïse d'entrer dans le pays promis.

2.1. *Principales hypothèses concernant la composition littéraire et la logique narrative de Nb 20,1-13*

2.1.1. *Hypothèses concernant la composition de Nb 20,1-13*

Les hypothèses qui cherchent à rendre compte de la composition de Nb 20,1-13 doivent également expliquer le parallélisme qui existe entre Ex 17,1-7 et ce texte, et donc tenter de préciser les rapports de dépendance de ces deux récits. C'est pourquoi l'étude synoptique d'Ex 17,1-7 et Nb 20,1-13 est un préalable nécessaire à l'exposé de ces hypothèses.

2.1.1.1. *Etude synoptique d'Ex 17,1-7 et Nb 20,1-13*[15]

1° *Un certain nombre d'expressions et de mots communs* aux deux textes sont mis en évidence:

-"il n'y avait pas d'eau à boire" – Ex 17,1b: אין מים לשתת, Nb 20,5b: ומים אין לשתת.

-"le peuple se querella avec Moïse": וירא העם עם-משה (Ex 17,2a et Nb 20,3a).

-"pourquoi nous as-tu fait monter d'Egypte ?" (Ex 17,3): למה זה העליתנו ממצרים.

"pourquoi nous avez-vous fait monter d'Egypte ?" (Nb 20,5): ולמה העליתנו ממצרים

-"prends.le bâton": קח...מטה (Ex 17,5 et Nb 20,8).

-frapper (le rocher[16]): נכה (Ex 17,6 et Nb 20,11)

-mise en relation des mots eau (מים), sortir (יצא) et boire (שתה) en Ex 17,6 et Nb 20,8.11.

2° *Par ailleurs, la plupart des expressions qui sont communes à Nb 20,1-13 et à Ex 17,1-17 trouvent, dans le récit de Nb 20, un doublet*

- Nb 20,3a ("Le peuple se querella avec Moïse") et Nb 20,2b ("ils s'assemblèrent contre Moïse et Aaron")
- Nb 20,5b ("il n'y a pas d'eau à boire") et Nb 20,2a ("Il n'y avait pas d'eau pour la communauté")
- Nb 20,8b ("Tu feras sortir pour eux l'eau du rocher") et Nb 20,8aß ("Vous parlerez au rocher devant leurs yeux, ainsi il donnera de l'eau").

---

[15] Cf. tableau p 210. Le vocabulaire commun aux deux textes figure en caractères italiques.

[16] Le vocabulaire utilisé pour désigner "le rocher" diffère dans les deux textes: צור en Ex 17,6, סלע en Nb 20,11.

3° *Sur le plan thématique, la protestation du peuple comme son motif (le manque d'eau) apparaissent identiques dans les deux récits*; en revanche, le thème de la faute et de la sanction de Moïse et Aaron est propre au récit de Nb 20,1-13.

Dans la forme actuelle du texte de Nb 20, manque d'eau, rébellion du peuple et faute des chefs sont étroitement liés: la mise au jour de l'histoire de la composition du récit permettra de préciser si dans sa forme "ancienne", il revêtait une structure parallèle à celle du récit d'Ex 17,1-7 – ce qui impliquerait que le motif narratif de la faute de Moïse et Aaron y ait été secondairement introduit – ou si au contraire, le thème de la faute des chefs du peuple appartenait dès l'origine au récit de Nb 20. La solution de ce problème permettra de préciser l'origine des nombreux doublets retrouvés dans le texte: les expressions et le vocabulaire parallèles au récit d'Ex 17,1-7 appartiennent-ils à la forme la plus ancienne du récit, ou représentent-ils au contraire des additions secondaires dont il faudrait alors découvrir la fonction ? Quoi qu'il en soit, l'élucidation des rapports existant entre Nb 20,1-13 et Ex 17,1-7 est une question complexe dans la mesure où ce dernier récit a été lui aussi composé en plusieurs étapes, comme en témoignent le doublet que représentent les versets 1bß.2 d'une part, le v. 3 d'autre part (cf. texte d'Ex 17,1-7 dans le tableau page suivante).

2.1.1.2. *Hypothèses concernant la composition de Nb 20,1-13*

Schématiquement, les principales solutions proposées pour rendre compte de la composition littéraire de Nb 20,1-13 peuvent être réparties en cinq groupes:

1° Les commentateurs les plus anciens cherchent à reconstituer deux ou plusieurs fils narratifs parallèles dans le récit de Nb 20,1-13[17]

Ces tentatives, comme l'a souligné Rudolph[18], se sont soldé par des échecs, puisqu'elles ne sont pas parvenues à délimiter deux trames narratives cohérentes. Pour expliquer cette impasse, plusieurs auteurs ont émis l'hypothèse que le récit ait été mutilé lors de la fusion des traditions parallèles.

---

[17] Cf. Dillmann, Numeri, Deuteronomium, Josua (1886) 110-114, Bacon, Triple Tradition (1894) 195-197, Driver, Introduction (1894) 61, Holzinger, Numeri (1903) 81-85, Baentsch, Exodus, Leviticus, Numeri (1903) 564-569, Smend, Erzählung des Hexateuch (1912) 205-207, Eißfeldt, Hexateuch Synopse (1922) 177-178.

[18] "Es gelingt nicht, eine geschlossene Parallelerzählung zu erhalten, es bleibt bei Bruchstücken". (Rudolph, Elohist [1938] 85).

EX 17,1-7	NB 20,1-13
1. Toute la communauté des fils d'Israël se mit en route depuis le désert de Cin, pour des étapes, selon l'ordre de YHWH. Ils campèrent à Rephidim mais *il n'y avait pas d'eau à boire* pour le peuple.	1. Les fils d'Israël – toute la communauté – arrivèrent au désert de Cin le premier mois, et le peuple demeura à Qadesh. Myriam mourut là et elle fut ensevelie là. 2. Il n'y avait pas d'eau pour la communauté. Alors, ils s'assemblèrent contre Moïse et Aaron.
2. *Le peuple se querella avec Moïse.* Il dirent: "Donnez-nous de l'eau pour que nous buvions". Moïse leur répondit: "Pourquoi vous querellez-vous avec moi ? Pourquoi mettez-vous YHWH à l'épreuve ?" 3. Là le peuple eut soif, et le peuple murmura contre Moïse. Il dit: "*Pourquoi* nous as-tu *fait monter d'Egypte pour mourir* de soif, moi, mes fils et mes troupeaux ?" 4. Moïse cria vers YHWH en disant: "Qu'ai-je fait à ce peuple ? Encore un peu et ils me lapideront !"	3. *Le peuple se querella avec Moïse.* Ils dirent: "Ah! si nous avions péri lorsque nos frères ont péri devant YHWH ! 4. Et pourquoi avez-vous fait entrer l'assemblée de YHWH dans ce désert ? *Pour que nous mourions* là, nous et notre bétail ? 5. *Pourquoi* nous avez-vous *fait monter d'Egypte* pour nous faire entrer dans ce mauvais lieu ? Ce n'est pas un lieu pour les semailles, ni pour le figuier, la vigne et le grenadier, et *il n'y a pas d'eau à boire* ".
	6. Moïse et Aaron se rendirent de l'assemblée à l'entrée de la tente de la rencontre, et ils tombèrent face contre terre. La gloire de YHWH leur apparut. 7. YHWH parla à Moïse en ces termes: 8. "*Prends le bâton* et rassemble la communauté, toi et ton frère Aaron. Vous parlerez au rocher devant leurs yeux, ainsi il donnera de l'eau. Tu feras *sortir* pour eux *l'eau* du rocher et tu feras *boire* la communauté et leur bétail".
5. YHWH dit à Moïse: "Passe devant le peuple et prends avec toi des anciens d'Israël. *Le bâton* avec lequel tu as frappé le fleuve, *prends*-le dans ta main et va ! 6. Voici que je me tiens devant toi, là, sur le rocher – dans l'Horeb. Tu *frapperas* le rocher, *l'eau* en *sortira* et le peuple *boira*." Moïse fit ainsi, aux yeux des anciens d'Israël.	9. Moïse prit le bâton devant YHWH, comme il le lui avait ordonné. 10. Moïse et Aaron rassemblèrent l'assem-blée devant le rocher. Il leur dit: "Ecoutez-donc, rebelles ! De ce rocher, ferons-nous sortir pour vous de l'eau ?" 11. Moïse leva la main et *frappa* le rocher deux fois avec son bâton. *L'eau sortit* en abondance, la communauté *but* ainsi que leur bétail. 12. YHWH dit à Moïse et à Aaron: "Parce que vous n'avez pas cru en moi d'une manière telle que vous manifestiez ma sainteté aux yeux des fils d'Israël, eh bien, vous ne ferez pas entrer cette assemblée dans le pays que je leur donne."
17,7 On appela le lieu du nom de Massa et *Meriba*, à cause de la querelle des fils d'Israël et parce qu'ils mirent YHWH à l'épreuve en disant: "YHWH est-il au milieu de nous ou non ?"	20,13 Ce sont les eaux de *Meriba*, où les fils d'Israël querellèrent YHWH; et il se manifesta comme saint parmi eux.

Les sections les plus hostiles à Moïse auraient été supprimées ou remaniées, ce qui expliquerait l'imprécision actuelle du texte concernant les faits qui lui sont reprochés[19]. Une telle théorie conduit à des reconstitutions d'un texte "ancien", aujourd'hui perdu, qui ne peuvent être que conjecturales.

2° Rudolph préfère à ces conjectures la thèse suivante: *un texte sacerdotal originel aurait été secondairement complété par des suppléments rédactionnels empruntés au récit parallèle d'Ex 17,1-7.* Rudolph[20] attribue à cette rédaction tardive – dont l'objectif serait de relativiser la faute de Moïse[21] – les vv. 3a.5a.8aß.bα.9.11a.13 (partiellement). Cette position est également adoptée par Noth[22] et, plus récemment, par Struppe[23], Campbell[24] et Zenger[25]. Ce dernier auteur reconstitue de la manière suivante l'histoire des relations littéraires unissant les récits d'Ex 17,1-7 et de Nb 20,1-13: le récit de base sacerdotal qui, en Nb 20, décrit la faute de Moïse et Aaron, reprendrait la structure du récit "ancien" d'Ex 17,1-7, récit que l'auteur délimite ainsi: Ex 17,3-5a.5bß.6b. L'auteur sacerdotal introduirait dans l'intrigue dont il s'inspire la faute de Moïse et Aaron. Le récit de base sacerdotal de Nb 20 décrirait donc le péché des chefs du peuple. Dans le récit ancien d'Ex 17, il n'est – selon Zenger – fait aucune mention d'une contestation par le peuple de l'autorité de Moïse: le murmure est la réaction normale des Israélites confrontés à un danger vital. Moïse se fait l'écho de la détresse du peuple et Yahvé apporte rapidement une solution. La mise en cause de l'attitude du peuple (Ex 17,2.7) est attribuée par l'auteur à un rédacteur deutéronomiste. C'est de cette version élargie du récit que s'inspirerait l'ultime rédacteur de Nb 20,1-13 pour déplacer la pointe du texte de la faute de Moïse et Aaron vers celle du peuple.

Cette dernière hypothèse qui rejoint celle énoncée dès 1938 par Rudolph semble contredire la logique du livre des Nombres dans sa rédaction définitive. Une des clefs de compréhension et d'organisation du livre réside en effet dans le renouvellement des générations des Israélites: la première génération sortie d'Egypte meurt dans le désert du fait de son péché et la

---

19 Cf. Cornill, Pentateuchkritik (1891) 20-34, Baentsch, Exodus, Leviticus, Numeri (1903) 569, Gray, Numbers (1903) 260-264, Smend, Erzählung des Hexateuch (1912) 206.

20 Cf. Rudolph, Elohist (1938) 87.

21 *Ibid.* 86.

22 Cf. Noth, Numeri (1966) 127.

23 "Das an sich seltene Vorgehen des Redaktors, im stil von JE (und nicht von Pg) zu überarbeiten, liegt wahrscheinlich an der Anstößigkeit des Textes: durch die Harmonisierung mit Ex 17,1-7 sollte die Schuld der Führer ergänzt werden durch das Aufbegehren der Gemeinde". (Struppe, Herrlichkeit [1988] 185 n. 5).

24 Cf. Campbell, Sources (1993) 86.

25 Cf. Zenger, Israel am Sinai (²1985) 62-66.

seconde génération est seule admise à pénétrer dans le pays promis[26]. La mort de Moïse et d'Aaron s'intègre parfaitement dans ce schéma. La logique de la rédaction définitive du livre – rédaction dans laquelle l'influence des milieux sacerdotaux est déterminante – ne consiste donc pas à relativiser la faute des dirigeants du peuple, mais au contraire à mettre leur péché sur le même plan que celui de l'ensemble des Israélites: une faute d'égale gravité entraîne une sanction analogue. Ainsi, si l'hypothèse de Rudolph devait être retenue, elle conduirait à s'interroger sur l'identité des auteurs qui, par des retouches rédactionnelles tardives, corrigent le texte sacerdotal et cherchent ainsi à préserver l'intégrité de la figure de Moïse.

3° Schmidt[27] a proposé récemment une variante de l'hypothèse précédente: pour Schmidt comme pour les auteurs précédents, le récit de base sacerdotal de Nb 20,1-13 relate la faute de Moïse et d'Aaron et leur incapacité à manifester la sainteté de Yahvé. Lors de l'ultime rédaction du Pentateuque, plusieurs additions (vv. 3a.5.8aα.b.9.11a.13) cherchant à relier Nb 20,1-13 et le récit du don de l'eau d'Ex 17,1-7 auraient été effectuées. Mais l'auteur de l'ultime version de Nb 20,1-13 se serait servi du matériel littéraire fourni par Ex 17,1-7 non pas pour atténuer la faute de Moïse et d'Aaron, mais pour faire de Nb 20 le contrepoint d'Ex 17: à la mise en valeur du personnage de Moïse en Ex 17 correspondrait en effet sa mise en cause en Nb 20. Ainsi, loin de relativiser la faute des deux chefs du peuple, les compléments tardifs apportés au récit de Nb 20,1-13 n'auraient pour fonction que d'accentuer le contraste entre l'image positive de Moïse émanant d'Ex 17,1-7 et l'image dégradée de Nb 20,1-13. Cette hypothèse repose entièrement sur l'interprétation que donne l'auteur du v. 10b: l'adresse de Moïse au peuple ("Ecoutez-donc, rebelles ! De ce rocher, ferons-nous sortir pour vous de l'eau ?") n'aurait d'autre signification que le constat d'impuissance de Moïse face à la situation de détresse des Israélites: ainsi Moïse manifesterait son incrédulité en la capacité de Yahvé de mettre un terme – par son intermédiaire – à la situation de détresse du peuple[28]. Si l'on retient cette analyse, il devient évident que le verset 8b ("Tu feras sortir pour eux l'eau du rocher et tu feras boire la communauté et leur bétail"), qui reprend les termes d'Ex 17,6b, ne fait qu'accentuer la responsabilité de Moïse en développant les directives que lui donne Yahvé – directives que Moïse se sent incapable d'exécuter par manque de foi. De même, selon l'auteur, le récit du verset 11a serait tardif et viendrait illustrer le discours

---

[26]   Cf. Olson, Death of the Old (1985). Voir la présentation et la critique de la thèse de cet auteur, Chapitre II, § 1.5.

[27]   Cf. Schmidt, Studien zur Priesterschrift (1993) 45-72.

[28]   *Ibid.* 67-68.

de Nb 20,10b: "Chez le rédacteur qui a introduit le v. 11a, Moïse frappe deux fois le rocher, car il veut démontrer qu'il ne peut réellement pas faire sortir d'eau du rocher. (...) Si Moïse pensait qu'il peut faire couler de l'eau du rocher avec son bâton, un coup suffirait. En revanche, il est compréhensible qu'il frappe deux fois le rocher s'il veut démontrer son impuissance"[29]. Même si la perspective de l'auteur peut s'intégrer harmonieusement dans la logique de la rédaction sacerdotale la plus tardive du livre des Nombres, on mesure néanmoins la fragilité de l'argument développé: en effet, Schmidt ne met pas ici au jour la logique du texte lui-même, il propose une interprétation du texte qui demeure extérieure au récit biblique[30] – interprétation en fonction de laquelle il énonce ses propres conclusions.

4° Un quatrième groupe d'auteurs tente de reconstituer en Nb 20,1-13 les étapes successives du développement d'un récit de base sacerdotal: ainsi Coats[31] reconnait deux étapes dans la composition du texte: un récit centré autour du thème du "murmure" du peuple[32] qui représenterait le parallèle sacerdotal d'Ex 17,1-7, et des additions ultérieures qui proposeraient une explication de la mort de Moïse et d'Aaron hors du pays promis. L'étude de Coats ne s'intéresse pas suffisamment aux liens unissant Nb 20,1-13 à l'ensemble de l'oeuvre sacerdotale. Par ailleurs, la question de la place et de la fonction de ce récit dans le cadre de la dynamique d'ensemble du livre des Nombres n'est pas envisagée. Ainsi, les liens littéraires unissant Nb 20,1-13, Nb 14 et Nb 16-17 ne sont pas suffisamment pris en considération par l'auteur.

Kohata[33] identifie quant à lui trois niveaux de développement du récit sacerdotal: la sanction touchant Moïse serait présente dès le stade le plus ancien de la composition du texte, dans lequel le v. 8aß comporterait l'ordre de frapper le rocher – et non celui de lui parler. La substitution de verbes serait le fait d'un second niveau rédactionnel, de même que l'introduction des verbes האמנתם et להקדישני au v. 12: ces modifications auraient pour résultat de rendre plus évident le contenu du péché de Moïse. Enfin, un troisième stade rédactionnel verrait l'introduction du substantif קהל aux vv. 4.6.12: le résultat de cette addition serait de mettre en relief la faute du

---

[29] *Ibid.* 68-69.
[30] Que l'auteur imprime au récit une interprétation qui lui est extérieure apparaît incontestable lorsqu'il énonce l'argument suivant: "Si Moïse pensait qu'il peut faire couler de l'eau du rocher avec son bâton, un coup suffirait" (*ibid.* 69).
[31] Cf. Coats, Rebellion (1968) 71-82.
[32] L'auteur utilise ici le terme de "murmure" dans un sens thématique, puisque le vocabulaire du "murmure" (לון) n'apparaît pas dans le récit de Nb 20,1-13 – ce qui le différencie du récit parallèle d'Ex 17,1-7.
[33] Cf. Kohata, Numeri 20,1-13 (1977) 1-34.

peuple qui outrepasse ses droits en se désignant lui-même comme "assemblée de Yahvé" (v. 4), d'où la réaction de désapprobation de Yahvé qui apparaît uniquement à Moïse et Aaron, à l'écart de l'assemblée (v. 6). L'hypothèse de Kohata repose sur plusieurs conjectures. D'autre part, comme le souligne Sakenfeld[34], la nature de la faute de Moïse dans le récit originel que cherche à reconstituer cet auteur demeure obscure et explique difficilement la sanction qui touche le chef du peuple. En outre, Kohata ne fournit aucune précision concernant les motifs des développement rédactionnels successifs qu'il distingue dans le texte.

5° Plusieurs auteurs enfin s'efforcent de démontrer la cohérence et l'homogénéité de Nb 20,1-13. Ainsi, Fritz[35] et Schart[36] concluent à l'unité rédactionnelle du récit qu'ils considèrent comme un "élargissement sacerdotal de la version yahviste"[37] d'Ex 17,1-7. Sakenfeld[38] et Blum[39] attribuent la totalité de Nb 20,1-13 à la composition sacerdotale. Selon Blum, le récit de Nb 20,1-13 représenterait une nouvelle formulation de la tradition pré-sacerdotale d'Ex 17,1-7. Les différences entre les deux récits, délibérées, permettraient de donner une explication à la mort de Moïse et d'Aaron hors du pays promis – sans toutefois incriminer directement les deux chefs du peuple dont la faute serait suggérée par les décalages existant entre les deux textes, plus qu'énoncée.

Une telle hypothèse ne tient pas suffisamment compte des nombreuses tensions retrouvées lors d'une simple lecture du texte – tensions difficilement explicables si n'est pas retenue la possibilité d'étapes successives dans sa composition: comment en effet rendre compte autrement de la contradiction entre Nb 20,8aß et 20,8b (Nb 20,8aß: "Vous parlerez au rocher devant leurs yeux, ainsi il donnera de l'eau"; Nb 20,8b: "Tu feras sortir pour eux l'eau du rocher"), de la rupture narrative entre Nb 20,11 (geste de salut opéré par Moïse) et Nb 20,12 (accusation contre Moïse et Aaron et sanction), ou encore du décalage entre Nb 20,12 (verset centré sur la faute de Moïse et Aaron) et Nb 20,13a (où l'étiologie donnée au toponyme מריבה fait uniquement allusion à la révolte du peuple) ?

---

[34] Cf. Sakenfeld, Problems (1985) 138.
[35] Cf. Fritz, Israel in der Wüste (1970) 27.
[36] Cf. Schart, Mose und Israel (1990) 117.
[37] Fritz, Israel in der Wüste (1970) 27.
[38] Cf. Sakenfeld, *op. cit.* (n. 34) 133-154, particulièrement 140-147.
[39] Cf. Blum, Komposition (1990) 271-278.

2.1.2. *Hypothèses concernant la logique narrative de Nb 20,1-13*

L'imprécision apparente du récit en ce qui concerne la nature exacte de la faute reprochée au v. 12 à Moïse et Aaron a suscité de nombreuses théories tentant de donner un contenu au manquement dont se rendent coupables les chefs du peuple, selon Nb 20,12. Les différentes hypothèses retenues peuvent être réparties en six groupes principaux:

1° La majorité des auteurs expliquent la sanction qui touche Moïse et Aaron par la divergence qui existe entre l'ordre de Yahvé (parler au rocher) et l'attitude de Moïse (qui frappe le rocher): ainsi Holzinger[40] qui définit en ces termes la logique du récit dans sa rédaction définitive: "La non-foi de Moïse (et d'Aaron) consiste probablement en ce que Moïse, au lieu de parler au rocher avec le bâton dans la main, utilise le bâton pour frapper le rocher". Rudolph[41], Fritz[42], Budd[43] et Ashley[44] adoptent une position identique à celle de Holzinger. L'hypothèse retenue par Blum[45] va dans le même sens. Toutefois, l'analyse de Blum s'accompagne de considérations sur la psychologie de Moïse dont le zèle religieux (ou la "colère" pour Yahvé) causerait le discours violent du v. 10b ("Ecoutez-donc, rebelles ! De ce rocher, ferons-nous sortir pour vous de l'eau ?") ainsi que le geste inconsidéré relaté par le v. 11a ("Moïse leva la main et frappa le rocher deux fois avec son bâton").

2° Struppe[46] et Sakenfeld[47] considèrent que le manque de foi reproché à Moïse et Aaron (v. 12) se manifeste dans le discours de Nb 20,10b, dont le ton interrogatif exprimerait un doute concernant la capacité de Yahvé de pourvoir le peuple en eau. C'est également l'opinion de Zenger[48] pour qui le discours interrogatif de Moïse au v. 10b trahit – devant toute la communauté – le manque de confiance en Yahvé de Moïse et d'Aaron. L'analyse de Schmidt[49] conduit cet auteur à une solution voisine: le discours de Moïse au v. 10b est un discours d'impuissance. Moïse se déclare incapable de faire sortir l'eau du rocher, et trahirait ainsi son manque de foi en Yahvé – dont le verset 8 avait relaté les directives.

---

[40] Holzinger, Numeri (1903) 85
[41] Cf. Rudolph, Elohist (1938) 85.
[42] Cf. Fritz, Israel in der Wüste (1970) 27 n. 3.
[43] Cf. Budd, Numbers (1984) 218.
[44] Cf. Ashley, Numbers (1993) 383-387.
[45] Cf. Blum, Komposition (1990) 273-275.
[46] Cf. Struppe, Herrlichkeit (1988) 214.
[47] Cf. Sakenfeld, Problems (1985) 150.
[48] Cf. Zenger, Israel am Sinai ([2]1985) 65.
      Voir également plus haut (n. 9) la discussion concernant la traduction de הַמִן־הַסֶּלַע
      הַזֶּה נוֹצִיא לָכֶם מַיִם , au v. 10b.
[49] Cf. Schmidt, Studien zur Priesterschrift (1993) 69.

3° Selon Schart[50], le récit illustre la volonté de Moïse et Aaron de se mettre au premier plan en accomplissant un geste miraculeux (cf. v. 10b). De ce fait, ils ne manifestent pas au peuple la sainteté de Yahvé – ce qui leur est par la suite reproché (v. 12). La limite d'une telle thèse tient au fait que l'auteur raisonne à partir de l'intention supposée des acteurs du récit. Il projette sur Moïse et Aaron des considérations psychologiques qui sont extérieures au texte. L'analyse de Milgrom[51] se rapproche de celle de Schart: Selon Milgrom, Moïse et Aaron préféreraient pratiquer un acte magique et se mettre ainsi au premier plan, plutôt que de se comporter en fidèles exécutants de la volonté de Yahvé.

4° Pour Kohata[52], c'est l'intensité de la colère de Moïse qui constitue, dans le récit, la faute qui lui est reprochée. Margaliot[53] voit également dans les vv. 10b-11 l'expression de la colère de Moïse, qui, s'ajoutant à la mise en question de la capacité de Yahvé à intervenir en faveur du peuple (v. 10b), motiverait la sanction qui le frappe.

5° Arden[54] relie la sanction qui frappe Moïse au discours du verset 10b: selon l'auteur, la 1ère personne du pluriel du verbe נוֹצִיא désigne conjointement Moïse et Yahvé. Moïse se sentirait habilité à engager Yahvé par son propre discours. La sanction qui le frappe viendrait punir ce comportement blasphématoire, mais aussi l'agressivité excessive du discours tenu. L'analyse grammaticale du verset ne permet pas de retenir une telle hypothèse, car Moïse et Aaron sont sans ambiguïté les seuls sujets possibles du verbe נוֹצִיא.

6° Rofé[55] interprète le geste de Moïse frappant le rocher comme un acte magique qui entre en concurrence avec la parole souveraine de Yahvé et entraîne la sanction de son auteur. Rien, dans le texte des vv. 10-12 ne vient cependant appuyer une telle hypothèse.

La présentation des ces théories très diverses appelle une remarque méthodologique: plusieurs auteurs recourent à des considérations qui demeurent extérieures au récit et à son contexte littéraire pour tenter d'en faire apparaître la logique. Ce sont le plus souvent la psychologie ou les intentions supposées des acteurs du récit qui sont invoquées. Pourtant, le texte ne donne accès ni à l'une ni aux autres. Les considérations psychologiques auxquelles il est fait appel proviennent des schémas de pensée des

---

50   Cf. Schart, Mose und Israel (1990) 106.
51   Cf. Milgrom, Magic, Monotheism (1983) 251-265.
52   Cf. Kohata, Numeri 20,1-13 (1977) 3-34, particulièrement 14-15.
53   Cf. Margaliot, Transgression (1983) 218.
54   Cf. Arden, How Moses failed God, JBL 76 (1957) 50-52.
55   Cf. Rofé, Prophetical Stories (1988) 135-136.139.

commentateurs qui les invoquent. Projetées sur le récit de Nb 20,1-13, elles lui demeurent extrinsèques. En réalité, c'est le texte lui-même qui représente la seule source à laquelle il soit possible de se référer pour mettre en évidence la logique du récit. La solution du problème posé par Nb 20,12 doit ainsi satisfaire à deux critères:

- le premier d'entre eux peut être défini de la manière suivante: si la solution ne peut être apportée que par le texte lui-même, elle doit donc prendre en compte les données de son analyse diachronique – c'est à dire l'hypothèse retenue pour expliquer sa composition littéraire.

- le second critère a été énoncé par Sakenfeld[56] en ces termes: "L'auteur du v. 12 a certainement pensé que la pointe en était compréhensible, quoi qu'il nous en semble aujourd'hui". Autrement dit, le lecteur ou l'auditeur contemporain de l'auteur du texte n'éprouve pas les difficultés de compréhension que les commentateurs actuels soulignent: la solution retenue doit ainsi apparaître cohérente et crédible dans la perspective théologique propre à l'auteur du texte. C'est donc la critique littéraire et elle seule qui est à même de résoudre les problèmes posés par le récit de Nb 20,1-13 – problèmes concernant aussi bien la composition du récit que sa logique narrative.

2.2. Analyse littéraire de Nb 20,1-13

2.2.1. Structure du récit

2.2.1.1. Délimitation du texte

La délimitation du récit est aisée: après les collections de lois des chapitres 18 et 19, Nb 20,1 marque le début d'une nouvelle section narrative. En Nb 20,14 débute un nouveau récit caractérisé par une thématique différente de celle de Nb 20,1-13: la tentative du peuple – sous la conduite de Moïse – de se mettre en route pour parvenir au pays promis. Certains commentateurs séparent Nb 20,1 de Nb 20,2-13[57]: en effet, Nb 20,1 associe une notice d'itinéraire à une notice concernant la mort de Myriam, tandis que l'intrigue qui se développe jusqu'au v. 13 a pour réel point de départ le v. 2, avec le constat du manque d'eau – et son corollaire, la protestation du peuple. Deux arguments conduisent cependant à considérer Nb 20,1 comme partie intégrante du récit:

- d'une part, si l'assonance entre le toponyme קדש (v. 1aß) et le verbe ויקדש (v. 13) ne représente pas un argument suffisant pour parler

---

56 Sakenfeld, Problems (1985) 147.
57 Ainsi De Vaulx, Les Nombres (1972) 220-221, Struppe, Herrlichkeit (1988) 183.

d'inclusion au sens strict du terme, il est en revanche légitime d'y voir un
jeu de mots établissant une correspondance entre le début et la fin du récit.
- d'autre part, la mention de la mort de Myriam – dont le nom est associé à
celui d'Aaron dans l'épisode de contestation de l'autorité de Moïse en Nb 12
– participe de la même thématique que l'annonce de la sanction qui touche
Moïse et Aaron (Nb 20,12): les chefs de la première génération sortie
d'Egypte ne pénétreront pas dans le pays promis[58].

2.2.1.2. *Structure proprement dite*

L'alternance de sections purement narratives et de discours précédés de
formules d'introduction, ainsi que le jeu des personnages peuvent servir de
point de départ pour dégager une structure d'ensemble du récit qui ne
préjuge pas de l'histoire de sa composition:
- vv. 1-2a: situation de départ: notices topographique, chronologique et
constat d'un manque d'eau pour la communauté.
- vv. 2b-5: réaction du peuple à la situation de départ. Hostilité envers
Moïse / Moïse et Aaron (vv. 2b-3a) introduisant un discours qui exprime
une plainte (vv. 3b-5).
- v. 6: Moïse et Aaron en appellent à Yahvé.
- vv. 7-8: discours (introduit par le v. 7) par lequel Yahvé fait connaître ses
directives.
- vv. 9-11: exécution par Moïse (et Aaron) des directives de Yahvé
encadrant un discours de Moïse au peuple. Remède apporté au manque
d'eau.
- v. 12: discours de Yahvé adressé à Moïse et Aaron: accusation et sanction
- v. 13: épilogue (notice topographique).

2.2.2. *Analyse littéraire des différentes sections*

2.2.2.1. *Nb 20,1-2a: situation de départ*

Nb 20,1aα et Nb 20,1aß forment un doublet:

Nb 20,1aα: ויבאו בני ישראל כל העדה מדבר צן בחדו הראשון
Nb 20,1aß: וישב העם בקדש

---

58 Buis (Qadesh, VT 24 [1974] 275-276) développe un argument supplémentaire: "Dans
l'introduction, on pourrait se demander ce que vient faire la mort de Myriam. Elle a une
fonction précise, celle d'annoncer la mort d'Aaron qui sera racontée en 20,23-29; mais
comme le v. 24 explique cette mort comme une conséquence de l'épisode de Qadesh-
Mériba, la mort de Myriam introduit directement cet épisode. Cependant, c'est seulement
au v. 2a que le récit est mis en mouvement par l'exposé de la situation: "il n'y avait pas
d'eau pour la communauté".

La terminologie qui désigne les Israélites (כל־העדה en Nb 20,1aα, העם en Nb 20,1aß), comme les données topographiques apportées par le texte opposent les deux membres de la phrase qui constitue le verset 1a: si le vocabulaire de Nb 20,1aα semble provenir de milieux sacerdotaux (העדה־ כל, בני־ישראל), l'usage du substantif עם en Nb 20,1aß évoque en revanche – de même qu'en Nb 13–14 – une origine plus ancienne.

Le désert de Cin désigne, dans le texte sacerdotal de Nb 13,2, la limite méridionale du pays de Canaan et constitue un cadre topographique adapté aux données apportées par le verset 2a: le manque d'eau dont souffre la communauté. En revanche, le site géographique de l'oasis de Qadesh – où le peuple est supposé résider selon Nb 20,1aß – convient mal à la suite du récit.

Ces constats conduisent la plupart des commentateurs à considérer Nb 20,1aα comme un texte sacerdotal, tandis que Nb 20,1aß aurait initialement appartenu à un récit plus ancien, rattaché à un document yahviste, élohiste ou jehoviste[59]. Pour Rudolph[60] et McEvenue[61], Nb 20,1aß constitue la conclusion du récit ancien (J ou JE) de Nb 13–14, séparée de ce dernier par l'insertion ultérieure des chapitres 15–19, tandis que pour Levine[62], ce matériel ancien introduisait originellement Nb 20,14ss.

En revanche, Fritz[63] attribue Nb 20,1aß à un rédacteur sacerdotal tardif, de même que Weimar[64] et Schart[65].

En Nb 13,26, la mention de Qadesh juxtaposée à une indication topographique d'origine manifestement sacerdotale ("Ils firent route et vinrent vers Moïse, Aaron et toute la communauté des fils d'Israël, dans le désert de Paran – à Qadesh") a fait évoquer l'intervention d'une rédacteur tardif, sans doute post-deutéronomiste, dans une perspective d'harmonisation avec Dt 1,19-46[66].Une telle solution semble moins vraisemblable en Nb 20,1. En effet, sur le plan grammatical, la mention de Qadesh est isolée en Nb 13,26

---

59 Cette solution est retenue par Gray (cf. Numbers [1903] 259-260), Baentsch (cf. Exodus, Leviticus, Numeri [1903] 564-566), Holzinger (cf. Numeri [1903] 82), Eißfeldt (cf. Hexateuch Synopse [1922] 177), Noth (cf. Numeri [1966]127-128), Buis (cf. Qadesh, VT 24 [1974] 269), Budd (cf. Numbers [1984] 216), Campbell (cf. Sources [1993] 156).

60 Cf. Rudolph, Elohist (1938) 84.

61 Cf. McEvenue, Narrative Style (1971) 93 (n. 6).

62 Cf. Levine, Numbers 1-20 (1993) 487.

63 Fritz, Israel in der Wüste (1970) 28: "Mit 20,1aß.b liegt aber kaum der Rest einer anderen Schicht vor, vielmehr läßt 20,12 erkennen, daß die Identifikation von Meriba mit Kadesh eindeutig vorausgesetzt ist. Die Erwähnung vom Bleiben des Volkes in Kadesch 20,1aß als Schauplatz von Num 20,1aα.2-13 wird sekundär in P nachgetragen sein".

64 Cf. Weimar, Geschichtsdarstellung (1984) 99-100 (n. 55).

65 Cf.Schart, Mose und Israel (1990) 117.

66 Cf. chapitre V, § 3.3.2.

– simplement apposée à la proposition principale. En Nb 20,1aß au contraire, le toponyme "Qadesh" constitue le seul complément du verbe יֵשֶׁב dans une proposition dont le sujet est הָעָם. Il faudrait donc admettre, pour aboutir à un résultat identique à celui de Nb 13,26, que c'est l'ensemble de la proposition qui est le fait d'un rédacteur tardif. Or le vocabulaire utilisé par Nb 20,1aß oriente plutôt vers une origine ancienne du texte.

Quelle peut-être l'origine d'un tel texte ? La solution envisagée par Rudolph et McEvenue apparaît vraisemblable: ces auteurs considèrent que Nb 20,1aß pourrait constituer l'épilogue du "récit ancien" des éclaireurs en Nb 13-14. Le récit parallèle de Dt 1,19-46 donne en effet des arguments en ce sens, puisque sa conclusion juxtapose la défaite d'Horma et un séjour prolongé à Qadesh. Dt 1,44-46: "Alors les Amorites habitant cette montagne sont sortis pour vous rencontrer, ils vous ont poursuivi comme le font les abeilles, ils vous ont écrasé de Seïr jusqu'à Horma. Vous êtes revenus et vous avez pleuré devant YHWH, mais YHWH n'a pas écouté votre voix et il ne vous a pas prêté l'oreille. Vous êtes demeurés de longs jours à Qadesh autant que vous y étiez restés". Ces données pourraient provenir du "récit ancien de Nb 13-14" dont la finale pourrait être reconstituée de la manière suivante: "Les Amalécites et les Cananéens qui habitent cette montagne descendirent, ils les battirent et les écrasèrent jusqu'à Horma. Et le peuple demeura à Qadesh".

Ainsi, un auteur sacerdotal aurait déplacé la finale du texte ancien du récit des éclaireurs pour l'intégrer à l'introduction d'un nouveau récit – récit décrivant à la fois la révolte du peuple et la punition de ses chefs, et établissant une équivalence entre les toponymes "Qadesh" et "Meriba" Hormis Nb 20,1-13, les seuls textes qui juxtaposent "Meriba" et "Qadesh" proviennent effectivement de milieux sacerdotaux (Nb 27,14; Dt 32,51; Ez 47,19; 48,28[67]), ce qui semble confirmer l'origine sacerdotale de la tradition associant ces deux toponymes. Une telle conclusion conduit à s'interroger sur les motivations qui conduisent un rédacteur ou un auteur sacerdotal à emprunter au "récit ancien des éclaireurs" sa conclusion, pour l'intégrer dans un cadre narratif différent.

---

[67] Nb 27,14: "Car vous vous êtes rebellés contre mon ordre de me manifester comme saint à leurs yeux par les eaux, dans le désert de Cin, lorsque la communauté s'est rebellée - Ce sont les eaux de Meriba de Qadesh, dans le désert de Cin ."
Dt 32,51: "Car vous vous êtes rendus infidèles contre moi, au milieu des fils d'Israël, aux eaux de Meriba de Qadesh, dans le désert de Cin, en ne me sanctifiant pas au milieu des fils d'Israël."
Ez 47,19: "(La frontière ira) au bord du Négev au midi: de Tamar aux eaux de Mériba de Qadesh."
Ez 48,28: "Sur la frontière de Gad, sur le bord du Négev au midi, la frontière ira de Tamar aux eaux de Meriba de Qadesh, Nahala vers la grande mer ."

Une solution à ce problème consiste à considérer Nb 20,1aß.b comme un tout. Nb 20,1b – qui relate la mort de Myriam – est en effet relié à Nb 20,1aß par la répétition de la particule שם. Le style littéraire de la phrase est homogène, avec la succession de 3 verbes au wayyiqtol: וישב העם בקדש ותמת שם מרים ותקבר שם.

Ainsi, c'est l'ensemble Nb 20,1aß.b qui constituerait le fragment de texte ancien intégré par un auteur sacerdotal dans l'introduction de son récit[68]. Le récit de la mort de Myriam, rapproché de l'annonce de la mort de Moïse et Aaron hors du pays promis (Nb 20,12), pourrait servir à illustrer un des thèmes caractéristiques des textes sacerdotaux du livre des Nombres: la disparition de la génération sortie d'Egypte du fait de son manque de foi. Après la communauté dans son ensemble (Nb 14), après les chefs de clans rebelles (Nb 16-17), c'est la famille des chefs du peuple elle-même qui se voit refuser l'entrée dans le pays promis.

Les techniques de composition littéraire des auteurs sacerdotaux – qui utilisent un matériel ancien pour le mettre au service de leur propre perspective théologique – rendent plausible une telle hypothèse. Les arguments littéraires qui conduisent à considérer Nb 20,1aß et Nb 20,1b comme un ensemble homogène demeurent toutefois fragiles[69] et le résultat de l'analyse ne peut être avancé qu'avec prudence.

Le verset 2a constitue la suite logique de Nb 20,1aα et peut être attribué à un auteur sacerdotal. La formulation diffère de celle du récit parallèle d'Ex 17,1-7[70]:

Nb 20,2a: לא היה מים לעדה

Ex 17,1bß: ואין מים לשתת העם

---

68 La plupart des commentateurs anciens partagent ce point de vue et assignent le verset 1b à un document élohiste (cf. Dillmann, Numeri, Deuteronomium und Josua [1886] 110-111, Holzinger, Numeri, [1903] xvi, Baentsch, Exodus, Leviticus, Numeri [1903] 566, Gray, Numbers [1903] 260, Eißfeldt, Hexateuch Synopse [1922] 177). Plus récemment, Noth (cf. Numeri [1966] 128) a considéré Nb 20,1aß.b comme une courte notice yahviste précédant immédiatement Nb 20,14 dans le texte ancien et relatant la mort de Myriam à Qadesh. Budd (cf. Numbers [1984] 216) attribue également Nb 20,1b à "un auteur yahviste".
En revanche, Fritz (cf. Israel in der Wüste [1970] 27-28), Weimar (cf. Geschichtsdarstellung [1984] 99-100, n. 55) et Schart (cf. Mose und Israel [1990] 117) voient en Nb 20,1b (comme en Nb 20,1aß) un supplément rédactionnel sacerdotal tardif (Rp). De même, Struppe considère Nb 20,1b comme une addition tardive, sans en préciser toutefois la provenance (cf. Herrlichkeit [1988] 183, n. 1).

69 L'hypothèse émise par Struppe (cf supra) – qui considère Nb 20,1b comme une addition ne peut être formellement écartée. La perspective d'une telle addition demeure néanmoins identique à celle prêtée ci-dessus à l'auteur sacerdotal: rapprocher la mort de Myriam de celle de Moïse et Aaron dans la mesure où leur signification est identique.

70 Se reporter à la comparaison synoptique des deux récits, § 2.1.1.1.

En définitive, les versets 1-2a intègrent dans un cadre sacerdotal (vv. 1aα[71].2a) des éléments probablement issus d'un texte ancien (v. 1aß.b) – qui formaient peut-être la conclusion du récit ancien des éclaireurs en Nb 14. L'ancrage dans le récit sacerdotal est assuré au moyen d'un thème commun (la mort de Myriam qui précède et annonce la mort d'Aaron et de Moïse) et d'un jeu de mots sur le toponyme Qadesh (Qadesh: v. 1aß; קדֹש – sanctifier: v. 12; קדֹש – sainteté: v. 13).

2.2.2.2. Nb 20,2b-5: réaction des Israélites

Les versets 2b et 3a – qui décrivent en des termes différents l'opposition du peuple à ses chefs – forment un doublet

Nb 20,2b: ויקהלו על־מֹשה ועל אהרן

Nb 20,3a: וירב העם עם מֹשה

La construction qui associe le verbe קהל au niphal à la particule על est retrouvée 4 fois seulement dans la Bible hébraïque[72]. Ces occurrences sont toutes situées dans le Pentateuque – 3 d'entre elles dans le livre des Nombres (Nb 16,3; 17,7; 20,2b): dans les trois cas, le verbe décrit la révolte de tout ou partie de la communauté contre Moïse et Aaron – ce qui est la marque d'un auteur sacerdotal. Dans l'ultime rédaction du livre des Nombres, le verbe קהל־על sert en outre de mot-crochet et permet de relier le texte aux précédents récits de révolte des Israélites (cf. Nb 16,3; 17,7).

Le verbe ריב est fréquent dans la Bible hébraïque, particulièrement dans la littérature prophétique[73]. Il peut désigner la participation à une controverse, comme en Jg 6,31-32; 1 S 24,16; Os 2,4. ריב comporte alors une connotation juridique. Une telle acception du terme vaut également pour les usages du verbe dans le livre de Job (cf. Job 9,3; 10,2; 13,8; 23,6, etc..)[74]. En revanche, en Nb 20,3a, le verbe ne semble pas revêtir une telle connotation. Il désigne plutôt une contestation violente, une querelle, un conflit survenant à propos d'un objet précis dont le contexte immédiat fait mention. Une telle interprétation peut également être retenue dans plusieurs autres textes du Pentateuque (notamment en Ex 17,2a dans le récit parallèle

---

[71] La notice chronologique de Nb 20,1aα est caractéristique des récits sacerdotaux. L'absence de toute précision concernant l'année est cependant surprenante. Elle a conduit certains commentateurs à émettre l'hypothèse d'une amputation du texte originel par un rédacteur sacerdotal tardif pour gommer les contradictions entre récit ancien et récit Pg (cf. par exemple Baentsch, Exodus, Leviticus, Numeri [1903] 566-567, Gray, Numbers [1903] 259).

[72] Cf. Ex 32,1; Nb 16,3; 17,7; 20,2.

[73] 66 usages dans la Bible hébraïque dont 20 dans la littérature prophétique. Les textes prophétiques recourent fréquemment au verbe ריב pour désigner une controverse qui oppose Dieu à son peuple (cf. Gemser, "Rib" Controversy Pattern [1955] 120-137).

[74] Cf. TWAT VII (1990) ריב, Ringgren, col. 496-501.

à Nb 20,1-13, mais également en Gn 26,20[75], où un différend survient à propos de l'attribution d'un puits, ou encore en Gn 31,36[76]) ainsi que dans différents récits du livre des Juges (Jg 8,1; 21,22).

La formulation de Nb 20,3a est strictement identique à celle d'Ex 17,2a. Comme en Ex 17, les Israélites y sont désignés par le substantif "peuple" (עם) et non pas par le terme "communauté" (עדה), utilisé en Nb 20,2. Cependant, plus qu'en cette différence de vocabulaire, la tension qui existe entre les versets 2b et 3a réside dans le changement d'interlocuteur des Israélites: selon Nb 20,2b en effet, la communauté s'oppose à Moïse et Aaron, tandis que Nb 20,3a mentionne uniquement Moïse. Cette tension ne peut s'expliquer que par l'histoire du texte. Deux solutions sont envisageables: ou bien Nb 20,3a représente le récit de base, qui a été par la suite complété par le texte sacerdotal de Nb 20,2b, ou bien un récit primitivement sacerdotal a été l'objet d'une relecture au cours de laquelle des emprunts effectués au récit parallèle d'Ex 17,1-7 y ont été intégrés.

Quoi qu'il en soit, le parallélisme synonymique qui existe entre Nb 20,2b et 20,3a a pour effet de faire porter l'insistance du début du récit sur la réaction d'hostilité des Israélites envers leurs chefs. La comparaison avec le texte parallèle d'Ex 17,1-7 permet de mettre en évidence un glissement entre les deux récits sur ce point: tandis que le constat du manque d'eau est premier en Ex 17,1-2, c'est la révolte du peuple qui occupe la première place en Nb 20,2-3.

Ex 17,1b.2aα: "Il campèrent à Rephidim, mais il n'y avait pas d'eau à boire pour le peuple. Le peuple se querella avec Moïse".
Nb 20,2-3a: "Il n'y avait pas d'eau pour la communauté. Alors, ils s'assemblèrent contre Moïse et Aaron. Le peuple se querella avec Moïse".

Cette observation va à l'encontre de la thèse de Schmidt – détaillée plus haut – selon laquelle l'ensemble des emprunts effectués au récit d'Ex 17,1-7 aurait pour fonction d'accentuer la responsabilité de Moïse dans le récit de Nb 20,1-13: comment expliquer l'insistance du récit sur la rébellion des Israélites contre leurs chefs, si c'est d'abord la mise en cause de ces derniers que visent les auteurs de la version la plus tardive de Nb 20,1-13 ?

Le discours des Israélites comporte trois éléments: une proposition optative introduite par לו (v. 3bβ), et deux propositions interrogatives introduites par למה (v. 4, v. 5).

---

75 Gn 26,19-20a: "Les serviteurs d'Isaac creusèrent dans la vallée et trouvèrent là un puits d'eaux vives. Les bergers de Guérar entrèrent en contestation avec les bergers d'Isaac, en disant: "Les eaux sont à nous".

76 Gn 31,36: "Jacob se mit en colère et querella Laban".

Le verset 3b recourt à un verbe relativement rare dans le livre des Nombres: le verbe גוע - périr – y a en effet 4 occurrences seulement – Nb 17,27.28; 20,3.29. Le discours de Nb 17,27-28 vient conclure les trois récits qui composent les chapitres 16–17: deux récits de révolte et un récit affirmant la prééminence du sacerdoce aaronide. Les textes législatifs de Nb 18–19 séparent les récits de Nb 16–17 – centrés sur le péché d'un certain nombre de responsables de clans et de tribus – du récit de Nb 20,1-13, centré sur la faute de Moïse et d'Aaron. גוע pourrait ainsi servir de mot-crochet permettant de relier le récit de Nb 20,1-13 au précédent épisode de rébellion du peuple[77]. Le style optatif de Nb 20,3bβ et le thème développé (le désir de mort) rappellent par ailleurs le discours de protestation des Israélites en Nb 14,2b – discours qui a été attribué à un auteur sacerdotal:

Nb 20,3b: ולו גוענו בגוע אחינו לפני יהוה

Nb 14,2b: לו מתנו בארץ מצרים או במדבר הזה לו מתנו

Ainsi, le vocabulaire, le style et la thématique du v. 3bβ contribuent-ils à relier Nb 20,1-13 à Nb 14 et à Nb 16–17 et à faire de Nb 20,1-13 le troisième terme d'une série de récits décrivant la désobéissance de l'ensemble du peuple d'Israël. Une telle fonction littéraire invite à considérer le v. 3bβ comme un texte tardif, contemporain de l'ultime rédaction du livre des Nombres[78].

Le verset 4 semble, par son thème, en contradiction avec le v. 3b: tandis qu'en Nb 20,3b le discours des Israélites exprime leur désir de mort, en Nb 20,4, il accuse au contraire Moïse et Aaron de les mettre en danger de mort, et traduit ainsi leur peur de la mort[79]. Schmidt[80] tente cependant de démontrer la complémentarité logique des deux versets: les Israélites dénoncent au v. 4 l'absurdité de la situation qui est la leur puisqu'elle ne peut les conduire qu'à la mort (Nb 20,4: "Pourquoi avez-vous fait entrer l'assemblée de YHWH dans ce désert ? Pour que nous mourions là, nous et notre bétail ?"): il eût été préférable de périr tout de suite que de poursuivre un périple absurde qui ne peut se conclure que par la mort. L'auteur compare Nb 20,3b-4 à Ex 16,3 – discours des Israélites dans lequel les mêmes idées sont juxtaposées selon la même séquence:

---

[77] Ce point de vue est partagé par Budd (cf. Numbers [1984] 218), Struppe (cf. Herrlichkeit [1988] 186), Propp (cf. Rod of Aaron [1988] 22).

[78] Schmidt s'appuie sur la récurrence du verbe גוע en Nb 17,27.28; 20,3 pour conclure que Nb 20,1-13P est, dans "l'histoire sacerdotale" Pg, la suite de Nb 16–17P. L'argumentation de l'auteur se fonde uniquement sur cette remarque concernant le vocabulaire, et est donc extrêmement fragile.

[79] Cette contradiction entre Nb 20,3b et Nb 20,4 est également relevée par Weimar (cf. Geschichtsdarstellung [1984] 85, n. 18), Zenger (cf. Israel am Sinai [2 1985] 63ss), Struppe (cf. Herrlichkeit [1988] 185-190).

[80] Cf. Schmidt, Studien zur Priesterschrift (1993) 47-48.

Ex 16,3: "Les fils d'Israël leur dirent: "Qui nous donnera d'être morts de la main de YHWH dans le pays d'Egypte, quand nous étions assis près de la marmite de viande, et quand nous mangions de la nourriture à satiété ? Car vous nous avez fait sortir dans ce désert pour faire mourir toute cette assemblée par la faim !".

Ainsi, de même qu'Ex 16,3a et Ex 16,3b, loin de se contredire, Nb 20,3b et Nb 20,4 formeraient, selon Schmidt, un ensemble cohérent et devraient par conséquent être attribués à un même auteur.

Cependant, si l'homogénéité du vocabulaire (מות: mourir) met bien en valeur le lien logique qui unit les deux propositions qui composent le discours d'Ex 16,3, le discours de Nb 20,3b-5 recourt au contraire à un vocabulaire disparate (verbe גוע en Nb 20,3b, verbe מות en Nb 20,4). En outre, la corrélation entre les deux membres du discours d'Ex 16,3 est manifestée par l'usage de la particule כי. Un tel lien grammatical manque en Nb 20,3b-4. L'argumentation de Schmidt tient insuffisamment compte de ces différences et semble de ce fait assez fragile.

Les versets 4 et 5 sont reliés par le parallélisme des expressions "faire entrer...dans ce désert" (Nb 20,4a) et "faire entrer dans ce mauvais lieu" (Nb 20,5a), ainsi que par la répétition du pronom interrogatif למה. Ces procédé stylistiques permettent de donner une certaine emphase aux accusations portées par les Israélites contre leurs chefs.

Le discours de Nb 20,4-5 a pour destinataires Moïse et Aaron (comme le montrent les pluriels: "Pourquoi avez-*vous* fait entrer"; "Pourquoi nous avez-*vous* fait monter") et est donc l'oeuvre d'un auteur sacerdotal. Son contenu appelle 3 remarques:

1° Nb 20,4-5 et Ex 17,1-7 comportent des expressions et des thèmes communs:

- *Le risque de faire mourir le peuple et le bétail*

Nb 20,4: "Pourquoi avez-vous fait entrer l'assemblée de YHWH dans ce désert ? Pour que nous mourions là, nous et notre bétail ?"

Ex 17,3b: "Pourquoi nous as-tu fait monter d'Egypte pour mourir de soif, moi, mes fils et mes troupeaux ?"

Même si les deux versets recourent à un vocabulaire différent pour désigner le bétail qui accompagne les Israélites[81], la thématique en est très proche.

- *L'expression "pourquoi....faire monter d'Egypte"* en Nb 20,5aα et Ex 17,3b:

---

[81] בעיר (bétail), est utilisé à 3 reprises en Nb 20,1-13 (vv. 4.8.11) mais est rare dans la Bible hébraïque (Gn 45,17; Ex 22,4; Nb 20,4.8.11; Ps 78,48); Ex 17,3 recourt au terme מקנה.

Nb 20,5aα: העליתנו ממצרים (2ème p. du pluriel) ולמה

Ex 17,3bα: העליתנו ממצרים (2ème p. du singulier) למה זה

- *Enfin, l'expression* ומים אין לשתות, en Nb 20,5bß se rapproche de la formulation d'Ex 17,1b: ואין מים לשתות.

Le récit d'Ex 17,1-7 a manifestement connu plusieurs étapes dans sa composition, mais s'appuie sur une tradition ancienne, comme le montrent la désignation des Israélites par le terme עם (peuple) et le fait que Moïse soit le seul interlocuteur du peuple. Il est donc clair que si des points communs sont trouvés entre ce texte et le discours de Nb 20,4-5, ils manifestent l'usage par un auteur sacerdotal de la tradition ancienne représentée par Ex 17,1-7 – tradition dont cet auteur a agencé très librement les expressions et les thèmes pour composer son propre discours: la séquence selon laquelle ces thèmes et ces expressions sont retrouvés en Nb 20,4-5 est en effet très différente de celle selon laquelle ils interviennent en Ex 17.

2° Le vocabulaire de Nb 20,5b est assez inhabituel: on y trouve en effet la seule occurrence dans le livre des Nombres du substantif זרע, dans le sens de "semailles". Les mots תאנה (figue,figuier) et רמון (grenade, grenadier) renvoient au récit de l'exploration du pays promis, en Nb 13,23[82], et soulignent ainsi le contraste existant entre la situation actuelle du peuple et celle qu'elle aurait été dans le pays dont la première génération a été privée du fait de sa désobéissance.

3° Outre l'identité des destinataires du discours (Moïse et Aaron), plusieurs éléments du vocabulaire sont caractéristiques des textes sacerdotaux:

- De même qu'en Nb 16,3, les Israélites revendiquent le titre de קהל־יהוה (assemblée de Yahvé) .

- Le verbe בוא au hiphil (faire entrer) est retrouvé dans d'autres discours de protestation des Israélites qui peuvent être attribués – comme Nb 20,4-5 – à un auteur sacerdotal:

Nb 14,3: "Pourquoi YHWH nous fait-il entrer dans ce pays...."

Nb 16,14: "Tu ne nous as pas fait entrer dans un pays ruisselant de lait et de miel"

Synthèse de ces données

Le verset 2b peut être facilement attribué à un auteur sacerdotal: la communauté s'assemble contre Moïse et Aaron. Le discours des versets 4-5 fournit une suite logique à Nb 20,2b: les destinataires en sont Moïse et Aaron. L'analyse littéraire du discours permet de l'attribuer à un auteur

---

[82]   En revanche, la vigne est désignée en Nb 20,5b par גפן – substantif également utilisé en Nb 6,4 – tandis que le récit de Nb 13 recourt à l'expression "un sarment avec une grappe de raisins" – זמורה ואשכול ענבים אחד (Nb 13,23).

sacerdotal dont l'une des sources est représentée par le "récit ancien" d'Ex 17,1-7[83].

L'étude du verset 3b a conduit à y reconnaître une addition sacerdotale dont la fonction serait de relier le récit de Nb 20,1-13 aux épisodes précédents de désobéissance ou de rébellion des Israélites (Nb 14; Nb 16–17)[84].

C'est l'origine du v. 3a qui pose le plus de problèmes: s'agit-il d'une addition secondaire empruntée à Ex 17,2a – verset auquel Nb 20,3a correspond mot à mot[85]? Il est impossible, à ce stade de l'étude, de répondre à cette question.

Les résultats de l'analyse littéraire des vv. 2b-5 peuvent donc être présentés de la manière suivante[86]:

---

83 Noth considère le v. 5 comme une relecture sacerdotale tardive venant compléter le récit sacerdotal originel (vv. 2.4) avec des éléments empruntés à Ex 17,1-7 (vv. 3a.5), (cf. Noth, Numeri [1966] 127). Schmidt (cf. Studien zur Priesterschrift [1993] 49) dissocie également les vv. 4 et 5 et considère le v. 5 comme une addition ultérieure. C'est en particulier l'usage du verbe עלה - emprunté à Ex 17,3 – qui fonde la position de cet auteur: les textes sacerdotaux recourraient en effet plus volontiers au verbe יצא – tel Ex 16,3. Cependant, un auteur sacerdotal peut utiliser le vocabulaire d'une source plus ancienne pour composer son propre récit: c'est par exemple le cas de Nb 13,21 où l'usage du verbe עלה est influencé par le récit ancien de Nb 13,17 et de Nb 13,22. En outre, l'analyse littéraire a montré que les deux membres du discours de Nb 20,4-5 sont construits selon un schéma rigoureux: il n'existe aucune tension entre les vv. 4 et 5 dont le parallélisme contribue à l'emphase qui caractérise le discours. Il est donc préférable d'attribuer Nb 20,4-5 au travail de composition littéraire d'un unique auteur.

84 Noth considère également le v. 3b comme une addition sacerdotale tardive: "Der Fragesatz v. 3b, der formal und inhaltlich auf 17,27f zurückgreift, ist wohl ein redaktioneller Zusatz" (Numeri [1966] 128). Struppe (cf. Herrlichkeit [1988] 185-190) aboutit à une solution différente: le verset 3b est rattaché par l'auteur au document Pg. Lohfink (cf. Priesterschrift [1978] 198, n. 29) attribue quant à lui la totalité du discours de Nb 20,3b-5 au récit Pg ("Priesterliche Geschichtserzählung").

85 C'est par exemple l'opinion de Struppe (cf. Herrlichkeit [1988] 185-190), qui considère le v. 3a comme une addition rédactionnelle dont le but est de renforcer le caractère inconvenant du comportement des Israélites – relativisant ainsi la faute de Moïse qui, selon l'auteur, constituait le centre du récit sacerdotal originel de Nb 20,1-13. Les vv. 4-5, utilisant un matériel littéraire emprunté à Ex 17,3, seraient également tous deux secondaires – le verset 5 amplifiant le v. 4 – et auraient, selon cet auteur le même objectif que le v. 3a (les principaux auteurs partageant cette position ont été cités plus haut, au § 2.1.1.2, 2°).

86 Gray (cf. Numbers [1903] 260-261), Holzinger (cf. Numeri [1903] xvi), Baentsch (cf. Exodus, Leviticus, Numeri [1903] 567) tentent de répartir les vv. 2b-5 entre les documents Pg, J, E ou JE et quelques suppléments rédactionnels sacerdotaux; Eißfeldt (cf. Hexateuch Synopse [1922] 177) entre le document P et la "Laienquelle". Ils ne parviennent pas à définir des trames narratives parallèles et cohérentes.

RECIT SACERDOTAL	ADDITIONS SACERDOTALES	AUTRES
20,2b		20,3a
	20,3b	
20,4-5		

2.2.2.3. Nb 20,6: Moïse et Aaron en appellent à Yahvé

Le vocabulaire sacerdotal du v. 6 a été analysé précédemment (chapitre 5, § 3.4.2). De même que le contenu du discours des Israélites aux vv. 4-5, l'apparition de la gloire de Yahvé rapproche le récit de Nb 20,1-13 des précédents épisodes d'opposition du peuple. Les mêmes éléments sont en effet présents:

משה אהרן	Moïse et Aaron (sujets de l'action)	Nb 14,5; 16,20; 17,7.8; 20,6
ויפלו-פנהם	Ils tombèrent face contre terre	Nb 14,5; 16,22; 17,10; 20,6
כבוד-יהוה	La gloire de YHWH	Nb 14,10; 16,19; 17,7; 20,6
ראה (niphal)	Apparut	Nb 14,10; 16,19; 17,7; 20,6

L'originalité de Nb 20,6 tient au fait que Moïse et Aaron se séparent des Israélites et bénéficient seuls de l'apparition de la gloire de Yahvé. Dans les trois autres récits concernés, c'est en effet à toute la communauté qu'apparaît la gloire de Yahvé. Pour Struppe, cette particularité du récit sacerdotal de Nb 20,1-13 prépare l'accusation portée contre Moïse et Aaron au v. 12[87]: en se séparant de l'assemblée des Israélites, Moïse et Aaron oublieraient leur responsabilité première qui est de manifester Yahvé comme Saint devant toute la communauté. L'originalité du comportement de Moïse et d'Aaron ne représente cependant pas la différence essentielle permettant de distinguer Nb 20,6 des autres récits du livre des Nombres où intervient la manifestation de la gloire de Yahvé: dans chacun d'entre eux en effet, l'apparition de la gloire prélude à l'annonce ou à la mise en oeuvre d'un châtiment touchant la communauté (cf. Nb 14,11ss; 16,20-21.23ss;

---

[87] "Mose und Aaron verlassen die Versammlung. Dieses grundsätzlich andere Verhalten ist – in Zusammenhang von Num 20 als Schulderzählung – nur negativ zu interpretieren: bereits in v. 6 versagen die beide Führer und bezeugen nicht vor der Gemeinde ihre Glauben (...) Die Schuld von Mose und Aaron liegt also auch darin, daß sie auf Kosten des Glaubenzeugnisses vor der Gemeinde das Heiligtum aufsuchen." (Herrlichkeit [1988] 210-211).

17,10). En Nb 20,6ss au contraire – comme le souligne Blum[88] – Yahvé indique le moyen de remédier au manque d'eau qui a provoqué la crise.

Ainsi, Nb 20,6 représente un tournant dans le récit: de même que dans la version sacerdotale des épisodes de rébellion relatés en Nb 14; 16–17, les récrimations du peuple contre ses chefs (Nb 20,2-5) ouvrent le récit et sont suivies de la réaction de Moïse et d'Aaron qui en appellent à Yahvé (Nb 20,6). Mais en Nb 20,6ss, contrairement aux textes précédents, la manifestation de Yahvé apporte la solution du problème. Non seulement la seconde partie du récit ne mentionne aucun châtiment des Israélites, mais encore ce sont leurs chefs – ceux-là même qui se sont tournés vers Yahvé – qui subissent une sanction (v. 12). Une des tâches de l'analyse littéraire est donc de mettre en évidence la logique narrative des vv. 6-12 en repérant les éléments qui, dans le récit, annoncent et motivent la sanction qui touche Moïse et Aaron.

2.2.2.4. *Nb 20,7-8: discours de Yahvé*

La comparaison de Nb 20,8 avec le texte parallèle d'Ex 17,5-6a[89] permet de mettre en évidence des points communs et des divergences[90].

Eléments communs

1° L'ordre de prendre (verbe לקח à l'impératif: Ex 17,5bß; Nb 20,8aα) le bâton (מטה: Ex 17,5bα; Nb 20,8aα). Le bâton est défini en Ex 17,5 comme celui avec lequel Moïse a frappé le fleuve[91]. En revanche, Nb 20,8 demeure imprécis: le bâton pourrait être celui de Moïse comme celui d'Aaron[92]. Le v. 9 apporte-t-il des indices supplémentaires ? En désignant le bâton comme celui qui se trouve "devant Yahvé", ce texte fait-il allusion à Nb 17,25 ? Le bâton serait alors celui d'Aaron[93], et le v. 9 devrait être attribué à un auteur sacerdotal tardif:

---

[88] "Auch hier erscheint der Kabod Jhwhs, es folgt aber nicht, wie Mose/Aaron bzw. der Leser nach Nu 16f. erwarten konnten, eine Vernichtungsdrohung, sondern Anweisungen für Mose und Aaron, um die Notlage zu beenden." (Blum, [Komposition] 1990, 273).

[89] Ex 17,5-6a: "YHWH dit à Moïse: "Passe devant le peuple, prends avec toi des anciens d'Israël. Ton bâton, avec lequel tu as frappé le fleuve, prends-le dans ta main et va. Voici que moi, je me tiens devant toi, là, sur le rocher – dans l'Horeb. Tu frapperas le rocher, il en sortira de l'eau et le peuple boira ".

[90] Par convention, le texte de Nb 20,8 est divisé de la manière suivante:
v. 8aα: Prends le bâton.
v. 8aß: et rassemble la communauté, toi et ton frère Aaron.
v. 8aγ: Vous parlerez au rocher devant leurs yeux, ainsi il donnera de l'eau.
v. 8bα: Tu feras sortir pour eux l'eau du rocher .
v. 8bß: et tu feras boire la communauté et leur bétail.

[91] Cf. Ex 14,16.

[92] Nb 20,8a: "Prends le bâton et rassemble la communauté, toi et ton frère Aaron".

[93] Cette solution est par exemple proposée par Budd, Numbers (1984) 218.

Nb 20,9: "Moïse prit le bâton devant YHWH, comme il le lui avait ordonné".

Nb 17,25: "YHWH dit à Moïse: "remets le bâton d'Aaron devant la charte, afin de le garder comme signe pour les fils de la révolte".

Mais une toute autre solution est proposée par Ska[94]: le bâton de Moïse intervient, dans le livre de l'Exode, lorsque Dieu se révèle lui-même comme ayant une puissance cosmique. Il est présent chaque fois que Yahvé donne à ses envoyés pouvoir sur le cosmos. Ainsi en Ex 14,16 et en Ex 17,5. Ainsi également, selon cet auteur, en Nb 20,8-9. La solution de Ska semble bien adaptée au contexte du récit de Nb 20,1-13: en Nb 17, le bâton manifeste la prééminence de la tribu de Lévi, et en son sein celle de la descendance d'Aaron. Le bâton n'est qu'un signe, un rappel du rôle spécifique et irremplaçable du sacerdoce aaronide en Israël. Le contexte de Nb 20,1-13 est tout autre: c'est de la vie et de la mort des Israélites qu'il est question. Leur survie requiert l'intervention miraculeuse de Dieu. Ce récit trouve donc sa place dans la longue série des épisodes où l'intervention de Yahvé sur les éléments se révèle nécessaire à la survie du peuple, et le bâton cité aux vv. 8-9 a la même fonction que le bâton de Moïse en Ex 14,16; 17,5.

2° Le vocabulaire décrivant la sortie de l'eau du rocher:
- eau (מים: Ex 17,6aß; Nb 20,8bα)
- sortir (יצא: Ex 17,6aß; Nb 20,8bα)
En revanche les termes utilisés pour "boire" et "rocher" diffèrent:
- boire שתה en Ex 17,6aß et שקה au hiphil en Nb 20,8bß.
- rocher צור en Ex 17,6 et סלע en Nb 20,8[95]
Par ailleurs, tandis qu'en Ex 17 les verbes יצא et שתה sont au qal, Nb 20,8b met l'accent sur la responsabilité de Moïse dans l'exécution des directives de Yahvé: Moïse est le sujet des verbes יצא et שקה qui sont utilisés au hiphil:

Ex 17,6aß: והכית בצור ויצאו ממנו מים ושתה העם

Nb 20,8b: והוצאת להם מים מן הסלע והוקית את עדה ואת-בעירם

Divergences entre Ex 17,5-6 et Nb 20,8

Le discours de Nb 20,8 comporte plusieurs éléments qui lui sont propres:
הקהל את-העדה אתה ואהרן אחיך - "rassemble la communauté, toi et ton frère Aaron" (v. 8aβ). Le verset 8aß a une origine manifestement

---

94 Cf. Ska, Passage de la mer (1986) 82-93.
95 Le substantif צור (rocher) est relativement rare dans le Pentateuque (usages dans le Pentateuque: Ex 17,6; 33,21.22; Nb 23,9; Dt 8,15; 32,4.13.15.18.30.31.37).Le substantif סלע (Nb 20,8.10.11) est lui aussi peu usité dans le Pentateuque (Nb 24,21; Dt 32,13).

sacerdotale, comme le montrent le vocabulaire utilisé et les personnages cités.

- ‏ודברתם את-הסלע לעיניהם ונתן מימיו‎ - "Vous parlerez au rocher devant leurs yeux, ainsi il donnera de l'eau": dans ce texte sacerdotal qui forme, avec Nb 20,8bα, un doublet, il n'est pas question de frapper le rocher – comme en Ex 17 – mais de lui parler pour obtenir le don de l'eau. Par ailleurs, tandis que Moïse est cité seul en Nb 20,8aα.b, il se trouve associé à Aaron en Nb 20,8aß.aγ[96].

Ainsi, deux composantes distinctes peuvent être délimitées en Nb 20,8:
- Nb 20,8aα.b: Moïse est l'unique destinataire des directives de Yahvé et le vocabulaire est proche de celui utilisé dans le récit d'Ex 17,1-7.
- Nb 20,8aß.aγ: il s'agit d'un texte manifestement sacerdotal, dans lequel Aaron est adjoint à Moïse.

Ces deux composantes du verset sont sous-tendues par deux théologies différentes: si Nb 20,8aα.b met en valeur le pouvoir miraculeux de Yahvé sur le cosmos, pouvoir qui se manifeste grâce à l'action d'un intermédiaire habilité (Moïse), Nb 20,8aß.aγ développe au contraire une théologie de la Parole typiquement sacerdotale comme le souligne à juste titre Zenger[97]: Moïse et Aaron sont invités à manifester publiquement leur confiance en la puissance de la Parole de Dieu.

Une fois délimités les deux éléments qui composent le verset 8, restent à envisager les différentes hypothèses qui peuvent rendre compte de l'histoire du texte:
Première hypothèse: Nb 20,8aß.aγ fait partie d'un "récit de base" sacerdotal dont la suite peut être retrouvée en Nb 20,10.12: "Moïse et Aaron rassemblèrent l'assemblée devant le rocher. Il leur dit: "Ecoutez-donc, rebelles ! De ce rocher, ferons-nous sortir pour vous de l'eau ?". YHWH dit à Moïse et à Aaron: "Parce que vous n'avez pas cru en moi d'une manière telle que vous manifestiez ma sainteté aux yeux des fils d'Israël, eh bien, vous ne ferez pas entrer cette assemblée dans le pays que je leur donne".

Le décalage qui existe entre l'ordre donné par Yahvé (parler au rocher) et le comportement de Moïse (et Aaron) – qui, au lieu de faire confiance à la puissance de la Parole de Dieu, invective les Israélites – motive la sanction exposée au verset 12. Dans cette hypothèse, les versets 8aα.b.9.11 – dont le matériel littéraire est emprunté pour partie à Ex 17,1-7, et où est soulignée

---

96 La version de la Septante résout l'opposition entre Nb 20,8aß et 20,8b en adoptant le pluriel pour les verbes du v. 8b.
97 Zenger, Israel am Sinai (²1985) 65: "Das vertrauend und bezeugend weitergegebene Gotteswort kann Felsen zu Wasserquellen machen. Das ist der Auftrag an Mose und Aaron als Repräsentanten des geistlichen Amtes, vorbehaltlos und mutig einen Gott zu bezeugen, der die steinerne Wirklichkeit der Welt verwandeln kann und will".

la conformité de l'action de Moïse avec les instructions qu'il reçoit de Yahvé – auraient pour fonction de relativiser l'importance de la faute de Moïse et de sauvegarder ainsi le prestige de ce personnage. Une telle perspective peut avoir des fondements théologiques, mais elle pourrait également refléter des préoccupations uniquement littéraires: assurer, lors de la constitution du Pentateuque, un minimum d'harmonisation entre le livre des Nombres et le livre du Deutéronome dans lequel la figure de Moïse est très valorisée.

Seconde hypothèse: c'est au contraire Nb 20,8aß.aγ qui constituerait une addition tardive apportée à un récit de base (Nb 20,8aα.b) représentant la "version sacerdotale" du récit ancien du don de l'eau d'Ex 17,1-7. Effectivement, Nb 20,8aα.b reprend le vocabulaire d'Ex 17,1-7, mais désigne les Israélites à l'aide d'une terminologie sacerdotale: עדה (communauté, Nb 20,8b). Selon cette hypothèse, la fonction des vv. 8aß.aγ serait de transformer un récit sacerdotal du don de l'eau en récit de péché de Moïse et Aaron[98]. Cette théorie correspond bien à la logique d'ensemble (sacerdotale) du livre des Nombres, telle qu'elle a été précisée plus haut: du fait de son péché, la première génération – dans toutes ses composantes: peuple, chefs de clan, chefs du peuple – ne bénéficie pas de la promesse faite par Yahvé et meurt dans le désert. Cependant, cette seconde hypothèse présente deux difficultés:

1° Pourquoi, si le "récit de base" des vv. 8aα.b est sacerdotal, Moïse y est-il mentionné seul, alors que son nom est habituellement associé à celui d'Aaron dans les récits sacerdotaux ?

2° Comment expliquer la place du récit – après la théophanie du Sinaï – dans l'ensemble Exode-Nombres ? En effet, selon la logique des auteurs sacerdotaux, les protestations du peuple qui prennent place avant le Sinaï n'entraînent aucune sanction, mais au contraire une intervention de Yahvé qui résoud le problème vital auquel la communauté est confrontée (ainsi Ex 16) et prépare ainsi la manifestation plénière que Yahvé fait de lui-même au Sinaï. Au contraire, après le Sinaï, les révoltes du peuple sont à l'origine de sanctions, dans la mesure où elles manifestent l'infidélité des Israélites à l'alliance et leur manque de foi. Ainsi, si le contenu du récit de base sacerdotal de Nb 20,1-13 se limite véritablement au don miraculeux de l'eau, la place que ce récit occupe dans l'ensemble Exode-Nombres est difficile à justifier.

---

[98] Cette analyse a été récemment retenue par Levine: "Possibly the author who interpolated v. 12 also introduced the notion of speaking to the rock in the present verse (v. 8), in order to provide a basis for divine disapproval" (Numbers 1-20 [1993] 490).

2.2.2.5. Nb 20,9-11: mise en oeuvre des directives de Yahvé

Si Nb 20,8aα.b (description des instructions données à Moïse par Yahvé) trouve un parallèle dans le récit d'Ex 17,1-7, en revanche le compte-rendu détaillé de l'exécution par Moïse de ces instructions est propre au récit de Nb 20,1-13[99]. Au sein des vv. 9-11, l'analyse littéraire permet de différencier deux éléments:

1° Les vv. 9.11 décrivent une action dont Moïse est le seul sujet et recourent à un vocabulaire qui correspond en partie au contenu de Nb 20,8aα.b[100]:

v. 8aα.b: "Prends le bâton.... Tu feras sortir pour eux l'eau du rocher et tu feras boire la communauté et leur bétail."

vv. 9.11: "Moïse prit le bâton devant YHWH[101], comme il le lui avait ordonné... Moïse leva la main et frappa le rocher deux fois avec son bâton. L'eau sortit en abondance, la communauté but ainsi que leur bétail."

L'expression כאשר צוהו – "comme il le lui avait ordonné" est caractéristique des récits sacerdotaux[102] et permet d'insister sur la conformité des gestes de Moïse aux ordres qu'il a reçus, conformité déjà manifestée par la similitude du vocabulaire utilisé dans l'énoncé des ordres et dans le récit de leur exécution.

Nb 20,11a vient cependant contredire les observations précédentes: Moïse est certes le seul sujet de l'action mais les gestes qu'il pose (lever la main, frapper deux fois le rocher) ne correspondent à aucun des ordres préalablement donnés par Yahvé. La formulation de Nb 20,8b – "Tu feras sortir pour eux l'eau du rocher" – était en effet assez imprécise et rien n'était dit des modalités de l'action de Moïse. Le vocabulaire de Nb 20,11aβ est

---

99 Ex 17 évoque très brièvement l'intervention de Moïse (v. 6b): "Moïse fit ainsi aux yeux des anciens d'Israël." Manifestement, l'intérêt du récit ne se concentre pas sur l'exécution des ordres de Yahvé par Moïse, mais bien davantage sur l'intervention salvifique de Yahvé face au manque d'eau qui a provoqué la colère du peuple (cf. sur ce point Blum, Komposition [1990] 275, n. 174: "Während die Anweisung an Mose in Ex 17 breit ausformuliert wird, ist die Ausführung aufs äußerste gerafft. Dies hat dort seine erzählerische Bedeutung (Die Wahrnehmung konzentriert sicht nicht auf das Mirakel, sondern auf der Hintergrunde und die Ätiologie). In Nu 20 dagegen nimmt gerade die Darstellung der Ausführung den breitesten Raum ein, und hier geschieht gegenüber Ex 17 denn auch "das Neue."

100 Les termes en italique sont retrouvés à la fois dans le discours de Yahvé et dans le récit de l'exécution de ses directives.

101 "Devant YHWH": une telle précision est spécifique du récit de Nb 20,1-13. Elle confirme que le bâton de Moïse est le signe visible donné au peuple de la puissance de Yahvé à l'oeuvre au milieu des Israélites.

102 Cf. Ex 16,34; 17,2; Nb 2,33.34; 3,42.51; 8,3.22; 15,36; 17,26;...Elliger recense dans son article "Sinn und Ursprung der priesterlichen Geschichtserzählung" ([1966] 174-198, particulièrement 183-184) les principaux récits sacerdotaux dans lesquels l'exposé et l'exécution d'un même ordre sont dépeints à l'aide d'un vocabulaire identique.

emprunté à différents récits du livre de l'Exode, comme le montre l'analyse suivante:

- "*Moïse leva la main*" (וירם משה את-ידו): le verbe רום au hiphil est utilisé en trois occasions dans le livre de l'Exode pour décrire le geste de Moïse qui, levant son bâton (Ex 7,20; 14,16) ou sa main (Ex 17,11), apparaît comme l'intermédiaire que se choisit Yahvé pour faire bénéficier le peuple de sa puissance salvifique.

- "*Il frappa le rocher deux fois avec son bâton*": le motif "frapper le rocher" est présent dans le récit parallèle d'Ex 17,1-7 (Ex 17,6: "Tu frapperas le rocher"). Plusieurs hypothèses ont été émises pour en expliquer la présence en Nb 20,11aß: pour Zenger[103], qui attribue le verset à un rédacteur sacerdotal tardif, Nb 20,11aß contribue – comme l'ensemble des éléments empruntés à Ex 17,1-7 – à atténuer la responsabilité de Moïse: en frappant le rocher pour en faire sortir l'eau, Moïse ne ferait qu'exécuter fidèlement l'ordre de Yahvé exprimé en Nb 20,8b. Le fait que le rocher soit frappé deux fois[104] ne trouve pas d'explication dans cette hypothèse. Schmidt[105] propose une interprétation différente du verset: cet auteur attribue Nb 20,11aß à un rédacteur sacerdotal tardif dont l'objectif serait de rendre plus évidente encore la faute de Moïse et son manque de foi: "Si Moïse pensait qu'il peut faire couler de l'eau du rocher à l'aide de son bâton, un coup suffirait. Ainsi, il devient clair que s'il frappe deux fois le rocher, c'est pour mieux démontrer son impuissance".

2° Le v. 10 décrit une action dont – contrairement aux vv. 9.11 – les sujets sont Moïse et Aaron: Nb 20,10a ("Moïse et Aaron rassemblèrent l'assemblée devant le rocher") relate l'exécution de l'ordre énoncé en Nb 20,8aß ("rassemble la communauté"). En revanche, le verset 10b développe une thématique originale: l'interpellation violente des Israélites par Moïse vient interrompre le récit de la mise en oeuvre des directives de Yahvé – "Ecoutez-donc, rebelles ! De ce rocher ferons-nous sortir pour vous de l'eau ?".

Le qualificatif "rebelles" (המרים) est assez inhabituel: en effet, le verbe מרה est utilisé trois fois seulement dans le livre des Nombres (Nb 20,10.24; 27,14)[106] et le participe qal pluriel המרים est unique dans la Bible hébraïque.

---

[103] Cf. Zenger, Israel am Sinai (²1985) 65.
[104] Un tel détail est unique dans l'ensemble de la Bible hébraïque.
[105] Cf. Schmidt, Studien zur Priesterschrift (1993) 69.
[106] En dehors du livre des Nombres, le Deutéronome recourt au verbe מרה pour dépeindre le comportement hostile du peuple: en Dt 1,26.43, dans le récit de la reconnaissance du pays promis et de la révolte des Israélites qui en découle, en Dt 9,7.23.24 où מרה qualifie les différents épisodes de rébellion des Israélites au désert. Dans le livre d'Ezéchiel, מרה sert à présenter l'histoire d'Israël comme une succession de rebellions du peuple contre

En invectivant de la sorte les Israélites, Moïse (et Aaron) s'écartent des ordres qu'ils ont reçus et faillissent à leur mission qui est de manifester la puissance de la Parole de Dieu. Le v. 10b est ainsi l'antécédent narratif logique du v. 12 qui tire les conséquences de la désobéissance de Moïse et Aaron: "Parce que vous n'avez pas cru en moi d'une manière telle que vous manifestiez ma sainteté aux yeux des fils d'Israël, eh bien vous ne ferez pas entrer cette assemblée dans le pays que je leur donne".

Nb 20,24 et Nb 27,14 – textes sacerdotaux qui font référence à l'épisode de rébellion de Nb 20,1-13 – viennent confirmer cette hypothèse.

Nb 20,24: "Qu'Aaron soit réuni aux siens, car il n'entrera pas dans le pays que j'ai donné aux fils d'Israël, puisque vous vous êtes rebellés contre mon ordre aux eaux de Meriba".

Nb 27,14: "Car vous vous êtes rebellés contre mon ordre au désert de Cin (quand la communauté a cherché querelle) – mon ordre de manifester ma sainteté à leurs yeux. C'étaient les eaux de Mériba de Qadesh, au désert de Cin."

Ces deux textes décrivent en effet le comportement de Moïse et Aaron à l'aide du verbe מרה – le mot même par lequel le discours de Moïse met en cause les Israélites en Nb 20,10b: Moïse et Aaron sont ainsi désavoués. Eux seuls méritent l'accusation qu'ils ont eu l'audace de porter contre la communauté[107].

Discussion

Si les vv. 9.11 d'une part et 10 d'autre part correspondent à des étapes différentes de la composition du récit, comment envisager leurs relations ? Comme pour les sections précédentes du texte se pose la question de savoir si les éléments empruntés à Ex 17,1-7 sont des additions tardives ou font au contraire partie de la strate la plus ancienne du récit sacerdotal. Trois remarques peuvent être effectuées:

Yahvé – en Egypte puis dans le désert (cf. Ez 20,8.13.21). Le livre d'Ezechiel illustre bien l'acception que peut revêtir le terme dans les milieux sacerdotaux.

[107] Par ce "jeu de mots" entre Nb 20,10b d'une part, Nb 20,24 et 27,14 d'autre part, les auteurs sacerdotaux lèvent toute ambiguïté sur la nature de la faute de Moïse et Aaron en Nb 20,1-13 – ce que Blum souligne en ces termes: "Gerade in seinem Eifer, in dem Mose das Volk als "Widerspenstige" zurechtweisen will (...), ist er selbst"widerspenstig" gegenüber Jhwh !" (Komposition [1990] 275). Plusieurs commentateurs anciens avaient émis l'hypothèse que le discours de Nb 20,10b ait été primitivement adressé par Yahvé à Moïse et Aaron (cf. Cornill, Pentateuchkritik [1891] 20-34, particulièrement 28.34, Baentsch, Exodus, Leviticus, Numeri [1903] 569, Gray, Numbers [1903] 263, Smend, Erzählung des Hexateuch [1912] 206). Une telle conjecture n'apparaît pas nécessaire à la compréhension du récit.

1° La lecture d'ensemble du livre des Nombres a montré que, dans sa rédaction la plus tardive – qui peut attribuée à des milieux sacerdotaux – l'insistance du livre portait sur la faute du peuple et de ses chefs. Les versets 9b et 11b, dans l'hypothèse où ils représenteraient des additions tardives venant "corriger" un texte jugé trop défavorable au personnage de Moïse, ne pourraient donc être attribués à un auteur sacerdotal. Pourtant, ces versets ont recours à des expressions ou à des termes typiquement sacerdotaux. Il faudrait donc admettre que leur auteur, dont la perspective théologique diffère de celle des milieux sacerdotaux, a cependant délibérément eu recours à un style et à une logique caractéristiques de ces milieux pour réhabiliter le personnage de Moïse: *un auteur aurait ainsi effectué un travail de composition littéraire "à la manière sacerdotale"* pour corriger la version la plus ancienne du récit sacerdotal de Nb 20,1-13.

2° La délimitation d'un "récit sacerdotal ancien" auquel sont attribués les vv. 10.12, et dont les vv. 9.11 constitueraient une relecture tardive n'est pas entièrement convaincante sur le plan narratif[108]. En effet, un tel récit ne mentionnerait pas le don de l'eau: la difficulté à laquelle se trouvent confrontés les Israélites demeurerait irrésolue. Ce constat conduit Schmidt[109] à attribuer Nb 20,11b à la version la plus ancienne du récit sacerdotal: le v. 11b serait la suite de Nb 20,10b. L'issue spontanée de l'eau hors du rocher aurait valeur, aux yeux des Israélites, de désaveu public et immédiat de Moïse et Aaron. La principale critique que l'on pourrait adresser à cette hypothèse est qu'elle ne prend pas en compte le parallélisme existant entre Nb 20,8b et Nb 20,11b:

Nb 20,8b: "Tu feras sortir pour eux l'eau du rocher et tu feras boire la communauté et leur bétail".

Nb 20,11b: "L'eau sortit en abondance, la communauté but ainsi que leur bétail".

Ces deux propositions parallèles ne doivent-elles pas être attribuées à un même auteur ? En réalité, la totalité du vocabulaire de Nb 20,11b est également retrouvée dans le récit sacerdotal "ancien":

- le verbe "sortir" (יצא) cf. v. 10b.
- le substantif "eau" (מים) cf. vv. 2a.5.10b.
- le substantif "communauté" (עדה) cf. vv. 2a.8aß.
- le substantif "bétail" (בעיר) cf. v. 4.
- le verbe "boire" (שתה) cf. Nb 20,5[110].

---

108 Dans les études les plus récentes, une telle délimitation est retenue par Zenger, (cf. Israel am Sinai [²1985] 64) et Weimar (cf. Geschichtsdarstellung [1984] 85, n. 18).

109 Cf. Schmidt, Studien zur Priesterschrift (1993) 53.

110 Le verbe שתה n'étant pas usité au hiphil, le texte de Nb 20,8b recourt au verbe שקה pour exprimer le sens factitif: "faire boire".

Ainsi, l'analyse du vocabulaire conforte l'hypothèse retenue par Schmidt.
3° Un point de vue totalement différent pourrait être adopté: le parallélisme
qui existe entre les ordres formulés en Nb 20,8aα.b, et leur exécution
relatée aux vv. 9.11 peut conduire à considérer que Nb 20,8aα.b.9.11
représente la version la plus ancienne du récit sacerdotal. Le v. 10 serait
alors considéré comme une addition dont la fonction serait de transformer
un récit sacerdotal du don de l'eau en récit centré sur la faute de Moïse et
d'Aaron. Cette hypothèse sera discutée plus bas.

2.2.2.6. *Nb 20,12: Moïse et Aaron sanctionnés*

Il n'existe aucune transition entre les versets 11 et 12: le changement de
thématique est brutal et l'annonce de la sanction qui frappe Moïse et Aaron
est, dans l'état actuel du texte, inattendue. Cependant, l'analyse littéraire qui
précède permet de cerner le contenu précis de la faute reprochée aux chefs
du peuple: au lieu de parler au rocher et de manifester ainsi la puissance de
la Parole de Dieu, Moïse invective le peuple en présence d'Aaron. En
d'autres termes, Moïse et Aaron manquent à leur mission qui est de
manifester à la communauté des Israélites la sainteté de Yahvé: "Parce que
vous n'avez pas cru en moi d'une manière telle que vous manifestiez ma
sainteté aux yeux des fils d'Israël."

Le thème de la sainteté est largement développé par les chapitres qui
précèdent le récit de Nb 20,1-13: d'une part la collection de lois de Nb 15 se
conclut par une exhortation des Israélites à la sainteté (Nb 15,40). D'autre
part, la question de la sainteté est au coeur de l'affrontement qui oppose,
selon le récit de Nb 16,1-17,5, Moïse à ses détracteurs:
Nb 16,5a: "Moïse parla à Coré et à toute sa communauté en ces termes:
"Demain matin, YHWH fera savoir qui est à lui et qui est saint et il le fera
approcher vers lui". La même thématique est reprise dans les textes
législatifs de Nb 18 réglementant l'accès au sanctuaire. En Nb 20,12, c'est
de la sainteté de Yahvé qu'il est question: Moïse et Aaron avaient pour
charge de manifester Yahvé comme le Saint par excellence, en montrant à
la communauté la puissance de sa Parole et de ses actes. Le récit de Nb
20,1-13 apparaît ainsi complémentaire des textes qui le précèdent: *si les
hommes qui sont admis à approcher Yahvé doivent justifier d'une sainteté
suffisante, c'est parce que Yahvé est le Saint par excellence.* Ainsi, la
communauté d'Israël est divisée en différentes catégories dont le degré de
sainteté va décroissant: les prêtres de la descendance d'Aaron, seuls
habilités à approcher le Saint, puis les lévites, enfin l'ensemble de la
communauté à l'extérieur de laquelle demeurent les non-Israélites.

Si Moïse et Aaron ne parviennent pas à manifester la Sainteté de Yahvé, c'est – comme l'exprime le verbe אמן – par manque de foi. L'usage de אמן au hiphil établit un lien entre le récit de Nb 20,1-13 et le récit de Nb 14: en Nb 14,11, אמן dénonce en effet, dans le discours de Yahvé, le comportement du peuple qui refuse de suivre Yahvé malgré les signes qu'il a effectués en faveur des Israélites. Le péché de Moïse et d'Aaron est comparable à celui de l'ensemble des Israélites et mérite donc une sanction analogue: ils n'entreront pas dans le pays promis par Yahvé, sur la terre où seuls ceux qui justifient d'une sainteté suffisante pourront vivre en présence du Saint par excellence: Yahvé.

Les termes mêmes avec lesquels est exposée la sanction qui frappe Moïse et Aaron établissent un lien supplémentaire entre Nb 20,1-13 et Nb 14:

Nb 14,30: "Jamais vous *n'entrerez dans le pays* pour lequel j'avais levé la main afin que vous y habitiez"

Nb 20,12b: "Vous ne *ferez pas entrer* cette assemblée *dans le pays* que je leur donne"

L'expression בוא אל-הארץ - entrer dans le pays – est employée au Qal en Nb 14,30, au hiphil en Nb 20,12.

Le récit sacerdotal donne ainsi à la mort de Moïse hors du pays promis une motivation qui semble bien différente de celle apportée dans le récit parallèle du Deutéronome:

Dt 1,37: "Même contre moi, YHWH s'est mis en colère à cause de vous en disant: " Toi non plus, tu n'y entreras pas !"

Dt 3,26-27: "YHWH s'est mis en colère contre moi à cause de vous et ne m'a pas écouté. YHWH m'a dit: "Assez ! Cesse de me parler encore de cette affaire. Monte au sommet de la Pisga et lève les yeux vers l'ouest et vers le nord, vers le sud et vers l'est. Regarde avec tes yeux car tu ne traverseras pas le Jourdain que voici".

Dt 4,21: "YHWH s'est mis en colère contre moi à cause de vous et il a juré que je ne traverserais pas le Jourdain et que je n'entrerais pas dans le bon pays que YHWH ton Dieu te donne comme patrimoine".

La mort de Moïse hors du pays promis semble être, selon ces textes du Deutéronome, la conséquence indirecte du comportement du peuple. Aucune faute personnelle n'est reprochée à Moïse qui, solidaire des Israélites, en partage le sort et la sanction[111], et dont l'image apparaît bien

---

[111] Coats (cf. Rebellion [1968] 81-82) estime que le récit sacerdotal de Nb 20,1-13 fournit également une explication "vicaire" de la mort de Moïse et d'Aaron hors du pays promis: "C'est la rébellion du peuple qui est en réalité responsable du péché de Moïse" (81). Le dernier rédacteur sacerdotal aurait remanié un récit de murmure des Israélites pour fournir une explication à la mort de Moïse et Aaron hors du pays promis: la punition de

plus valorisée que dans le récit de Nb 20,1-13. Cependant, les récits du Deutéronome permettent de bien distinguer le point de vue de Moïse de celui du narrateur: c'est en effet Moïse qui, dans les discours de Dt 1,37; 3,26-27; 4,21, expose sa propre théorie et rejette sur le peuple la responsabilité de la sanction qui le touche. Mais si l'interprétation des événements que fournissent ces différents discours de Moïse diffère radicalement de celle que propose le récit de Nb 20,1-13, les deux textes se rejoignent en revanche en ce qui concerne la matérialité des faits:
1° Moïse met en cause violemment les Israélites: Nb 20,10b "Ecoutez-donc rebelles..."; Dt 1,37: "YHWH s'est mis en colère à cause de vous".
2° La sanction qui touche Moïse est identique dans les deux textes:
- Nb 20,12b: "Vous ne ferez pas entrer cette assemblée dans le pays que je leur donne".
- Dt 1,37: "Même contre moi, YHWH s'est mis en colère à cause de vous en disant: "Toi non plus, tu n'y entreras pas".

C'est sur une même tradition que s'appuient les discours de Moïse dans le Deutéronome et le récit de Nb 20,1-13: *de par la volonté de Yahvé, Moïse n'a pas pénétré dans le pays promis.* Les textes sacerdotaux et deutéronomiques adaptent cette tradition à leurs théologies respectives, d'où le contraste entre Nb 20,1-13 – où la gravité du péché de Moïse se trouve soulignée – et les premiers chapitres du Deutéronome dans lesquels se succèdent les "plaidoyers pro domo" de Moïse. Dans une lecture synchronique du Pentateuque, ces plaidoyers ont pour effet de relativiser la portée de la faute de Moïse, tant soulignée par le récit Nb 20,1-13, et de légitimer la place exceptionnelle que donne à Moïse la conclusion du livre du Deutéronome – et par là même la conclusion de l'ensemble de la Tora.

2.2.2.7. Nb 20,13: épilogue

La notice topographique du v. 13a fournit au toponyme מריבה la même étiologie que le récit d'Ex 17,1-7: la querelle (ריב) des fils d'Israël contre Yahvé. Nb 20,13b utilise le thème de la sainteté (ויקדש) pour fournir une étiologie au toponyme קדש mentionné dans l'introduction de la péricope (v. 1). La notice de Nb 20,13 s'appuie donc sur des élements du récit que l'analyse littéraire a permis de rattacher à des stades différents de sa

Moïse et Aaron se substituerait "de manière vicaire à la punition du peuple", qui n'est effectivement pas sanctionné dans le récit de Nb 20. Cette hypothèse prend insuffi-samment en compte les liens stylistiques, lexicaux, thématiques et théologiques qui relient le récit de Nb 20 aux récits sacerdotaux qui le précèdent: Nb 20,1-13 prolonge en effet Nb 13–14 (et Nb 16–17) et en reprend la théologie – ce qui exclut l'interprétation avancée par Coats (l'incompatibilité de l'hypothèse de Coats avec la théologie sacer-dotale est également soulignée par Lohfink (cf. Ursünden [1970] 54, n. 57).

composition. Il s'agit par conséquent d'un verset tardif. Nb 27,24 et Dt 32,51 juxtaposent également les toponymes "Meriba" et "Qadesh"[112]. Ces deux textes présupposent donc l'ultime rédaction du récit de Nb 20,1-13.

2.3. Synthèse des résultats de l'analyse littéraire de Nb 20,1-13

1° La critique littéraire du récit de Nb 20,1-13 permet d'y différencier des éléments qui peuvent être rattachés à deux étapes distinctes de la composition du texte. Le matériel narratif qui compose le récit peut donc être réparti en deux groupes de versets:
- Une première série de versets mettent en scène *Moïse et Aaron*, et ont pour *thématique principale le péché des deux chefs du peuple* qui, du fait de leur manque de foi, ne parviennent pas à manifester aux Israélites la sainteté de Yahvé. Il s'agit des vv. 2.4-7.8aß.aγ.10.12, auxquels peut être probablement rattaché le v. 11b.
- Dans le second groupe de versets, c'est le personnage de *Moïse* qui est central. Le vocabulaire est souvent identique à celui du récit de miracle d'Ex 17,1-7. Les vv. 3a.8aα.b.9.11a répondent à cette définition.

2° Une fois cette délimitation établie, comment déterminer laquelle de ces deux étapes de la composition est antérieure à l'autre ?
Un élément déterminant de la réponse peut être apporté par le critère suivant: à chacune des deux étapes peut-on faire correspondre une trame narrative cohérente ? Ou, au contraire, une telle trame narrative ne peut-elle reconstituée que pour l'une des étapes, qui représenterait alors la version la plus ancienne du texte ? La mise en oeuvre de ce critère conduit à la conclusion suivante: seuls, les versets mettant en scène Moïse et Aaron constituent un récit cohérent. En effet, les vv. 3a.8aα.b.9.11a ne décrivent pas la cause du conflit opposant le peuple à Moïse (le manque d'eau) et ne représentent donc pas un récit autonome. Seule, l'adjonction du v. 2a à ce groupe de versets permettrait de lever cette objection. Or, ce verset se rattache grammaticalement à Nb 20,2b – le verbe קהל ayant comme sujet non exprimé le mot עדה (v. 2a).
La version la plus ancienne du récit peut donc être reconstituée de la manière suivante:

---

[112] Nb 27,14: "Car vous vous êtes rebellés contre mon ordre de me manifester comme saint à leurs yeux par les eaux, dans le désert de Cin, lorsque la communauté s'est rebellée – Ce sont les eaux de *Meriba de Qadesh*, dans le désert de Cin".
Dt 32,51: "Car vous vous êtes rendus infidèles contre moi, au milieu des fils d'Israël, aux eaux de *Meriba de Qadesh*, dans le désert de Cin, en ne me sanctifiant pas au milieu des fils d'Israël."

20,2 Il n'y avait pas d'eau pour la communauté. Alors, ils s'assemblèrent contre Moïse et Aaron....(3) Ils dirent: .... (4) "Pourquoi avez-vous fait entrer l'assemblée de YHWH dans ce désert ? Pour que nous mourions là, nous et notre bétail ? (5) Pourquoi nous avez-vous fait monter d'Egypte pour nous faire entrer dans ce mauvais lieu ? Ce n'est pas un lieu pour les semailles, ni pour le figuier, la vigne et le grenadier, et il n'y a pas d'eau à boire !".
(6) Moïse et Aaron se rendirent de l'assemblée à l'entrée de la tente de la rencontre, et ils tombèrent face contre terre. La gloire de Yahvé leur apparut. (7) Yahvé parla à Moïse en ces termes: (8) ".....Rassemble la communauté, toi et ton frère Aaron. Vous parlerez au rocher devant leurs yeux, ainsi il donnera de l'eau....."... (10) Moïse et Aaron rassemblèrent l'assemblée devant le rocher. Il leur dit: "Ecoutez-donc, rebelles ! De ce rocher, ferons-nous sortir pour vous de l'eau ?" (11).....L'eau sortit en abondance, la communauté but ainsi que leur bétail. (12) Yahvé dit à Moïse et Aaron: "Parce que vous n'avez pas cru en moi d'une manière telle que vous manifestiez ma sainteté aux yeux des fils d'Israël, eh bien vous ne ferez pas entrer cette assemblée dans le pays que je leur donne !".

Comme cela a été noté plus haut, le fait que Moïse et Aaron bénéficient seuls de la manifestation de la gloire de Yahvé (v6) singularise ce récit, qui se différencie ici de Nb 14 et de Nb 16–17. Cette originalité est sans doute une nécessité narrative: le fait que Moïse et Aaron soient les seuls témoins du discours de Yahvé les obligent à en retransmettre le contenu auprès de la communauté: c'est précisément dans le décalage entre les directives reçues et le comportement des chefs du peuple que réside leur péché. Ce péché se trouve encore souligné – si l'on admet que Nb 20,11b se rattache au récit sacerdotal – par le fait que l'eau sort du rocher à l'initiative de Yahvé, sans l'intervention de Moïse et Aaron.
3° Ainsi délimité, le récit sacerdotal de Nb 20,1-13 constitue le pendant du récit de Nb 14 qui décrivait la faute du peuple[113]: au manque de foi de l'ensemble des Israélites (Nb 14,11) correspond le manque de foi de Moïse et Aaron (Nb 20,12). A la sanction qui touche les premiers (ne pas entrer dans le pays, Nb 14,30) correspond la sanction qui touche les seconds (Nb 20,12). Moïse et Aaron, chefs choisis par Dieu, apparaissent ainsi profondément humains dans le récit sacerdotal de Nb 20,1-13. Ils n'échappent pas à la condition commune qui est le péché, et partagent finalement le destin de ceux auprès desquels ils sont les porte-parole de Yahvé.
4° Quelle est la fonction des nombreuses additions apportées au texte au cours de la seconde étape de sa composition ? Ces additions mettent en valeur le personnage de Moïse qui apparaît comme l'exécutant fidèle et

---

113 Cf. Lohfink, Ursünden (1970) 48-57. L'auteur souligne le parallélisme qui relie les récits sacerdotaux de Nb 14 et de Nb 20,1-13.

efficace des ordres données par Yahvé. Une grande partie du matériel littéraire des vv. 3a.8aα.b.9.11a est emprunté au récit d'Ex 17,1-7: dans ce texte, le don de l'eau et la rébellion du peuple sont au premier plan. Ainsi, comme de nombreux auteurs l'ont mis en évidence[114], les additions apportées au récit sacerdotal permettent de relativiser l'importance de la faute de Moïse et de réhabiliter partiellement son image. Par ailleurs, l'analyse littéraire a montré comment les auteurs qui remanient le texte ont soin d'agencer le matériel littéraire qu'ils y introduisent en fonction d'une logique sacerdotale: la conformité de l'action de Moïse avec les directives qu'il reçoit de Yahvé est mise en relief (v. 9: "Moïse prit le bâton devant Yahvé, comme il le lui avait ordonné"). Ainsi, les auteurs de la version définitive du récit ont le souci de corriger le texte, sans pour autant heurter de front les conceptions théologiques des milieux sacerdotaux dont ils bouleversent pourtant la tradition.

Qui peuvent être les auteurs de ces additions ? On ne peut retenir l'hypothèse récente de Schmidt[115] qui considère que les vv. 3a.8aα.b.9.11a sont une relecture sacerdotale qui aggraverait encore la responsabilité de Moïse: le personnage de Moïse est certes central dans ces versets, mais il y apparaît sous un jour très favorable.

Une hypothèse plus vraisemblable consiste à attribuer la responsabilité de cette relecture du récit sacerdotal à un auteur ayant le souci d'harmoniser le livre des Nombres avec le Deutéronome. Le livre du Deutéronome présente en effet de manière très positive le personnage de Moïse. Lors de la constitution de la Tora et de la fusion des livres des Nombres et du Deutéronome, le récit sacerdotal de Nb 20,1-13 peut apparaître en contradiction trop flagrante avec le livre du Deutéronome, et avec la présentation des événements du désert qui y est faite: le rôle des additions apportées au récit sacerdotal serait donc d'abord un rôle d'harmonisation[116]. L'étude de Nb 13–14 avait permis de mettre en évidence plusieurs additions tardives qui relevaient d'une perspective identique. Le terme "post-deutéronomiste" avait été retenu, de manière provisoire, pour qualifier l'auteur de telles additions. Une telle dénomination est-elle acceptable ? Derrière la fonction littéraire – assez évidente – de ces additions, peut-on repérer une

---

[114] Cf. § 2.1.1.2

[115] Cf. Schmidt, Studien zur Priesterschrift (1993) 67-72.

[116] On peut donc distinguer dans le récit de Nb 20,1-13:
  - d'une part des additions tardives dont la fonction principale est d'assurer l'unité du livre des Nombres (notices topographiques des vv. 1 et 13, v. 3b qui assure un lien avec Nb 16–17 grâce au mot-crochet גוע).
  - d'autre part une relecture tardive dont la perspective est l'harmonisation des différents livres composant la Tora.

intention théologique ? Les chapitres suivants de cette étude vont s'efforcer de répondre à ces questions en s'appuyant sur les résultats de l'analyse littéraire des différents récits qui composent Nb 13,1-20,13.

VIII

CONCLUSIONS DE L'ANALYSE LITTERAIRE

L'analyse diachronique des différents récits de Nb 13,1–20,13 a permis d'obtenir des résultats précis concernant l'histoire de leur composition. Par ailleurs, une série d'observations conduisent à relativiser le clivage qu'il est classique d'établir entre récits et lois dans cette section du livre des Nombres. Ces deux aspects des conclusions de l'analyse littéraire seront abordés successivement.

1. PRINCIPAUX RÉSULTATS CONCERNANT LA COMPOSITION DES RÉCITS DE NB 13,1-20,13

1.1. L'empreinte prépondérante des auteurs sacerdotaux

L'analyse sémiotique du texte avait permis de découvrir que sa logique d'ensemble était une logique de séparation entre "pur" et "impur", "saint" et "profane", "fidèle" et "non-croyant". Une telle logique avait été attribuée, par hypothèse, à des auteurs sacerdotaux. L'analyse diachronique des récits a permis de confirmer la part déterminante qu'ont pris ces auteurs dans la forme actuelle que revêt le texte: ceci est évident en Nb 16–17, où les éléments non-sacerdotaux sont quasi-inexistants, en Nb 20,1-13 où le récit est essentiellement sacerdotal, mais aussi en Nb 13–14. Dans ce dernier texte, les éléments anciens qui ont été fusionnés au récit sacerdotal sont certes importants, mais le matériel sacerdotal forme la charpente du récit définitif[1].

Cependant, le matériel littéraire qui a été attribué à des auteurs sacerdotaux n'est pas homogène, et l'analyse a permis de différencier des "*récits de base*" *sacerdotaux* – caractérisés par une trame narrative cohérente, un vocabulaire et un style spécifiques – et des *suppléments* attribués à des relectures sacerdotales plus tardives.

1.2. Les "récits de base" sacerdotaux

L'analyse littéraire de chacun des textes étudiés a permis d'y délimiter des récits sacerdotaux cohérents à propos desquels deux questions peuvent être posées:

---

[1] Ainsi, l'introduction du texte sacerdotal a vraisemblablement effacé l'introduction propre au récit ancien, cf. chapitre V, § 3.3.3.

- ces récit sacerdotaux ont-ils eu une existence indépendante ou ont-ils constitué des relectures sacerdotales de récits plus anciens, auxquels ils auraient été liés dès l'origine ?
- peut-on démontrer une corrélation entre les récits sacerdotaux délimités en Nb 13–14; 16–17; 20,1-13 – ce qui conduirait à les intégrer dans un même ensemble narratif sacerdotal ?

1.2.1. La question de l'autonomie des récits sacerdotaux

Dans chacun des trois textes étudiés, il a été possible de délimiter une trame narrative sacerdotale qui constitue un récit indépendant[2]. Les traditions plus anciennes qui, dans le texte final du livre des Nombres, sont fusionnées avec ces récits sacerdotaux représentent un obstacle à leur bonne compréhension:

1° Les données topographiques sont parfois contradictoires:
- ainsi en Nb 13, le récit sacerdotal décrit l'exploration de tout Canaan, tandis que la tradition ancienne donne pour cadre au récit la seule région d'Hébron.
- en Nb 20, il y a télescopage entre les données topographiques issues du récit ancien (Qadesh) et la notice topographique sacerdotale (désert de Cin).
2° La pointe du récit peut être différente:
- en Nb 13 la mission des éclaireurs, selon le récit sacerdotal, consiste à prendre la mesure du don que Yahvé fait à la communauté des Israélites, tandis que le récit ancien décrit des opérations de repérage préalables à une installation et à une éventuelle opération militaire.
- en Nb 16–17, la tradition ancienne concernant la rébellion de Datan et Abiram développe un thème et un motif très éloignés du récit sacerdotal qui décrit la révolte des 250 chefs et responsables de la communauté.
- En Nb 20,1-13 le récit sacerdotal est situé à distance du texte ancien qu'il prend pour source (Ex 17,1-7), ce qui rend plus évidente son autonomie vis-à-vis de la tradition ancienne dont il s'inspire pourtant.

Ainsi, une série d'arguments littéraires conduit à considérer que les récits sacerdotaux délimités en Nb 13,1–20,13 ont été composés de manière autonome. Ces arguments coïncident avec plusieurs des remarques qu'effec-

---

2 Cf. chapitre V, § 3.3.3 et 3.7.3; chapitre VI, § 2.11; Chapitre VII, § 2.3.
La délimitation retenue pour ces différents récits est la suivante:
- Nb 13,1-2a.3a.21.25-26a.32-33; 14,1a.2-3.5.10b.26-37.
- Nb 16,2b.4.5(partiellement).6a.7a.bα.18a.bα.35; 17,6.11-13.16-17.19.21a.22. 23aα.b. 24.26.
- Nb 20,2b.4-6.7aα.8aβ.10.11b-12.
Le texte reconstitué des différents "récits de base "sacerdotaux est présenté en annexe de ce chapitre.

tuent Lohfink[3] et Zenger[4] pour aboutir à la conclusion que les écrits sacerdotaux ont été composés de manière indépendante, même s'ils présupposent évidemment les traditions plus anciennes dont ils s'inspirent. En revanche, les conclusions de la présente étude se démarquent de l'hypothèse formulée par Blum[5] d'une "composition sacerdotale K^P" qui, s'entrelaçant avec le texte qui la précède, y introduirait des discontinuités et des corrections qui feraient sens.

1.2.2. *Peut-on démontrer une corrélation entre les différents "récits sacerdotaux de base" délimités en Nb 13–14; Nb 16; Nb 20,1-13 ?*

Les correspondances de thème, de style et de vocabulaire sont nombreuses entre Nb 13–14^{P6} et Nb 20^P:
- Dans les deux cas, le récit décrit une faute sanctionnée par l'annulation de la promesse d'entrer dans le pays: la première génération des Israélites sortis d'Egypte est condamnée en Nb 14, Moïse et Aaron le sont en Nb 20.
- C'est Yahvé lui-même qui dans les deux cas annonce la sanction, et la manifestation de sa gloire est décrite selon une même séquence narrative[7].
- La nature de la faute commise est identique: de même que les éclaireurs et la communauté refusent d'entrer dans le projet de Yahvé pour le peuple en le considérant comme mauvais ou dangereux et envisagent de désobéir et de retourner en Egypte (Nb 13,32; 14,3); de même Moïse et Aaron manifestent leur défiance envers Yahvé en n'exécutant pas scrupuleusement les directives qu'il leur a données (Nb 20,10): dans les deux cas, c'est le décalage entre les directives divines et le comportement des hommes qui constitue la faute.

Si les relations qui unissent Nb 13–14^P et Nb 20^P sont manifestes, les liens de ces deux textes avec Nb 16–17^P apparaissent moins évidents: certes, le "récit de base" sacerdotal de Nb 16–17 a également pour objet de décrire la faute d'un certain nombre de responsables de la communauté. Mais le contexte narratif est différent: le récit n'est situé ni dans l'espace ni dans le temps, la perspective de l'entrée future dans le pays promis en est absente, et la problématique en est essentiellement cultuelle. En effet, le

---

3 Cf. Lohfink, Priesterschrift (1978), 197-200.
4 Cf. Zenger, Gottes Bogen (1983) 33-35.
5 "Vor allem die Detailbeschreibungen exemplarischer "Fallbeispiele" führte auf den ungewöhnliche Befund einer (von uns so genannten) diskontinuierlichen Bezugnahme auf die vorgegebene Überlieferung, bei der diese Überlieferung nicht "bearbeitend" transformiert wird, sondern anders konturierte Texte als "Korrektur" "Explikation" o.ä *neben* sie gestellt werden". (Blum, Komposition [1990] 333).
6 Le symbole P est utilisé ici pour désigner les "récits de base" sacerdotaux.
7 Cf. chapitre VII, § 2.2.2.3.

concept de sainteté – qui est commun à Nb 20^P et Nb 16–17^P – caractérise, dans ce dernier récit, le fait d'être habilité à rendre légitimement un culte à Dieu.

Ainsi, si le "récit de base" délimité en Nb 16 représente un stade de la composition antérieur à la forme finale de ce texte, les arguments manquent cependant pour attribuer à une même étape de l'histoire de la composition Nb 16–17^P d'une part, et Nb 13–14^P et Nb 20^P d'autre part.

La corrélation qui existe entre Nb 13–14^P et Nb 20^P illustre – selon plusieurs auteurs qui rattachent ces récits à une histoire sacerdotale se déployant du récit des origines de la Genèse à la fin du Deutéronome, voire au livre de Josué – l'une des techniques littéraires caractéristiques de l'écrivain sacerdotal: l'auteur (ou les auteurs) de l'écrit sacerdotal structurerait en effet son texte en y groupant par paires les récits revêtant un poids théologique particulier[8]. Ces textes, qualifiés par Lohfink de "textes théologiques de Pg[9]", auraient pour trait caractéristique de comporter un discours direct de Yahvé.

1.2.3. *Caractéristiques littéraires de Nb 13–14^P et Nb 20^P*

McEvenue a parfaitement décrit les principaux traits littéraires du récit sacerdotal de Nb 13–14[10]. Cependant, plusieurs points mis en évidence par la présente étude méritent d'être soulignés:

1° *Le vocabulaire:* l'auteur sacerdotal forge des concepts qui lui sont propres en utilisant des mots qui lui préexistent et en les revêtant d'un sens nouveau. C'est, par exemple, le cas des verbes תור et לון en Nb 13–14[11]. Le verbe לון fait partie du vocabulaire "de protestation" à partir duquel plusieurs auteurs ont cherché à définir un genre littéraire particulier: les récits de "murmures" ou de protestation. Ainsi, Coats[12] dresse la liste exhaustive des emplois de לון dans le Pentateuque et analyse les récits correspondants comme autant de récits d'opposition. De même, c'est sur des critères lexicaux que Buis[13] délimite un corpus de récits de "conflits". Pourtant, comme le souligne fort justement Zenger[14], le verbe n'a absolument pas la même acception dans des récits anciens – tels Ex 15,23-25a et Ex 17,1-7 – et dans les textes sacerdotaux. En effet, dans les récits anciens

---

8 Cf. Lohfink reprenant une hypothèse de McEvenue (Word and Fulfilment [1970] 104-110): Priesterschrift (1978) 206-207 n. 40, 206 tableau III.

9 Pg: P Geschichte, histoire sacerdotale.

10 Cf. McEvenue, Narrative Style (1970) 90-144.

11 Cf. chapitre V, § 3.1.2 et 3.4.2.

12 Cf. Coats, Rebellion (1968) 21ss.

13 Cf. Buis, Conflits VT 28 (1978) 257-270.

14 Cf. Zenger, Israel am Sinai (²1985) 69-70.

d'Ex 15,23-25a et Ex 17,1-7, le murmure est la réaction normale du peuple confronté à un danger vital que seule l'intervention de Yahvé va permettre de lever. En revanche, dans les récits sacerdotaux, le murmure devient l'expression d'un refus délibéré des projets de Yahvé. Il traduit ainsi – comme en Nb 14,2-3 – le manque de foi de la communauté et devient un péché appelant une sanction. L'auteur sacerdotal substitue donc au sens premier du verbe לון (se plaindre) un sens beaucoup plus théologique. Cette remarque illustre les limites de la démarche qui consiste à définir un genre littéraire ou un corpus en fonction de critères exclusivement lexicaux: le "récit de murmures" n'a en réalité aucune spécificité, dans la mesure où la significiation du verbe לון varie en fonction du texte où il est utilisé.

2° *Les réseaux de correspondances et de jeux de mots dans le récit:* l'auteur sacerdotal se sert de jeux de mots, ou plus simplement de la récurrence d'un même vocabulaire pour permettre à son lecteur de mieux identifier la pointe théologique du récit qu'il construit:

- ainsi en Nb 13–14, la sanction qui touche la première génération reprend dans son énoncé le vocabulaire même qui est utilisé pour décrire la plainte des Israélites[15]: le désir de mort des Israélites est "exaucé" par Yahvé qui les prend au mot. La peine semble ainsi adaptée, proportionnelle à la faute de la communauté.

- les propos médisants des éclaireurs à l'égard du pays (Nb 13,32) constituent le motif de leur condamnation (Nb 14,36-37).

- Le reproche fait à Aaron et Moïse dans les textes sacerdotaux de Nb 20,24 et Nb 27,14 ("Vous vous êtes rebellés contre moi") reprend l'accusation que formulaient ces deux personnages à l'encontre de la communauté (Nb 20,10bα: "Ecoutez-donc, rebelles !"). Les accusateurs deviennent ainsi les accusés.

---

15 Nb 14,2-3: "Tous les fils d'Israël murmurèrent contre Moïse et Aaron. Toute la communauté leur dit: "Si seulement nous étions morts au pays d'Egypte ! Ou si seulement nous étions morts dans ce désert ! Pourquoi YHWH nous fait-il entrer dans ce pays pour que nous tombions par l'épée ? Nos femmes et nos enfants deviendront un butin. Ne serait-il pas bon pour nous de retourner en Egypte ?"
Nb 14,29-33: "Dans ce désert vos cadavres tomberont et vous tous qui avez été comptés afin d'être tous dénombrés – à partir de l'âge de vingt ans et au-dessus – vous qui avez murmuré contre moi, jamais vous n'entrerez dans le pays pour lequel j'avais levé la main afin que vous y habitiez; sauf Caleb fils de Yephounneh, et Josué fils de Noun. Mais vos enfants, dont vous avez dit qu'ils deviendraient un butin, je les ferai entrer: ils connaîtront le pays que vous avez rejeté. Et vos cadavres à vous, ils tomberont dans ce désert. Et vos fils seront pasteurs dans le désert 40 années, ils supporteront vos fornications, jusqu'à ce que vos cadavres soient détruits dans le désert".

3° *Le style littéraire du récit*

Le récit sacerdotal est avare de détails narratifs: seuls sont conservés les éléments qui sont indispensables à la compréhension théologique du texte: ainsi, le compte-rendu de l'activité des éclaireurs en Nb 13^P se limite à un verset (Nb 13,21: "Ils montèrent et reconnurent le pays depuis le désert de Cin jusqu'à Rehov, Lebo-Hamat") dont le contenu est extrêmement symbolique, puisqu'il représente une anticipation de la prise de possession par Israël de l'ensemble du pays de Canaan, donné par Yahvé. En revanche, la tradition ancienne dont s'inspire Nb 13^P détaille tout à la fois les instructions précises de Moïse concernant la reconnaissance et leur exécution par les éclaireurs (Nb 13,17b-20.22aα.23). Si le récit ancien mérite vraiment le titre de "récit de reconnaissance", en est-il encore de même pour le récit sacerdotal ? L'intention théologique y devient manifestement première par rapport au contenu même de l'intrigue.

Ainsi, dans les récits sacerdotaux, l'action devient un simple prétexte à la réflexion théologique. Seuls sont retenus dans les sources littéraires qui inspirent le récit les faits qui peuvent prendre une valeur exemplaire.

Cette dernière remarque invite à mieux préciser les rapports qu'entretiennent les récits sacerdotaux avec les différentes traditions anciennes qui ont été reconnues en Nb 13,1–20,13.

1.3. Les traditions anciennes: délimitation, caractéristiques. Relations entre récits sacerdotaux et traditions anciennes

1° En Nb 13–14, les traditions anciennes forment un récit indépendant, bien délimité[16]. Cependant, ce récit comporte de nombreuses tensions littéraires, témoins d'une histoire de la composition longue et complexe. Les nombreuses tentatives effectuées pour discerner au sein de ce récit non-sacerdotal plusieurs trames narratives ont été des échecs: les fragments de versets attribués par les commentateurs à un document élohiste, à un document yahviste ou encore pré-yahviste ne constituent pas, une fois rassemblés, une trame narrative cohérente. La critique littéraire atteint ici ses limites. La dénomination de "*récit ancien*" semble la moins équivoque pour désigner la tradition ancienne sur laquelle prend appui le récit sacerdotal de Nb 13–14: en effet, une telle appellation évite de prendre position, à partir d'un corpus de textes trop limité, sur les étapes les plus anciennes du processus qui a conduit des traditions disparates à être

---

16 Nb 13,17b-20.22aα.23a.26b-27a.27bß-28a.bα.30-31; 14,1b.4.11a.23b-24.(25b?).39-45. Le texte reconstitué de ce récit est présenté en annexe de ce chapitre.

progressivement rassemblées pour former – beaucoup plus tard – le Pentateuque.

Ainsi, en Nb 13–14, des traditions diverses, parfois contradictoires[17], ont finalement fusionné pour former un récit cohérent – bien que non exempt de tensions littéraires: le récit ancien. C'est sur ce texte que s'appuie l'auteur sacerdotal pour composer son propre récit.

Au sein du récit ancien peuvent être repérées les traces de l'une des traditions antérieures à sa composition. Cette tradition concernait vraisemblablement le personnage de Caleb: la place privilégiée qu'occupe Caleb (Nb 13,30; 14,24) dans le texte, l'alternance – dans certaines sections du récit – entre le singulier et le pluriel (cf. Nb 13,22) indiquent en effet la possibilité qu'une tradition relative au seul personnage de Caleb ait été secondairement intégrée dans un récit de reconnaissance de la région d'Hébron par plusieurs éclaireurs.

2° En Nb 16–17, il a été possible de délimiter une tradition ancienne concernant Datan et Abiram[18]. Le récit sacerdotal Nb 16–17^P est indépendant de cette tradition: ce n'est qu'à une étape tardive de la composition du texte que tradition ancienne et récit sacerdotal ont été fusionnés par les auteurs d'une relecture sacerdotale dont l'objectif est de légitimer la prépondérance du sacerdoce aaronide sur les lévites dans le service cultuel. La tradition ancienne n'entretient quant-à-elle aucun lien avec les questions cultuelles: elle concerne un conflit d'autorité entre Moïse d'une part, Datan et Abiram de l'autre.

3° En Nb 20,1-13, le v. 1aß.b représente le seul fragment de texte ancien retrouvé, et sans doute intégré au récit lors d'une étape tardive de sa composition. La tradition ancienne sur laquelle s'appuie Nb 20,1-13^P est représentée par le récit ancien d'Ex 17,1-7.

4° Il n'est pas possible de démontrer l'existence d'un lien littéraire entre les traditions anciennes délimitées en Nb 13–14 d'une part, et en Nb 16 d'autre part. Ces traditions ont sans doute circulé de manière indépendante, et c'est tardivement qu'elles ont été intégrées dans un même ensemble littéraire.

5° Bien qu'autonomes, les traditions anciennes comportent cependant des caractéristiques littéraires communes:
- contrairement aux récits sacerdotaux, les récits anciens privilégient l'action – comme le montre l'usage de nombreux verbes de mouvement et la richesse des détails narratifs.

---

17   Cf. par exemple Nb 13,22-24.
18   La délimitation de cette tradition est la suivante: Nb 16,1b.2aα.12.13b.14aß.b-15.25.27b-32a.32bß.33a.bα.34.

- bien que Yahvé apparaisse comme un personnage déterminant de l'intrigue, prenant parti pour l'un ou l'autre des protagonistes en présence, les récits anciens ne recourent à aucun concept théologique pour décrire les relations qui existent entre Dieu et les hommes: c'est au lecteur (ou à l'auditeur) qu'il appartient de tirer lui-même les enseignements de la tradition qui lui est rapportée. Ainsi, ces récits ne comportent pas d'interprétation théologique de l'intrigue qu'ils racontent : c'est l'action qui est en elle-même significative.

1.4. *Les relectures sacerdotales*

Le matériel littéraire qui a été attribué à des relectures sacerdotales[19] possède deux fonctions principales:

1° Arrimer les différents récits à la structure d'ensemble du livre des Nombres:

– C'est le cas de la liste des éclaireurs de Nb 13,2b.3b-17a, qui contribue à relier le récit de Nb 13–14 aux deux autres grandes sections du livre, dans lesquelles intervient également un épisode relatant la désignation par chaque tribu d'un homme qui reçoit une mission particulière (le recensement: Nb 1,4-19; la répartition du territoire: Nb 34,16-29)[20].

- C'est également la fonction de nombreux mots-crochets qui relient les différentes sections de Nb 13,1–20,13[21]: ainsi l'usage du verbe קהל על en Nb 17,7 fait écho à Nb 16,3 et Nb 20,2b[22]; le verbe גוע, en Nb 20,3b, assure un lien littéraire avec Nb 17,27-28[23]; le verbe לון et le substantif תלנות permettent de relier Nb 16,11; 17,6.20 à Nb 14,2.27.29.36.

2° Par ailleurs, les relectures sacerdotales ont pour objet l'actualisation de certains récits: le matériel littéraire préexistant est réinterprété en fonction des situations et des préoccupations nouvelles qui se font jour dans les milieux liés au service du culte. Ainsi, le récit de Nb 16–17[P] – construit autour du thème de la sainteté – reçoit-il de nombreux compléments et est-il intégré dans un ensemble beaucoup plus large dont la perspective est de

---

[19] Les versets suivants ont été attribués à des relectures sacerdotales:
Nb 13,2b.3b-17a.26bα (partiellement); Nb 16,1a.5 (partiellement).6b.7bß.8.11.13a.
14aα.16-17.18bß-22.24aß.bß.26(partiellement).27a.32bα.33bß;17,1-5.7-10.14-15.
18.20.21b.23aß.25.27-28; Nb 20,3b.13.

[20] Cf. Chapitre II, § 1.2.1.

[21] Les mots-crochets permettent également, en Nb 13,1-20,13, de "suturer" les récits aux différents corpus de lois et de prescriptions qui les séparent. Cet aspect sera développé au § 2. de ce chapitre.

[22] Cf. Chapitre VII, § 2.2.2.2.

[23] Cf. Chapitre VII, *ibid.*

réaffirmer la prééminence du sacerdoce aaronide, dans le cadre d'un conflit opposant prêtres et lévites.

3° Enfin, quelques additions ponctuelles ont pour seul but de rendre le récit plus explicite, et de ne laisser dans l'ombre aucun détail[24].

1.5. *Les relectures non-sacerdotales*

1.5.1. *Additions dont la perspective est l'harmonisation du texte avec le Deutéronome et le livre de Josué*

C'est le cas de Nb 13,22aß.b.23b.26aß.27bα.28bß-29; 14,38. La fonction de ces additions est d'introduire le personnage de Josué dans le texte, ou encore d'apporter des précisions topographiques et/ou ethniques en conformité avec les livres du Deutéronome et de Josué[25]. Ainsi, ces additions sont manifestement postérieures à la fusion entre le livre des Nombres et le Deutéronome. Elles présupposent un lien entre le Pentateuque et le livre de Josué. Dans un texte où l'empreinte sacerdotale est prédominante, ces remaniements ponctuels témoignent d'un souci de "cohérence historique", même si ce terme ne doit pas être compris dans son acception moderne: il s'agit ici de préparer le lecteur aux récits qui composent le livre de Josué, et d'atténuer les contradictions éventuelles existant entre les données géographiques apportées par le livre des Nombres et les livres qui lui font suite. Un tel souci est étranger aux préoccupations des auteurs sacerdotaux. Ce n'est donc pas dans les milieux sacerdotaux qu'il faut rechercher les auteurs de ces modifications ponctuelles du texte.

C'est également dans une perspective d'harmonisation qu'est introduite en Nb 13–14 la longue addition de Nb 14,6-10a: cette addition est postérieure au récit sacerdotal dans lequel elle s'insère, puisqu'elle interrompt le déroulement de l'action en dissociant le geste de Moïse et d'Aaron qui se prosternent (Nb 14,5) de la manifestation de la gloire de Yahvé (Nb 14,10b): le discours de Josué (cité en premier) et de Caleb est une longue exhortation adressée aux Israélites, visant à leur donner le courage de prendre possession du pays. Josué est ainsi présenté comme une figure exemplaire qui reste fidèle à Yahvé, au moment même où l'ensemble des Israélites s'en détourne. Les deux personnages mis en valeur par le texte – Josué et Caleb – sont des figures laïques, ce qui – ici encore – invite à rechercher les auteurs de ces versets dans des milieux non-sacerdotaux.

---

[24]   Cf. Nb 13,26bα (partiellement); Nb 20,13.

[25]   Ainsi Nb 13,29 reprend les données de Dt 7,1; 20,17; Jos 3,10; 9,1; 11,3; 12,8; 24,11. cf. chapitre V, § 3.3.2.

1.5.2. Relectures dont la perspective théologique diffère
de la perspective sacerdotale

1° *Nb 14,11b-23a:* l'analyse littéraire a montré que ces versets sont insérés dans le texte à un stade tardif de sa composition: ils présupposent en effet la fusion des récits ancien et sacerdotal[26]. La théologie de la faute et du pardon qui y est développée apparaît en contradiction avec la logique d'ensemble du récit de Nb 13–14. Par ailleurs, le personnage de Moïse est valorisé puisque c'est son intercession – dont le contenu évoque à la fois Ex 32,11-14 et Dt 9,26-29 – qui obtient le pardon de Yahvé pour le peuple. La relecture de Nb 14,11b-23a semble donc vouloir apporter une "correction" à la théologie sacerdotale qui s'exprime dans le reste du récit – dont la conclusion relate la condamnation sans appel de la première génération sortie d'Egypte. Le texte sacerdotal n'est pas supprimé, mais le complément qui lui est adjoint en est une contestation radicale.

2° *La relecture non-sacerdotale de Nb 20,1-13^P*
Les vv. 3a.8aα.b.9.11a. ont été attribués à cette relecture[27]. Ils contribuent à atténuer la gravité de la faute de Moïse, telle que l'exposait le récit sacerdotal. Cette relecture permet donc, comme celle de Nb 14, de corriger le texte sacerdotal. Cette correction ne vise pas seulement une harmonisation littéraire avec le livre du Deutéronome: certes, il est légitime d'estimer que l'image négative de Moïse présentée en Nb 20,1-13^P contredit trop radicalement la présentation qu'en effectue le livre du Deutéronome pour être conservée en l'état. Cependant, la restauration de l'image de Moïse et la mise en valeur de son personnage contredisent la théologie sacerdotale qui en fait un simple exécutant des ordres de Yahvé: le récit sacerdotal et la relecture non-sacerdotale qui le corrige opposent deux conceptions antagonistes des relations de l'homme à Dieu.

1.5.3. Les relectures non-sacerdotales sont des
relectures "laïques post-deutéronomistes"

Les relectures non-sacerdotales ont une perspective d'harmonisation avec le Deutéronome et l'histoire deutéronomiste qu'elles présupposent. La solution de facilité serait donc d'attribuer de telles relectures aux "milieux deutéronomistes". Lohfink, dans une publication récente[28], attire l'attention sur l'usage abusif qui est fait d'une telle terminologie: elle se trouve, selon l'auteur, appliquée à des textes qui recouvrent une période considérable de

---

[26] Cf. Chapitre V, § 3.5.2 et 3.5.3.
[27] Cf. chapitre VII, § 2.3.
[28] Lohfink, Deuteronomistische Bewegung (1995) 313-382.

l'histoire post-exilique d'Israël, en fonction de critères lexicaux et sociologiques parfois très insuffisants[29]. Cependant, l'empreinte littéraire ou théologique que peuvent laisser un texte ou un corpus de textes ne se limite pas à l'époque et/ou au milieu qui ont présidé à sa rédaction. Ainsi, un rédacteur plus tardif peut s'appuyer sur ce corpus – tant sur le plan littéraire que théologique – pour corriger ou modifier les traditions qui lui parviennent. C'est ce qu'exprime Lohfink en ces termes: "Les gens instruits, qui composaient de nouveaux textes ou rédigeaient de nouveau d'anciennes traditions, connaissaient les écrits deutéronomistes (...).

Ainsi, il n'y a aucune difficulté à comprendre que leur propre production littéraire se soit laissé marquer, sur le plan du contenu et du vocabulaire, par l'empreinte de ces textes"[30].

Il est difficile de déterminer si l'ensemble des additions qui ont pour fonction d'harmoniser les récits de Nb 13,1–20,13 avec le livre de Josué proviennent d'une même relecture du texte. La même remarque vaut pour les "corrections" d'ordre théologique de Nb 14 et Nb 20,1-13. Cependant, deux points communs semblent unir ces relectures:
- elles proviennent de milieux laïcs. En effet, les personnages qu'elles mettent en valeur sont des laïcs, et la théologie qu'elles développent se démarque de la théologie sacerdotale.
- elles présupposent les livres du Deutéronome et de Josué et semblent ainsi postérieures aux écrits deutéronomistes.
Ces deux éléments permettent de désigner ces additions tardives non-sacerdotales comme des *relectures laïques post-deutéronomistes*.

1.6. *La composition du texte définitif des récits de Nb 13,1–20,13*

Si les relations de dépendance des récits sacerdotaux de base vis-à-vis d'un certain nombre de traditions anciennes sont bien établies, il est plus difficile de déterminer avec précision les étapes ultérieures de la composition du texte: c'est sans doute à des milieux sacerdotaux qu'il faut attribuer la fusion des récits anciens et des récits sacerdotaux. En effet, la relecture laïque post-deutéronomiste de Nb 14,11b-23a présuppose un texte fusionné. En revanche, comment déterminer les relations réciproques existant entre relectures sacerdotales tardives et relectures laïques ?

Plusieurs schémas ont été proposés pour rendre compte de la composition finale du texte du Pentateuque:

---

[29] Cf. *ibid.* 318 ss.367-373.
[30] *Ibid.* 371.

1°Blum[31] voit dans les circonstances politiques extérieures le facteur décisif qui conduit à la composition d'un texte définitif: à l'époque perse, le pouvoir impérial encourage la formulation de droits particuliers, qu'il reconnaît en leur donnant une "autorisation d'empire". La nécessité d'une telle codification écrite conduit à la réunion d'une "commission de théologiens laïcs", qui élabore une composition K^D influencée par la théologie deutéronomiste. C'est à cette première composition que réagirait un "collège sacerdotal" en élaborant une composition concurrente K^P qui, d'emblée, est intégrée à la composition K^D – l'ensemble des deux formant un texte parfois discontinu, contradictoire, expression d'un compromis interne à la communauté judéenne. C'est donc à la composition sacerdotale que devrait être attribué, pour l'essentiel, le Pentateuque dans son état actuel. Selon Blum, le texte, tel qu'il résulte de la composition sacerdotale reçoit encore deux types de compléments: des actualisations provenant des milieux sacerdotaux, et des additions ponctuelles deutéronomistes[32]. La critique littéraire des récits de Nb 13,1–20,13 a montré plusieurs limites de la thèse de Blum:
- en effet, cette hypothèse ne considère pas que les récits sacerdotaux aient eu une existence autonome – ce que la critique littéraire de Nb 13–14 et de Nb 20 vient contredire.
- elle sous-estime la complexité de l'histoire de la composition des textes en ne tenant pas suffisamment compte – comme en Nb 20,1-13 où l'ensemble du texte est attribué par l'auteur à la composition K^P – des tensions et des ruptures littéraires.
- La composition sacerdotale K^P constitue un ensemble assez hétérogène, regroupant par exemple une grande partie du récit de Nb 16 et l'ensemble du récit de Nb 20,1-13[33]. La même remarque peut être effectuée pour la composition K^D à laquelle sont attribués tout à la fois le récit de Datan et Abiram en Nb 16 et l'intercession de Moïse de Nb 14,11-25[34] – textes que la présente étude a rattachés à des milieux très différents.
2° Albertz[35] reprend l'hypothèse de Blum en la modifiant: il n'y a pas succession des deux compositions du Pentateuque, mais simultanéité: deux cercles concurrents (que l'auteur identifie comme un "conseil des anciens" et un "collège des prêtres") sont engagés dans une responsabilité commune: écrire une loi visant à l'autoadministration de la Judée sous l'autorité perse. Le texte définitif est un compromis acceptable par les deux tendances.

---

31 Cf. Blum, Komposition (1990) 356-358.
32 *Ibid.* 361.
33 *Ibid.* 263-278.
34 *Ibid.* 130-135.
35 Cf. Albertz, Religiongeschichte 2 (1992) 501-504.516.

L'auteur imagine ainsi un va-et-vient, des interférences réciproques entre les deux "commissions" jusqu'à un accord final. Cette thèse connait la même limite que celle de Blum en présupposant l'existence de deux "compositions" – sacerdotale et deutéronomiste – dont l'unité et la cohérence respectives sont loin d'être démontrées.

3° Lohfink[36] a récemment proposé une hypothèse qui prend mieux en compte le caractère ponctuel de beaucoup des additions retrouvées dans les différents récits: l'auteur présuppose que le nombre de copies des textes demeure extrêmement limité à l'époque perse. Dès lors, les cercles rédactionnels sont extrêmement restreints et l'on peut imaginer la prédominance successive d'un cercle sacerdotal, puis d'un cercle non sacerdotal, expliquant les nombreuses "retouches" observées dans les textes. Ainsi, plus qu'un processus assez ponctuel déclenché par un fait historique extérieur – l'autorisation d'empire – dont la réalité n'est d'ailleurs pas unanimement reconnue, la composition finale du Pentateuque serait un processus assez long, étalé dans le temps, ce qui rendrait compte des nombreuses corrections ou additions qui caractérisent chacun des récits étudiés.

Au terme de cette synthèse, et après avoir exposé ces différentes thèses, quelles conclusions concernant l'histoire de la composition des récits analysés peuvent être retenues avec un minimum de certitude ?

1° En Nb 13–14, différentes traditions ont été fusionnées pour former un récit ancien dont l'histoire de la composition échappe à l'analyse littéraire.

2° Les récits anciens de Nb 13–14 et d'Ex 17,1-7 ont servi de sources respectives aux auteurs sacerdotaux de Nb 13–14^P et Nb 20,1-13^P. Nb 13–14^P et Nb 20,1-13^P ont appartenu à un même ensemble littéraire.

3° La fusion des récits anciens et sacerdotaux est le fait de rédacteurs sacerdotaux.

4° C'est plus tardivement que Nb 16–17^P a été intégré à l'ensemble littéraire étudié.

5° Nb 13–14 et Nb 20,1-13 ont fait l'objet d'additions sacerdotales tardives ponctuelles dont la fonction était d'assurer l'intégration de ces textes dans un ensemble littéraire plus vaste.

6° Nb 16–17 a été l'objet d'une relecture sacerdotale tardive importante, peut-être contemporaine de l'insertion de ce récit dans l'ensemble littéraire Nb 13,1–20,13.

7° Des auteurs laïcs sont responsables, d'une part de l'harmonisation des récits de Nb 13–14 et Nb 20,1-13 avec le Deutéronome et l'histoire

---

[36] Cf. Lohfink, Deuteronomistische Bewegung (1995) 367-370.

deutéronomiste, d'autre part de relectures contestant la théologie sacerdotale.

8° Les relations d'antériorité entre relectures (ou additions) sacerdotales et relectures (ou additions) laïques post-deutéronomistes sont impossibles à préciser. L'hypothèse de retouches successives effectuées par des cercles rédactionnels différents est envisageable.

Les récits de Nb 13,1–20,13 se trouvent, dans la forme actuelle du texte, reliés à des prescriptions légales. Comment, au terme de notre analyse littéraire, envisager les relations existant entre *récits* et *lois* ?

2. FAUT-IL DÉPASSER LA DISTINCTION CLASSIQUE ENTRE "RÉCITS" ET "LOIS" ?

2.1. Techniques littéraires reliant récits et ensembles de prescriptions

2.1.1. Les mots-crochet

L' "accrochage" entre récits et lois est le plus souvent assuré par la répétition d'un ou plusieurs mots ou expressions:
- ainsi la reprise de l'expression "entrer dans le pays" (Nb 14,30-31; 15,2.18)[37] assure le lien entre Nb 14 et Nb 15. Cependant, dans cet exemple, le mot-crochet n'assure pas seulement la "suture" entre les textes. Il possède en effet une fonction narrative: la perspective de l'entrée dans le pays – évoquée en Nb 15,2.18 – équivaut à une réaffirmation de la promesse de Dieu envers Israël après la sanction qui touche la première génération.
- Parfois, la reprise d'un même vocabulaire permet un véritable jeu de mots: ainsi l'exhortation de Nb 15,39 – qui utilise le verbe תור ("*Vous ne reconnaîtrez pas* avec vos coeurs et vos yeux, avec lesquels vous vous prostitueriez") – fait délibérément allusion au récit de reconnaissance du pays de Canaan en Nb 13, et au comportement coupable des éclaireurs.

---

37 Nb 14,30-31: "Jamais vous n'entrerez dans le pays où j'ai levé la main pour que vous y habitiez – sauf Caleb, fils de Yefounné et Josué, fils de Noun. Et vos enfants, dont vous avez dit qu'ils seraient un butin, je les ferai entrer et ils connaîtront le pays que vous avez rejeté."
Nb 15,2: "Quand vous serez entrés dans le pays de vos demeures – que moi, je vous donne."
Nb 15,18: "Quand vous serez entrés dans le pays dans lequel moi, je vous fais entrer."

- Enfin, la reprise d'un même terme permet parfois de mieux l'expliciter : c'est le cas de קוֹדֶשׁ (saint) en Nb 15,40 et Nb 16,3[38]: Le récit de Nb 16–17 vient préciser la conception sacerdotale de la sainteté en corrigeant l'interprétation erronée du terme énoncée dans le discours de Nb 16,3, et en explicitant ainsi l'exhortation de Nb 15,40[39].

2.1.2. La complémentarité entre récits et lois

Le récit de Nb 16–17 a pour thème central, dans sa forme actuelle, la délimitation des compétences respectives des prêtres et des lévites. Les prescriptions de Nb 18 se situent dans la continuité d'une telle thématique en précisant le mode de participation respectif des prêtres et des lévites au service cultuel, puis en définissant les revenus des uns et des autres. Ainsi, en Nb 16–18, récit et prescriptions relèvent d'une même thématique: le récit vient appuyer et introduire les lois qui lui font suite. Il n'y a pas discontinuité ou rupture entre le premier et les secondes, mais complémentarité.

2.2. Le lien entre les récits de Nb 13–14; Nb 20,1-13 et l'ensemble littéraire Nb 15–19: une même logique

L'analyse littéraire a montré la corrélation qui existe entre Nb 13–14[P] et Nb 20,1-13[P]. Par ailleurs, le toponyme Qadesh, retrouvé en Nb 20,1 semble provenir de la finale du récit ancien de Nb 13–14[40]. Ainsi, les chapitres 15–19 du livre des Nombres sont venus s'intercaler entre deux récits sacerdotaux qui se faisaient suite. Ce remaniement est intervenu à une étape assez tardive de la composition du livre, puisque le récit sacerdotal avait déjà été fusionné avec le récit ancien. Dans quelle perspective une modification du texte revêtant une telle ampleur a-t-elle été effectuée ?

L'analyse sémiotique[41] a montré comment les récits et les ensembles législatifs de Nb 13,1–20,13 participent d'une même logique – une logique de séparation entre, d'une part tous ceux qui observent fidèlement les prescriptions de Yahvé (quelles qu'elles soient) et d'autre part ceux qui se montrent infidèles, quel que soit le registre dans lequel s'exerce la

---

38 Nb 15,40: "Afin que vous vous vous souveniez et fassiez tous mes commandements, pour être saints pour votre Dieu."
Nb 16,3: "Ils s'assemblèrent contre Moïse et Aaron et leur dirent: "Assez ! Car toute la communauté – eux tous – sont saints, et YHWH est au milieu d'eux; pourquoi vous élevez-vous au-dessus de l'assemblée de YHWH ?"
39 Cf. chapitre VI, § 2.1.2.
40 Cf. chapitre VII, § 2.2.2.1.
41 Cf. chapitre IV, § 2.2.2 et 2.3.

désobéissance: prescriptions cultuelles, règles de pureté, respect des directives de Yahvé au cours de la marche au désert. L'infidèle, le pécheur ou l'impur est séparé de la communauté rassemblée autour de la Demeure établie en son centre. Ainsi, les récits qui décrivent la sanction qui frappe tous ceux qui manquent de foi servent d'illustration et de mise en garde aux auditeurs des prescriptions législatives.

Dans la forme finale du texte, les concepts de fidélité, d'obéissance et de pureté fonctionnent de manière équivalente: la peine est la même pour quiconque refuse de monter dans le pays promis, pour quiconque viole délibérément un commandement ou pour quiconque ne souscrit pas à l'ordre cultuel: être retranché du peuple, et se trouver ainsi séparé de ceux qui verront le pays promis.

Dans la mesure où c'est l'ensemble de la première génération qui, selon les récits de Nb 13,1–20,13, est progressivement concernée par cette sanction (la communauté en Nb 14, les chefs en Nb 16, Moïse et Aaron enfin en Nb 20,1-13), les récits prennent une *valeur paradigmatique* pour toutes les générations futures: la génération qui serait tentée de suivre l'exemple de ses prédécesseurs en ne souscrivant pas aux lois exposées en Nb 15; 18–19 serait exposée au même sort.

2.3. En définitive, qu'en est-il de la distinction entre "récits" et "lois" ?

Les remarques précédentes montrent comment, dans la forme finale du texte, récits et lois concourent à un même projet théologique: les récits deviennent des récits exemplaires destinés à entraîner l'adhésion de l'auditeur ou du lecteur à une conception particulière des relations entre Dieu et l'homme et à une organisation particulière de la communauté croyante. Le récit n'a pas pour perspective de raconter l'histoire de la communauté, ni même de transmettre fidèlement les traditions qui la font vivre, il est utilisé pour appuyer la loi à laquelle il est relié et prend ainsi une valeur normative.

Ce type de corrélation entre *récit* et *loi* – qui vaut pour l'ensemble littéraire Nb 13,1–20,13 – est encore plus évident dans des textes de dimensions plus limitées: les relations étroites qui unissent le récit de Nb 16–17 et le corpus de prescriptions de Nb 18 en fournissent le meilleur exemple. Par ailleurs, à l'intérieur d'ensembles législatifs, l'exposé ou le rappel d'une loi particulière peut prendre une forme narrative – ainsi la règle concernant le respect du sabbat en Nb 15,32-36. L'énonciation de la loi emprunte alors directement la forme littéraire d'un récit: la distinction récit/loi persiste sur un plan formel, mais la dimension narrative du texte est entièrement ordonnée à la présentation d'une prescription légale.

L'auteur sacerdotal qui unifie Nb 13,1–20,13 met donc au service d'un unique projet théologique un matériel littéraire divers rassemblé d'une part par une thématique commune, et d'autre part par des procédés littéraires assez "superficiels" – tel l'usage de mots-crochets, qui permettent de relier les ensembles législatifs au contexte narratif dans lequel ils sont insérés. Cette complémentarité entre récits et lois n'est pas propre aux milieux sacerdotaux: le livre du Deutéronome en représente évidemment un excellent exemple. L'auteur laïc post-deutéronomiste qui "corrige" les textes de Nb 13–14 et de Nb 20,1-13 utilise lui aussi la forme du récit, non seulement pour contester les perspectives théologiques du récit sacerdotal, mais aussi – si l'on admet que ces relectures "laïques" sont tardives – pour réagir à la théologie du péché et de la pureté developpée dans les prescriptions de Nb 15; 18–19.

Comme cela a été montré précédemment, c'est dans l'une des étapes les plus tardives de la composition du texte que les récits et les lois de Nb 13,1–20,13 sont reliés et mis au service d'un même projet théologique: les récits deviennent des illustrations des lois auxquelles ils sont rattachés. Ce travail de composition ne va pas sans une modification des axes théologiques qui étaient ceux des récits sacerdotaux: ainsi, les récits de Nb 13–14 et Nb 20,1-13 ont comme perspective la relation de foi qui unit l'homme à Dieu: seul peut survivre celui qui met sa confiance en Yahvé et le manifeste ainsi comme le Saint par excellence (Nb 20,12). Ces récits ne revêtent aucune connotation cultuelle. En revanche, le récit de Nb 16–17, et les prescriptions qui lui font suite ont pour centre d'intérêt exclusif le service du culte – service dans lequel la primauté du sacerdoce aaronide s'appuie sur une "conception graduelle" de la sainteté, selon la formule de Crüsemann[42]. Ainsi, dans l'ensemble littéraire considéré, la mise en relation des récits et des lois entraîne un déplacement du "centre de gravité théologique" du texte. Comme l'écrit de manière un peu outrancière Zenger[43]: "L'utopie théocratique de l'histoire sacerdotale est devenue une constitution hiérocratique de droit divin."

L'analyse littéraire des relations unissant récits et lois conduit donc à se rendre attentif au projet théologique des textes analysés.

---

[42] "Für die priesterliche Autoren sind die Ansprüche der Leviten auf das Priestertum und von Laien auf die Heiligkeit für alle in Kern identisch. Sie stellen grunsätzlich die gestaffelte Heiligkeit in Frage, die das gesamte priesterliche Werk durchzieht" (Crüsemann, Die Tora [1992] 415).

[43] Zenger, Gottes Bogen (1983) 49.

ANNEXE I: RESTITUTION DU RECIT ANCIEN EN Nb 13–14

13,17b Il leur dit: "Montez là-bas par le Negev pour monter la montagne. (18) Vous verrez comment est le pays, et si le peuple qui y habite est fort ou faible, s'il est peu nombreux ou nombreux, (19) si le pays où il habite est bon ou mauvais, si les villes où il habite sont des campements ou des forteresses, (20) si le pays est gras ou maigre, s'il y a du bois ou pas. Montrez vous forts en prenant des fruits du pays" – c'étaient les jours des premiers raisins. (22) Ils montèrent dans le Negev, et il arriva à Hébron....(23) Ils arrivèrent à la vallée d'Eshkol, et en coupèrent un sarment avec une grappe de raisins. Ils le portèrent à deux sur une perche.... (24) (On appela ce lieu "vallée d'Eshkol", à cause de la grappe que les fils d'Israël y avaient coupée). (27) Ils lui racontèrent et dirent: "Nous sommes allés dans le pays où tu nous as envoyés.....Voici son fruit. (28) Seulement, le peuple qui habite le pays est puissant, et les villes sont fortes et très grandes". (30) Caleb fit taire le peuple devant Moïse. Il dit "Montons donc ! Car nous en sommes capables". (31) Mais les hommes qui étaient montés avec lui dirent: "Nous ne serons pas capables de monter contre le peuple, car il est plus fort que nous".

14,1b Le peuple pleura cette nuit-là. (4) Ils se dirent l'un à l'autre: "Donnons-nous un chef pour retourner en Egypte !" . (11) YHWH dit à Moïse: "Jusqu'à quand ce peuple me méprisera-t-il ? (23b) Tous ceux qui m'ont méprisé ne verront pas (le pays). (24) Mais mon serviteur Caleb, parce qu'un autre esprit est avec lui et qu'il m'a été fidèle, je le ferai entrer dans le pays où il est allé, et sa descendance le possédera. (25)..... Demain, tournez-vous et mettez – vous en route vers le désert – direction de la mer de Souph !". (39) Moïse dit ces paroles à tous les fils d'Israël, et le peuple prit grand deuil. (40) Ils se levèrent tôt le matin et montèrent au sommet de la montagne en disant: "Nous voici, nous allons monter au lieu qu'a dit YHWH, car nous avons péché." (41) Moïse dit: "Pourquoi donc transgressez-vous l'ordre de YHWH ? Cela ne réussira pas. (42) Ne montez pas, car YHWH n'est pas au milieu de vous ! Ne soyez pas battus face à vos ennemis ! (43) Car les Amalécites et les Cananéens sont là face à vous et vous tomberez par l'épée. Puisque que vous vous êtes détournés de YHWH, YHWH ne sera pas avec vous". (44) Mais ils se firent fort de monter au sommet de la montagne. Mais l'arche de l'alliance de YHWH et Moïse ne bougèrent pas de l'intérieur du camp. (45) Les Amalécites et les Cananéens qui habitent cette montagne descendirent, ils les battirent et les écrasèrent jusqu'à Horma.

ANNEXE II: RESTITUTION DU RECIT DE BASE SACERDOTAL EN Nb 13–14

13,1 YHWH parla à Moïse et dit: (2) "Envoie des hommes pour qu'ils reconnaissent le pays de Canaan que moi, je donne aux fils d'Israël".... (3) Moïse les envoya du désert de Paran, sur l'ordre de YHWH.... (21) Ils montèrent et reconnurent le pays depuis le désert de Cin jusqu'à Rehov, à Lebo-Hamat. (25) Ils revinrent de la reconnaissance du pays, au bout de 40 jours. (26) Ils firent route et vinrent vers Moïse, Aaron et toute la communauté des fils

d'Israël, dans le désert de Paran... Ils leur rendirent compte – ainsi qu'à toute la communauté – et leur firent voir le fruit du pays. (32) Ils tinrent aux fils d'Israël des propos médisants concernant le pays qu'ils avaient reconnu: "Le pays que nous avons traversé pour le reconnaître est un pays qui mange ses habitants; le peuple que nous y avons vu: ce sont des hommes de haute taille. (33) Et nous avons vu là-bas les géants.... nous étions à nos propres yeux semblables à des sauterelles; et c'est ainsi que nous étions également à leurs yeux."
14,1 Toute la communauté s'emporta, et ils donnèrent de la voix....(2) Tous les fils d'Israël murmurèrent contre Moïse et Aaron. Toute la communauté leur dit: "Si seulement nous étions morts au pays d'Egypte ! Ou si seulement nous étions morts dans ce désert ! (3) Pourquoi YHWH nous fait-il entrer dans ce pays pour que nous tombions par l'épée ? Nos femmes et nos enfants deviendront un butin. Ne serait-il pas bon pour nous de retourner en Egypte ?" (5) Moïse et Aaron tombèrent face contre terre devant toute l'assemblée de la communauté des fils d'Israël. (10).....La gloire de YHWH apparut au-dessus de la tente de la rencontre à tous les fils d'Israël. (26) YHWH parla à Moïse et Aaron et dit: (27) "Jusqu'à quand cette méchante communauté qui murmure contre moi ? J'ai entendu les murmures des fils d'Israël qui murmurent contre moi. (28) Dis leur: "Par ma vie, oracle de YHWH, je jure que d'après ce que vous avez dit à mon oreille, ainsi j'agirai envers vous. (29) Dans ce désert vos cadavres tomberont et vous tous qui avez été comptés afin d'être tous dénombrés – à partir de l'âge de vingt ans et au-dessus – vous qui avez murmuré contre moi, (30) jamais vous n'entrerez dans le pays pour lequel j'avais levé la main afin que vous y habitiez – sauf Caleb fils de Yephounné, et Josué fils de Noun. (31) Mais vos enfants, dont vous avez dit qu'ils deviendraient un butin, je les ferai entrer: ils connaîtront le pays que vous avez rejeté. (32) Et vos cadavres à vous, ils tomberont dans ce désert. (33) Et vos fils seront pasteurs dans le désert 40 années; ils supporteront vos fornications, jusqu'à ce que vos cadavres soient détruits dans le désert.
(35) Moi, YHWH, j'ai parlé. Je jure que je ferai cela à toute cette méchante communauté qui s'est réunie contre moi. Dans ce désert, ils finiront et là ils mourront". (36) Et les hommes que Moïse avait envoyés reconnaître le pays – ils étaient revenus et avaient murmuré contre lui auprès de toute la communauté, en tenant des propos médisants contre le pays – (37) ils moururent, les hommes qui avaient tenu méchamment des propos médisants sur le pays, d'une mort brutale devant YHWH.

ANNEXE III: RESTITUTION DU RECIT DE BASE SACERDOTAL EN Nb 16,1–17,5

16,2....250 hommes parmi les fils d'Israël: des chefs de la communauté, des délégués au rassemblement, des hommes de renom (3) s'assemblèrent contre Moïse et contre Aaron et leur dirent: "Assez ! Car toute la communauté – eux tous – sont saints, et YHWH est au milieu d'eux (pourquoi vous élevez-vous au-dessus de l'assemblée de YHWH ?)" (4)Moïse entendit et tomba face contre terre. (5) Il parla.....en ces termes...: (6) "Faites ceci: prenez des cassolettes.... (7) demain, mettez-y du feu et placez au-dessus d'elles de l'encens, devant

YHWH. Alors, l'homme que YHWH choisira, c'est lui qui est saint....." (18) Ils prirent chacun sa cassolette, y mirent du feu et placèrent au-dessus d'elles de l'encens, et se présentèrent à l'entrée de la tente de la rencontre.... (23) YHWH parla à Moïse en ces termes: (24) "Parle à la communauté en ces termes: "Eloignez-vous des alentours de la demeure....." (35) Un feu sortit d'auprès de YHWH, et il dévora les 250 hommes qui avaient présenté l'offrande.

ANNEXE IV: RESTITUTION DU RECIT DE BASE SACERDOTAL EN Nb 20,1-13

20,2 Il n'y avait pas d'eau pour la communauté. Alors, ils s'assemblèrent contre Moïse et Aaron....(3) Ils dirent: .... (4) "Pourquoi avez-vous fait entrer l'assemblée de YHWH dans ce désert ? Pour que nous mourions là, nous et notre bétail ? (5) Pourquoi nous avez-vous fait monter d'Egypte pour nous faire entrer dans ce mauvais lieu ? Ce n'est pas un lieu pour les semailles, ni pour le figuier, la vigne et le grenadier, et il n'y a pas d'eau à boire !"
(6) Moïse et Aaron se rendirent de l'assemblée à l'entrée de la tente de la rencontre, et ils tombèrent face contre terre. La gloire de Yahvé leur apparut. (7) Yahvé parla à Moïse en ces termes: (8) ".....Rassemble la communauté, toi et ton frère Aaron. Vous parlerez au rocher devant leurs yeux, ainsi il donnera de l'eau....."... (10) Moïse et Aaron rassemblèrent l'assemblée devant le rocher. Il leur dit: "Ecoutez-donc, rebelles ! De ce rocher, ferons-nous sortir pour vous de l'eau ?" (11).....L'eau sortit en abondance, la communauté but ainsi que leur bétail. (12) Yahvé dit à Moïse et Aaron: "Parce que vous n'avez pas cru en moi d'une manière telle que vous manifestiez ma sainteté aux yeux des fils d'Israël, eh bien vous ne ferez pas entrer cette assemblée dans le pays que je leur donne !"

264

IX

DEBATS ET CONTROVERSES THEOLOGIQUES EN NOMBRES 13,1–20,13

1. ISRAËL PEUPLE SAINT OU COMMUNAUTÉ HIÉRARCHISÉE SELON DES DEGRÉS DE SAINTETÉ ?

Le texte sacerdotal de Nb 16 porte les traces d'une polémique, ou pour le moins d'un débat portant sur la compréhension du concept de sainteté. Les paroles prêtées aux rebelles par Nb 16,3a ("Assez ! Car toute la communauté – eux tous – sont saints, et YHWH est au milieu d'eux") reprennent un des thèmes centraux de la théologie deutéronomique: la sainteté de l'ensemble du peuple d'Israël[1] – un peuple qui est choisi par Yahvé pour devenir saint. Comme le souligne Crüsemann[2], c'est en empruntant délibérément le vocabulaire du Deutéronome que le récit de Nb 16–17 cherche à réfuter cette thèse. Nb 16,5.7; 17,20 représentent en effet les trois seules occurrences du verbe בחר dans la littérature sacerdotale, tandis que ce terme est couramment utilisé dans le livre du Deutéronome[3]. Selon le récit sacerdotal, seuls sont *choisis* par Yahvé ceux sont habilités à lui rendre un culte: les membres du sacerdoce aaronide. Ainsi, au sein du Pentateuque, des textes semblent dialoguer à distance en opposant des conceptions contradictoires de la sainteté. Le ton polémique adopté par l'auteur du récit sacerdotal de Nb 16–17 illustre l'actualité du débat qui se livre: les textes du Deutéronome auxquels il fait allusion reflètent vraisemblablement une alternative théologique qui a ses partisans au moment même où Nb 16–17 est composé. Comment caractériser les deux conceptions qui s'affrontent ?

1.1. *La sainteté dans la littérature deutéronomique*

Comme l'exprime Nb 16,3, c'est l'ensemble du peuple qui, selon le Deutéronome, reçoit le don de la sainteté: le livre utilise l'expression "peuple saint" (עם קדוש) – absente des textes sacerdotaux[4]. La sainteté du

---

[1] Cf. Dt 7,6: "Car tu es un peuple saint pour YHWH ton Dieu, c'est toi que YHWH ton Dieu a choisi pour être pour lui sa propriété personnelle, parmi tous les peuples qui sont à la surface de la terre." Cf. également Dt 14,2.21; 26,19; 28,9.
[2] "Die These der Rebellen von Num 16,3 entspricht dem, was mit ganz ähnlichen Worten in Dtn 7,6 und 14,2 (...) formuliert ist" (Crüsemann, Die Tora [1992] 415-416).
[3] Cf. chapitre VI, § 2.2.2.
[4] Cf. Cazelles, Sacré et Sainteté, SDB X (1985) col. 1424-1426.

peuple provient de la relation existant entre Dieu et Israël[5] – une relation qui est le fruit d'une élection, d'un choix qui différencie Israël des autres nations[6]. Cette élection comporte des obligations: le respect des commandements qui concernent l'ensemble des domaines de la vie et qui sont caractérisés par une forte dimension éthique. Comme l'écrit Cazelles[7], "le lien sacral qui unit le peuple à son Dieu n'est pas dans la liturgie, même si celle-ci joue un grand rôle, mais dans l'observation des commandements (Dt 26,8; 28,9) et dans la crainte de Dieu (Dt 14,23) ....La sainteté prend un caractère moral, mais comme une obligation du peuple pour sa survie". Ainsi, le culte – et plus particulièrement les prêtres – ne possèdent, selon la théologie deutéronomique, aucun rôle particulier dans la sanctification du peuple. Tous les Israélites – laïcs comme prêtres – ont le même degré de sainteté[8]. La sainteté n'est pas un privilège personnel mais un don collectif fait par Dieu au peuple, un don qui appelle en réponse un "agir éthique".

1.2. La sainteté selon les textes sacerdotaux de Nb 13,1–20,13

1.2.1. Une compréhension "statique" de la sainteté

L'agir éthique et le respect des commandements ne sont pas étrangers à la compréhension sacerdotale de la sainteté, comme le montre Nb 15,40: "Afin que vous vous souveniez et que vous mettiez en pratique tous mes commandements pour être saints pour votre Dieu". Mais tandis que le Deutéronome envisage la sainteté dans le cadre d'une relation entre Yahvé et son peuple – relation dynamique qui se déploie dans une histoire et qui est caractérisée par le don premier de Dieu appelant la réponse humaine qui s'exprime dans l'agir éthique et le respect des lois, les textes sacerdotaux comprennent au contraire la notion de sainteté comme une "propriété statique" – selon l'expression de Ringgren[9]. L'agir moral de l'homme, le respect des commandements, n'ont pas pour objet de faire vivre une relation. Ils ne donnent aucun privilège et ne confèrent pas la sainteté (cf. Nb 16). Ils découlent de l'ordonnancement du monde créé par Dieu, dans lequel s'exprime une perfection indépassable.

Cet ordre du monde est basé sur un principe de séparation[10]: séparation entre le saint et le profane (cf. Nb 16,21; 18,7), entre le pur et l'impur (cf.

---

5   Cf. Weinfeld, Deuteronomy (1972) 226.
6   Cf. Dt 7,6; 14,2.
7   Cazelles, *op. cit.* (n. 4) col. 1424.
8   Cf. Weinfeld, *op. cit.* (n. 5) 227.
9   Cf. Ringgren, TWAT 6 (1989) קדשׁ, col. 1192.
10 Cf. Nb 16,9 où l'usage du verbe בדל (séparer) évoque Gn 1,4.6.7.14.18.

Nb 19,11-22). Le "Saint" par excellence est Dieu lui-même (cf. Nb 20,12), La sainteté est une propriété que Dieu transmet par contiguïté, par proximité. Ainsi, cette propriété peut être conférée aux hommes comme aux objets (cf. Nb 17,1-5).

Si la proximité de Dieu – et non l'agir moral – peut seule conférer la sainteté, corrélativement tout manquement à l'ordre instauré par Yahvé représente une profanation. En conséquence, l'individu qui profane délibérément l'ordre établi par Dieu doit être séparé, retranché de la communauté pour ne pas la rendre impure (cf. Nb 15,30-31.32-36; 19,20). L'auteur de fautes involontaires (שגגה) peut, quant à lui, offrir des sacrifices de réparation pour lever l'impureté dont il est – malgré lui – responsable (cf. Nb 15,22-29). Une telle conception de la sainteté transparaît aussi bien dans les récits que dans les lois sacerdotales: les éclaireurs qui ont calomnié le pays sont éliminés du peuple (cf Nb 14,36-38), la première génération qui s'est révoltée meurt dans le désert, Moïse et Aaron qui ont manqué à leur mission ne verront pas le pays promis: dans tous les cas, tous ceux qui ont contesté ou troublé la volonté de Dieu sont séparés de la communauté: l'ordonnancement des événements d'une part, l'organisation sociale et cultuelle de la communauté d'autre part sont compris comme les expressions de la volonté divine. En ce sens ils sont saints, et toute contestation devient l'équivalent d'une profanation .

1.2.2. *La prééminence du sacerdoce aaronide: un usage abusif du concept sacerdotal de sainteté ?*

Nb 13–14[P] et Nb 20,1-13[P] sont des textes dans lesquels la place éminente réservée aux prêtres dans la théologie sacerdotale ne transparaît que par la mention systématique du personnage d'Aaron aux côtés de Moïse. En dehors du rôle spécifique de Moïse et d'Aaron, les seules responsabilités mises en valeur par le récit sont celles de chef de clan (cf. Nb 13,1-3). Les fils d'Israël forment une unique communauté (עדה) affrontant un destin identique. Pour autant, le destin des membres de la communauté n'est pas indifférencié: il dépend de leur fidélité à Dieu – Caleb (et Josué) sont épargnés, tandis que Moïse et Aaron sont condamnés: manifester Dieu comme Saint, selon cette première strate des récits sacerdotaux, consiste à agir en gardant foi en la puissance de sa parole (cf. Nb 20,1-13[P]).

La pointe du récit de Nb 16–17[P] est différente: le statut des prêtres – représentés par Aaron – est opposé à celui des laïcs. Tous ne possèdent pas un degré équivalent de sainteté: les prêtres sont mis à part, seuls habilités à approcher la Demeure, car investis par Dieu d'une sainteté suffisante pour le faire[11]. La structure concentrique du camp des Israélites (cf. Nb 2) illustre cette compréhension de la sainteté: au centre, la Demeure où réside le Saint. Autour de la Demeure, les lévites et les prêtres, puis, plus loin, les différentes tribus. Enfin, à l'extérieur du camp les autres peuples – domaine du profane. Albertz[12] souligne qu'une telle organisation implique que le domaine de la sainteté soit compris comme dangereux: "Le sacerdoce voulait une claire séparation des prêtres et des laïcs dans le culte – séparation dont la nécessité était motivée par le caractère potentiellement dangereux de ce qui est saint – ce qui excluait qu'une personne non habilitée n'approche". Ainsi, les prêtres forment une sorte de "mur de protection" entre le Sanctuaire et les laïcs. C'est à la fois un privilège et une responsabilité. C'est également par leur intermédiaire que les sacrifices qui réparent les fautes des laïcs sont offerts: la pureté – toujours menacée – est ainsi maintenue grâce à leur intervention. Une telle acception de leur rôle est classique dans la littérature sacerdotale (cf. Lv 1–7; 10,1-3; 17,1-7).

La relecture sacerdotale la plus tardive de Nb 16–17 introduit un élément nouveau: la prééminence du sacerdoce aaronide sur les lévites. Le texte institue entre prêtres et lévites une séparation analogue à celle que la strate la plus ancienne du récit sacerdotal de Nb 16–17 établissait entre prêtres et laïcs. L'auteur du récit invoque l'autorité de Yahvé lui-même pour légitimer cette organisation nouvelle du culte. Cette évolution marque un certain

---

11 Une telle approche est évidemment à l'opposé de la compréhension deutéronomique de la sainteté, exposée plus haut. Elle contredit également la théologie de la sainteté exprimée en Ex 19,6a: "Et vous, vous serez pour moi un royaume de prêtres et une nation sainte". C'est tout Israël qui, selon ce texte, reçoit en partage la sainteté – comme en Dt 14,2.21; 26,19; 28,9. En revanche, il est difficile d'affirmer si c'est l'ensemble du peuple qui, selon Ex 19,6, reçoit le sacerdoce en partage. Ainsi, si pour Cazelles (cf. Royaume de prêtres [1987] 289-294), l'expression ממלכת כהנים désigne exclusivement les prêtres, Blum (cf. Komposition [1990] 56) et Crüsemann (cf. Die Tora [1992] 417) considèrent en revanche Ex 19,6 comme un texte représentatif d'une théologie selon laquelle Israël tout entier est une peuple sacerdotal. Renaud adopte une position plus nuancée: pour cet auteur, l'expression ממלכת כהנים ne désigne pas une fonction sacerdotale précise, mais davantage le fait que le peuple tout entier est apte à s'approcher de Dieu et constitue un royaume séparé du profane. Elle serait donc synonyme de l'expression גוי קדוש (nation sainte) qui lui fait suite (cf. Théophanie [1991] 150). Le débat est difficile à trancher. On peut néanmoins remarquer que le substantif ממלכת n'est jamais utilisé pour désigner le peuple comme tel. Ce terme peut recouvrir deux réalités: la fonction de la personne régnante, ou le royaume lui-même (qui associe un peuple et une terre). Cette dernière remarque incite à ne pas voir dans la formule "royaume de prêtres" l'équivalent pur et simple de l'expression "nation sainte", mais plutôt à considérer, comme le fait Cazelles, que les deux membres de la proposition visent deux réalités différentes et complémentaires: Israël est une nation sainte, un Royaume au sein duquel existe un sacerdoce , qui contribue à la sainteté de l'ensemble du peuple.

12 Albertz, Religionsgeschichte 2 (1992) 526.

appauvrissement du concept de sainteté. Elle le restreint à une sphère exclusivement cultuelle, et l'utilise pour régler des conflits dont le caractère est forcément contingent. Est-il pour autant légitime de parler d'usage "abusif" du concept sacerdotal de sainteté en Nb 16–17 ? Deux remarques peuvent aider à dirimer cette question:

1° La sainteté qualifie un ordre du monde indépassable qui trouve sa source en Dieu. Une telle vision revêt forcément un caractère quelque peu utopique puisque l'ordre institué par Dieu est toujours compromis par les fautes des hommes. En ayant recours à ce concept pour légitimer une organisation du culte tardive, manifestement contingente et historiquement située, l'auteur de la relecture sacerdotale de Nb 16–17 déplace la signification qu'il revêtait dans le récit de Nb 20,1-13^P. En effet, selon Nb 20,1-13^P, la sainteté appartient à Dieu seul et il revient aux croyants de le manifester comme le Saint. En Nb 16–17, les prêtres s'attribuent la possession exclusive de la sainteté pour trancher un conflit de compétences: ce n'est plus l'intérêt de Dieu qui prime, mais l'intérêt d'une classe particulière. Ainsi, de manière assez paradoxale, un concept qui, initialement, exprime la souveraineté de l'ordre établi par Dieu sur le monde – et qui par conséquent transcende l'histoire – évolue en fonction d'une situation historique contingente liée à l'organisation du service du culte.

2° Si l'on accepte l'hypothèse d'une histoire sacerdotale se déployant du récit des origines à l'entrée en Canaan (ou à l'arrivée du peuple dans les plaines de Moab), la perpective théologique d'un tel texte apparaît universaliste (cf. Gn 6,5–9,17^P). Cet universalisme ne s'efface-t-il pas lorsque le centre d'intérêt des milieux sacerdotaux se concentre exclusivement – comme en Nb 16–18 – sur le culte et son organisation, culte qui ne concerne que la population de Jérusalem et de ses environs ?

Pour autant, parler d' "usage abusif" du concept de sainteté en Nb 16–17 équivaut à porter un jugement de valeur. Il semble préférable de constater une *évolution historique de la notion de sainteté* dans les milieux sacerdotaux, milieux dont le centre d'intérêt se concentre progressivement sur le culte sacrificiel du temple de Jérusalem – qui concerne essentiellement les Judéens – et sur le rôle privilégié qu'y jouent les prêtres.

2. PÉCHÉ ET PARDON EN NB 13,1–20,13

Une des finalités du culte sacrificiel du temple de Jérusalem est de combattre l'impureté (comprise comme une force dynamique qui s'attaque à la sphère du saint, du sacré[13]) qui menace la communauté du fait des fautes commises par les individus qui la composent. De même que Nb 13,1–20,13 reflète l'existence d'un débat concernant la compréhension du concept de sainteté, deux conceptions s'y affrontent – concernant la compréhension du péché et du pardon.

2.1. L'ensemble du texte concourt à l'expression de la conception sacerdotale du péché

2.1.1. Fautes volontaires et involontaires

Les sections narratives et les prescriptions légales ont en commun de se conclure par l'exposé de sanctions qui, dans les récits, viennent frapper tous ceux dont le comportement s'éloigne des directives données par Yahvé, et qui, dans les textes de loi, sont formulées au mode conditionnel – la menace venant renforcer la prescription à laquelle elle fait suite. Deux catégories de situations sont considérées:

- *d'une part les fautes volontaires*, dont la réparation est impossible et qui exigent que leur auteur soit retranché du peuple: l'ensemble des récits sacerdotaux de Nb 13,1–20,13 fonctionnent selon cette logique, qui marque une évolution par rapport à la législation de Lv 4–5, selon laquelle certaines fautes volontaires sont susceptibles d'être réparées. Les textes sacerdotaux les plus tardifs de Nb 13,1–20,13 témoignent donc d'une évolution vers la radicalisation de la législation.

- *d'autre part les fautes involontaires* (שגגה) dont la réparation exige un rite sacrificiel et une offrande (Nb 15,22–29). Sacrifice et offrande obtiennent le pardon (verbe סלח) de la faute. Ce pardon n'est pas présenté comme le rétablissement d'une relation privilégiée entre Dieu et l'homme ou entre Dieu et son peuple – relation un moment brisée par le péché: il est d'abord ce qui permet de revenir à un état de pureté un moment compromis par la faute. Ainsi, la notion sacerdotale de péché ne peut être comprise qu'en relation avec celles de sainteté et de pureté.

Par ailleurs, la théologie sacerdotale du péché revêt, comme le souligne Lohfink[14], une forte dimension individualiste: chacun est rétribué en fonction de ses actes.

---

13   Cf. Milgrom, Studies in cultic theology (1983) 79-83.
14   Cf. Lohfink, Ursünden (1970) 56.

2.1.2. Comment comprendre la violence du texte sacerdotal ?

Pour les récits sacerdotaux, les fautes volontaires appellent une unique sanction: la mort. Les prescriptions légales ne sont pas toutes aussi explicites, puisque certaines d'entre elles indiquent simplement que le fautif doit être retranché (כרת) de la communauté, c'est à dire exclu de sa vie cultuelle. Cependant, le profane (זר) qui approche indûment de la Demeure meurt. Ces constats appellent trois remarques:

1° Les textes sacerdotaux présupposent une incompatibilité entre ce qui est saint et ce qui est impur. De ce fait, la radicalité des sanctions décrites par les récits comme par les lois peut servir à illustrer le caractère absolu de cette incompatibilité.

2° A travers la menace de mort qu'expriment les textes, c'est la souveraineté de Dieu sur la création qui est réaffirmée. Selon l'expression de Lohfink[15]: "La punition qui consiste à détruire l'existence humaine est indissociablement liée à la qualité de créateur" qu'a Dieu.

3° La violence des propos des auteurs sacerdotaux a peut-être comme corollaire leur impuissance dans la société judéenne post-exilique: la Judée est sous la tutelle d'un empire étranger et les cercles sacerdotaux ne disposent pas du droit de vie ou de mort. De plus, leurs options théologiques, leur conception de la religion et du culte se trouvent contestées par des groupes laïcs. La violence du discours, sa radicalisation peuvent manifester une exaspération des milieux sacerdotaux devant une situation politique – et peut-être aussi religieuse – dont le contrôle leur échappe largement et constituer ainsi leur réponse à l'incertitude à laquelle ils se trouvent confrontés.

2.2. La contestation laïque de la théologie sacerdotale du péché

La réaction des milieux laïcs à la conception sacerdotale de la faute et du pardon s'exprime en Nb 14,11b-23a[16]. Ces versets sont centrés sur l'intercession de Moïse (vv. 13-19) qui obtient le pardon de Yahvé (v. 20). Le rôle de médiateur joué par Moïse dans le conflit qui oppose Yahvé au peuple est la première originalité du texte par rapport au récit sacerdotal. Comme le remarque Aurelius[17], la figure d'un "Moïse-intercesseur" est absente des textes sacerdotaux. Le discours de Moïse (et d'Aaron) en Nb

---

[15]   Lohfink, Krieg (1983) 84.
[16]   Cf. chapitre V, § 3.5.2 et 3.5.3.
[17]   Cf. Aurelius, Fürbitter (1988) 207.

16,22[18] prend certes la forme littéraire d'une intercession, mais il n'a pas pour objectif d'obtenir le pardon des fautifs, il vise au simple respect de la loi sacerdotale: seuls les pécheurs doivent subir un châtiment car ils sont individuellement responsables de leurs actes.

En Nb 14,13-19, la perspective du discours de Moïse est bien différente: l'argumentation qu'il déploie prend appui sur l'histoire commune qui, depuis la sortie d'Egypte, unit Yahvé aux Israélites (Nb 14,19: "Pardonne donc la faute de ce peuple selon la grandeur de ton amour, et parce que tu as porté ce peuple depuis l'Egypte jusqu'ici"). Cette histoire résulte de l'initiative de Yahvé qui a établi avec Israël une relation d'amour.

Ainsi, tandis que dans les textes sacerdotaux le concept de pardon correspond au rétablissement – par le biais d'une action cultuelle – de la pureté menacée par la faute, il est compris en Nb 14,13-20 selon une *perspective relationnelle et historique*: le pardon ouvre un avenir à l'histoire commune de Yahvé et du peuple.

Avec un grand réalisme, les auteurs laïcs post deutéronomistes de Nb 14,11b-23a envisagent l'histoire d'Israël comme marquée par le péché depuis ses origines. Cette perspective était déjà celle de Dt 1,6-8.19-46, où, selon la formule de Lohfink[19], "les péchés ultérieurs d'Israël sont, par avance, esquissés". De même, le péché décrit par le récit de Nb 13–14 anticipe toutes les crises ultérieures. Mais dans chacune de ces crises, la réponse de Yahvé laisse ouverte la possibilité d'un nouveau départ: la théologie du péché est également, en Nb 14,13-20, une théologie de l'espérance.

L'exposé des divergences existant entre milieux laïcs et cercles sacerdotaux – dans la compréhension des concepts de sainteté et de péché – a permis de montrer que ces deux groupes appréhendent l'histoire de manière radicalement différente. L'analyse des relations entre histoire et théologie peut donc permettre de mieux cerner le débat qui transparaît en Nb 13,1–20,13 et de manifester comment les récits de cet ensemble littéraire entretiennent d'une part un lien avec l'histoire, et revêtent d'autre part une fonction paradigmatique qui, dans les textes sacerdotaux, peut également être qualifiée de normative.

---

18   Nb 16,22: "Ils tombèrent face contre terre et dirent: "Dieu, Dieu des souffles pour toute chair, un seul homme pèche et tu te fâches contre toute la communauté !".
19   Lohfink *op. cit.* (n. 14) 38.

3. RÉCIT, HISTOIRE ET LOI EN NB 13,1–20,13

3.1. *Préambule: un double lien rattache les récits à l'histoire*

Les auteurs des différents récits de Nb 13,1–20,13 se sont appuyés sur des traditions anciennes pour composer leur propre texte. Ceci vaut pour les "récits anciens", mais également pour les récits sacerdotaux dont les auteurs façonnent les sources dont ils ont connaissance en fonction de leurs propres perspectives. Ainsi, il existe un lien indiscutable entre les récits et des événements historiques passés – même si ces événements se sont trouvés, dès l'origine, amplifiés ou modifiés par le texte, et si leur reconstitution précise demeure impossible.

Par ailleurs, les textes bibliques font – délibérément ou non – écho à la situation historique au coeur de laquelle ils sont produits: l'analyse littéraire a montré comment les différents récits reflètent les préoccupations institutionnelles, religieuses ou théologiques contemporaines de l'époque de leur composition. Ainsi, chaque texte entretient un double lien avec l'histoire. Les événements du passé n'y sont pas mis en valeur pour eux-mêmes, mais dans la mesure où ils permettent d'analyser et de comprendre le présent. En racontant l'histoire – même si cette narration comporte des corrections et des modifications apportées à des récits préalables – un peuple, une communauté tente de préciser son identité. C'est le processus même au cours duquel des récits sont relus et reformulés qui est constitutif de l'identité d'Israël[20]. Cependant la manière dont le peuple se comprend en relisant son histoire n'est pas univoque: des groupes sociaux différents proposent des interprétations, des lectures concurrentes de l'histoire – par exemple, la référence au temps passé ne revêt pas la même fonction dans les textes sacerdotaux et dans les textes provenant de milieux laïcs.

---

[20] Ricoeur désigne par le terme d' "identité narrative" le processus par lequel une communauté répond à la question de sa propre identité en racontant les actions, les histoires dans lesquelles elle se trouve impliquée. "L'identité narrative, constitutive de l'ipséité, peut inclure le changement, la mutabilité". Ceci signifie que le récit raconté sur lequel s'appuie la communauté pour fonder son identité corrige les traditions dont il s'inspire. Ainsi, l'histoire racontée dans la communauté s'éloigne-t-elle peu à peu de l'histoire événementielle. (cf. Temps et récit 3 [1985] 439-448).

3.2. La fonction théologique des événements passés dans les différentes strates des récits

3.2.1. La tradition ancienne concernant Caleb

Il est difficile de reconstituer cette tradition avec exactitude. Elle concerne les hauts faits d'un personnage dont les descendants vivent dans la région d'Hébron. Le groupe, le clan qui raconte l'histoire affirme son identité, en mettant en valeur son lien avec un ancêtre illustre. La tradition a ainsi une fonction fondatrice, comme le manifeste l'usage ultérieur de la dénomination "Calébites" pour désigner le clan qui se rattache au personnage de Caleb. Un tel texte ne revêt cependant aucune dimension théologique. C'est seulement dans le "récit ancien" que le caractère exemplaire de la figure de Caleb est utilisé dans le cadre d'une perspective croyante. Caleb, héros d'un clan, devient un modèle de foi.

3.2.2. Le récit ancien de Nb 13–14

Ce récit est déjà le résultat d'un long processus de croissance littéraire. Il unifie des traditions différentes. L'histoire racontée se fait ainsi l'écho d'événements et met en lien des personnages qui, primitivement, étaient indépendants. Le vocabulaire du récit privilégie l'action. C'est dans la mesure où Yahvé lui-même est un personnage du récit que le lecteur peut en retirer une leçon pour la foi. Cependant, les auteurs du texte ne forgent aucun concept spécifiquement théologique pour décrire la relation de l'homme à Dieu. La théologie a comme médiation exclusive la narrativité.

3.2.3. Les récits sacerdotaux

Les auteurs sacerdotaux articulent récit et concepts théologiques. Il n'existe aucune opposition entre les deux termes. Comme l'écrit Sesboüé à propos des récits du Pentateuque, "les récits conduisent aux concepts. Le concept apparaît alors comme la somme récapitulative des effets de sens des divers récits (...). Le concept ne peut prétendre constituer un "progrès" par rapport à un récit devenu inutile; il n'en est pas non plus l'équivalent ou le remplaçant. Il est l'indicatif du sens du récit"[21]. Ainsi, en Nb 13–14[P], les termes תור et לון comportent non seulement une dimension narrative, mais également un contenu théologique. De même, le concept sacerdotal de sainteté donne la clef de compréhension du récit de Nb 20,1-13[P]: les récits sacerdotaux s'inscrivent eux aussi dans la continuité d'un processus

---

21 Sesboüé, Jésus-Christ II (1991) 33.

constant de relecture de "l'histoire racontée" – processus qui est constitutif de l'identité d'Israël, mais les instruments conceptuels qui leur sont intégrés ont pour fonction d'éviter toute erreur dans l'interprétation du récit.

Par ailleurs, les auteurs des relectures sacerdotales les plus tardives se servent des récits pour appuyer et illustrer les corpus de lois qu'ils leur adjoignent. L'histoire racontée par le récit sert de mise en garde permanente pour toutes les générations d'Israël qui auront à mettre en pratique les lois: comme l'écrit Lohfink, "ce qui s'est déjà produit une fois peut de nouveau survenir à l'époque du lecteur"[22]. *Les révoltes de la communauté des Israélites durant son séjour au désert revêtent ainsi un caractère paradigmatique*: après la révélation de Yahvé au Sinaï, ces rébellions constituent des fautes inexcusables dont le châtiment ne peut être qu'exemplaire. Elles constituent les modèles de toute révolte et de tout péché ultérieurs. Raconter l'histoire contribue ainsi à la stabilité d'un ordre légal – religieux, cultuel et institutionnel – voulu par Dieu. Mais cet ordre ne représente qu'un idéal qui se heurte à la réalité du présent. Le rappel des événements passés doit inciter à transformer cette réalité pour la rendre conforme à la volonté de Dieu et à l'idéal de sainteté qu'il propose. En ce sens, la théologie sacerdotale peut être décrite – selon l'expression de Zenger[23] – comme "une utopie critique" de l'histoire.

Lohfink[24] insiste lui aussi sur le caractère statique de la vision du monde des milieux sacerdotaux: l'auteur établit un parallèle entre d'une part le récit sacerdotal du déluge – qui décrit la destruction de tout être vivant, hormis ceux mis à part par Dieu (Noé et son entourage), et d'autre part les récits Nb 13–14^P; 20,1-13^P – qui décrivent la destruction de la première génération des Israélites après la sortie d'Egypte (hormis Josué et Eléazar qui sont épargnés). Dans les deux cas, un processus dynamique (la création, la promesse faite à Abraham) qui doit s'achever par la mise en place d'un ordre statique (l'ordonnancement du monde, l'installation des Israélites en Canaan avec, en leur centre, la Demeure) est compromis par le péché des hommes qui conduit à l'intervention de Dieu: la génération fautive est détruite et l'ordre du monde est rétabli. Ainsi, pour Lohfink, la théologie sacerdotale ne considère pas l'infidélité des hommes comme susceptible de compromettre les projets de Dieu mais comme un simple obstacle provisoire à leur réalisation.

Dans une telle perspective, l'histoire n'apparaît absolument pas comme le champ où se noue une relation vivante entre Dieu et l'homme. Elle est

---

[22]   Lohfink, Priesterschrift (1978) 214.

[23]   Zenger, Gottes Bogen (1983) 47.

[24]   Cf. Lohfink, *op. cit.* (n. 22) 223-224.

simplement le lieu où est rendu visible l'ordre du monde voulu par Dieu, ordre auquel les exemples et les leçons du passé invitent à se conformer. Dans quelles circonstances historiques une telle théologie a-t-elle pu être façonnée ?

- Nb 13–14[P] et Nb 20,1-13[P] pourraient faire allusion à la situation d'Israël lorsque lui sont offertes, après l'exil, des possibilités de retour. Ces récits sacerdotaux témoigneraient des hésitations du peuple et de ses chefs à revenir en Judée[25]. Au refus de la génération exilée en Babylonie de retourner en Judée correspondrait, dans le récit de Nb 14, le refus du peuple de se rendre dans le pays promis par Yahvé. De même, aux hésitations des chefs de la communauté exilée correspondraient, dans le récit de Nb 20,1-13, le manque de foi et la désobéissance de Moïse et d'Aaron. Ainsi, le comportement des chefs du peuple est interprété par les auteurs sacerdotaux comme un manque de foi, et – comme tel – condamné.

- Dans le récit de Nb 16–17, c'est la question de l'identité de la communauté qui occupe le premier plan: les prêtres sont mis à part, choisis par Dieu pour assurer la pureté et donc l'identité d'Israël au milieu des autres nations. La classe sacerdotale se présente ainsi comme le meilleur garant de la survie d'une communauté qui ne possède plus d'autonomie politique. Cependant, en s'attachant exclusivement à mettre en valeur le rôle du clergé, les relectures sacerdotales les plus tardives perdent de vue une des dimensions de "l'histoire sacerdotale": en effet, à travers les récits sacerdotaux, c'est l'ordonnancement du monde voulu par Dieu qui est dévoilé et cet ordonnancement a valeur universelle. Or, le clergé de Jérusalem est absorbé par la nécessité absolue de maintenir une identité religieuse dans laquelle les offrandes et les sacrifices du temple jouent un rôle central: il minimise ainsi la portée universelle du culte rendu à Yahvé. La perte de la dimension universaliste du discours de foi semble être le corollaire du rôle moteur que cherche à conquérir la classe sacerdotale dans le combat pour l'identité d'Israël.

3.2.4. *Les relectures laïques post-deutéronomistes*

Comme dans les récits sacerdotaux, l'histoire revêt, dans les relectures laïques, une *dimension paradigmatique*. Mais la théologie laïque et la théologie sacerdotale recourent au récit comme paradigme de manière bien différente: le récit sacerdotal a en effet un caractère exemplaire en incitant le croyant à se conformer à la loi et à l'ordre du monde voulus par Dieu. En revanche, les relectures laïques post-sacerdotales s'appuient sur les récits

---

25 Une telle hypothèse est envisagée, entre autres auteurs, par Zenger, cf. *op. cit.* (n. 23) 48.

pour fonder une espérance et ouvrir un avenir: l'histoire humaine a une réelle consistance. Elle est le lieu de la rencontre entre Dieu et les hommes. La relecture du passé permet de trouver les points d'appui historiques en fonction desquels la situation présente est interprétée – ce qui permet de déterminer des critères pour l'action.

Les relectures laïques manifestent de deux manières ce lien entre passé et présent:

- d'une part, les additions rédactionnelles ponctuelles ont pour fonction de relier Nb 13,1–20,13 au Deutéronome, et surtout au livre de Josué: c'est le même peuple qui connaît la marche au désert, puis les étapes de la conquête du pays promis. La crise que traverse la relation entre Dieu et Israël au désert est annonciatrice d'autres crises.

- d'autre part l'intercession de Moïse en Nb 14,13-19 résume l'histoire des relations passées entre Yahvé et le peuple: c'est le rappel d'un passé historique commun qui conduit au pardon de Dieu (Nb 14,20).

Ainsi, la relation entre Dieu et Israël apparaît fondée – à l'initiative de Yahvé – sur une promesse: la promesse d'un pays (Nb 14,16). Cette promesse appelle en réponse la foi du peuple (Nb 14,11b) qui doit s'exprimer par son obéissance. Le pardon de Yahvé montre que son engagement envers Israël peut surmonter tous les manquements dont le peuple se rend coupable. La relecture de l'histoire passée où promesse et pardon caractérisent l'attitude de Dieu envers Israël fonde l'espérance du peuple pour l'avenir[26].

L'espérance que manifestent les textes post-deutéronomistes ne revêt aucune dimension eschatologique: aucune vision globale de l'histoire ne s'y exprime, mais simplement la conviction que la relation entre Dieu et Israël traverse l'histoire sans être altérée: la promesse demeure, et si l'obéissance du peuple laisse toujours à désirer, le pardon de Dieu lui est en tous temps proposé.

Ces conclusions théologiques de l'étude de Nb 13,1–20,13 appellent une remarque complémentaire:

---

[26] Cette articulation entre promesse, histoire et espérance constitue une piste féconde pour la théologie contemporaine – comme en témoigne l'ouvrage de Moltmann: Théologie de l'Espérance (Theologie der Hoffnung 1964) Paris 1983: "La tradition spécifiquement israélite est dominée par les espoirs et les attentes qui se fondent sur les promesses de Yahvé. Dans la mesure où il y a dans l'histoire vécue quelque chose qui transcende l'aspect révolu de l'histoire et qui est porteur d'avenir, cette histoire doit d'une part être sans cesse commémorée et réactualisée, et d'autre part être interprétée pour le présent de telle sorte que celui-ci puisse, à partir de l'histoire, se comprendre lui-même et comprendre son chemin vers l'avenir, et qu'il puisse aussi se retrouver lui-même dans l'histoire de l'action exercée par les promesses de Dieu" (116).

Le sens du texte – la théologie dont il est porteur – se propose comme interlocuteur pour la réflexion des communautés croyantes contemporaines: la compréhension de la sainteté qui s'exprime dans les différentes traditions mises au jour, les différentes conceptions du péché, la manière de relire l'histoire interrogent les conceptions et les pratiques du lecteur contemporain, qu'il soit isolé ou qu'il appartienne à une communauté croyante. Comme les auteurs des différents récits de Nb 13,1–20,13, c'est en fonction de sa propre situation, forcément provisoire et contingente, que ce lecteur interprétera à son tour ces traditions qui le précèdent. Seule la prise au sérieux du texte biblique – par le moyen d'une analyse littéraire qui le prend pour unique point de départ, et grâce à une critique théologique qui en met au jour la spécificité – peut permettre que la lecture qui en est faite aujourd'hui soit un authentique acte d'interprétation et non pas seulement la projection d'une précompréhension[27], ou la réaffirmation de convictions préexistantes.

---

[27] Comme le rappelle un récent document de la Commission Biblique Pontificale – L'interprétation de la Bible dans l'Eglise (1993) – "les herméneutiques modernes ont mis en lumière (...) l'impossibilité d'interpréter un texte sans partir d'une "précompréhension" d'un genre ou d'un autre." Il ne s'agit donc pas ici de nier cet acte de précompréhension qui est le fait de toute analyse littéraire, mais bien plus de souligner que la démarche exégétique ne peut se résumer à la confirmation de présupposés théologiques – ce qui lui retirerait toute consistance propre.

278

X

CONCLUSIONS DE L'ETUDE LITTERAIRE ET CRITIQUE HISTORIQUE

1. UNE NOUVELLE APPROCHE LITTÉRAIRE DE NB 13,1–20,13

1.1. Remarque méthodologique préalable

1° L'analyse synchronique qui a inauguré l'étude littéraire de Nb 13,1–20,13 avait permis de montrer la part considérable qu'ont pris les auteurs sacerdotaux dans la composition du livre des Nombres. Cette conclusion a pu être confirmée par l'étude diachronique des textes, qui a par ailleurs mis au jour leur long processus de croissance littéraire. Le corollaire du développement littéraire de Nb 13,1–20,13 est une évolution dans la réflexion théologique, réflexion qui est apparue intimement liée à la situation historique contingente du peuple. La critique théologique de chacune des strates qui composent le texte a permis de mieux comprendre les enjeux théologiques liés à la formation d'un texte unique à partir de traditions divergentes. Ainsi, tout au long de l'étude de Nb 13,1–20,13, *les phases diachronique et synchronique de l'analyse sont apparues indissociables, au plan littéraire comme au plan théologique*, et ont concouru de manière complémentaire à manifester le sens du texte[1].

1.2. Une nouvelle approche littéraire de Nb 13,1–20,13

1.2.1. Les trois étapes sacerdotales de la composition du texte

Les résultats de l'analyse littéraire de Nb 13,1–20,13 ont manifesté la place déterminante d'auteurs sacerdotaux dans la composition de ces chapitres du livre des Nombres. Ce résultat, en lui-même, ne comporte rien de nouveau. Plus éclairante est la mise en évidence d'une complémentarité, d'une "synergie" des récits et des textes de lois en Nb 13,1–20,13. Nous avons rappelé, au début de cette étude, le commentaire de Noth à propos de Nb

---

[1] Une perspective essentiellement synchronique passe à côté du débat théologique dont le texte est parfois l'expression: ainsi par exemple, Ashley ne perçoit pas, dans son récent commentaire du livre des Nombres, la diversité des théologies du péché dont le récit de Nb 14 se fait l'expression (cf. Ashley, Numbers [1993] 244-274). De la même manière, une analyse exclusivement diachronique, comme celle des commentaires classiques du livre des Nombres, ne parvient pas à manifester le sens du texte final – considéré comme une unité littéraire.

15: "Il n'est pas très aisé de savoir pourquoi cette collection d'ordonnances cultuelles et rituelles sans classement logique a trouvé sa place à cet endroit particulier du récit du Pentateuque."[2] L'analyse synchronique du texte a permis de dépasser cette aporie[3]. Les textes de lois de Nb 15 – comme ceux de Nb 18–19 – ne peuvent être envisagés de manière indépendante des récits qu'ils séparent: ils en fournissent, dans la forme finale du texte et selon la perspective des auteurs sacerdotaux du livre des Nombres, la clef d'interprétation.

Trois étapes distinctes de la composition de Nb 13,1–20,13 peuvent être attribuées à des auteurs sacerdotaux:

1° La première étape correspond à la composition – à partir de sources constituées par des récits anciens, pré-exiliques – des récits sacerdotaux Nb 13–14[P] et Nb 20,1-13[P].

2° Le récit sacerdotal de Nb 16–17[P4] –dont la pointe théologique diffère de celle des récits précédents – relève d'une deuxième étape de la composition du texte.

3° Une troisième étape – la plus récente – correspond à la relecture sacerdotale tardive de Nb 13–14[P], Nb 16–17[P] et de Nb 20,1-13[P], et à la mise en relation de ces récits et de textes législatifs. A ce stade de la composition, l'ensemble Nb 13,1–20,13 appartient à une oeuvre littéraire beaucoup plus large: le livre des Nombres, dans sa composition sacerdotale. L'étude synchronique a mis en évidence l'autonomie du livre des Nombres comme oeuvre littéraire. L'étude d'Olson[5] avait déjà proposé une structure synchronique du livre des Nombres, rendant compte de son unité littéraire. Les critères proposés par Olson pour définir cette structure – dont les deux recensements de Nb 1 et Nb 26 constituent, selon cet auteur, les piliers et le récit de Nb 13–14 le pivot – sont apparus insuffisants pour emporter la conviction[6]: en fait, le livre des Nombres est structuré par un réseau de correspondances beaucoup plus riche (mots-crochets, correspondances entre des notices topographiques, correspondances thématiques,...) qui en assure l'unité. Un tel constat conduit à aborder et à interpréter le livre des Nombres non pas simplement *en fonction des textes du Pentateuque qui le précèdent – particulièrement le livre de l'Exode* – comme il a été longtemps classique de le faire, mais comme une oeuvre littéraire possédant une réelle spécificité.

---

2   Cf. Noth, Numeri (1966) 101.
3   Et plus particulièrement, l'analyse sémiotique.
4   Cf. chapitre 8, § 1.4.
5   Cf. Olson, Death of the Old (1985).
6   Cf. chapitre II, § 1.5.

1.2.2. *Les relectures postérieures*

Trois types de relectures *postérieures à l'ultime composition sacerdotale* ont été mises au jour :
1° Une relecture venant contester la théologie de la composition sacerdotale : Nb 14,11b-23a. La perspective théologique de cette addition que nous avons attribuée à des milieux *"laïcs post-deutéronomistes"* épouse celle d'Ex 32,11ss; Dt 9,25ss. Le récit de Nb 14 reflète donc, dans la forme canonique du texte, un débat théologique et/ou la coexistence de théologies différentes au sein d'une même communauté.
2° Des additions plus ponctuelles, sans doute contemporaines de la fusion du livre des Nombres et du Deutéronome, ont une perspective harmonisante: c'est en particulier le cas des additions apportée au récit sacerdotal de Nb 20,1-13^P, dont la fonction est de réhabiliter le personnage de Moïse.
3° D'autres additions ponctuelles ont pour fonction d'assurer la suture entre les récits du livre des Nombres et ceux du livre de Josué: c'est le cas de toutes les additions accolant le personnage de Josué à celui de Caleb (cf. Nb 14,6-10a).

Une nouvelle hypothèse concernant la chronologie littéraire de Nb 13,1– 20,13 a donc pu être dégagée des études synchronique puis diachronique du texte. Il convient d'en envisager les conséquences socio-historiques.

2. INTERPRETATION SOCIO-HISTORIQUE DES RESULTATS DE L'ETUDE LITTERAIRE

2.1. *Nb 13–14^P et Nb 20,1-13^P*

Nb 13–14^P comme Nb 20,1-13^P dénoncent respectivement la réticence de la communauté toute entière à prendre possession du pays, ainsi que celle de ses chefs à faire confiance à Yahvé. Le récit de Nb 13–14^P condamne en termes très vifs la calomnie que certains responsables du peuple n'hésitent pas à répandre au sujet du pays. Nb 13–14^P et Nb 20,1-13^P pourraient reflé-ter (et condamner) les hésitations de la diaspora mésopotamienne et de ses chefs à regagner la Judée, comme l'y autorise pourtant le pouvoir perse après sa conquête de l'empire néo-babylonien Le mémorandum d'Esd 6,3-5 témoigne non seulement de la possibilité d'un tel retour offerte par

Cyrus, mais également de la politique nouvelle d'ouverture religieuse qu'il met en oeuvre[7] en autorisant la reconstruction du Temple de Jérusalem[8].

A ces perspectives ouvertes par le nouveau pouvoir répondraient les réticences d'une grande partie de la communauté des exilés, en Mésopotamie: le compte-rendu effectué par les éclaireurs, dans le récit de Nb 13, serait ainsi l'écho de la mauvaise opinion que la diaspora babylonienne se fait de la province de Judée: une province très périphérique dans l'empire, dont la situation économique est sans doute précaire, et qui est occupée par de nombreux étrangers qui sont venus s'agréger au peuple des non-exilés. La possibilité d'un retour apparaîtrait donc bien peu engageante.

L'objectif des récits sacerdotaux de Nb 13–14[P] et Nb 20,1-13[P] serait ainsi de mettre en évidence les enjeux théologiques d'une attitude consistant à refuser le retour en Judée[9]. Dans cette hypothèse, ces textes peuvent être rattachés aux débuts de la période qui suit l'exil.

2.2. Nb 16–17

Ce récit sacerdotal se prête à une "exégèse conflictuelle", pour reprendre une expression de Römer[10]. Différents groupes y sont mis en présence: Aaron, qui représente les intérêts sacerdotaux, 250 hommes décrits comme influents dans la communauté (cf. Nb 16,2), la communauté toute entière (cf. Nb 17,6ss). Les lévites ont été introduits dans le texte lors de son ultime relecture.

Le récit de Nb 16–17[P] décrit un premier conflit qui survient entre les prêtres et un groupe de laïcs. Son enjeu est théologique: tandis que les prêtres considèrent le culte comme une médiation obligatoire pour parvenir à la sainteté (cf. 16,5-7.35), les laïcs subordonnent la sainteté à l'obéissance aux commandements: c'est le peuple tout entier qui, par cette obéissance, peut selon eux devenir saint (cf. Nb 15,40; 16,3). Le débat qui est ici présenté dans le cadre narratif du récit sacerdotal de Nb 16 est l'expression du débat opposant théologies sacerdotale et deutéronomiste. Quelles réalités sociologiques pouvons-nous reconnaître derrière les "250" d'une part, les prêtres de l'autre ?

---

7   Cf. sur ce point Briend, Edit de Cyrus , Transeuphratène 11 (1996) 33-44.
8   Albertz (History of Israelite Religion 2 [1994] 444) interprète le retard pris, selon le livre d'Esdras (cf. Esd 4,4ss), dans la construction du second Temple comme un indice des réserves exprimées par les juifs de Babylone face à un éventuel retour en Judée.
9   On peut également, avec Briend (op. cit. n. 7, 44) se poser la question de l'origine de la décision perse de reconstruire le Temple de Jérusalem et y voir la réponse à une demande des milieux sacerdotaux.
10 Cf. Römer, Communauté juive (1994) 109.

Les "adresses" de certains documents araméens désignent deux groupes comme interlocuteurs juifs du pouvoir perse en Judée: un groupe de prêtres, et un groupe d'"hommes dirigeants"[11]. A cette dualité pourraient corres-pondre les différences voire les antagonismes théologiques dont le récit de Nb 16–17^P se fait le reflet. En effet, la violence du récit reflète sans doute l'âpreté des oppositions qui existent entre ces deux groupes, et les difficultés éprouvées par les milieux sacerdotaux pour faire triompher leurs vues.

Le conflit opposant les prêtres aux lévites relève d'un stade plus tardif de la composition du texte: la subordination des lévites aux prêtres dans l'exercice du culte est affirmée par le biais d'un récit dont la violence évoque – ici encore – les réticences suscitées par ces nouvelles dispositions dans l'organisation du culte.

L'intrigue du récit de Nb 17,6-15 présuppose des réactions d'hostilité de la communauté toute entière vis-à-vis des milieux sacerdotaux. Ce texte cherche à illustrer le caractère indispensable de la médiation sacerdotale entre Dieu et son peuple. Les récits sacerdotaux de Nb 16–17 distinguent donc trois oppositions vis-à-vis du groupe des prêtres :
- l'opposition du groupe "laïc" des 250 – d'ordre théologique.
- l'opposition des lévites, liée à l'organisation concrète du culte.
- l'opposition de la communauté toute entière enfin. Sur ce dernier point, le récit lui-même ne fournit pas beaucoup d'indices qui soient exploitables dans le cadre d'une critique socio-historique. Les lois de Nb 18, qui sont contemporaines de la strate la plus récente du texte, donnent peut-être quelques éléments de réponse: la nouvelle organisation du culte implique en effet de nouvelles contributions cultuelles (cf. Nb 18,8ss). Celles-ci ne vont pas sans réticences de la population – comme Ne 13,10[12] s'en fait l'écho. Les réactions d'hostilité de l'ensemble de la communauté des Israélites, évoquées par Nb 17,6ss, pourraient avoir en partie leur source dans un rejet des nouveaux privilèges sacerdotaux, particulièrement des privilèges financiers.

2.3. La Tora source d'une identité dépassant les clivages théologiques

Les additions apportées au texte sacerdotal de Nb 13,1–20,13 ont pour contexte la rédaction d'une unique Tora.

---

[11] Cf. Cowley, Aramaic Papyri (1923) 30, lignes 18ss, cité par Albertz (*op. cit.* n.8) 617-618, n. 22.
[12] Ne 13,10: "J'appris que les parts des lévites n'avaient pas été données..."

C'est le cas de la relecture "laïque post-deutéronomiste" de Nb 14,11b-23a, qui est sans doute contemporaine de la fusion du Tétrateuque et du Deutéronome: cette addition fait coexister au sein d'un même ensemble littéraire deux perspectives théologiques contradictoires. S'il n'est pas étonnant que des groupes sociaux et religieux différents aient une vision diversifiée du monde, de l'histoire, et des relations entre Dieu et les hommes, il est en revanche plus surprenant de les voir rassembler ces perspectives différentes dans une même oeuvre littéraire. Quels facteurs peuvent avoir concouru à un tel projet ?

Le rôle de l'autorisation d'empire a été évoqué plus haut[13]. On peut y reconnaître sans nul doute un "catalyseur" ayant favorisé l'émergence de la Tora comme droit particulier. Ce facteur externe aurait-il à lui seul été suffisant ? On peut en douter. Il faut également prendre en compte la quête d'identité qui caractérise tous les groupes qui forment l'Israël post-exilique. Tous les milieux sont concernés par le combat contre l'assimilation avec les autres peuples. Les moyens utilisés pour forger une identité diffèrent: les milieux sacerdotaux tentent de constituer une communauté rassemblée autour du culte du Temple de Jérusalem et dirigée par les prêtres. Les milieux laïcs n'adhèrent pas à un tel projet. C'est un patrimoine historique commun – l'histoire des relations entre Yahvé et le peuple – qui, pour eux, est susceptible de former le nouveau ciment de la société. Mais au-delà de ces divergences, c'est une foi commune en Yahvé, Dieu d'Israël, qui rassemble ces différents groupes, leur donne leur identité et devient finalement le principe d'unification littéraire du Pentateuque.

Ainsi, c'est la conjonction de facteurs externe et interne à la communauté qui a conduit à la mise en forme d'un texte unique et définitif.

Ce processus de fusion des différentes traditions influe certainement sur la manière dont la communauté se comprend elle-même: constituer un texte unique équivaut en effet à affirmer le primat de l'appartenance à un même peuple rassemblé par Yahvé sur la diversité des expressions théologiques et cultuelles de la foi dans les différents groupes religieux qui composent ce peuple. Ainsi, une fois constitué, l'unique texte de la Tora devient un *principe d'unification* du peuple dont il constitue le patrimoine commun. Les clivages théologiques que révèle ce texte manifestent par ailleurs que la communauté d'Israël reconnaît la légitimité d'une diversité d'expressions de la foi: le texte final du livre des Nombres exprime une théologie essentiellement sacerdotale, mais les corrections et relectures post-deutéronomistes mises au jour en Nb 13,1–20,13, même limitées,

---

13   Cf. chapitre VIII, § 1.6.

illustrent cette diversité d'approches théologiques au sein d'une même communauté.

2.3.1. Les modalités de la constitution du texte définitif

Nous avons envisagé les motifs de la constitution d'une unique Tora. Qu'en est-il du processus littéraire ayant conduit au texte définitif ?

Doit-on envisager comme le fait Albertz, l'élaboration d'un texte de compromis par deux cercles concurrents: le "conseil des anciens", et le "collège des prêtres" ? L'auteur va même jusqu'à suggérer l'existence de deux commissions de "théologiens".[14] Cette hypothèse ne "projette"-t-elle pas un modèle très occidental sur la réalité de la Judée à l'époque perse ? Les remarques de Lohfink concernant le faible nombre de copies de chaque texte, le caractère restreint des cercles rédactionnels, le caractère ponctuel de nombreuses retouches apportées au texte semblent plus réalistes[15]. Cependant, les scribes, même s'ils sont en nombre limité, reflètent dans leurs écrits la société de leur temps. Il est sans doute excessif de parler de cercles, de mouvements très structurés, il semble en revanche légitime d'envisager l'existence d'intérêts et de tendances antagonistes dans la société judéenne à l'époque perse. Les scribes qui composent la Tora perçoivent les enjeux théologiques des positions tenues par les différents groupes sociaux: le débat social, politique, religieux est traduit en termes théologiques par les rédacteurs du texte biblique.

2.3.2. La rédaction d'une unique Tora présuppose des points d'accord entre ses rédacteurs

Notre analyse a jusqu'ici beaucoup insisté sur les oppositions existant entre milieux sacerdotaux et milieux laïcs. Cependant, le fait même qu'ils aient ensemble participé à la rédaction d'un même texte présuppose un certain nombre de points d'accord[16]:

1° Comme cela a été souligné plus haut, le souci de l'affirmation de l'identité de la communauté par le moyen de la constitution d'une Tora dépasse les clivages existant entre théologies sacerdotale et post-deutéronomiste. Ceci signifie que les milieux sacerdotaux acceptent de reconnaître dans un livre – et pas seulement dans le culte – le lieu central de l'identité communautaire, le lien qui fait la communauté.

---

14 Cf. Albertz (*op. cit.* n 8) 468.
15 Cf. Lohfink, Deuteronomistische Bewegung (1995) 367-370.
16 Crüsemann souligne l'alliance existant entre le sacerdoce et certains cercles laïcs à l'époque perse, cf. Israel in der Perserzeit (1985) 205-232.

2° Ce projet commun à des milieux sacerdotaux d'une part, et laïcs d'autre part semble tenir à l'écart certains éléments de la communauté post-exilique: le texte de Nb 13,1–20,13 ne fait aucune place à la théologie prophétique – même si les récits sacerdotaux empruntent certaines expressions attestées en Ezekiel. Il est en cela représentatif du Pentateuque qui laisse peu de place à l'expression des milieux prophétiques (les récits de Nb 11–12 qui présentent la figure de Moïse sous des traits prophétiques sont uniques dans le Tétrateuque).

2.3.3. *Les relectures et additions harmonisantes en Nb 13,1–20,13*

Les relectures qui assurent l'harmonisation littéraire entre le livre des Nombres et le livre du Deutéronome (cf. relecture de Nb 20,1-13 par exmple) sont de parfaites illustrations de l'existence du projet commun qui conduit des scribes dont les théologies diffèrent à participer à la réalisation d'un même ouvrage.

Les relectures qui assurent une harmonisation entre le livre des Nombres et le livre de Josué peuvent être envisagées de la même manière: il s'agit ici d'assurer le lien entre Tétrateuque et histoire deutéronomiste. Elle posent cependant un problème socio-historique: le livre des Nombres se présente en effet comme le récit des préparatifs de la conquête. Le récit de la conquête elle-même semblerait, au plan narratif, en constituer une suite logique. Pourquoi ce récit – appartenant au le livre de Josué – n'a-t-il pas été intégré dans la Tora ? A cette question, plusieurs auteurs répondent que la situation politique de la communauté post-exilique ne lui permettait pas une telle audace: intégrer le livre de Josué dans la Tora aurait équivalu à affirmer des revendications territoriales intolérables pour le pouvoir perse[17]. Pour autant, peut-on affirmer que les récits et les textes législatifs de Nb 13,1–20,13 présupposent l'acceptation tacite de la domination perse et se situent exclusivement dans le champ d'autonomie consenti par le pouvoir perse ? En particulier, quelle signification peuvent avoir, dans le livre des Nombres, les nombreuses allusions au personnage de Josué (cf. particu-lièrement Nb 13–14) – allusions qui semblent présupposer la fusion du Tétrateuque et de l'histoire deutéronomiste.

A défaut d'exprimer de manière trop directe des revendications territo-riales qui seraient un défi pour l'autorité perse, le Tora pourrait, par ces nombreuses évocations du personnage de Josué, critiquer de manière allusive la situation politique qui est imposée aux juifs de Judée: la figure de Josué est ainsi présentée comme figure exemplaire, même si le récit de

---

[17] Cf. Albertz (*op. cit.* n. 8, 473), Crüsemann, Le Pentateuque, une Tora (1989) 359-360.

ses hauts faits ne peut prendre place dans le texte définitif de la Tora. La revendication d'une plus grande autonomie politique est ainsi exprimée du bout des lèvres, comme un signal donné à l'auditeur du texte pour qu'il ne se résigne pas.

INDEX

1. TEXTES BIBLIQUES

Les références les plus importantes figurent en caractères italiques

Os
2,4 222

Mi
3,3 129

Ps
14,4 129
22,17 171
25,11 142
55,16 189
68,3 171
86,14 171
91,1 130
103,3 142
105,11 93

106,17 166
121,5 130

Pr
1,12 189
10,28 117

Jb
9,3 222
10,2 222
13,8 222
16,7 171
23,6 222

Qo
1,3 92

2,3 92
7,25 92

Ne
8,2 128
8,17 128
13,10 282

1 Ch
5,24 167
12,31 167
16,18 92

2. AUTEURS

Ahuis 10, 168, 170, 180,
  187, 188, 192
Albertz 255, 267, 281, 284,
  285
Arden 216
Ashley 3, 140, 215, 278
Aurelius 135, 141, 146,
  168, 170, 185, 187,
  192, 193, 195, 198,
  270
Bacon 86, 98, 106, 112,
  116, 125, 131, 149,
  152, 209
Baentsch 2, 16, 17, 86, 90,
  97, 98, 103, 106, 112,
  115, 116, 120, 125,
  131, 152, 163, 168,
  177, 190, 209; 219,
  221, 227, 235.
Bernini 16, 135, 152
Blum 8, 135, 136, 144,
  165, 166, 168, 185,
  192, 193, 196, 198,
  205, 214, 215, 229,
  233, 235, 246, 255,
  267
Boorer 140
Brekelmans 136
Briend 6, 8, 86, 281
Budd 3, 16, 17, 37, 98, 104,

110, 116, 125, 127,
  133, 149, 152, 163,
  166, 180, 187, 191
  192, 193, 215, 219,
  221, 224, 229
Buis 218, 219, 247
CADIR 61-62, 66, 76
Campbell 211, 219
Cazelles 264, 265, 267
Coats 125, 127, 131, 135,
  155, 161, 177, 181,
  196, 213, 238, 247
Comm. Bilbique Pon-
tificale 277
Cornill 211, 235
Cortese 96
Cowley 282
Crüsemann 159, 165, 176,
  177, 260, 264, 267,
  284, 285
Culley 37
De Gaulmyn 64
Delorme 61, 63
Dentan 17, 25
Desrousseaux 130
Dillmann 2, 16, 17, 86, 98,
  110, 116, 152, 209, 221
Dorival 123
Driver 209
Eißfeldt 86, 98, 103, 104,
  110, 116, 131, 134,

152, 168, 193, 209,
  219, 221, 227
Elliger 233
Fritz 111, 117, 120, 135,
  168, 177, 182, 185,
  187, 214, 215, 219,
  221
Gemser 222
Goldberg 16
Gordon 177
Gray 2, 16, 86, 90, 97, 98,
  110, 112, 115, 130,
  131, 134, 138, 152,
  161, 163, 170, 177,
  181, 185, 187, 190,
  191, 193, 205, 211,
  219, 221, 222, 227,
  235
Greimas 61, 64, 66, 76, 77
Gressmann 2, 86, 98, 152
Gunneweg 166, 172, 182,
  195
Harrelson 84, 85
Holzinger 2, 16, 86, 89, 98,
  104, 106, 114, 115,
  116, 122, 125, 131,
  135, 149, 152, 168,
  187, 190, 193, 209,
  215, 219, 227
Jagersma 16
Jobling 64, 66

3. BIBLIOGRAPHIE

AHUIS F., Autorität im Umbruch. Ein formgeschichtlicher Beitrag zur Klärung der literarischer Schichtung und der zeitgeschichtlichen Bezüge von Num 16 und 17. Mit einem Ausblick auf die Diskussion um die Ämter in der Kirche, Calwer Theologische Monographien, Reihe A 13, Stuttgart 1983.

ALBERTZ R., Religiongeschichte Israels in alttestamentlichen Zeit, Vol 2, Göttingen 1992 (London 1994).

ARDEN E., How Moses Failed God, JBL 76 (1957) 50-52.

ASHLEY T.R., The Book of Numbers, The New International Commentary on the Old Testament, Grand Rapids 1993.

AURELIUS E., Der Fürbitter Israels. Eine Studie zum Mosebild im Alten Testament, Coniectanea Biblica: Old Testament series 27, Stockholm 1988.

BACON B.W., The Triple Tradition of the Exodus, Hartford 1894.

BAENTSCH B., Exodus, Leviticus, Numeri, Göttingen, 1903.

BERNINI G., Il libro dei Numeri, Torino 1972.

BIBLIA HEBRAICA STUTTGARTENSIA Editeurs K.Elliger et W.Rudolph, Stuttgart ⁴1990 (1ère éd. 1967-1977).

BLUM E., Israël à la montagne de Dieu, dans: A de Pury et T.Römer, Le Pentateuque en question, Genève 1989, 271-295.

--- Studien zur Komposition des Pentateuch, BZAW 189, Berlin 1990.

BOORER S., The Promise of the Land as Oath: A Key to the Formation of the Pentateuch, BZAW 205, Berlin 1992.

BREKELMANS C., Die sogenannten deuteronomischen Elemente in Gen-Num. Ein Beitrag zur vorgeschichte des Deuteronomiums, Volume du Congrès, Genève 1965, Leiden 1966, 90-96.

BRIEND J., Introduction de l'ouvrage collectif: "Tradition et théologie dans l'Ancien Testament", Lectio Divina 108, Paris 1982, 7-10.

--- Lecture du Pentateuque et hypothèse documentaire dans: Le Pentateuque, débats et recherches, Lectio Divina 151, Paris 1992, 9-32.

--- L'édit de Cyrus et sa valeur historique, Transeuphratène 11 (1996), 33-44.

BUDD P.J., Numbers, World Biblical Commentary 5, Waco, 1984.

BUIS P., Qadesh, un lieu maudit ?, VT 24/3 (1974), 257-270.

--- Les conflits entre Moïse et Israël dans Exode et Nombres, VT 28 (1978), 257-270.

CAMPBELL A.F., Sources of the Pentateuch, 1993.

CAZELLES H., Sacré et Sainteté dans l'Ancien Testament, SDB X, Paris 1985, 1415-1432.

--- Royaume de prêtres et nation consacrée (Ex 19,6) dans: Autour de l'Exode, Sources Bibliques, Paris 1987, pp 289-294.

CENTRE POUR L'ANALYSE DU DISCOURS RELIGIEUX, Sémiotique et Bible, 1-9, Lyon 1975-1978.

COATS G.W., Rebellion in the Wilderness. The Murmuring Motif in the Wilderness Traditions of the Old Testament, Nashville/New York 1968.

COMMISSION BIBLIQUE PONTIFICALE, L'interprétation de la Bible dans l'Eglise (1993), Documentation Catholique, 02.01.1994, 14-43.

CORNILL C.H., Beiträge zur Pentateuchkritik, ZAW 11 (1891), 20-34.

CORTESE E., Josua 13-21, OBO 94, Freiburg/Göttingen 1990.

COWLEY A.E, Aramaic Papyri to the Fifth Century, 1923.

CRÜSEMANN F., Der Widerstand gegen das Königtum. Die anti-königlichen Texte des Alten Testaments und der Kampf um den frühen israelitischen Staat, Wissenschaftliche Monographien zum Alten und Neuen Testament 49, Neukirchen-Vluyn 1978.

--- Israel in der Perserzeit. Eine Skizze in Auseinandersetzung mit Max Weber, dans: Max Weber Sicht des Antiken Christentums (W. Schluchter ed.), 1985, 205-232.

--- Die Tora. Theologie und Sozialgeschichte des alttestamentlichen Gesetzes, München 1992.

CULLEY R.C., Studies in the Structure of Hebrew Narrative, Missoula, 1976.

DELORME J., Sémiotique, SDB XII, 67, Paris 1993, 281-333.

DENTAN D.C., Numbers, Interpreter's Dictionary of the Bible, vol. 3, Nashville 1962, 567-571.

DESROUSSEAUX L., La crainte de Dieu dans l'Ancien Testament, Paris, Cerf, 1970.

DILLMANN A., Die Bücher Numeri, Deuteronomium und Josua, Leipzig, ²1886.

DORIVAL G., La Bible d'Alexandrie, 4. Les Nombres, Traduction et notes, Paris 1994.

DRIVER S.R., An Introduction to the Literature of the Old Testament, International Theological Library, Edinburgh 1894.

EISSFELDT O., Hexateuch-Synopse. Die Erzählung der fünf Bücher Mose und des Buches Josua mit dem Anfange des Richterbuches, Leipzig 1922.

ELLIGER K., Sinn und Ursprung der priesterlichen Geschichtserzählung, dans: "Kleine Schriften zum Alten Testament" ²1966, 174-198 (1ère éd. 1952).

FRITZ V., Israel in der Wüste. Traditiongeschichtliche Untersuchung der Wüstenüberlieferung des Jahwisten, Marburger Theologische Studien 7, Marburg 1970.

GALL von A.F., Der hebräische Pentateuch der Samaritaner, 4, Numeri 1916.

GAULMYN de M., Dialogue avec Job, Sémiotique et Bible 52 (1988), 1-14.

GEMSER B., The "Rib" Controversy Pattern in Hebrew Mentality, dans: "Wisdom in Israel and the Ancient Near East", Presented to H.H.ROWLEY, 1955, 120-137.

GOLDBERG A., Das Buch Numeri, Düsseldorf 1970.

GORDON R.P., Compositeness, Conflation and the Pentateuch, JSOT 51 (1991), 57-69.

GRAY G.B. A Critical and Exegetical commentary on Numbers, Edinburgh, 1903.

GREIMAS A.J., Du Sens I, Paris 1970.

---   Du Sens II, Paris 1983.

GRESSMANN H., Mose une seine Zeit. Ein Kommentar zu den Mose-Sagen, Göttingen, 1913.

GROSS W., Die Wolkensäule und die Feuersäule in Ex 13+14, dans: Biblische Theologie und gesellschaftlicher Wandel, Festschrift für N.Lohfink , Freiburg, Basel, Wien 1993, 142-165.

GUNNEWEG A.H.J., Leviten und Priester. Hauptlinien der Traditions-bildung und Geschichte des israelitisch-jüdischen Kultpersonals, Forschungen zur Religion und Literatur des Alten und Neuen Testament 89, Göttingen 1965.

HARRELSON W., La vie, la foi et la naissance de la tradition, dans: Tradition et théologie dans l'Ancien Testament, Lectio Divina 108, Paris 1982. (éd. anglaise: Philadelphia, 1977).

HOLZINGER H.,Numeri, Tübingen, 1903.

JAGERSMA H., Numeri, Tome 2, Nijkerk 1988.

JOBLING D., The Sense of Biblical Narrative: Three Structural Analyses in the Old testament (1 Samuel 13-31, Numbers 11-12, 1 Kings 17-18), JSOT Supplement Series 7, Sheffield 1978.

JOÜON P., Grammaire de l'Hébreu Biblique, Rome 1923.

KEIL K.F., Biblischer Kommentar über die Bücher Moses, Leipzig 1862.

KLOPPENBORG J.S., Joshua 22: The Priestly Editing of an Ancient Tradition, Biblica 62 (1981), 347-371.

KNIGHT D.A., Rediscovering the Traditions of Israel, Missoula, 1975.

KOEHLER L., BAUMGARTNER W., Hebraïsches und Aramäisches Lexikon, Leiden 1983.

KOHATA F., Die priesterschriftliche Überlieferungsgeschichte von Numeri 20,1-13, Annual of the Japanese Biblical Institute 3 (1977), 3-34.

KUENEN B., Bijdragen tot de critiek van Pentateuch en Jozua IV. De opstand van Korach, Datahn en Abiram, Num XVI, Theologisch Tijdschrift 12, Leiden 1878, 139-162.

KUHL C., Die "Wiederaufnahme" - ein literarkritisches Prinzip ?, ZAW 64 (1952), 1-11.

LEHMING S., Versuch zu Num 16, ZAW 74 (1962), 291-321.

LEVINE B., Numbers 1-20, The Anchor Bible, New York 1993.

LIVER J., Korah, Datan and Abiram, Scripta Hierosolymitana 8 (1961), 189-217.

LOEWE R., "Divine Frustration Exegetically Frustrated", dans: "Words and Meanings", Essays Presented to D.W Thomas, Cambridge 1968, 137-158.

LOHFINK N., Darstellungkunst une Theologie in Dt 1,6-3,29, Biblica 41 (1960), 105-134.

---   Die Ursünden in der priesterlichen Geschichtserzählung dans: "Die Zeit Jesu". Festschrift für H.Schlier, Freiburg 1970, 38-57.

---   Die Priesterschrift und die Geschichte, Congress Volume Göttingen 1977, SVT 29, Leiden 1978,189-225.

---   "Ich bin Jahwe, dein Arzt" (Ex 15,26). Gott, Gesellschaft und menschliche Gesundheit in einer nachexilischen Pentateuchbearbeitung (Ex 15,25b.26), dans: N.Lohfink et al., "Ich will euer Gott werden". Beispiele biblischer Redens von Gott. Stuttgarter Bibelstudien 100, Stuttgart 1981, 11-73.

---   Die Schichten des Pentateuch und der Krieg, dans: E.HAAG et al., Gewalt und Gewaltlosigkeit im Alten Testament. Quaestiones Disputatae 96, Freiburg 1983, 51-110.

---   Die Väter Israels im Deuteronomium, OBO 111, Freiburg/Göttingen 1991.

---   Gab es eine deuteronomistische Bewegung ?, dans: Jeremia und die deuteronomistische Bewegung (éditeur: W.GROß), Bonner Biblische Beiträge 98, Weinheim 1995.

MARGALIOT M., The Transgression of Moses and Aaron. Num 20,1-13, Jewish Quarterly Review 74 (1983), 196-228.

Mc.EVENUE S.E., A Source-Critical Problem in Num 14,26-38, Biblica 50 (1969), 453-465.

---   Word and Fulfilment: A Stylistic Feature of the Priestly Writer, Semitics 1 (1970), 104-110.

---   The Narrative Style of the Priestly Writer, Analecta Biblica 50, Rome 1971.

MEIER S.A., Speaking about Speaking. Marking Direct Discourse in the Hebrew Bible, SVT 46, Leiden 1992.

MILGROM J., Magic, Monotheism and the Sin of Moses, dans: "The Quest for the Kingdom of God", Studies in Honor of G.E. Mendenhall, Winona Lake 1983.

--   Studies in Cultic Theology and Terminology, Leiden 1983.

---   Numbers, Jewish Publication Society Commentary, Philadelphia 1990.

MITTMANN S., Deuteronomium 1,1-6,3 literarkritisch und Tradition-geschichtlichuntersucht, BZAW 139, Berlin 1975.

MOLTMANN J., Théologie de l'espérance, Paris 1983 (Theologie der Hoffnung, Munchen 1964).

NOTH M., Überlieferungsgeschichte des Pentateuch, Stuttgart, 1948.

---   Das Vierte Buch Mose, Numeri, Göttingen, Das Alte Testament Deutsch 7, 1966.

OLSON D.T., The Death of the Old and the Birth of the New,Brown Judaic Studies 71, Chico, 1985.

PATTE D., What is Structural Exegesis, Philadelphia 1976.

PROPP W.H., The Rod of Aaron and the Sin of Moses, JBL 107 (1988), 19-26.

PURY de A., RÖMER T., Le Pentateuque en question: Position du problème et brève histoire de la recherche, dans: Le Pentateuque en question, Genève 1989, 9-80.

RENAUD B., La théophanie du Sinaï, Cahiers de la Revue Biblique 30, Paris 1991.

RENDTORFF R., Das überlieferungsgechichtliche Problem des Pentateuch, BZAW 147, Berlin 1977.

RICHTER W., Exegese als Literaturwissenschaft. Entwurf einer alttestamentlichen Literaturtheorie und Methodologie, Göttingen 1971.

RICOEUR P., Temps et Récit 3. Le temps raconté, Paris 1985.

RIGGANS W., Numbers, The Daily Study Bible, Philadelphia 1983.

RINGGREN H., קדש, TWAT, VI, Stuttgart 1989, 1179-1201.

--- ריב, TWAT, VII, Stuttgart 1990, 496-501.

ROFÉ A., The Prophetical Stories. The Narratives about the Prophets in the
Hebrew Bible. Their Literary Type and History (1ère éd. en Hébreu,
Jérusalem 1982, Traduction 1988).

RÖMER T., Israels Väter, OBO 99, Freiburg/Göttingen 1990.

--- Genèse 15 et les tensions de la communauté juive post-exilique dans
le cycle d'Abraham, Transeuphratène 7 (1994), 107-121.

ROSE M., Deuteronomist und Jahwist. Untersuchungen zu den
Berührungspunkten beider Literaturwerke, Abhandlungen zur
Theologie des Alten und Neuen Testaments 67, Zürich 1981.

RUDOLPH W., Der "Elohist" von Exodus bis Josua, BZAW 68, Berlin
1938.

SAKENFELD K.D., The Problem of Divine Forgiveness in Numbers 14,
CBQ 37 (1975), 317-330.

--- Theological and Redactional Problems in Numbers 20,2-13, dans:
"Understanding the Word", Essays in Honour of B.W.ANDERSON,
JSOT Supplement Series 37, Sheffield 1985, 133-154.

SCHARBERT J., Numeri. Die Neue Echter Bibel 27, Würzburg, 1992.

SCHART A., Mose und Israel im Konflikt, OBO 98, Freiburg/Göttingen
1990.

SCHMID H.H., Der sogenannte Jahwist. Beobachtungen und Fragen zur
Pentateuchforschung, Zürich, 1976.

SCHMIDT L., Studien zur Priesterschrift, BZAW 214, Berlin 1993.

SCHMIDT W.H., Exodus II$_2$, Biblischer Kommentar, Neukirchen-Vluyn,
1977.

SCHWARZENBACH A., Die Geographische Terminologie im
Hebräischen des Alten Testaments, Leiden 1954.

SEPTUAGINTA, Editeur : A.Rahlfs, Stuttgart 1935.

SESBOÜE B., Jésus-Christ, l'unique médiateur, tome 2 : Les récits du salut, Paris 1991.

SIMPSON C.A., The Early Traditions of Israel. A critical Analysis of the Pre-Deuteronomic Narrative of the Hexateuch, Oxford 1948.

SKA J.L., Le passage de la mer. Etude de la construction, du style et de la symbolique d'Ex 14,1-31, Analecta Biblica 109, Rome 1986.

SMEND R., Die Erzählung des Hexateuch. Auf ihre Quellen untersucht, Berlin 1912.

SNAITH N.H., Leviticus and Numbers, The Century Bible, London 1967.

STURDY J. Numbers, Commentary, Cambridge 1976.

STRUPPE U., Die Herrlichkeit Jahwes in der Priesterschrift, Österreichische Biblische Studien 9, Klosterneuburg 1988.

VAULX J. de, Les Nombres, Sources Bibliques, Paris 1972.

VAUX R. de, L'installation des Israélites dans le sud Palestinien et les origines de la tribu de Juda, 5ème congrès d'études juives, Jérusalem 1969, 150-156.

WAGNER S., Die Kundschaftergeschichten im Alten Testament, ZAW 76 (1964), 255-269.

WEIMAR P., Struktur und Komposition der priesterschriftlichen Geschichtsdarstellung, Biblische Notizen 23 (1984), 81-134.

--- Die Berufung des Mose, OBO 32, Freiburg/Göttingen 1980.

WEINFELD M., Deuteronomy and the Deuteronomic School, Oxford 1972.

WELLHAUSEN J., Prolegomena zur Geschichte Israels, Berlin ²1883, (1ère éd. 1878).

--- Die Composition des Hexateuchs und der historischen Bücher des Alten Testaments, Berlin, ³1899 (1ère éd. 1866).

WENHAM G.J., Numbers : an Introduction and Commentary, The Tyndale Old Testament Commentaries, Leicester 1981.

ZENGER E., Gottes Bogen in den Wolken. Untersuchungen zu Komposition und Theologie der priesterschriftlichen Urgeschichte, Stuttgart 1983.

--- Israel am Sinai. Analysen und Interpretationen zu Exodus 17-34, Altenberge ²1985.

L'Institut biblique de l'Université de Fribourg en Suisse offre la possibilité d'acquérir un

certificat de spécialisation
CRITIQUE TEXTUELLE ET HISTOIRE DU TEXTE ET DE L'EXÉGÈSE DE L'ANCIEN TESTAMENT
(Spezialisierungszeugnis Textkritik und Geschichte des Textes und der Interpretation des Alten Testamentes)

en une année académique (octobre à juin). Toutes les personnes ayant obtenu une licence en théologie ou un grade académique équivalent peuvent en bénéficier.

Cette année d'études peut être organisée

☞ autour de la critique textuelle proprement dite (méthodes, histoire du texte, instruments de travail, édition critique de la Bible);

☞ autour des témoins principaux du texte biblique (texte masorétique et masore, textes bibliques de Qumran, Septante, traductions hexaplaires, Vulgate, Targoums) et leurs langues (hébreu, araméen, grec, latin, syriaque, copte), enseignées en collaboration avec les chaires de patrologie et d'histoire ancienne, ou

☞ autour de l'histoire de l'exégèse juive (en hébreu et en judéo-arabe) et chrétienne (en collaboration avec la patrologie et l'histoire de l'Eglise).

L'Institut biblique dispose d'une bibliothèque spécialisée dans ces domaines. Les deux chercheurs de l'Institut biblique consacrés à ces travaux sont Adrian Schenker et Yohanan Goldman.

Pour l'obtention du certificat, deux examens annuels, deux séminaires et un travail écrit équivalent à un article sont requis. Les personnes intéressées peuvent obtenir des informations supplémentaires auprès du Curateur de l'Institut biblique:

Prof. Dr. Max Küchler, Institut biblique, Université, Miséricorde
CH-1700 Fribourg / Suisse   Fax +41 – (0)26 – 300 9754

BIBLISCHES INSTITUT DER UNIVERSITÄT FREIBURG SCHWEIZ

Nachdem Sie das Diplom oder Lizentiat in Theologie, Bibelwissenschaft, Altertumskunde Palästinas/ Israels, Vorderasiatischer Archäologie oder einen gleichwertigen Leistungsausweis erworben haben, ermöglicht Ihnen ab Oktober 1997 ein Studienjahr (Oktober – Juni), am Biblischen Institut in Freiburg in der Schweiz ein

Spezialisierungszeugnis
BIBEL UND ARCHÄOLOGIE

(Elemente der Feldarchäologie, Ikonographie, Epigraphik,

Religionsgeschichte Palästinas/Israels)

zu erwerben.

Das Studienjahr wird in Verbindung mit der Universität Bern (25 Min. Fahrzeit) organisiert. Es bietet Ihnen die Möglichkeit,

☞ eine Auswahl einschlägiger Vorlesungen, Seminare und Übungen im Bereich "Bibel und Archäologie" bei Walter Dietrich, Othmar Keel, Ernst Axel Knauf, Max Küchler, Silvia Schroer und Christoph Uehlinger zu belegen;

☞ diese Veranstaltungen durch solche in Ägyptologie (Hermann A. Schlögl, Freiburg), Vorderasiatischer Archäologie (Markus Wäfler, Bern) und altorientalischer Philologie (Pascal Attinger, Esther Flückiger, beide Bern) zu ergänzen;

☞ die einschlägigen Dokumentationen des Biblischen Instituts zur palästinisch-israelischen Miniaturkunst aus wissenschaftlichen Grabungen (Photos, Abdrücke, Kartei) und die zugehörigen Fachbibliotheken zu benutzen;

☞ mit den großen Sammlungen (über 10'000 Stück) von Originalen altorientalischer Miniaturkunst des Biblischen Instituts (Rollsiegel, Skarabäen und andere Stempelsiegel, Amulette, Terrakotten, palästinische Keramik, Münzen usw.) zu arbeiten und sich eine eigene Dokumentation (Abdrücke, Dias) anzulegen;

☞ während der Sommerferien an einer Ausgrabung in Palästina / Israel teilzunehmen, wobei die Möglichkeit besteht, mindestens das Flugticket vergütet zu bekommen.

Um das Spezialisierungszeugnis zu erhalten, müssen zwei benotete Jahresexamen abgelegt, zwei Seminarscheine erworben und eine schriftliche wissenschaftliche Arbeit im Umfange eines Zeitschriftenartikels verfaßt werden.

Interessenten und Interessentinnen wenden sich bitte an den Curator des Instituts:

Prof. Dr. Max Küchler, Biblisches Institut, Universität, Miséricorde

CH-1700 Freiburg / Schweiz   Fax +41 – (0)26 – 300 9754

Bd. 114   THOMAS SCHNEIDER: *Asiatische Personennamen in ägyptischen Quellen des Neuen Reiches.* 480 Seiten. 1992.

Bd. 115   ECKHARD VON NORDHEIM: *Die Selbstbehauptung Israels in der Welt des Alten Orients.* Religionsgeschichtlicher Vergleich anhand von Gen 15/22/28, dem Aufenthalt Israels in Ägypten, 2 Sam 7, 1 Kön 19 und Psalm 104. 240 Seiten. 1992.

Bd. 116   DONALD M. MATTHEWS: *The Kassite Glyptic of Nippur.* 208 pages. 210 figures. 1992.

Bd. 117   FIONA V. RICHARDS: *Scarab Seals from a Middle to Late Bronze Age Tomb at Pella in Jordan.* XII–152 pages, 16 plates. 1992.

Bd. 118   YOHANAN GOLDMAN: *Prophétie et royauté au retour de l'exil.* Les origines littéraires de la forme massorétique du livre de Jérémie. XIV–270 pages. 1992.

Bd. 119   THOMAS M. KRAPF: *Die Priesterschrift und die vorexilische Zeit.* Yehezkel Kaufmanns vernachlässigter Beitrag zur Geschichte der biblischen Religion. XX–364 Seiten. 1992.

Bd. 120   MIRIAM LICHTHEIM: *Maat in Egyptian Autobiographies and Related Studies.* 236 pages, 8 plates. 1992.

Bd. 121   ULRICH HÜBNER: *Spiele und Spielzeug im antiken Palästina.* 256 Seiten. 58 Abbildungen. 1992.

Bd. 122   OTHMAR KEEL: *Das Recht der Bilder, gesehen zu werden.* Drei Fallstudien zur Methode der Interpretation altorientalischer Bilder. 332 Seiten, 286 Abbildungen. 1992.

Bd. 123   WOLFGANG ZWICKEL (Hrsg.): *Biblische Welten.* Festschrift für Martin Metzger zu seinem 65. Geburtstag. 268 Seiten, 19 Abbildungen. 1993.

Bd. 125   BENJAMIN SASS / CHRISTOPH UEHLINGER (eds.): *Studies in the Iconography of Northwest Semitic Inscribed Seals.* Proceedings of a symposium held in Fribourg on April 17–20, 1991. 368 pages, 532 illustrations. 1993.

Bd. 126   RÜDIGER BARTELMUS / THOMAS KRÜGER / HELMUT UTZSCHNEIDER (Hrsg.): *Konsequente Traditionsgeschichte.* Festschrift für Klaus Baltzer zum 65. Geburtstag. 418 Seiten. 1993.

Bd. 127   ASKOLD I. IVANTCHIK: *Les Cimmériens au Proche-Orient.* 336 pages. 1993.

Bd. 128   JENS VOSS: *Die Menora.* Gestalt und Funktion des Leuchters im Tempel zu Jerusalem. 124 Seiten. 1993.

Bd. 129   BERND JANOWSKI / KLAUS KOCH / GERNOT WILHELM (Hrsg.): *Religionsgeschichtliche Beziehungen zwischen Kleinasien, Nordsyrien und dem Alten Testament.* Internationales Symposion Hamburg 17.–21. März 1990. 572 Seiten. 1993.

Bd. 130   NILI SHUPAK: *Where can Wisdom be found?* The Sage's Language in the Bible and in Ancient Egyptian Literature. XXXII–516 pages. 1993.

Bd. 131   WALTER BURKERT / FRITZ STOLZ (Hrsg.): *Hymnen der Alten Welt im Kulturvergleich.* 134 Seiten. 1994.

Bd. 132   HANS-PETER MATHYS: *Dichter und Beter.* Theologen aus spätalttestamentlicher Zeit. 392 Seiten. 1994.

Bd. 133   REINHARD G. LEHMANN: *Friedrich Delitzsch und der Babel-Bibel-Streit.* 472 Seiten, 13 Tafeln. 1994.

EDITIONS UNIVERSITAIRES FRIBOURG SUISSE
UNIVERSITÄTSVERLAG FREIBURG SCHWEIZ

ORBIS BIBLICUS ET ORIENTALIS, SERIES ARCHAEOLOGICA

EDITIONS UNIVERSITAIRES FRIBOURG SUISSE
UNIVERSITÄTSVERLAG FREIBURG SCHWEIZ

Résumé

Une première lecture du livre des Nombres a de la peine à percevoir les liens (littéraires, thématiques, théologiques) qui unissent les récits et les lois qui le composent. Cette alternance de sections narratives et de sections législatives du texte est particulièrement nette dans la partie centrale du livre, en Nb 13,1–20,13.

La présente étude littéraire cherche à préciser par une analyse synchronique les liens qui unissent récits et lois en Nb 13,1–20,13. L'analyse diachronique met en évidence le rôle d'auteurs sacerdotaux tardifs qui utilisent les sections narratives comme «récits exemplaires» ayant une fonction parénétique.

La composition sacerdotale du livre des Nombres a fait l'objet de relectures – clairement identifiables même si elles sont limitées. Celles-ci proviennent de cercles littéraires et théologiques non sacerdotaux qui peuvent être qualifiés de milieux «laïcs post-deutéronomistes».

Le texte final du livre des Nombres offre ainsi un écho du débat théologique qui se déroule à l'époque perse, peu avant la clôture du texte de la Tora.

Summary

At first glance the links between the narratives and the laws that constitute the book of Numbers are hardly obvious. Succession of narrative and legal texts is a particulary clear feature in the central part of the book, Num 13:1–20:13.
In the first part of this study, the links between the narratives and the laws of this section are explored in a synchronic approach (chap. II–IV). Diachronic analysis then highlights the role of late priestly authors, who used the narratives as «exemplary narratives» and connected them with the laws. It also reveals some late additions of non-priestly origin, which are here ascribed to post-deuteronomistic lay authors (chap. V–VIII).
Consequently, the final text of the book of Numbers reflects the theological discussion of the Persian period, just preceding the closing of the Tora (chap. IX–X).

DATE DUE
